U0453147

瑞典社会政策视域的性别平等政策研究

李思然　著

中国社会科学出版社

图书在版编目（CIP）数据

瑞典社会政策视域的性别平等政策研究／李思然著 . —北京：中国社会科学出版社，2022.8
ISBN 978-7-5203-9997-5

Ⅰ.①瑞… Ⅱ.①李… Ⅲ.①男女平等—公共政策—研究—瑞典 Ⅳ.①D753.286.8

中国版本图书馆 CIP 数据核字（2022）第 054815 号

出 版 人	赵剑英
责任编辑	冯春凤
责任校对	张爱华
责任印制	张雪娇

出　　版	中国社会科学出版社
社　　址	北京鼓楼西大街甲 158 号
邮　　编	100720
网　　址	http://www.csspw.cn
发 行 部	010-84083685
门 市 部	010-84029450
经　　销	新华书店及其他书店
印　　刷	北京君升印刷有限公司
装　　订	廊坊市广阳区广增装订厂
版　　次	2022 年 8 月第 1 版
印　　次	2022 年 8 月第 1 次印刷
开　　本	710×1000　1/16
印　　张	22.75
插　　页	2
字　　数	350 千字
定　　价	138.00 元

凡购买中国社会科学出版社图书，如有质量问题请与本社营销中心联系调换
电话：010-84083683
版权所有　侵权必究

目 录

前 言 ·· （1）

第一章　绪论 ·· （1）
　　第一节　研究背景与问题的提出 ······································ （1）
　　第二节　研究综述 ·· （6）
　　　　一　国外研究综述 ··· （6）
　　　　二　国内研究综述 ··· （17）
　　　　三　国内外研究述评 ·· （28）
　　第三节　研究目的与意义 ··· （30）
　　　　一　研究目的与主要解决的问题 ································· （30）
　　　　二　研究的理论意义与现实意义 ································· （32）
　　第四节　本书主要观点和研究特点与方法 ·························· （33）
　　　　一　本书的主要观点 ·· （33）
　　　　二　本书的研究特点 ·· （34）
　　　　三　本书的研究方法 ·· （36）

第二章　瑞典社会政策及其形成的基础 ··································· （38）
　　第一节　概念与回溯：社会政策与瑞典社会政策的限域 ······· （38）
　　　　一　社会政策的一般涵义及其历史回溯 ······················· （38）
　　　　二　瑞典社会政策的演进 ·· （45）
　　　　三　瑞典社会政策的涵义及其特点 ······························ （49）
　　第二节　历史与文化：瑞典社会政策形成的社会基础 ·········· （51）
　　　　一　历史基础：平等的社会结构 ································· （51）

二　政治基础：执政党与社会组织的政治合作 ………… (52)
　　三　经济基础：稳定的经济增长 …………………………… (53)
　　四　文化传统：平等的社会文化 …………………………… (54)
第三节　民主与平等：瑞典社会政策形成的理论基础 ……… (57)
　　一　民主社会主义社会福利思想 …………………………… (57)
　　二　瑞典民主社会主义思想 ………………………………… (65)
　　三　瑞典学派的社会政策思想 ……………………………… (72)
　　四　T. H. 马歇尔的公民权理论 …………………………… (76)
　　五　女性主义社会福利思想对社会政策的影响 ………… (81)
第四节　性别平等：瑞典社会政策的价值诉求 ……………… (86)
　　一　性别平等：社会政策优先目标 ………………………… (86)
　　二　瑞典的性别平等与性别平等政策的涵义 …………… (91)
　　三　瑞典性别平等政策是社会政策不可或缺的
　　　　重要内容 ……………………………………………… (94)
本章小结 ………………………………………………………… (96)

第三章　走出政策悖论：瑞典性别平等政策的演进 ………… (97)
　第一节　现代家庭模式与家庭政策初建（1930—1940）…… (97)
　　一　瑞典现代核心家庭模式的建立 ………………………… (98)
　　二　瑞典家庭政策的初建 …………………………………… (100)
　第二节　家庭模式争论与家庭政策悖论（1940—1950）… (103)
　　一　男性养家模式与夫妻共同养家模式的争论 ………… (103)
　　二　女性角色的政策塑造与家庭政策悖论的凸显 …… (105)
　第三节　"性别中立"理念与性别平等政策的建立
　　　　（1960—1980）……………………………………… (110)
　　一　解构家庭政策悖论："性别中立"理念的确立 …… (112)
　　二　"中性—平等家庭"模式与"中性"性别平等
　　　　政策 …………………………………………………… (115)
　　三　"中性"性别平等政策的社会价值 ………………… (125)

第四节 社会改革与性别平等政策的调整（1980—2000） … （128）
  一 挑战与回应：性别平等政策调整原因分析………… （128）
  二 目标转换与社会性别主流化：性别平等政策
   调整过程与内容……………………………………… （136）
第五节 性别平等新目标与瑞典性别平等政策的完善
  （2000—2017）……………………………………… （145）
  一 性别平等政策新目标的确立……………………… （147）
  二 家庭性别平等政策的完善………………………… （149）
  三 性别平等政策的拓广：《反歧视法案》出台……… （156）
  四 从行动计划到国家战略：打击与预防性暴力
   政策的实施………………………………………… （157）
第六节 走出悖论：瑞典性别平等政策发展演进路径评析 … （161）
  一 走出"女性双重角色矛盾"政策悖论，构建
   中性性别平等政策………………………………… （162）
  二 走出"中性性别平等政策"悖论，实施性别
   平等政策调整……………………………………… （166）
本章小结………………………………………………………… （172）

第四章 瑞典性别平等政策目标体系及其内容与实践………… （173）
 第一节 性别平等政策的目标体系及其内在结构………… （173）
  一 性别平等政策目标体系的形成与确立…………… （173）
  二 基于性别平等政策目标体系的内容结构………… （177）
 第二节 平等参与中的性别平等政策……………………… （179）
  一 政治与经济参与中的性别平等政策……………… （179）
  二 教育中的性别平等政策…………………………… （185）
 第三节 女性劳动力市场中的性别平等政策……………… （189）
  一 劳动力市场中的性别平等政策…………………… （190）
  二 女性劳动力市场中性别平等政策的实效分析…… （194）
 第四节 家庭政策中的性别平等政策……………………… （203）
  一 塑造家庭角色的性别平等政策…………………… （204）

二　促进家庭性别平等的儿童保育政策……………（207）
　　三　家庭性别平等政策的实效分析………………（212）
第五节　维护女性身心安全与健康的性别平等政策………（217）
　　一　维护女性基本人权的性别平等政策的发展历程　…（217）
　　二　打击男性对女性暴力行为的国家行动计划……（219）
　　三　预防与打击男性对女性暴力行为的国家战略　……（228）
　　四　《行动计划》与《国家战略》的特点比较分析……（233）
　　五　维护女性身心健康的性别平等政策的实践分析　…（240）
本章小结……………………………………………………（247）

第五章　瑞典"社会性别主流化"及其价值评析……………（249）
第一节　社会政策的新视角："社会性别主流化"的提出……（249）
　　一　社会性别主流化概念的提出…………………（249）
　　二　社会性别主流化提出的意义…………………（251）
第二节　平等地位与平等权利："社会性别主流化"的
　　　　政策变迁…………………………………………（252）
　　一　政策理念的转变：女性平等地位—性别中立—
　　　　两性平等权利……………………………………（253）
　　二　政策目标的转换：女性角色—中性关系—
　　　　男性责任…………………………………………（259）
　　三　政策范围的拓广：家庭领域—劳动力市场
　　　　领域—社会各领域………………………………（264）
第三节　政府主导与政策连续性："社会性别主流化"的
　　　　价值评析…………………………………………（267）
　　一　政府主导社会性别主流化……………………（268）
　　二　性别平等的制度化与政策的连续性……………（271）
第四节　瑞典性别平等政策存在的问题分析………………（273）
　　一　瑞典性别平等政策的政策悖论………………（274）
　　二　瑞典社会性别主流化存在的问题………………（278）
本章小结……………………………………………………（280）

第六章　瑞典性别平等政策的有效性分析 (282)

第一节　瑞典性别平等政策的有效性 (282)
一　基本假设 (282)
二　指标选择与数据源 (283)
三　数据的统计描述与整理 (284)
四　回归分析结果 (287)

第二节　世界各地区性别平等的差异性分析 (289)
一　聚类分析与多元方差分析 (289)
二　欧盟成员国性别平等的差异性分析 (289)
三　洲际性别平等的差异性分析 (293)

本章小结 (299)

第七章　瑞典性别平等政策的启示 (300)

第一节　完善制度体系：对就业政策的启示 (300)
一　我国就业领域性别平等政策取得的成就及其存在的问题 (301)
二　完善就业领域中相关性别平等的法律体系 (306)
三　建立配套的性别平等的社会就业政策体系 (308)
四　建立政府各部门间相互协调的责任体系 (309)

第二节　政策配套与衔接：对家庭政策的启示 (311)
一　我国实现家庭性别平等政策的现状及存在的问题 (311)
二　家庭责任共担：建立家庭中性—平等的政策理念 (314)
三　解放女性：建立由政府、市场和家庭共担的托育体系与政策 (315)
四　维护女性人身基本权利：完善预防与打击性别暴力的政策 (316)

第三节　平权与增效：对女性参政议政的启示 (317)
一　我国女性参政议政的现状及存在的问题 (317)

  二 建议实行性别比率配额政策……………………………（319）
  三 逐步提升女性在政府决策机构中的比率…………（320）
 第四节 "社会性别主流化"策略对我国社会政策制定的
    启示……………………………………………………（321）
  一 将性别平等纳入各项社会政策考量………………（321）
  二 确立政府在促进性别平等中的主导地位…………（322）
  三 循序渐进地推进社会性别主流化……………………（322）
  四 性别平等政策的系统化………………………………（323）
 本章小结……………………………………………………（323）

结 论………………………………………………………（325）

参考文献……………………………………………………（328）

后 记………………………………………………………（340）

Contents

Foreword (in Chinese) ⋯⋯⋯⋯⋯⋯⋯⋯⋯⋯⋯⋯⋯⋯⋯⋯⋯ (1)

Foreword (in English) ⋯⋯⋯⋯⋯⋯⋯⋯⋯⋯⋯⋯⋯⋯⋯⋯⋯ (1)

Chapter 1 Introduction ⋯⋯⋯⋯⋯⋯⋯⋯⋯⋯⋯⋯⋯⋯⋯⋯ (1)
   1.1 Research background and questions raised ⋯⋯⋯⋯⋯⋯ (1)
   1.2 Literature review ⋯⋯⋯⋯⋯⋯⋯⋯⋯⋯⋯⋯⋯⋯⋯⋯ (6)
      1.2.1 Foreign research review ⋯⋯⋯⋯⋯⋯⋯⋯⋯⋯⋯ (6)
      1.2.2 Domestic research review ⋯⋯⋯⋯⋯⋯⋯⋯⋯⋯ (17)
      1.2.3 Studies review at home and abroad ⋯⋯⋯⋯⋯⋯ (28)
   1.3 Purpose and significance of research ⋯⋯⋯⋯⋯⋯⋯⋯⋯ (30)
      1.3.1 Research objectives and main problems solved ⋯⋯ (30)
      1.3.2 The theoretical and practical significance of
           the study ⋯⋯⋯⋯⋯⋯⋯⋯⋯⋯⋯⋯⋯⋯⋯⋯⋯ (32)
   1.4 Main ideas and research charactoristics and methods ⋯⋯ (33)
      1.4.1 Main ideas ⋯⋯⋯⋯⋯⋯⋯⋯⋯⋯⋯⋯⋯⋯⋯⋯ (33)
      1.4.2 The research characteristics ⋯⋯⋯⋯⋯⋯⋯⋯⋯ (34)
      1.4.3 The research methods ⋯⋯⋯⋯⋯⋯⋯⋯⋯⋯⋯ (36)

**Chapter 2 Analysis of Swedish social policy and its
          foundation** ⋯⋯⋯⋯⋯⋯⋯⋯⋯⋯⋯⋯⋯⋯⋯⋯⋯ (38)
   2.1 Concept and backtracking: the limits of social policy and
      Swedish social policy ⋯⋯⋯⋯⋯⋯⋯⋯⋯⋯⋯⋯⋯⋯⋯ (38)

2.1.1 The general meaning of social policy and its historical retrospection ……………………………(38)
2.1.2 The evolution of Swedish social policy …………(45)
2.1.3 The meaning and characteristics of Swedish social policy ………………………………………(49)
2.2 History and culture: the social foundation of Swedish social policy ……………………………………………(51)
2.2.1 Historical foundation: the equal social structure …(51)
2.2.2 Political foundation: political cooperation between the ruling party and social organizations …………(52)
2.2.3 Economic foundation: long-term stable economic growth ……………………………………………(53)
2.2.4 Cultural tradition: an equal social culture …………(54)
2.3 Democracy and equality: the theoretical basis for the formation of social policies in Sweden ……………………(57)
2.3.1 Democratic socialist social welfare thought and its influence on social policy ………………………(57)
2.3.2 Swedish democratic socialist thought and its influence on social policy ………………………(65)
2.3.3 The social policy thought of the Swedish school ……(72)
2.3.4 T. H. Marshall's theory of citizenship …………(76)
2.3.5 The influence of feminist social welfare thought on social policy ……………………………………(81)
2.4 Gender equality: the value proposition of Swedish social policy ……………………………………………(86)
2.4.1 Gender equality: social policy priorities …………(86)
2.4.2 Gender equality and gender equality policy in Sweden ……………………………………………(91)
2.4.3 Swedish gender equality policy is an indispensable part of social policy ……………………………(94)
2.5 Chapter summary …………………………………………(96)

Chapter 3　Out of the policy paradox: the evolution of gender equality policy in Sweden ……………………… (97)
　3.1　Modern family model and family policy (1930 – 1940) …… (97)
　　　3.1.1　The establishment of Sweden's modern nuclear family model ……………………………………… (98)
　　　3.1.2　The beginning of Swedish family policy ………… (100)
　3.2　Family model dispute and family policy paradox (1940 – 1950) ……………………………………………… (103)
　　　3.2.1　The debate between male breadwinner mode and couples'co-breadwinner mode ………… (103)
　　　3.2.2　The policy shaping of women role and family policy paradox ……………………………… (105)
　3.3　The concept of "gender neutrality" and the establishment of gender equality policy (1960-late1970) ……………………………………………… (110)
　　　3.3.1　Deconstructing the family policy paradox: the establishment of the concept of "gender neutrality" ……………………………………… (112)
　　　3.3.2　"Neutral - equal family pattern" and "neutral" policy of gender equality ……………… (115)
　　　3.3.3　The social value of "neutral" gender equality policies ……………………………………… (125)
　3.4　The social reform and adjustment of gender equality policy (1980 – 2000) ……………………………………… (128)
　　　3.4.1　Challenge and response: analysis of the causes of gender equality policy adjustment …………… (128)
　　　3.4.2　Goal transformation and gender mainstreaming: the process and content of gender equality policy adjustment ………………………………………… (136)
　3.5　New goal of gender equality and improvement of Swedish gender equality policy (2000 – 2017) …………………… (145)

3.5.1 The establishment of a new goal of gender equality policy ……(147)
3.5.2 The perfection of family gender equality policy …(149)
3.5.3 The expansion of gender equality policy: the anti-discrimination law ……(156)
3.5.4 From action plans to national strategies: implementation of policies to combat and prevent sexual violence ……(157)
3.6 Out of the paradox: the analysis of Sweden gender equality policy evolution and development path ……(161)
3.6.1 Out of the policy paradox of "female dual role contradiction" and construction of neutral gender equality policy ……(162)
3.6.2 Out of the "neuter gender equality policy" paradox, the implementation of gender equality policy adjustments ……(166)
3.7 Chapter summary ……(172)

Chapter 4 Sweden gender equality policy target system and its contents and the practice ……(173)

4.1 The target system and its internal structure of gender equality policy ……(173)
4.1.1 The formation and establishment of the target system of gender equality policy ……(173)
4.1.2 Content structure based on the target system of gender equality policy ……(177)
4.2 Gender equality policies in equal participation ……(179)
4.2.1 Gender equality policies in political and economic participation ……(179)
4.2.2 Gender equality policies in education ……(185)
4.3 Gender equality policies in the female labor market ……(189)

4.3.1 Equality policies in the female labor market ……(190)
4.3.2 A pragmatic analysis of gender equality policies in the female labor market ……(194)
4.4 Policy of gender equality in family policy ……(203)
4.4.1 Gender equality policies of shaping family roles ……(204)
4.4.2 Child care policy of promoting family gender equality ……(207)
4.4.3 Practical effect analysis of family gender equality policy ……(212)
4.5 Gender equality policy for women's physical and mental safety and health ……(217)
4.5.1 The development history of gender equality policy for women's basic human rights ……(217)
4.5.2 National action plan of combating male violence against women ……(219)
4.5.3 National strategies for preventing and combating male violence against women ……(228)
4.5.4 Comparative analysis of the characteristics of the plan of action and the national strategy ……(233)
4.5.5 Practical analysis of gender equality policies to maintain women's physical and mental health ……(240)
4.6 Chapter summary ……(247)

Chapter 5 Gender mainstreaming and its value evaluation in Sweden ……(249)
5.1 A new perspective of social policy: the raising of "gender mainstreaming" ……(249)
5.1.1 The concept of gender mainstreaming ……(249)
5.1.2 The significance of gender mainstreaming ……(251)

5.2 Equal status and equal rights: the policy change of
　　gender mainstreaming ································(252)
　　5.2.1 Change of policy idea: equal status of women —
　　　　　gender neutrality—equal rights of men and
　　　　　women ·····································(253)
　　5.2.2 Transformation of policy goals: female characters-
　　　　　neutral relationship - men's responsibility ············(259)
　　5.2.3 The expansion of policy area: family areas -
　　　　　the Labour market - various fields in society ········(264)
5.3 Government orientation and policy continuity: the value
　　evaluation of social gender mainstreaming ·················(267)
　　5.3.1 Government-led social gender mainstreaming ·······(268)
　　5.3.2 Institutionalization of gender equality and policy
　　　　　continuity ·································(271)
5.4 The problem of gender equality policy in Sweden ··········(273)
　　5.4.1 Policy Paradox of Swedish Gender Equality
　　　　　Policy ····································(274)
　　5.4.2 The problem of gender mainstreaming in
　　　　　Sweden ···································(278)
5.5 Chapter summary ···(280)

Chapter 6　Analysis of the validity of Swedish gender equality policy and the regional difference of gender equality ································(282)

6.1 The effectiveness of Sweden's gender equality policy ······(282)
　　6.1.1 The basic assumptions ···························(282)
　　6.1.2 Index selection and data sources ··················(283)
　　6.1.3 Statistical description and collation of data ·········(284)
　　6.1.4 Regression analysis results ······················(287)
6.2 Divergence analysis of gender equality in different
　　regions of the world ······································(289)

    6.2.1 Cluster analysis and multivariate analysis of variance ……………………………………………… (289)
    6.2.2 A divergence analysis of gender equality among EU member states ……………………………… (289)
    6.2.3 Divergence analysis of intercontinental gender equality ………………………………………………… (293)
  6.3 Chapter summary ……………………………………… (299)

Chapter 7 The revelation of Swedish gender equality policies ……………………………………………………… (300)

  7.1 Perfecting the system: the revelation to the employment policy ……………………………………………………… (300)
    7.1.1 The achievements and problems of gender equality policies in the field of employment in China …… (301)
    7.1.2 Perfecting the legal system related to gender equality in employment field ……………………… (306)
    7.1.3 Establishing matched gender equity social employment policy system ……………………………… (308)
    7.1.4 Establishing a responsibility system coordinated among government departments ……………………… (309)
  7.2 Policy supporting and connecting: the inspiration to the family policy ……………………………………………… (311)
    7.2.1 The status quo and existing problems of China's family gender equality policy …………………… (311)
    7.2.2 Family responsibility sharing: establishing family neutral - equal policy concept …………………… (314)
    7.2.3 Emancipation of women: establishing a nursery system and policies shared by the government, the market and the family …………………………… (315)
    7.2.4 Safeguarding women's basic personal rights: improving policies to prevent and combat gender-based violence ……………………………………… (316)

7.3　Equality and efficiency: enlightenment to women's participation in political affairs ……………………………………（317）
 7.3.1　The status quo and existing problems of women's political participation in China …………（317）
 7.3.2　Suggesting to implement a policy of sex ratio quotas ……………………………………………（319）
 7.3.3　Gradually increasing the proportion of women in government decision-making bodies ……（320）
7.4　The revelation of gender mainstreaming strategy to Chinese social policy making ……………………………（321）
 7.4.1　Incorporating gender equality into social policy considerations …………………………………（321）
 7.4.2　Establishing the government's dominant role in promoting gender equality …………………（322）
 7.4.3　A gradual advancement of social gender mainstreaming ……………………………………（322）
 7.4.4　The systematization of gender equality policies …（323）
7.5　Chapter summary ……………………………………（323）

Conclusion ………………………………………………（325）

References ………………………………………………（328）

Afterword ………………………………………………（340）

前　言

　　社会平等是瑞典福利国家的基石。社会平等不仅是社会物品的平等分配，更重要的是人与人地位和身份的平等，这深刻地体现为性别平等。瑞典是世界公认的性别平等程度最高的国家之一。瑞典的性别平等政策是其社会政策的重要组成部分。瑞典的社会政策与性别平等政策具有价值目标的一致性，即追求社会权利的平等，具有政策内容的相融性、政策发展的开放性、政策作用的强制性的共同特征。瑞典社会政策的本质在于，政府通过政策法案对各项社会事务进行国家干预，实施政府主导的二次分配，以达到社会公平的目的，具有国家进行统筹的普遍主义特征。

　　瑞典的性别平等政策源于20世纪30年代的人口政策与家庭政策，于70年代逐渐形成独立的性别平等政策制度体系。瑞典性别平等政策的发展演进过程并不是一个由不平等到平等的线性的、简单的发展过程，而是一个充满着不同的利益冲突，不断解决凸显的社会问题，不断转换政策目标，不断拓展政策领域，不断走出政策悖论的复杂的政策变迁与发展的过程。这一过程是与瑞典的政治、经济及社会的发展、女性主义思潮的兴起、性别平等意识的变化紧密相连的。

　　瑞典性别平等政策的目标体系是瑞典性别平等政策的灵魂，通过总的价值目标的设定，形成了四个具体价值目标领域，确立了瑞典性别平等政策的内容结构。瑞典性别平等政策的总体目标为："确保女性与男性在生活的各个方面都享有同样的机会，拥有同样的权利，承担同样的义务。"在这一总体目标下，建构了以维护政治平等参与权利、经济教育领域的机会均等权利、家庭角色平等权利、女性自身安全权利为主要内容的瑞典性别平等政策的内容体系。

瑞典政府实施社会性别主流化开启了社会各项政策制定与实施的新视角与新领域。社会性别主流化作为一种优先策略，将性别平等作为目标纳入社会各项政策，将原来一直处于边缘地位的女性问题及两性平等问题带到了政府政策舞台的中心，实现了性别平等政策领域的拓广；瑞典的社会性别主流化的实施过程是瑞典性别平等政策不断发展变迁的过程，也是瑞典性别平等政策不断完善的制度化、体系化的过程。这一过程表现为性别平等政策理念由追求家庭中女性的平等地位发展到追求两性作为独立个体的性别中立，再到追求两性的社会平等权利的变迁；性别平等政策的目标由关注女性角色转向关注男女中性的平等关系再到关注男性责任的变迁；瑞典性别平等政策的范围由家庭领域拓展到劳动力市场领域再拓广到社会各个政策领域的变迁。

本书对瑞典社会政策中的性别平等问题，即瑞典性别平等政策的研究从五个方面展开：第一，从宏观背景方面，在第二章对本书涉及的社会政策、瑞典的社会政策、瑞典性别平等政策等基本概念演进及概念的涵义进行规范性的研究阐述；分析阐释瑞典社会政策形成的社会基础与理论基础，以探究与解决瑞典社会政策形成的社会条件与理论资源问题。第二，从历时态方面，在第三章与第五章，通过对大量一手资料的挖掘与梳理，系统分析阐释瑞典性别平等政策的制定、出台、改革与演进的过程；分析瑞典性别平等政策体系的建构过程；研究分析瑞典性别平等政策悖论的形成与克服的过程；研究瑞典性别平等政策的政策理念、政策目标、政策内容、政策体系的变迁与改革的过程；对瑞典社会性别主流化策略的提出、实施、效果、启示与局限进行系统研究与分析。第三，从共时态方面，在第四章研究分析瑞典性别平等政策的目标价值体系与内容结构及其政策实施的效果。以瑞典性别平等法案确定的性别平等政策的总目标与分目标为依据，对瑞典性别平等政策的四部分政策内容及其实践效果进行系统分析研究。第四，从量化分析方面，在第六章采用定量分析方法，以大量客观数据为基础，采用统计建模方法以求证前述瑞典性别平等政策的有效性，并利用聚类分析与方差分析法对欧洲各国与世界各地区性别平等的差异性进行比较分析。第五，从总结借鉴方面，在第七章依据前述对瑞典性别平等政策的分析与阐释，总结瑞典性别平等政策的经验，结合我国现阶段的国情，从就业政策、家庭政策、妇女参政及社会性别主流化四个方面分析了瑞典性别平等政策提供给我们的经验与启示。

Foreword

Social equality is the cornerstone of the Swedish welfare state. Social equality is not only the equal distribution of social goods, more importantly, it is equal status and identity among people, it is profoundly embodied in gender equality. Sweden is internationally recognized as one of the societies with the highest gender equality. Swedish social policy and the policy of gender equality have the consistency of value objectives, and their common characteristics are the pursuit of equality of social rights, compatibility with policy content, openness of policy development, coerciveness of policy effects. The essences of the Swedish social policy are the government intervening on various social issues through policy act, implementing of government-led secondary distribution, achieving the purpose of social justice, possessing the universal characteristics of state coordinations.

Sweden gender equality policy derives from its population policy and family policy of 1930s, gradually forms an independent system in the 1970s. The evolution of Swedish gender equality policy is not a linear and simple development process from inequality to equality, but a complex process of policy changing and development of different conflicts of interest, constantly solving the prominent social problems, changing policy goals, expanding policy areas, constantly out of policy paradox. This process is closely linked with Sweden's political, economic and social development, the rise of feminist thoughts, the change of gender equality ideology.

The value system of Sweden's gender equality policy is the soul of Swedish gender equality policy. By setting general goal value, it forms four specific value areas, establishes the content structure of gender equality policies in Sweden. The general goal of Sweden gender equality policy is: " to ensure that women and men enjoy the same opportunity in all aspects of life, have the same rights and bear the same obligations". Under the general goals, Sweden's content system of gender equality policy is established, in which main contents are the equal political participation rights, rights of equal opportunity in the field of economic and education, equal rights of family roles, woman's own security rights.

The gender mainstreaming implemented by Swedish government opens the new perspectives and new fields for various social policy formulations and implementations. As a priority strategy, social gender mainstreaming incorporates gender equality as the goal of social policies, brings the women and gender equality issues which had always been at the edge status into center stage of government policy, develops the policy of gender equality field. The implementation process of Sweden's social gender mainstreaming is the process of constant development of gender equality policy in Sweden, and it is also constantly improving institutionalization and systematic process of Swedish gender equality policy. The process shows the changes of the concept of gender equality policy from the pursuit of the equal status of women in the family to the pursuit of gender neutrality as an independent individual, and then the pursuit of the two genders´ equal rights, brings the women's issues and gender equality issues previously on the margins to the centre of the government's policy stage. to pursue the equal rights of the two genders; the goal of gender equality policy changes from focus on female characters to neutral equal relationship between men and women, and further the changes of male responsibility; the scope of Swedish gender equality policy expanding from family to the Labor market, then to various social policy areas.

The paper studies the gender equality issues of Swedish social policy, namely the Sweden's gender equality policy research in five aspects. :

First of all, from the macroscopic level, in the second chapter of this paper, social policy, Sweden's social policy, policy of gender equality in Sweden, the evolution of basic concept and the connotation of the concept are analyzed; In order to explore and solve the Swedish social policy formation's social conditions and theoretical resource problems, the social basis of the formation of the Swedish social policy and theoretical basis are interpreted.

Secondly, from the diachronic level, in the third chapter and the fifth chapter, the formation, introduction, reform and evolution of Swedish gender equality are systemically analyzed through a lot of firsthand material mining and combing; the construction process of Sweden's gender equality policy system is also analyzed; the formation and overcoming process of gender equality policy paradox in Sweden is discussed; policy principle, policy goal, policy content and policy system's changing and reforming process of Sweden gender equality policy are studied; The raising, implementation, effects, implications and limitations of Swedish social gender mainstreaming strategy are systematically discussed.

Thirdly, from the synchronic level, in the fourth chapter, Sweden's gender equality policy goal value system, content structure and the effect of the policy implementation are studied. Based on the general goals and sub-goals of gender equality policy determined by Sweden gender equality act, the four parts policy and its practical effect of Sweden gender equality policy are systematical analyzed.

Fourthly, from the quantitative analysis level, In the sixth chapter, with the quantitative analysis method, on the basis of a large number of objective data, statistical modeling method is also used to prove the validity of the Sweden gender equality policy, the differences between European countries and various areas of the world's gender equality are analyzed by using clustering analysis and variance analysis.

Fifthly, from the aspect of summarizing and learning, in the seventh chapter, with the above analyses and interpretations of Sweden's gender equality policy, the paper sums up the experience of Sweden's gender equality policy, combining with China's current national conditions; besides, the paper analyzes the experience and enlightenment provided by the gender equality policy, in four aspects: the employment policy, family policy, women's political participation and gender mainstreaming.

第一章 绪论

第一节 研究背景与问题的提出

平等是人类社会始终追求的终极目标。在人类社会发展的历史过程中，人们从追求"生而平等"的根本平等到追求法律的平等，从追求政治的平等到追求社会的平等。然而，社会的平等不仅是社会物品的平等分配，重要的是人与人的地位与身份的平等，其中一个重要方面就体现为性别的平等。从这个意义上讲，对性别平等的追求是现代社会平等的核心价值目标之一，同时也是社会平等程度的重要标志。

如何实现社会的性别平等是人类所面对的共同问题，也是世界各国政府都在探寻与解决的问题。政治家、学者、女性主义者在理论维度上不断地探寻社会的性别平等之路，而一些国家的政府，特别是二战以后福利国家政府则在实践维度上努力探寻实现性别平等的制度机制，以通过社会政策这个必要的工具与再分配机制，对社会的政治力量与市场机制进行校正与限制，对社会资源、社会收入进行平抑与调整，使其控制在社会公正的范围之内。维护社会平等是社会政策的基本价值取向，不同国家在社会政策上的选择与这个国家的社会平等与社会发展程度具有高度的相关性。

当今世界已进入全球化、信息化时代。在全球化进程中，通过社会政策促进社会公平已成为各国政府追求的目标，而在福利国家中作为追求社会平等的重要表现，即性别平等业已成为人们关注的重要领域。福利国家对性别平等问题关注的原因在于：一是社会公平已成为当今社会发展的主题，各国政府通过各种社会政策的实施，将社会政策赋值社会行动，以制度机制缩小贫富之间差别，促进男女之间的平等，为实现性别平等奠定了社会政治基础；二是现代科学技术的发展，信息化工具的使用，极大地消除和缩小了男女体能与心理上的差别，为实现性别平等奠定了物质基础；三是西方国家妇女运动浪潮与女性主义的兴起，使妇女追求社会平等权利与参政议政的意识越来越强，更多的女性走上国家领导岗位已成为事实，这为实现性别平等奠定了现实基础。但是，在现实社会中，为什么具备上述基础条件的国家其性别平等程度不同？为什么同是福利国家的社会政策对社会平等的介入程度不同？研究发现，上述基础条件并不是一个国家实现社会性别平等的必要条件，因各国家社会政策的补缺型或普遍型的类型不同、社会政策赋值与国家干预程度不同以及社会政策制定与贯彻实施程度不同与其社会性别平等水平有着密切的联系，也就是说，一国的社会政策与社会性别平等程度之间有着深刻的相关性。在世界各国中，瑞典是世界上公认的通过社会政策调整，较高水平实现社会性别平等的福利国家之一。

瑞典是世界上福利国家的典范，同时也是世界上性别平等指数最高的国家。在2011年联合国开发计划署（The United Nations Development Programme，UNDP）的人类发展报告中，瑞典性别平等指数排名第一[①]；欧洲联盟（以下简称欧盟）授权欧洲性别平等研究所（European Institute for Gender Equality，EIGE）于2017年发布的《2005—2015年欧盟性别平等测量报告》数据显示，瑞典的性别平等指数为82.6，在欧盟28国排名第一。[②] 可见，瑞典性别平等程度居世界前列。在瑞典，性别平等的理念已成为整个社会追求和实现社会平等的政治共识与社会共识。瑞典政府在这一理念的指导下，注重性别平等的政策制定、制度建设与实践保障，将性别平等的保障机制建立在民众普遍认同的基础上，相继出台了一系列的社会政策、制度与配套措施，使对性别平等的制度保障转化为整个社会行动，并且力度不断加强，领域不断拓广，性

---

① United Nations Development Programme, *Human Development Report* 2011, New York: UNDP, 2011: p.139.

② EIGE. Sweden | Index | 2015 | Gender EqualityIndex | [EB/OL]. 2015. [2018-03-25]. http://eige.europa.eu/gender-equality-index/2015/SE.

别平等的程度不断提升，向世人展示出一个成熟社会的独特魅力。

瑞典的社会性别平等水平体现在社会各个领域。瑞典统计局（Statistics Sweden）2016年6月发布的最新一期《2016年瑞典的女性与男性——事实与数据》（Women and men in Sweden 2016: Facts and figures）数据表明[1]：

从接受教育的状况来看，2015年，25—44岁年龄段女性和男性接受高等教育的占比分别为54%和40%；45—64岁年龄段的女性和男性接受高等教育的占比分别为40%和33%。这表明女性在两个年龄段中，接受高等教育的比例均高于男性，并在25—44岁年龄段的女性身上体现得更为明显。

从就业情况来看，1987年，女性就业率为82%，男性就业率为88%；2013年，女性就业率为77%，男性为82%，这表明，由于受经济危机的影响，女性就业率虽有所下降，但是男女就业比例的差别在缩小；2015年瑞典25—44岁女性失业率为3%，欧洲（不包括北欧国家）25—44岁女性失业率为10%，表明瑞典女性失业率远远低于欧洲的平均失业率。

从工资状况来看，以全职工资计算，2016年女性收入是男性收入的87%，这个数据比2014年出版的《2014年瑞典的女性与男性》（Women and men in Sweden 2014）中女性的收入是男性收入的86%的数据提高了一个百分点。这表明女性与男性的工资差别在缩小。

在政治参与和影响力方面，2016年瑞典政府部长级女性官员占50%，男性占50%，这表明瑞典女性参与国家行政管理的比率很高，政府部长级官员的性别比率达到了半数，这是世界各国部长级官员中女性比率最高的数据；近年来，瑞典女性议员在议会中的占比不断提升，在30—49岁年龄段，2002年女性议员占比46%，2010年女性议员占比51%；2016年，在瑞典现有的8个政党中，有4位女性出任党主席，占比50%。可见，瑞典女性的政治参与度和社会影响力在不断加强。瑞典妇女不仅政治参与度高，在经济参与方面也具有重要的影响力与参

---

[1] Gender Statistics, "Women and men in Sweden 2016", 2016. [2016–07–04]. https://www.scb.se/le0201–en.

与度。瑞典女性在公共事业公司董事会与高级管理人员中的性别比也在不断地提高，出任公共事业公司董事会主席的女性比率，由2002年的13%上升到2015年的45%；出任公共事业公司董事会总经理的女性比率由2002年的12%提高到2015年的32%。数据表明，在公共部门的高级管理层中女性的经济参与度与所占比例较高，同时也体现出瑞典公共部门具有较高的性别平等水平。

除上述瑞典本身具有完善的社会政策制度体系以外，研究瑞典的社会政策与性别平等政策的另一个重要原因在于，瑞典作为世界上典型的福利国家，其社会政策与性别平等政策类型本身具有比较研究的价值。不同类型的福利国家其社会政策的制度类型也不尽相同。在各种类型划分中，哥斯塔·埃斯平-安德森（Gøsta Esping-Andersen）在其著作《福利资本主义的三个世界》（*The Three Worlds of Welfare Capitalism*）中对福利国家模式的分类最典型，影响也最大。他以经合组织中的18个国家为研究对象，根据它们对社会收入分配的非商品化程度以及社会政策的基本指导思想，把福利国家划分为自由主义（liberal）、合作主义（corporatist）、社会民主主义（social democratic）三种类型，而自由主义与社会民主主义两种不同类型更具有典型意义。

美国被认为是实施补缺型社会政策的自由主义类型福利国家的典型代表。美国的社会政策由于受自由主义历史文化传统的影响，崇尚自由竞争，奉行"管事越少的政府就是最好的政府"的理念，不主张国家对市场过多的干预，而是强调市场机制在社会政策中的作用，认为市场机制是一只"看不见的手"，会把各种生产与社会要素按最佳方案进行配置，社会政策只是市场分配的一种补充，因而社会政策的调节只能是局部的、个别的、有选择的。社会政策的目标是防止贫困加剧而不是提高社会整体的福利水平，因此美国的社会政策是补缺型的而非普遍型的。所以，人们将美国的福利国家制度看作是注重效率的制度。

瑞典被认为是社会民主主义实施普遍型社会政策的福利国家典型代表。瑞典的社会政策深受民主社会主义思想的影响，崇尚自由、平等、公正和公平，奉行社会改良主义的阶级合作路线。主张通过国家干预，政府主导，进行二次分配，建立完善的福利制度为全体人民提供有效的权益保障与生活保障，通过社会政策来弥补市场机制的缺陷解决社会不公问题。瑞典的福利制度与社会政策不是补救性的，而是基于公民基本权利具有普遍主义的性质。瑞典社会政策的主要目标是承担公民的福利职责，维护社会平等，促进社会协调发展。由于受全球化、世界经济危机及欧洲一体化的影响，面对世人对福利国家的质疑，瑞典福利国家制度与社会政策一直在进行着不断的调整与改革，到目前为止，瑞典仍是世界公认的政治稳定、社会保障体系完善、劳动生产率高、将公平与效率实现完美结合的福利国家的典范。

瑞典的社会发展道路及社会政策体系可以为我国的社会发展提供经验与启示。我国目前正处于新的历史发展时期，在2018年《宪法》中我国进一步确立了"把我国建设成为富强民主文明和谐美丽的社会主义现代化强国，实现中华民族伟大复兴"的奋斗总目标。这一总目标的实现就需要调整我国的社会政策，通过社会政策的进一步完善来加强我国现代化强国的社会建设，进而实现社会的平等，实现社会基本服务的均等化，促进物质文明、政治文明、精神文明、社会文明、生态文明的协调发展。我国作为现代化发展的后发国家，瑞典通过国家干预进行二次分配来实现社会平等的做法，通过建立完善的福利制度为全体人民提供有效的权益保障与生活保障，通过社会政策来弥补市场机制的缺陷解决社会不公问题的经验，对我国社会政策体系建构具有一定的借鉴意义，这也是本书之所以选择研究瑞典社会政策，特别是性别平等政策的另一个重要原因。

从历史的角度看，瑞典社会政策与性别平等不是与生俱来的，其性别平等政策的发展过程也并非是一个由不平等到平等的线性的、简单的发展过程，而是一个充满着不同的利益冲突，不断解决凸显的社会问题，不断转换政策目标，不断拓展政策领域，不断走出政策悖论的复杂的政策变迁与发展过程。瑞典性别平等政策体系的这一不断完善的过程，是通过不断地改革与完善社会政策体系逐步实现的。那么，瑞典社会政策是如何通过普遍的国家干预实现性别平等的？瑞典社会性别平等政策制定过程中各种复杂因素乃至政策悖论是如何克服的？瑞典社会性别平等政策的制度体系是如何形成的？瑞典性别平等政策的价值目标与内容结构是如何确立的？瑞典社会性别主流化策略是如何实施的？瑞典性别平等政策对世界的贡献与局限性体现在哪里？由此可见，研究和探讨瑞典社会政策与性别平等政策之间的关系问题，对于我国社会转型期的社会政策与性别平等政策的构建具有重要的借鉴意义。对于这些问题的探究将构成本书的主要内容。

第二节 研究综述

瑞典是世界福利国家的典型之一，学界对瑞典福利国家的研究，特别是对瑞典社会保障制度的研究是较为充分与深入的。但是，不论国外与国内对瑞典社会政策，尤其是对瑞典性别平等政策和对瑞典性别平等政策体系及其演进的研究还是相对薄弱的，文献量也很有限，综述如下。

一 国外研究综述

国外对瑞典社会政策与性别平等问题的研究从数量看文献量较少，从内容看，多是针对具体领域的性别平等政策的研究，从宏观理论的视角系统研究瑞典性别平等政策的成果较少，这可能与瑞典社会政策与性别平等政策突出实践性与可操作性的特点有关。

在SSCI社会科学引文索引中以"Sweden, gender equality policy"为关键词搜索，1995—2018年9月共有145条检索结果。从检索结果看，这23年期间世界各国对瑞典性别平等政策研究论文的数量逐年递增，但以2010年为界限，之前的每年研究论文较少，最多的每年只有8篇，从2010年起文献数量开始猛增，2017年达到22篇；从研究领域看，文献的分布为：妇女研究（28篇）、社会问题（25篇）、社会学（20篇）、公共行政（14篇）、人口学（12篇）、教育研究（8篇）、公共管理（8篇）、政治学（6篇）、社会科学跨学科（6篇）、社会工作（5篇）、经济学（5篇）、家庭研究（5篇），这种分布情况进一步印证了国外对瑞典性别平等政策的研究多是在不同学科领域中的研究。

对欧盟和联合国网站进行搜索，检索结果多是以社会性别主流化策略为背景,以年度报告的形式,呈现世界各国性别平等策略的实践成果。主要为性别平等意识对政策制定和社会共同体制度的制定等全方位多层次的政策指导;公布性别平等程度测量工具框架以及世界范围内各国的实践进步。例如《2012 年世界发展报告:性别平等与发展》指出性别平等有利于提高生产率,改善下一代发展环境;同时指出,降低女性的死亡率、改善妇女的经济机会平等、扩大妇女的发言权和能动性以及限制性别不平等的代际复制,这四个方面性别差距较为突出且亟须公共领域的推动。

对瑞典国家性别平等基金资助机构、瑞典研究委员会、瑞典家庭计划基金会及其相关机构的各种网站及斯德哥尔摩大学、乌普萨拉大学、哥德堡大学、隆德大学、林雪平大学的网站进行搜索,检索结果呈现三方面特点。

第一,文献多是对瑞典具体的社会政策与性别平等政策的研究。如阿萨·伦德奎斯特(Åsa Lundqvist)在《家庭政策的悖论》(*Family policy paradoxes*)一书中介绍瑞典家庭政策的发展和其中性别平等的制度化过程,强调家庭作为家庭政策、性别平等和就业政策的重要交汇点自 20 世纪 30 年代至今备受重视,以及如何平衡性别平等意识和政策指导模式之间的复杂性与矛盾;赫林·梅尔卡斯(Helinä Melkas)和理查德·安克尔(Richard Anker)在《北欧劳动力市场中的性别平等和职业隔离》(*Gender Equality and Occupational Segregation in Nordic Labour Markets*)中,介绍了瑞典劳动力职业隔离和雇佣中的性别歧视现象。还有如《性别政策对生育率的影响:教育和规范环境的调节作用》《性别平等的家庭政策和母亲从事有偿工作》《性别与组织文化》等文献均注重对瑞典不同领域的性别平等政策的研究。

第二,文献则多为政府报告。瑞典国家机关每年均对性别平等政策实施情况发表统计报告,例如,瑞典统计局自 2002 年起,每两年公布一次关于性别平等政策的年度报告《瑞典女性与男性——事实和数据》(*Women and men in Sweden—Facts and figures*),从人口、健康、教育、时间使用、家庭照护、有偿工作、工资、收入、犯罪、影响力与权利十个方面公布男女平等的数据;政府委员会报告多是决策前期的调研报告，例如，性别平等调查的最终报告题为《政策目标和新政府机构——瑞典性别平等政策的有效治理》（SOU 2015：86），认为性别平等领域缺乏永久性行政机构，导致性别平等工作缺乏长期的战略性制度设计。因此调查的最重要结论是：需要在国家层级建立一个坚实和永久的组织结构，以便政府能够有效地执行国家两性平等政策。这一调查报告促使瑞典政府在其2017年预算法案中，宣布建立一个国家性别平等机构；瑞典政府部委向议会呈送的报告，例如，2016年政府给议会的名为《权力、目标和权威——为了一个未来平等的女权主义政策》（Skr. 2016/17：10）的报告，报告在对以往政府关于打击性暴力情况进行评估总结的基础上，提出了国家关于打击性别暴力的国家战略内容、结构与目标的建议。

第三，文献多为政府委托或者各大学研究机构的调研报告。如2015年瑞典大学研究人员为国家提供的《关于预防和打击暴力侵害妇女行为的国家战略》（*En tioårig nationell strategi för att förebygga och bekämpa mäns våld mot kvinnor*）调查报告。

总之，上述研究成果与报告具有很强的实践性与针对性，通过这些报告可以了解瑞典性别平等政策调研、制定、出台的过程。

在SSCI社会科学引文索引中对性别平等"gender equality"进行检索发现，国外对这一问题的研究非常充分，不论从社会学、政治学、经济学、法学、伦理学、哲学领域均有大量的文献与研究成果。由于选题的关系，下面本书仅从瑞典社会政策与性别平等政策研究的视角对文献进行综述。

（一）对瑞典与北欧其他国家性别平等政策的比较研究

北欧国家是世界公认的性别平等指数较高的国家。在这些国家中瑞典具有重要的地位。因为在文献检索中发现，对瑞典与北欧斯堪的纳维亚半岛各国性别平等政策的比较研究占有一定的比例，这些文献多是从比较的视角研究瑞典与其他北欧国家社会政策与性别平等政策制定与实施状况。例如，挪威奥斯陆大学的安妮·丽莎·艾林赛特（Anne Lise Ellingsaeter）撰写的研究论文《斯堪的纳维亚福利国家和性别隔离：最近的趋势和进程》（*Scandinavian welfare states and gender (de) segrega-*

tion：Recent trends and processes）从劳动力市场中两性平等的视角分析了瑞典、丹麦与挪威如何从高度性别隔离的劳动力市场转向中等程度性别隔离的劳动力市场的原因。认为尽管在劳动力市场中妇女在管理职位中所占的比例正在上升，但是因为性别本质主义思想的存在，使得瑞典等福利国家中性别隔离程度仍然较高，只有进一步弱化这种观念才可能成为废除种族隔离的主要驱动力。瑞典城市大学的卡塔琳娜·佩特森（Katarina Pettersson）等人从女性主义的视角对瑞典等北欧国家的女性创业政策进行批评，撰写了《以女人的名义？斯堪的纳维亚妇女创业政策的女性主义解读》（In the name of women? Feminist readings of policies for women's entrepreneurship in Scandinavia）一文。文章分析和比较了2005—2015年期间，丹麦、挪威和瑞典三个斯堪的纳维亚国家实施的国家层级的政策，认为针对妇女创业政策优先考虑的均是经济的增长而非是女权主义的方式与视角。随着时间的推移，经济增长成为关键点，而女权主义的视角则被压制。文章注意到，以支持妇女的名义，针对女企业家的政策目标往往只是经济增长，而妇女仅仅被视为一种尚未开发且不充分的资源，从而得出结论，应将妇女福利作为女企业家的政策举措，有助于两性平等，促进社会的性别平等变革。

瑞典索德脱恩大学的伊娃·布伦伯格（Eva Blomberg）在《性别平等政策：瑞典和立陶宛—北欧理念的经验》（Gender Equality Policies：Swedish and Lithuanian Experiences of Nordic Ideas）一文中通过北欧的性别平等机构、瑞典平等机会申诉机构、立陶宛平等机会申诉机构三个案例进行比较研究，提出性别平等如何制度化的问题。在两个案例研究中文章分别阐述了瑞典和立陶宛平等机会申诉专员制度的确立，指出了在当今虽然性别平等问题是全球公认的关于人权的一个理论问题，然而关于性别平等制度在多大程度上改变了政治思想和政治行动仍是未知数。尽管公众普遍认为性别平等在理论上非常重要，但是在国家和国际层面上对性别平等这一政策尚未达成一致意见。在整个欧洲，性别歧视问题正被通过制度化程序进行解决。正如那三个案例的研究所示，这一程序的制定、概念化和实施在很大程度上还要取决于社会、政治和历史环境。在瑞典和立陶宛，历史环境对平等机会申述专员机构的建立有很大的影响。欧洲化进程巩固了申诉专员的地位，削减了民族特性的影响。

瑞典哥德堡大学的政治学家杰西卡·林德维特（Jessica Lindvert）博士，是一位研究比较福利国家政策、性别平等、女性主义和制度主义的学者。在其《一个分开的世界：瑞典和澳大利亚的两性平等政策》（A world apart. Swedish and Australian gender equality policy）一文中，他重点介绍了 1960 年至 1990 年瑞典和澳大利亚两性平等政策的发展进程，对瑞典与澳大利亚从两性平等政策、儿童保育政策、反歧视规定、针对妇女的性暴力、如何制定性别平等政策五方面进行了比较研究，分析了双方各自的优长与不足。文章认为必须强调的是，现代福利国家成功的程度与水平，在于把"妇女友好"的理念转化为既定的政策方案，认为瑞典是一个成功的例子。

（二）对瑞典家庭政策领域中性别平等政策的研究

对瑞典家庭政策领域中性别平等政策的研究是世界各国对瑞典福利国家研究的重点。伴随着瑞典经济与社会的发展，瑞典性别平等政策也在不断地改革，以适应社会与公众的要求。同时，瑞典的家庭政策与劳动力市场政策与儿童托育政策是相互有机联系的。对为数不多的关于瑞典性别平等政策研究的文献而言，关于这一领域的研究文献还是相对集中的。以下选择几篇典型文献加以介绍。

2011 年，伦敦政治经济学院的伯尔尼拉·滕伯格（Pernilla Tunberger）和温迪·西格尔·拉什顿（Wendy Sigle-Rushton）在欧洲社会政策杂志发表了《瑞典家庭政策改革的连续性和变化》（Continuity and change in Swedish family policy reforms）一文。文章认为，瑞典家庭政策的实现鼓励和维持了女性劳动力市场参与的高比率和生育的高比率，这一点已被确定为欧洲最佳典范并成为世界各国借鉴的政策。文章在对瑞典最近（2008 年）实施的三项家庭政策，即育儿假与儿童托育政策、性别平等补助金政策、减免税政策进行大量调研的基础上，深入分析了实施这三项家庭政策在多大程度上改变了对幼儿父母就业和儿童保育选择，以及这些激励措施是否因收入水平不同而有所差异。论文在进行大量数据分析的基础上认为：随着新政策的实施，让女性伴侣工作时间减少或工作时间为零的成本已经下降。（1）对于高收入的夫妇来说，最好的选择是让他们全职工作,并雇佣一个保姆来照看孩子。(2)对于低收入夫妇来说,最好的选择是两个人都可以一半工作和一半在家庭照护。(3)对于收入差距较大的夫妇,以及女性低收入者,最佳选择是让她在有资格获得现金补助期间放弃有偿工作。文章进一步认为,瑞典这一套连贯一致的家庭政策改革,为全职双重收入与公共儿童保育结合起来的两性平等模式提供了有力的支持,也为妇女提供了高水平的就业机会。但是,现金补助收益鼓励妇女暂时退出劳动力市场,而税收减免政策则鼓励妇女增加她们的工作时间,同时把无报酬的工作留给其他人。最后论文给出的结论是:瑞典这些新政策解决了人们对生产率、成本控制等方面的担忧,同时又确保与维持了出生率,修订后的瑞典模式继续为欧盟的就业和人口问题提供了解决方案。

瑞典隆德大学的阿萨·伦德奎斯特(Åsa Lundqvist)是一位研究社会政策和家庭政策之间互相关系的专家。他在《家庭政策悖论》(*Family policy paradoxes*)一书中,对瑞典家庭政策和性别平等政策80年来的演化过程提供了一个独特的悖论视角,对瑞典家庭模式中出现的一些矛盾、悖论和愿景进行了批判性分析,强调政治举措在调节家庭生活中的重要性,提出家庭中的性别平等理念与工作中的性别关系的合力作用是克服政策悖论、实现性别平等的重要途径。

瑞典斯德哥尔摩大学社会学系的利维娅·S. 奥拉(Livia Sz. Oláh)与迈克尔·加勒(Michael Gähler)教授,主要从事家庭与性别关系问题的研究,他们在进行大量社会调查基础上发表了一篇有影响的论文《瑞典的性别平等观念、有偿和无偿工作的划分以及伙伴关系解体》(*Gender Equality Perceptions, Division of Paid and Unpaid Work, and Partnership Dissolution in Sweden*)。该文主要探讨性别平等理念对一人挣钱的核心家庭模式与两人挣钱的性别中立家庭模式中两性关系的影响。论文认为:不论家庭类型如何,只要双方具有性别平等观念,无论是性别平等主义还是传统主义,在个人态度和夫妻行为方面表现出一致性的受访者分手的风险较低。因此,观念和行为的一致性对合作伙伴关系的稳定性似乎比家务劳动的性别平等分工本身更重要。

西班牙巴勃罗·奥拉维德大学的卡门·卡斯特罗-加西亚(Carmen

Castro-García）是专门从事社会性别主流化和欧洲性别问题政策研究的专家，是性别平等政策手册的作者，也是社会性别主流化的国际顾问。他在《欧洲育儿假政策与性别平等问题》（Parental Leave Policy and Gender Equality in Europe）一文中依据2008—2010年的数据分析了21个欧洲国家的育儿假政策及其对男性行为的影响。文章分析认为，男性在与女性同等程度的参与儿童保育工作，对消除差异化的性别角色至关重要。因此，女性使用育儿假情况的增加将对两性平等产生消极影响；而男性使用假期增加将产生积极的影响。绝大多数男性领受不可转让和高薪的假期，少数人采取其他类型。论文结果显示，不可转让性和高额付款必须结合起来才能产生高水平的男性领受率。高薪、平等、不可转让的育儿假本身是走向社会平等的重要一步，在这个社会中，所有的人都可以同样是照顾者和养家糊口者，这项政策安排是男女平等参与育儿的先决条件。

关于瑞典家庭政策的研究还有纽约城市大学政治学与社会学教授珍妮特·C.戈尼克（Janet C. Gornick）于2009年出版的《性别平等改变了家庭劳动分工》（Gender Equality: Transforming Family Divisions of Labor）；美国威斯康星麦迪逊大学的伊丽莎白·汤姆森（Elizabeth Thomson）和简·M.霍姆（Jan M. Hoem）在1998年发表的《瑞典夫妇生育计划与生育》（Couple childbearing plans and births in Sweden）；瑞典梅拉达伦大学的安娜-莱娜·阿尔母基维斯特（Anna-Lena Almqvist）和瑞典斯德哥尔摩大学的安-佐菲·达万德（Ann-Zofie Duvander）在2014年发表的《两性平等的变化？瑞典父亲的育儿假、育儿与家务分工》（Changes in gender equality? Swedish fathers' parental leave, division of childcare and housework）；加拿大圭尔夫大学的金伯利·厄尔斯（Kimberly Earles）发表的《瑞典家庭政策——北欧福利国家模式的延续和变化》（Swedish Family Policy - Continuity and Change in the Nordic Welfare State）；庞培法布拉大学的保罗·贝森（Pau Baizan）等学者发表的《性别政策对生育率的影响：教育和规范环境的调节作用》（The Effect of Gender Policies on Fertility: The Moderating Role of Education and Normative Context- Baizan, Carlos）；瑞典于默奥大学的苏菲亚·埃尔福（Sofia Elwér）发

表的《工作场所性别平等模式与心理困扰》(*Patterns of Gender Equality at Workplaces and Psychological Distress*) 等论文。这些文献从不同视角对瑞典的家庭性别平等政策进行了具体的分析与评价。

(三) 对瑞典教育与劳动力市场领域中性别平等政策的研究

对瑞典教育与劳动力市场领域中性别平等政策的实证研究始终是瑞典学者研究的重要领域。这一领域的研究特点体现为对具体政策的制定与实施进行追踪研究。卡罗琳·伯格伦（Caroline Berggren）是瑞典教育部与哥德堡大学的研究人员，主要从事高等教育与劳动力市场中的性别平等政策问题研究，其在《性别平等政策与高等教育事业》(*Gender equality policies and higher education careers*) 一文中，重点研究了性别平等政策对高等教育与劳动力市场的影响。论文对瑞典高校 1948 年、1953 年和 1967 年注册的 585 名研究生数据信息进行了分析，认为性别平等政策规范并影响了瑞典的高等教育与劳动力市场。妇女在高等教育发展中的性别差异在减少，在高等教育中不论是女性学生还是女性教师的数量都明显增多；在高等教育的学术研究领域中，性别分工表现为性别结构与专业结构的互补，即女性多分布在人文社会科学与医疗护理领域，男性多分布在科学技术与自然科学领域；在高等教育的层次结构中，女性多从事基础课程教学与兼职教师，男性多分布在高层次科研领域。由于高等教育和劳动力市场是横向性别划分的，男性和女性的职业选择是不同的，男性无论是否获得研究生学位都更愿意在私营部门工作，而女性则更愿意完成学业且在公共部门工作。换句话说，女性更愿意去获得高等教育，可能是由于她们的学术专长在劳动力市场需求更大。

瑞典于默奥大学的阿尔加特-索尔兹曼（Inga Elgqvist - Saltzman）教授在 2006 年发表《笔直的道路与曲折的轨道：从性别平等的角度看瑞典教育》(*Straight roads and winding tracks: Swedish educational policy from a gender equality perspective*) 一文。文章认为，两性平等是社会平等的一个重要组成部分，是二战后瑞典福利政策改革的首要目标。在这些政策中，教育被视为通往平等社会的一条主要道路，每个人都应该分享这一利益。文章指出，在传统性别视角下的瑞典教育政策中，妇女的生育能力被用来作为反对她们从事智力研究和专业工作中使用大脑能力的论据。当妇女获得中等和高等教育的机会时，少数将工作与已婚家庭生活结合起来的人，不得不面临家庭照护与工作两方面的顾此失彼，构成女性受教育的曲折轨道；瑞典良好的父母津贴制度为父母双方提供了轮流在家照顾小孩的可能性，使得瑞典女性能够在完成教育后养育第一个孩子，而后再返回工作岗位或通过继续教育继续学习。但是，在女性生命线上如此明显的工作与家庭的转换却在男人的生命线中缺失。

瑞典隆德大学的阿萨·伦德奎斯特在2015年发表了《激活瑞典模式中的女性》（Activating Women in the Swedish Model）一文。文章重点分析与论证了20世纪60年代瑞典女性劳动力市场参与激活政策计划与瑞典经济增长和支持妇女经济独立之间的关系。文章认为，20世纪60年代标志着瑞典家庭和性别关系新时代的开始。这是一个关于家庭的传统价值观在政策制定中受到质疑和重新定义的时代。妇女运动和政治激进化为两性平等政策的出现奠定了基础，最终在70年代进行了几次性别中立的政策改革，这些政策成为积极的劳动力市场政策。事实上，激励政策的引入在20世纪60年代已经促使各种群体进入了劳动力市场，其中包括无工作的已婚妇女。文章重点介绍了在妇女大量进入劳动力市场时期，为使妇女能够从事有偿工作，国家劳动力市场委员会设计和执行的一些激活政策：女性职业培训；1966年的一个名为"家庭主妇改变她的职业"的广播节目；激活检查员所做的工作。文章结果表明，瑞典20世纪60年代的激活计划，对于增加女性劳动力市场的参与度，促进瑞典经济增长与支持妇女经济独立有着重要的影响。

对瑞典教育与劳动力市场领域中性别平等政策进行实证研究的论文还有：斯德哥尔摩大学的贡纳尔·安德森（Gunnar Andersson）等在2007年发表的《普遍福利国家夫妇的生育动态：劳动力市场地位、原籍国和性别的作用》（Childbearing dynamics of couples in a universalistic welfare state: The role of labor-market status, country of origin, and gender）；瑞典哥德堡大学的乌拉·埃里克森-泽特奎斯特（Ulla Eriksson-Zetterquist）等在2008年发表的《克服玻璃障碍：在"妇女走向高层"计划中的反思和行动》（Overcoming the glass barriers: Reflection and action in the "Women to the top" programme）；英国巴斯大学的林恩·P. 库克（Lynn Prince Cooke）等在2013年发表的《劳动和爱情：社会政治背景下妻子的就业和离婚风险》（Labor and Love: Wives' Employment and Divorce Risk in its Socio-Political Context）；比利时根特大学的米克·艾克哈克（Mieke Eeckhaut）等在2014年发表的《教育异质与家庭有偿劳动分工：当代比利时和瑞典的比较》（Educational Heterogamy and the Division of Paid Labour in the Family: A Comparison of Present-Day Belgium and Sweden）。这些论文从教育、有偿劳动与劳动力市场等各方面分析了瑞典性别平等政策实施的利与弊。

（四）对瑞典社会性别主流化的研究

瑞典是世界公认的早于联合国提出并实施"社会性别主流化"这一策略的国家。因此，世界各国对瑞典社会性别主流化的情况较为关注，瑞典学者同样关注对社会性别主流化的研究，双方都非常注重总结瑞典社会性别主流化实施过程中的经验与教训。

斯德哥尔摩大学与乌普萨拉大学是瑞典性别平等政策问题研究的重镇，特别是对社会性别主流化的研究。斯德哥尔摩大学的戴安·萨恩斯伯里（Diane Sainsbury）与乌普萨拉大学的克里斯蒂娜·博格奎斯特（Christina Bergqvist）合作发表了一篇论文《性别主流化的前景与缺陷——瑞典的案例》（The Promise and Pitfalls of Gender Mainstreaming—the Swedish Case）。文章较为全面地阐释了瑞典的社会性别主流化提出与实施的过程，讨论了瑞典案例中的有利条件与取得的经验，描述了1994年将性别主流化纳入社会政策的考量。文章认为，在分析性别主流化时，瑞典的经验特别重要，因为瑞典向我们提供了一个最有可能的案例。这种案例使我们可以期待一些积极的结果，而且该案例在理论上至关重要；瑞典在20世纪90年代引入的性别主流化，实际上与70年代以来实行的性别平等政策在具体内容上是一致的，两性平等的视角已被纳入各项政策考量。

学者们在对社会性别主流化进行上述综合性研究的同时，还对性别主流化问题进行了比较研究。荷兰瓦赫宁根大学的马丁·泽布克（Martin Zebracki）在《城市中的性别问题：以瑞典和意大利为例论述欧洲城市治理中的性别主流化》(Sex in the city: gender mainstreaming urban governance in Europe. The case of Sweden and Italy)一文中,通过比较瑞典和意大利这两个完全不同类型的福利国家(前者的福利系统嵌入在制度和社会结构中,而后者更显著地表现为以家庭为主)来分析城市治理中的性别主流化问题。在文献和政策分析的基础上文章阐述了这一对比强烈的观点,即瑞典在城市治理中,所制定的政策相比于意大利更具有性别敏感度。产生这种区别的主要原因在于,在城市治理的政治力量中,瑞典体现为其日益加强的社会民主主义以及具有公平性的城市规划,而意大利则与之相反,更多地体现为符合其较为保守的社团主义和父权制公共政策。这项比较研究的结果显示,将性别纳入城市管理所需要的机制或者说破除其阻碍的关键因素在于性别主流化的制度化。与意大利相比,瑞典的性别主流化与社会政治结构交织得更为密切,原因在于瑞典的民主传统,即在城市管理实践中增加平等主义的规划和政策制定,以及瑞典对性别平等的政治压力总体较高,造成这种情形的原因是瑞典妇女的教育程度相对较高,她们的自我强化能力普遍较强(这与瑞典女性作为照护者和工薪阶层的双重角色有关);意大利的女性政治参与程度相对较低;意大利所实施的性别主流化政策更多地呈现特殊化,在意大利的城市治理领域更多地呈现男性主导的文化,这在很大程度上取决于其传统的父权制社会。总而言之,相比于意大利,瑞典在性别意识方面的制度化程度以及在城市治理领域的性别主流化程度都比较强。

瑞典的社会性别主流化的实施是复杂的,尤其在地方政府以项目形式推行性别主流化的过程中存在很多问题。瑞典厄勒布鲁大学社会科学院的蕾妮·安德森(Renée Andersson)在《性别主流化当中的女权主义问题——当地政治中的非冲突问题》(The Question of Feminism in Gender Mainstreaming—A Case of Non-conflict in Local Politics)一文中,通过对在瑞典厄勒布鲁自治区一个特定的性别主流化项目中,女权主义是如何谈论和抵制该项目进行调查,来分析在性别主流化策略中如何避免性别冲突问题。文章认为,瑞典的政治进步表现为男性和女性合作的性别平等结果,尽管性别平等被理解为是对性别—权力系统而言的,而这正是利益冲突和政治缺陷所衔接的地方。在研究厄勒布鲁自治市以及对性别主流化调查中发现，在性别主流化项目工作之中，呈现在策略沟通上是基于整个公共行政部门，涉及的潜在冲突和女权主义的问题被排除在这个项目之外。在瑞典地方政府和地区协会与厄勒布鲁市政厅的文件中，冲突的性别利益没有被提及，并且女权主义概念也没有被使用。总之，在地方政府是排斥女权主义性别主流化的，在持续的性别主流化项目中，存在不提及女权主义的现象。

从上述对瑞典性别平等政策研究的文献梳理可以看出，学界对瑞典社会政策，特别是瑞典性别平等政策的研究多是集中和深入到具体领域中的实证研究，体现了瑞典性别平等政策研究的实证性特点。

二 国内研究综述

我国关于性别平等问题的研究，自1995年北京召开联合国第四次妇女大会之后日渐增多。研究领域从婚姻、家庭、就业等领域延伸到对贫困妇女、生殖健康、妇女基本权利、女性退休年龄、环境问题、教育问题等一系列性别不平等问题的讨论。[①] 但是，对于瑞典的性别平等政策的关注逊于对其社会保障制度的关注度，相应的研究文献很少。

通过在中国知网（CNKI）以"社会政策—性别平等"为关键词检索文章仅有78篇，这些文章多是从生育政策、养老政策、退休政策、教育政策、就业政策等具体政策来讨论男女平等问题以及从社会保障制度、社会性别角度阐释性别平等问题；以"瑞典—社会政策"为关键词检索论文有73篇，这些文章多是从政党、国际政治、意识形态、瑞典模式、福利国家、社会保障制度的角度来讨论问题；以"瑞典—性别平等"为关键词检索论文有54篇，这部分文章以报纸新闻居多，期刊论文较少，介绍性文章较多，系统性学理性研究问题较少；以"瑞典—社会政策—性别平等"为关键词检索文章仅为7篇，有效文献3篇，主要是介绍瑞典妇女参政、妇女保障以及社会性别主流化。

对上述文献进行梳理可见，我国对于瑞典社会政策与性别平等政策

---

① 王金玲：《中国妇女发展报告 No.5 妇女/社会性别学科建设与发展》，社会科学出版社2014年版，第146—147页。

研究的理论性文章较少，主要是对瑞典的社会保障制度、就业政策、福利政策、育儿政策、女性政治参与家庭政策进行评介性研究，其中关于就业与托育政策的研究相对较多，但深入探究瑞典社会政策与性别平等政策之间关系的文章很少。

国内从政治学、政党与意识形态视角对瑞典社会民主党的社会政策路线、二战后民主社会主义的"瑞典模式"进行研究的文献较多；同时还有一些文献是从比较的视角对瑞典与欧洲国家及世界其他国家的社会政策与性别平等政策进行比较研究。近年来，这些比较视角的研究文献，较为集中在一批进行国别比较的硕博论文中。

下面根据本书的选题就瑞典社会政策与性别平等政策，分别从不同的视角做相应的文献综述。

（一）从北欧福利国家视角研究瑞典社会政策与性别平等政策

国内最早研究瑞典社会政策与性别平等政策是从研究福利国家与社会保障制度入手的。近年来，我国学者通过对福利国家制度的理论研究进一步研究瑞典的社会政策，进而研究瑞典社会政策中的社会平等与性别平等问题。

由彭华民等著的《西方社会福利理论前沿——论国家、社会、体制与政策》一书，对福利国家危机之后出现的社会福利理论与流派进行了研究，主张建立国家、市场与社会福利三角理论，阐释了福利三角的社会政策意义，指出社会政策可以帮助社会成员脱离社会排斥，融入社会。该书还从性别视角讨论了性别平等的福利理论和女性主义与社会性别理论。我国著名学者周弘在2006年出版了对福利国家研究具有指导意义的学术著作《福利国家向何处去》。在这一著作中，周弘在对北欧国家进行比较后指出：北欧模式的最大特色在于社会平等，"北欧福利国家的一个至关重要的社会基础就是相对平等的社会结构和崇尚平等的社会理念"[①]。瑞典是崇尚社会平等的高福利国家，这种对于社会平等精神的全民崇尚形成了普遍主义的公共福利政策体系。

瑞典模式的核心价值是追求社会平等。学者们认为瑞典模式的存在

[①] 周弘：《福利国家向何处去》，社会科学文献出版社2006年版，第65页。

不是孤立的，而是欧洲政治文化的产物。邝杨、马胜利主编的《欧洲政治文化研究》一书将"政治文化"概念引入对北欧与瑞典的政治文化研究中，认为在瑞典，人人平等的理念渗透到社会生活的各个方面，政治传统、社会福利、对外战略无不打上平等主义价值观的烙印。追寻平等的意义，是北欧政治文化的主题。① 由此可见，社会平等理念是瑞典政治文化的核心价值与重要组成部分，社会平等已成为人们日常行为与思想表达的自然流露。

我国社会政策学者近年来较侧重于对北欧福利国家及瑞典社会政策发展的进程进行研究。在这方面研究成果较多且影响较大的为浙江大学的林卡教授与华中科技大学的丁建定教授。

林卡与张佳华在《北欧国家社会政策的演变及其对中国社会建设的启示》一文中，在对北欧及瑞典等国家社会政策形成的关键因素进行分析时指出："瑞典的'人民之家'的理念倡导把国家建设成人民的'家'，主张国家对公民的福利状况承担最主要的责任。为此，社会民主党人提出了包括父母产假、补贴、结婚贷款、公共诊所、免费的孕妇保健、保障单亲母亲生计和社会化的日间照顾等一系列社会政策建议。"②

国内资深社会保障学者华中科技大学的丁建定教授在 2004 年出版了《瑞典社会保障制度的发展》一书。书中高度概括与总结了瑞典社会保障制度发展的四个特点："遵循现代社会保障制度发展的普遍原则与坚持瑞典社会保障制度的国别特色相结合；在社会保障制度建立和发展过程中，政府的主动努力与公民的广泛参与相结合；瑞典社会保障制度的发展变化与瑞典社会经济、政治与思想理论的发展变化相互影响、相互协调、同步发展；在社会保障责任和权力关系方面，瑞典经历了一个从比较强调政府责任到逐步强调雇主责任最后发展到争取实现政府责任、雇主责任与个人责任的协调和平衡的过程。"③瑞典社会保障制度的

---

① 邝杨、马胜利：《欧洲政治文化研究》，社会科学文献出版社 2012 年版。
② 林卡、张佳华：《北欧国家社会政策的演变及其对中国社会建设的启示》，《经济社会体制比较》2011 年第 3 期。
③ 丁建定：《瑞典社会保障制度的发展》，中国劳动社会保障出版社 2004 年版，第 207—210 页。

上述特点已经融入瑞典各项社会政策中,成为瑞典政治文化的重要元素。丁建定、杨斌在《瑞典现代和谐社会的建立与发展——兼论瑞典福利国家为何受经济危机影响较小》一文中,从瑞典学派的出现到社会民主主义的兴盛体现了瑞典和谐社会思想的建立和发展、从工业化的开始到"瑞典模式"的出现标志着瑞典和谐经济的建立和发展、从劳资协商机制的出现到合作主义政治的形成反映了瑞典和谐政治的建立和发展、从社会立法的扩大到福利国家的建立标志着瑞典和谐社会的出现和发展四个方面,论证了正是由于瑞典和谐社会政策的建立与发展,成为瑞典在屡次经济危机中所受影响较小的重要原因。①

(二)从比较视角研究瑞典社会政策与性别平等政策

近年来,国内学界出现了一些从比较的视角对瑞典社会政策与性别平等政策进行研究的成果,由贡森、葛延风主编的《福利体制和社会政策的国际比较》一书则为这方面的代表。该书分析阐释了以德国、英国与北欧五国为代表的三种社会福利体制构建的历史进程及其社会政策的内容与特点。特别是在对"北欧模式"的阐释中,分析了以瑞典为代表的北欧福利国家模式的国家性、普遍主义和平等性的主要特征,并进一步比较分析了以瑞典为代表的北欧福利国家与经济合作与发展组织(OECD)其他国家在工资收入、就业率与失业率、健康、教育与养老金支出占 GDP 比重的情况,得出了以瑞典为代表的北欧福利国家,通过社会政策与社会保障制度的实施促进了社会公平与公正,是世界上最公平的社会之一的结论。②

刘玉安教授的《公平与效率不可兼得吗——美国、瑞典模式的比较与借鉴》一书,以公平与效率为逻辑分析框架,以美国与瑞典不同类型福利国家的社会保障制度为视角进行比较分析,以纠正人们长期以来所形成的美国模式代表效率、瑞典模式代表公平的思维惯性。作者通过对美国与瑞典两国福利制度模式产生与发展的历史演进与成功原因的比

---

① 丁建定、杨斌:《瑞典现代和谐社会的建立与发展——兼论瑞典福利国家为何受经济危机影响较小》,《当代世界与社会主义》2012 年第 5 期。

② 贡森、葛延风:《福利体制和社会政策的国际比较》,中国发展出版社 2012 年版,第 50—62 页。

较分析，认为"在国家发展问题上，瑞典仍不失为将公平与效率问题完美结合的典范。"① 也就是说，"瑞典在建设世界上最完善的福利国家制度的同时还保持了经济持续的高速增长。"② 但是，作者同时强调，"纵观美国社会的发展，虽然在某个时期，自由主义的指导思想占据上风，美国人似乎特别讲效率，但却不能由此而得出结论说，美国社会不讲公平，或者说在美国是先效率后公平。"③ 从历史的角度看，"社会公正始终是美国社会发展的基本目标，是美国各种社会政策的基本取向。"④

近年来，国内出现了一批博士、硕士论文，壮大了以比较视角研究瑞典社会政策与性别平等政策的队伍，并取得了一定成果。这些文献多是从制度建设层面对瑞典社会政策的比较研究。具有代表性的有：周云红的博士论文《美国、德国和瑞典的社会政策建设及启示》。论文从对社会政策的本质就是调节收入差距重要工具的认识入手，在对世界上三种不同典型的社会政策国家代表：美国（自由主义）、德国（合作主义）、瑞典（社会主义）的社会政策建设过程进行比较研究。认为，"社会福利是衡量社会成员社会权利的非商品化程度的最直接的指标。以美国为代表的英格鲁—萨克森模式在资格条件方面通过严格的家计调查或收入调查加以严格限制，使收益的替代水平很低；以德国为代表的欧洲大陆模式的社会福利是以参与劳动市场和筹资缴费记录为前提条件的，并从属于保险精算逻辑；以瑞典为代表的社会民主模式将资格认定放宽到是否是该国的公民或长期居民，而不论其需求程度或工作表现情况。这种'人民福利'的模式，其非商品化程度是非常高的。在安德森看来，在资本主义世界各国，以非商品化的方式，即通过社会政策对

---

① 刘玉安：《公平与效率不可兼得吗——美国、瑞典模式的比较与借鉴》，中国书籍出版社2013年版，第10页。
② 刘玉安：《公平与效率不可兼得吗——美国、瑞典模式的比较与借鉴》，中国书籍出版社2013年版，第9页。
③ 刘玉安：《公平与效率不可兼得吗——美国、瑞典模式的比较与借鉴》，中国书籍出版社2013年版，第192—193页。
④ 刘玉安：《公平与效率不可兼得吗——美国、瑞典模式的比较与借鉴》，中国书籍出版社2013年版，第193页。

社会收入进行二次分配，只有程度上的差别，没有质的不同。"① 论文在对瑞典社会政策建设进行分析的基础上，认为瑞典始终坚持社会政策"保障、自由、平等与合作"的基本理念和内涵，强调政府、雇主和个人在以社会保障制度为核心的社会政策中责任与权利之间的协调，追求公正与效率的平衡，使得瑞典经济状况逐步改善。社会政策改革为瑞典社会确保收入差距的合理界限，维护社会公正与平等和维护社会稳定提供了制度性保证。瑞典的社会政策不仅有效缩小了社会收入差距，实现社会平等的作用，同时也保证了瑞典经济持续稳定的发展。②

晏荣的博士论文《美国、瑞典基本公共服务制度比较研究》，分析比较了美国市场主导型与瑞典政府主导型基本公共服务制度的演进过程与实效。论文认为瑞典社会民主党的自由、平等和团结的核心价值观是瑞典社会民主党的价值原则，"从福利社会主义到职能社会主义，再到基金社会主义，瑞典社会民主党的政治实践和这些价值观密不可分，也影响了瑞典公共服务制度的形成和发展。正是在瑞典社会民主党价值观指导下，瑞典公共服务制度才得以迅速发展，瑞典社会民主党的价值理念代表了瑞典民众对包括基本公共服务制度在内的很多制度的基本态度。"③ 论文还指出，"当该模式陷入困境后，社会民主党在此价值观的指导下调整福利政策，重建经济，取得了大多数人民的支持和谅解，使瑞典既基本保存了福利制度，又令经济恢复活力，使瑞典模式又焕发出勃勃生机。"④

隋斌斌的博士论文《合作主义从理念到制度：瑞典与新加坡福利制度比较》一文，以合作主义的框架对瑞典和新加坡两国的福利制度进行了比较分析，认为"两国合作主义福利制度的发展与两国国家发展

---

① 周云红：《美国、德国和瑞典的社会政策建设及启示》，博士学位论文，山东大学，2012年，第150页。
② 周云红：《美国、德国和瑞典的社会政策建设及启示》，博士学位论文，山东大学，2012年，第125页。
③ 晏荣：《美国、瑞典基本公共服务制度比较研究》，博士学位论文，中共中央党校，2012年，第93页。
④ 晏荣：《美国、瑞典基本公共服务制度比较研究》，博士学位论文，中共中央党校，2012年，第96页。

的核心理念具有不可分割的联系。瑞典的合作主义福利制度具有鲜明的'共识政治'色彩,'平等、团结、自由、民主'是其核心价值观。在这种价值观之下,瑞典劳资政三方合作具有明显的社会合作主义的特点。"① 论文还指出,"在发展的过程中,瑞典和新加坡的核心理念都遭受到了全球化以及自由主义的挑战。在挑战面前,瑞典和新加坡的核心理念的某些主要概念的含义都有了变化。对于团结理念,瑞典人最初的理解更侧重于一种普遍主义、平等主义之上的阶级妥协或合作,而在新自由主义的冲击之下,团结逐步导向自由主义所强调的一种有差别的阶级合作。"② 由此可见,瑞典政府所扮演的更多是一个合作发起者与协调者的角色,这种角色的强弱又是和瑞典政治背景联系在一起的,民主政体下的选举政治迫使瑞典政府必须注重社会层面的利益表达。

近年来,对瑞典社会政策进行比较研究的学术论文相对较多,但论题比较分散,大多是对瑞典社会保障制度中的某个具体领域进行国别比较研究。姜海燕《生命历程的贫穷——美国与瑞典社会政策之比较》就比较有代表性,文章以莱泽因的生命历程政策模型为分析工具,分析比较了美国和瑞典的贫穷动态与社会政策之间的关系,从整体上看,瑞典公民的生命历程被政策建构的程度要比美国公民生命历程制度化程度深。③ 丁建定《瑞典和英国社会保障制度比较研究》也具有一定的代表性,论文分析了瑞典和英国社会保障制度的一致性与差别性;关于对瑞典社会政策与社会保障制度进行比较研究的论文还有:樊天霞与徐鼎亚的《美国、瑞典、新加坡养老保障制度比较及对我国的启示》;杨玲的《美国、瑞典社会保障制度比较研究》;刘潇潇的《社会福利制度国家差别的原因初探——瑞典与美国福利制度的比较分析》;瑞典路德大学、丹麦哥本哈根大学、国家行政学院凯琳·布莱恩特、思卡斯特·格雷夫、孙晓莉的《公共服务的竞争性外包:比较丹麦和瑞典的政策与

---

① 隋斌斌:《合作主义从理念到制度:瑞典与新加坡福利制度比较》,博士学位论文,中共中央党校,2010年,第1页。
② 隋斌斌:《合作主义从理念到制度:瑞典与新加坡福利制度比较》,博士学位论文,中共中央党校,2010年,第124页。
③ 姜海燕:《生命历程的贫穷——美国与瑞典社会政策之比较》,《北京科技大学学报》(社会科学版)2008年第2期。

执行》；范勇与杨艳萍的《美国、英国、瑞典补充养老保险比较研究及借鉴》等学术论文，都从不同的角度对瑞典的社会政策进行了比较研究，分析了瑞典社会政策与社会保障制度的经验与不足，为我们进一步研究瑞典社会政策奠定了相应的基础。

（三）从执政党视角研究瑞典社会政策与性别平等政策

瑞典社会发展的一个重要特点在于，瑞典社会民主党连续执政 67 年，瑞典社会的发展与社会民主党的指导思想与政策建构有着密切的关系。因此从社会民主党执政的视角研究瑞典的社会政策与性别平等政策也是一个重要的理论生长点。

陈锦荣的博士论文《瑞典社会民主党治国理政经验研究》是具有代表性的论文。论文认为，随着社会民主党对瑞典社会主义认识的不断深化，逐步形成了效率与公平并重的执政方略。[1] 正是瑞典社会民主党维护社会平等的核心理念，构建了瑞典模式维护社会公平的社会政策体系。

段国选的博士论文《瑞典社会民主主义模式研究——根源、演变和启示》一文，从政治学视角对瑞典社会民主主义模式进行了研究。论文指出，瑞典福利社会主义经历了福利社会主义、职能社会主义和基金社会主义的不同发展阶段，推行了稳健的私有财产社会化和积极的经济计划相结合的混合经济体制，从而使以维护社会平等为核心的社会政策逐步体系化。[2]

焦丽莎的硕士论文《瑞典社会民主主义核心价值观研究》一文，对瑞典社会民主主义核心价值观进行深入的探讨与研究。论文指出，瑞典社会民主党核心价值观的基本内容为自由、平等与团结。瑞典社会民主党结合本国的历史传统和现实发展的基本国情，确立了全面的平等观。[3]

---

[1] 陈锦荣：《瑞典社会民主党治国理政经验研究》，博士学位论文，中共中央党校，2016年，摘要。

[2] 段国选：《瑞典社会民主主义模式研究——根源、演变和启示》，博士学位论文，吉林大学，2009年，第71页。

[3] 焦丽莎：《瑞典社会民主主义核心价值观研究》，硕士学位论文，内蒙古大学，2017年，第13—17页。

除上述博士、硕士论文外，学界还发表了一些从瑞典社会民主党视角研究瑞典社会政策的学术论文，较有代表性的有：吴辉的《瑞典社会民主党如何保护弱势群体》；张岩、蒋锐的《瑞典社会民主党执政时期社会政策改革的弹性分析（1994—2006）——基于非商品化的分析框架》；杨玲玲的《福利、平等和合作：瑞典社会民主党 60 年执政经验》；邹升平的《瑞典社会民主党的平等观评析》；焦玉莉的《瑞典社会民主党的阶级合作政治》等论文，都从不同的角度阐释了瑞典社会民主党在长期执政期间对瑞典模式与社会政策的塑造。

（四）从多领域视角研究瑞典社会政策与性别平等政策

近年来，我国从家庭政策、育儿政策、教育政策、劳动力市场政策等多个领域，研究瑞典社会政策与性别平等政策的文献相对较多，内容较为庞杂，研究的学科视角也不尽相同，从社会学、政治学、政策学、女性主义、法学、心理学等不同学科对瑞典社会政策与性别平等政策均有研究。下面选择有代表性的文献进行梳理说明。

国内对瑞典性别平等政策本身进行研究的文献很少，在 CNKI 以"瑞典性别平等"为篇名检索只有 14 篇文献，其中只有四篇期刊论文（包括本人一篇），其余均为报纸的新闻报道。在这些文献中比较有代表性的是秦汉玲的硕士论文《瑞典性别平等状况研究——基于社会政策视角》。论文主要基于瑞典社会政策视角研究瑞典性别平等状况。论文指出，瑞典政府以"四维五体模式"为组织框架，以社会性别主流化为重要指导理念，在政府的各项社会政策方面均纳入性别平等的考虑，其中财政预算环节的性别预算是政府落实女权主义、推动性别平等的中心环节。瑞典政府同时实施了大量具体的社会政策来保障性别平等。[①]

齐琳的《瑞典社会性别主流化模式初探》一文，从瑞典社会性别主流化的视角研究瑞典性别平等问题。指出，社会性别主流化模式最早由瑞典提出，其意义在于，在政策制定与实施过程中加入了性别平等的考量，使得社会政策的制定和执行都具有了女性的视角，将一直被忽略

---

① 秦汉玲：《瑞典性别平等状况研究——基于社会政策视角》，硕士学位论文，山东大学，2017 年，第 32 页。

的妇女利益纳入了主流进程,更好地保护了女性利益。①

在对瑞典性别平等政策研究中,报纸文献推介性的文章比较集中于《中国妇女报》。《中国妇女报》先后刊出了《瑞典的性别平等一体化》(傅国);《瑞典政府推进性别平等主流化》《性别平等成为瑞典广泛的社会行动》(刘群英);《瑞典:公共政策与女性就业》(李慧英)。《学习时报》与《今日信息报》也刊发了《瑞典性别平等机制与政策》(李宝芳);《在瑞典看性别平等》(靳薇)等推介性文章。

国内从家庭、育儿、教育、劳动力市场角度研究瑞典社会政策与性别平等政策的文献较比其他领域略多一些,但介绍性文献居多;而在这四个领域中,对家庭与育儿政策的研究又较之教育与劳动力市场政策研究的文献量稍多一些。

在家庭与育儿政策方面,马春华在《瑞典和法国家庭政策的启示》一文中,以瑞典推动性别平等为例,指出:让男性和女性平等地工作或平等地参与育儿养老和家务劳动,是应对人口变迁挑战的一种路径,也是北欧家庭政策模式一个明显的特点。这种模式意味着工作和照料责任的分担不仅在国家、市场和家庭之间,更是在男性和女性之间。瑞典是北欧社会主义福利体制和家庭体制国家的代表,它的家庭政策通过"去家庭化",为两性提供作为个体独立于家庭之外生活的各种资源,最大限度地减少包括女性在内的个体对于家庭的依赖,给女性提供的最大自由是选择就业还是在家照顾孩子。瑞典家庭政策最重要的目标就是促进性别平等和推动充分就业。②

刘凡同的硕士论文《瑞典儿童福利体系研究》是比较有代表性的文献。论文在对瑞典儿童福利政策体系的形成、内容与特点进行研究的基础上指出,瑞典的儿童福利政策是鼓励女性就业与男性照料孩子的政策,是性别平等的福利政策,是有利于瑞典经济社会发展与人口繁荣的政策,它使瑞典始终保持着高于大多数欧洲国家的生育率。③

研究与介绍瑞典家庭与育儿政策的论文还有郑杨、张艳君《中瑞两

---

① 齐琳:《瑞典社会性别主流化模式初探》,《中华女子学院学报》2008年第3期。
② 马春华:《瑞典和法国家庭政策的启示》,《妇女研究论丛》2016年第2期。
③ 刘凡同:《瑞典儿童福利体系研究》,硕士学位论文,山东大学,2014年,第32页。

国家庭政策对家庭育儿策略的影响》；蓝瑛波《瑞典的家庭政策和妇女就业》，这两篇论文分别从家庭政策与育儿政策及妇女就业政策的角度研究瑞典的家庭性别平等政策。

从教育与反性别歧视的视角研究瑞典性别平等政策的文献很少，仅检索到薛二勇发表的《瑞典教育改革中的教育公平发展政策》、成新轩的《公平促进效率的增长——瑞典的实践》、丁赛尔的《瑞典反就业歧视法律制度》等几篇论文。

（五）从女性主义与社会性别理论视角研究瑞典社会政策与性别平等政策

从女性主义与社会性别理论的视角研究福利政策与性别平等政策是国外社会学界研究的一个新视角。瑞典作为典型的福利国家受女性主义的影响很大，瑞典政府自称为是女性主义政府，可见女性主义对其社会政策的建构具有较大的影响力。但是，国内从女性主义与社会性别理论视角研究瑞典社会政策与性别平等政策的文献很少，多是从北欧或一般理论角度研究瑞典社会政策问题。

具有代表性的文献是刘笑言的《走向关怀——性别正义视域下家庭政策的理论模式比较研究》。该文从政治学理论的视角，以性别正义的规范理论维度，构建了一种以关怀为表征的家庭政策理论模式。作者以瑞典和新加坡家庭政策为例，从性别正义的理论维度将其家庭政策划分为照顾责任分离与照顾责任共担两种模式。论文肯定了瑞典家庭政策的普遍主义照顾模式，认为其核心在于解构传统的性别秩序，提出构建以关怀理论为核心的政策将更有利于性别正义的实现。[①]

刘继同的论文《妇女与福利：女性主义福利理论评介》，对女性主义福利理论做了系统的介绍，指出女性主义社会政策和妇女与福利是当代社会涉及面广和影响较大的社会政策的核心议题，是对社会政策性别盲点和以男性为中心的政策视角的纠正。[②]

从女性主义与社会性别理论层面进行研究的还有，闵冬潮的《"对

[①] 刘笑言：《走向关怀——性别正义视域下家庭政策的理论模式比较研究》，博士学位论文，吉林大学，2013年，第68页。

[②] 刘继同：《妇女与福利：女性主义福利理论评介》，《妇女研究论丛》2003年第4期。

妇女友好"的国家遇到"不友好"的性别制度——北欧女性主义初探》；邸晓星、畅引婷的《社会性别与公共政策——基于平等与公正视角》；杨宁宁的硕士论文《斯堪的纳维亚女性从政环境研究》；曾晓霜的硕士论文《社会性别理论视角下妇女福利问题研究》。这些文献多是选取瑞典社会政策或性别平等政策为例，来阐释社会性别理论对社会政策进行制度设计的影响。

总之，从国内对瑞典社会政策与性别平等政策研究的文献看，数量不多，研究内容较为庞杂，多是从不同视角与领域、直接或间接对瑞典社会政策与性别平等政策进行评介性研究。然而，对瑞典性别平等政策体系、性别平等政策制定、实施与评估全过程进行研究的很少，同时也缺乏学理性的深入研究。

三　国内外研究述评

从上述的文献分析可以看出，国外对于瑞典社会政策与性别平等政策的研究，较多运用比较研究的方法，突出了研究的实用性、具体化、多视角特点。

首先，从前述的具体文献分析可以看出，国外对瑞典社会政策与性别平等政策特别注重实用性研究，基本是从操作层面上研究具体的社会政策与性别平等政策，如研究瑞典育儿政策、家庭政策的利与弊及改革调整问题。

其次，国外对瑞典的社会政策与性别平等政策的研究多是体现在具体领域，如教育领域、劳动力市场领域、家庭领域、反歧视领域的政策研究，而且研究的程度较为深入，特别是对家庭与育儿领域的政策研究。

再次，国外对瑞典社会政策与性别平等政策的研究是多维视角的研究，多是基于政治学、社会学、政党学、政策学、女性主义视角，而且均有大量的文献与研究成果，具有一定的深度与广度。

最后，国外的研究多是采用比较的研究方法，通过欧洲与北欧、美国与欧洲、北欧国家之间的比较来阐释瑞典作为福利国家典型社会政策的特殊性。

然而，国外对瑞典社会政策与性别平等政策进行的研究，总体上呈现为碎片化状态，多是从微观具体的政策视角进行研究，缺乏学理性深层面的研究，多是对单一的社会政策问题或具体领域的性别平等政策问题的研究，缺乏对瑞典性别平等政策从宏观的、系统的、注重政策间性的研究，缺乏将社会政策与性别平等政策有机统一，来探求两者之间的相互影响和相互作用的研究。这可能与瑞典社会政策与性别平等政策突出实践性与可操作性的特点有关。

近年来，国内对瑞典社会政策与性别平等政策的研究与国外的研究恰恰相反。

第一，国内注重宏观译介层面的推介，缺少具体深入的研究。从文献梳理中可见，在研究的层面上，大多文献处于对国外研究状况的译述与介绍性研究的层面；在研究的关注点上，关注某项具体的政策制度的评介，而对政策制度形成、制定与运行的整个过程及其在此过程中各种因素的相互作用，以及政策制度实施的社会效果缺乏综合性与系统性的研究与分析。

第二，国内对瑞典社会政策与性别平等研究的深度不够。从文献梳理来看，对瑞典社会政策与性别平等的研究不在其本身，而是多集中于对瑞典福利国家的社会保障制度的推介与启示的层面进行间接的研究。缺乏将瑞典社会政策与性别平等政策直接作为研究对象的研究成果，缺乏对两项政策目标体系及政策之间关系的深入探讨，缺乏对政策改革与完善的变迁过程进行深入分析和充分关注。

第三，国内对于瑞典社会政策与性别平等政策的研究多从政治学和国际政治、政党与意识形态角度，对瑞典政党（社会民主党）社会政策路线和冷战后民主社会主义的"瑞典模式"进行研究，或将瑞典与美国、德国社会政策进行比较研究。但大多属于对文本的分析处理与国别对比研究。

第四，我国学界对于性别平等政策的研究，在研究层面上，更多是基于宏观的研究，如对性别不平等产生的原因及危害等基本层面的宏观研究；在研究内容上，多集中在妇女权益保护方面。对具体的性别平等政策的研究成果相对很少，特别是对妇女在政治、经济、家庭、就业、教育、福利与人身安全等方面的性别平等政策制定与实施的综合性研究不足。总之，对社会各领域中性别平等政策本身的研究不够，对性别平等政策系统的研究不够。

第五，特别需要指出的是，目前国内特别缺乏对瑞典性别平等政策及其体系深入具体的研究成果。从目前的文献看，国内对瑞典性别平等政策问题的研究，主要体现为对瑞典具体的政策，如养老、医疗、育儿、教育政策中的性别平等问题的一般描述与评介，还处在新闻报道与描述性引介层面，较为碎片化，缺少多学科、多视角的关联性研究，缺乏学理层面的、系统的研究；缺乏对瑞典性别平等政策制定、实施、改革与完善的过程性研究，缺乏对社会政策与性别平等之间内在关联的研究。

鉴于上述文献分析，本书将注意吸收国内外研究成果的优点及长处，努力克服对瑞典社会政策与性别平等政策研究层次浅与研究内容碎片化的倾向，注重对瑞典社会政策与性别平等政策进行系统性研究，吸收国内外研究成果与经验，将宏观研究与微观研究有机结合，深入探究社会政策与性别平等政策制定的宏观环境与微观影响因素、政策目标与政策内容之间的关系；注重学理层面的阐释与挖掘，避免一般性描述，探寻政策本身内在的关联性；注重多维视角的研究，综合运用政治学、社会学、政策学、法学、经济学、女性主义哲学的研究视角与研究方法，将研究深度与广度相结合；注重对瑞典性别平等政策历时态的制定、执行、评估、改革与完善全过程进行深入系统的研究，注重对瑞典性别平等政策的共时态价值目标与内容结构进行整体研究，并同时注重总结瑞典社会性别平等政策的经验与教训，总结可供我国社会政策与性别平等政策建设借鉴的经验与教训。

第三节 研究目的与意义

一 研究目的与主要解决的问题

瑞典社会政策的宗旨在于促进与实现社会平等。作为瑞典社会政策中不可或缺的性别平等政策则是实现社会平等的重要内容。瑞典政府与社会对性别平等是最为重视、最具共识的，也是世界上公认性别平等程度最高的国家之一。瑞典作为世界上典型的福利国家，在其社会发展的历史过程中，特别是在当今世界全球化背景下，在2008年世界经济危机影响下，在"福利国家"不断遭到质疑的情况下，瑞典社会仍保持稳定发展与经济不断增长的状态，这是与瑞典社会政策不断改革以顺应社会发展需要紧密相联的。那么，瑞典政府如何通过社会政策与性别平等政策的改革与完善，面对社会现实不断提出的新问题，促进并实现社会中女性与男性权利与责任的平等、政治生活中两性民主的平等参与、经济生活中两性的机会平等与同工同酬、家庭生活中两性家庭角色与责任的平等及女性自身安全权利保护等。因而，对这些问题进行探寻与研究则构成本书的主题：瑞典社会政策视域的性别平等政策研究。

本书主要的研究目的与所要解决的问题是，在系统阐释瑞典社会政策与性别平等政策关联性的基础上，深入、系统地梳理分析并阐释瑞典性别平等政策体系的形成与演进、性别平等政策体系的结构与内容、性别平等政策调整与发展、性别平等政策的实施与效果。

本书对瑞典社会政策中的性别平等问题，即瑞典性别平等政策问题的研究将从五个层面展开：第一，从宏观背景层面，分析阐释瑞典社会政策形成的社会基础与理论基础，以探究与解决瑞典社会政策形成的社会条件与理论资源问题。第二，从历时态层面，分析梳理瑞典性别平等政策的发展演进过程，分析不同性别平等政策之间的关联性，分析性别平等政策之间形成的政策悖论及对悖论的克服，以解决与还原瑞典性别平等政策制度体系形成的具体过程。第三，从共时态层面，分析与阐释瑞典性别平等政策的目标体系及其内容结构，实现对瑞典社会政策体系内在结构与政策内容的梳理。第四，从量化分析的层面，对瑞典性别平等政策的实效性进行比较分析，以探究瑞典性别平等政策与世界各国及欧洲国家相比的实际效果。第五，从总结借鉴的方面，在依据前述对瑞典性别平等政策的分析与阐释基础上，总结瑞典性别平等政策的经验与教训，结合我国现阶段国情，从就业政策、家庭政策、妇女参政及社会性别主流化四个方面分析了瑞典性别平等政策提供给我们的经验与启示。总之，通过四个层面的分析阐释，最终总结出瑞典社会政策与性别平等政策提供给我们的经验与启示。

二 研究的理论意义与现实意义

瑞典作为世界福利国家的典型代表,其社会发展指数与性别平等指数位列世界前列,其社会政策与性别平等政策以社会平等为核心价值,是世界公认的普遍主义的实践效果较好的制度体系,不论从理论上还是从实践上都具有研究意义。

(一)有助于探究世界福利国家社会政策与性别平等建立的理论基础与理论依据

本书在认真分析、研究欧洲民主社会主义理论、瑞典社会民主主义思想、瑞典学派、公民权理论、女性主义理论对瑞典社会政策与性别平等政策影响的基础上,从社会发展理论上努力探寻瑞典走第三条社会发展道路的理论依据与经验,分析总结瑞典社会政策与性别平等政策建立的理论基础与理论资源,在学理层面探寻瑞典性别平等政策的理论体系,最终在理论层面总结瑞典普遍主义的社会政策与性别平等政策可借鉴的经验。

(二)有助于拓宽性别平等政策研究的理论视角

对于瑞典性别平等问题的研究一般多是从社会学、法学的视角进行研究。社会学是从婚姻、家庭、就业、女性退休及女性安全等社会问题方面研究性别平等问题;法学是从婚姻法、妇女权益保障法的视角研究性别平等问题。而本研究则是在其基础上,从女性主义哲学、政治学、政策学等多维的视角来研究性别平等问题,女性主义哲学将从女性主义方法论批判、女性主义社会政策思想的视角,政治学将从妇女政治参与、性别平等与公共政策、性别平等国际比较的视角,政策学将从制度机制来研究和分析社会政策与性别平等问题,从而拓宽了性别平等问题研究的理论视角,建立跨学科研究的理论框架及解决问题的路径。

(三)有助于研究与总结瑞典作为世界典型福利国家性别平等政策的制度设计与制度供给的利与弊

本书将通过深入探究性别平等政策形成的历史条件和过程与现状,分析、总结其可复制的经验及应剔除的弊端,从而克服在传统的社会政策领域中人们分析所关注的主体和客体都是非性别化的,以及女性和她们的利益被边缘化的现象,使对社会政策的研究具有性别平等的新视角。

(四)有助于我国在社会转型与社会发展中借鉴福利国家的社会政策与性别平等的经验

本书通过分析、梳理瑞典社会政策与性别平等的经验教训,为我国进一步加强社会政策的制度建设与制度供给,解决性别平等问题提供可借鉴的经验与思路,从而有利于进一步解决我国目前女性在政治参与、经济社会、家庭性别角色、劳动力市场领域中的性别平等问题,特别是解决城乡差别、地域差别、行业差别、收入差别中的性别平等问题,为我国性别平等政策制度体系的建构提供可借鉴的经验。

第四节 本书主要观点和研究特点与方法

一 本书的主要观点

第一,瑞典社会政策与性别平等政策具有独特性。瑞典的社会政策与性别平等政策是一种政府主导具有强制性的,带有社会民主主义意识形态色彩的,以维护两性公民权利为基础的,以自由、平等、团结为核心价值的,具有普适主义特征的政策调节工具。

第二,瑞典的性别平等政策的发展演进过程并不是一个由不平等到平等的线性的、简单的发展过程,而是一个充满着不同的利益冲突,不断解决凸显的社会问题,不断转换政策目标,不断拓展政策领域,不断走出政策悖论的复杂的政策变迁与发展的过程。这一过程是与瑞典的政治、经济及社会的发展、女性主义思潮的兴起、性别平等意识形态的变化紧密相连的。

第三,瑞典性别平等政策源于20世纪30年代的人口政策与家庭政策,自20世纪70年代瑞典的性别平等政策由家庭政策中逐渐分离出来,形成独立的政策制度体系。这意味着性别平等政策不再局限于家庭内部的男女地位平等的问题,而是随着瑞典经济社会的发展,女性要具有进一步追求劳动力市场机会平等的权利及社会、政治、经济、教育、医疗卫生、社会福利等各领域的平等权利。

第四，瑞典性别平等政策的目标体系是瑞典性别平等政策的灵魂，通过总的价值目标的设定，形成了四个具体价值目标的领域，确立了瑞典性别平等政策的内容结构。瑞典性别平等政策的总体目标为"确保女性与男性在生活的各个方面都享有同样的机会，拥有同样的权利，承担同样的义务。"① 决定了瑞典性别平等政策的内容结构为：权利和影响力分配平等。女性和男性必须享有同样的权利和机会参与社会生活与决策；两性经济平等。女性和男性必须享有同等的受教育机会和条件以及拥有劳动力市场中性别平等，机会平等及同工同酬的基本权利；有酬劳动和无偿家庭照护分配平等。女性和男性必须同等承担家务劳动，在平等的基础上，拥有获得有酬劳动和无偿家庭照护的同等机会；禁止男性对女性实施暴力。女性和男性，无论年龄大小均平等享有身体发肤完整不受损害的权利和机会，均有权在不必担心遭受虐待或暴力的环境中生活。

第五，瑞典政府实施社会性别主流化开启了社会各项政策制定的新视角与新领域。社会性别主流化作为一种优先策略，将性别平等为目标纳入社会各项政策，将原来一直处于边缘地位的女性问题及两性平等问题带到了政府政策舞台的中心，实现了性别平等政策领域的拓广；瑞典的社会性别主流化的实施过程是瑞典性别平等政策不断发展变迁的过程，也是瑞典性别平等政策不断完善的制度化、体系化的过程。这一过程表现为性别平等政策理念由追求家庭中女性的平等地位发展到追求两性作为独立个体的性别中立，再到追求两性的社会平等权利的变迁；性别平等政策的目标由关注女性角色转向关注男女中性的平等关系再到关注男性责任的变迁；瑞典性别平等政策的范围由家庭领域拓展到劳动力市场领域再拓广到社会各个政策领域的变迁。

二 本书的研究特点

（一）本书注重对瑞典性别平等政策系统深入的研究

对瑞典性别平等政策进行系统性与深入性的研究并非易事。瑞典性别平等政策是渗透于政治、经济、法律、福利、教育、人口、家庭、医

---

① 瑞典官方网站：《为一个同性平等的瑞典而努力》，2018 年，http：//factsswedencn/society/weitongxingpingdengderuidianernuli/，2018 年 4 月 1 日。

疗卫生、住房、安全等各项政策领域之中的，对瑞典性别平等政策的研究需要遵循性别平等政策的价值目标与内容，将性别平等政策从社会各政策领域中提炼出来，进行系统的梳理与分析研究，从而分析其政策的利弊及其政策之间的相互影响。正是因为对瑞典性别平等政策研究的难度较大，因此，导致目前对瑞典性别平等政策的研究呈现碎片化的现象。本书的研究正是为克服目前学界对瑞典性别平等研究的碎片化现象，注重对瑞典性别平等政策进行系统、完整、深入的研究。本书注重对性别平等政策进行系统的微观研究，具体深入的分析研究每一项性别平等政策形成的背景及其复杂的政治博弈，性别平等政策出台的过程，性别平等政策实施过程中的实效与存在的问题，对性别平等政策的评估与检视，注重探究性别平等政策之间的相互影响及其性别平等政策改革与完善的过程。这种对性别平等政策的细致深入的系统研究费时、费力，需要掌握大量的资料，具有较大的研究难度，而这也恰恰成为本研究的一个创新点。

（二）本书注重以政策悖论的视角研究瑞典性别平等政策演进过程

本书以政策悖论为切入点对瑞典性别平等政策演进过程进行系统分析研究。瑞典性别平等政策存在于家庭政策、劳动力市场政策、教育政策、福利政策之中，因而从不同的领域出发制定政策不可避免地会形成政策的悖论，如瑞典最早的政策悖论表现为女性的家庭角色与有偿工作的矛盾。家庭政策希望女性在家尽职尽责照护孩子与家庭，劳动力市场政策希望女性进入劳动力市场以补充劳动力的不足，由此导致已婚女性不知所措，形成女性角色的矛盾。本研究正是从政策悖论入手，深入分析瑞典性别平等政策是如何形成政策悖论，如何破解政策悖论，通过政策改革与重构如何走出政策悖论，又是如何形成新的政策悖论并再次走出政策悖论的过程，这一过程也是瑞典性别平等政策逐渐形成制度体系，逐渐完善的过程，也是瑞典性别平等政策演进的过程。对瑞典性别平等政策研究的这一视角具有一定的独特性。

（三）本书注重对行动者——政府在性别平等政策制定与执行中作用的研究

瑞典性别平等政策最大的特点在于政府主导。性别平等政策对于注重国家干预的瑞典政府而言是一项重要的实现社会平等的制度性工具。因此，如何面对复杂的政治环境、社会经济状况、女性主义与宗教文化的影响与社会凸显问题，政府如何转变性别平等政策理念，调整政策目标，利用政策工具，将社会政策与性别平等政策赋值变成整个社会的行动，最终达到政策的目的，实现社会平等。对于这一问题的研究有助于我们借鉴瑞典经验实现我国的性别平等。

（四）本书注重对瑞典性别平等政策改革与完善进行规律性研究

瑞典的性别平等政策自 20 世纪 70 年代形成，至今有 40 年的历史，并成为世界上性别平等的典范国家。因此研究并探寻瑞典性别平等政策发展深层次的规律性的东西尤为重要。本书在研究了瑞典性别平等政策演进与性别平等政策目标体系与内容结构的基础上，在更深的层次上探究了瑞典在"社会性别主流化"过程中，性别平等政策理念、政策目标、政策领域转变的规律：性别平等政策理念由追求女性平等地位到追求性别中立，再到追求两性平等权利的转变；性别平等政策目标由关注女性角色转向关注男女中性平等关系再到关注男性责任的转变；性别平等政策的范围由家庭领域拓展到劳动力市场领域，再拓广到社会各领域的转变过程与规律，对瑞典性别平等政策发展规律的探究成为本书的研究特点之一。

（五）本书注重一手资料的收集，保证了研究结果的可信度

本人为获得研究的一手资料，专程到瑞典访学一年，除在网上能够收集的资料外，到瑞典的斯德哥尔摩大学、林雪平大学图书馆与瑞典国家图书馆，瑞典政府委员会的资料中心收集大量的政府报告、备忘录等一手资料。同时实地走访调查了瑞典一些城市的育儿中心、妇女医疗中心与妇女避难所，具有了一些实际的感性认识，这些一手资料与信息的获得为本研究奠定了较好的研究基础，同时也增强了研究结果的可信度。

三 本书的研究方法

（一）历史与逻辑相统一的方法

运用历史与逻辑相统一的方法，以史论结合的方式，深入、全面、

系统的分析阐释瑞典社会政策与瑞典性别平等政策的产生与变迁、内容与结构、改革与完善。

（二）定性与定量相统一的方法

本书在大量定性分析瑞典性别平等政策的一手资料基础上，运用回归分析、聚类分析、多元方差分析等量化分析方法对瑞典的性别平等政策的实际效果情况、欧洲国家的性别平等情况、世界各洲际之间的性别平等情况进行比较定量分析，以便更精确的说明瑞典性别平等政策的实效性，说明瑞典性别平等政策实效与欧洲和世界各国相比较处于前列，以增强本书最后分析结论的说服力。

（三）比较研究的方法

本书通过运用定性与定量的比较研究方法，对世界发达国家、欧洲国家（除北欧）、北欧国家的性别平等政策进行比较研究，以更好的总结瑞典性别平等政策特色与可借鉴的经验。

（四）综合研究的方法

本书所研究的瑞典社会政策与性别平等政策的内容涉及政治学、社会学、法学、政策学、女性主义哲学、经济学、历史学等多学科的知识体系，因此，在对问题进行分析与阐释的过程中，依据研究内容的需要采取了多学科方法综合运用的方式，以求做到从理论到实践，从内容与本质对问题进行系统分析与阐释，以求更透彻的解决问题。

第二章 瑞典社会政策及其形成的基础

社会政策是伴随着社会发展的现代化过程而产生与发展的。由于世界各国的现代化进程不同，面对的问题不同，因此对社会政策涵义的理解也不同。本章将从历史的视角在一般意义上分析阐释社会政策的涵义和瑞典社会政策的特定涵义及其特点；在此基础上进一步分析与探寻瑞典社会政策存在的社会基础与理论基础；最后阐释瑞典社会政策与性别平等政策的关系，从而得出结论：瑞典性别平等政策是瑞典社会政策不可或缺的组成部分，且为后面对瑞典性别平等政策研究奠定基础。

第一节 概念与回溯：社会政策与瑞典社会政策的限域

社会政策是一个学界至今没有共识的概念。从历史的角度看，社会政策的发展经历了经济学视角的社会政策、社会行政视角的社会政策、政治与意识形态综合视角的社会政策的演变过程，这一过程标志着社会政策由物质层面上升到价值追求层面，体现出社会政策涵义的综合性与内容的丰富性。瑞典的社会政策作为现代化发展的产物也是一个历史性的动态概念，这一概念的内涵随着社会发展的需要与社会问题的凸显而变化与丰富。瑞典社会政策的本质在于，政府通过政策法案对各项社会事务进行国家干预，实施政府主导的二次分配，以达到社会平等。社会平等是瑞典社会政策的核心价值诉求。

一 社会政策的一般涵义及其历史回溯

社会政策作为现代工业社会发展的产物，是伴随着社会的现代化过程而产生并发展的。伴随着近现代工业化的发展进程,各国在实现了社会经济发展、财富增加的同时,也产生了许多社会问题,诸如贫富差距问题、失业与贫困问题、性别不平等问题等。因此,政府需要通过制定、完善一系列政策来调节社会资源,进行社会财富的再分配,以解决社会出现的问题。社会政策作为政府进行社会调节的工具,在其运用过程中情况非常复杂,因而在不同制度、不同文化、不同意识形态、不同的历史时期,社会政策有着不同的涵义与边界;不同国家的社会政策,由于是政治与经济两种因素延伸构成的,是政治力量针对经济与社会发展过程中出现的社会问题与社会需求而做出的制度性或政策性的回应,因此社会政策的领域与涵义也不尽相同,这就是至今学界没有达成关于社会政策概念共识的原因。

纵观学界对社会政策研究与探寻的过程,对社会政策涵义的理解大致经历了三个视角与阶段。

(一)早期:经济学视角的社会政策

社会政策的概念缘起于19世纪的德国为解决劳资关系的矛盾而提出的调节政策。当时的德国社会由于贫困人口的增加及收入分配不公的加剧,导致劳资矛盾十分尖锐。为解决德国的社会问题,德国新历史学派的代表人物之一阿道夫·瓦格纳(Adolf Wagner)最早提出了社会政策这一概念,他将社会政策界定为"运用立法和行政的手段,以争取公平为目的,清除分配过程中的各种弊害的国家政策。"[①] 瓦格纳提出的社会政策主张运用国家立法与行政权力手段来进行政策干预,通过国家干预来调节财产所得和劳动所得之间的分配不均问题,解决收入分配不公和贫困问题,缓解当时德国的劳资矛盾,达到实现社会平等的目的。可见,瓦格纳的社会政策概念是从政治经济学的视角来理解社会政策的,"他把社会政策看作与财政政策、租税政策平行的公共政策。与今天的社会政策概念相比,他的概念更多强调国家对社会的控制,而不是公民福利的提升。不过,需要指出的是,历史学派对社会政策发展的最大贡献不在于提出社会政策概念,而在于他们提出的国家干预经济和

---

① 曾繁正:《西方国家法律制度社会政策及立法》,红旗出版社1998年版,第165页。

社会生活的主张成为19世纪德国俾斯麦政府率先建立社会保险制度的思想基础,从而促进了以社会保障制度为核心内容的社会政策的发展。"[①] 瓦格纳提出社会政策概念的价值在于强调了社会政策是与国家干预相伴随的,同时也为社会政策后来与社会福利相关联奠定了基础。

(二) 中期:社会行政视角的社会政策

西方学术界对社会政策的理解随着社会的发展经历了不断的变化。二战以后,随着福利国家的建设,英国费边福利国家主义(Fabian welfare statism)对以社会行政的视角理解社会政策的研究具有重要影响。费边福利国家主义者认为,作为社会服务与社会福利物质承担者的国家与政府,应通过使用社会政策工具来干预和解决各种社会问题并提供社会服务以满足公民的需要,从而为公民提供市场无法满足的支持与保护。英国费边福利国家主义对社会政策的理解成为二战以后福利国家的福利政策形成的理论基础之一。

20世纪60—70年代,学术界主流观点认为,社会政策是政府通过行政行为有效地提供社会服务或收入保证,以满足市民关于社会保险、社会救济、住房、教育等福利的需要并形成直接福利效果的政策。对社会政策内涵的这一理解被称之为社会行政(social administration)的传统。这一思想来源于早期社会政策研究领域著名的学者、英国社会学家T. H. 马歇尔(T. H. Marshall),他在其《社会政策》一书中把社会政策定义为"关于政府行动的政策,即政府通过向市民提供服务或收入,从而对他们的福利产生直接的影响。所以,社会政策的核心内容包括社会保险、公共(国家)救助、健康和福利服务以及住房政策。"[②] 概括T. H. 马歇尔的解释,社会政策则是通过政府供给对公民福利有直接结果的政策。可见,在T. H. 马歇尔看来,社会政策的主要研究对象就是政府的社会服务,这种定义方式契合了社会政策的社会行政内涵。

然而,T. H. 马歇尔对社会政策的上述解释受到了英国另一位著名社会政策大师蒂特马斯(Richard Titmuss)的批评。蒂特马斯认为,社会政策不仅是指单一的政府供给,而应涉及更广泛的社会供给。因此将

---

① 黄晨熹:《社会政策概念辨析》,《社会学研究》2008年第4期。
② Marshall T. H., *Social Policy*, London: Hutchinson University Press, 1967, p. 7.

社会政策仅仅理解为政府供给的社会服务是不够的。蒂特马斯认为，"所有为了满足某些个人需求或为了服务广泛社会利益的集体干预大致可分为三大类：社会福利（social welfare）、财政福利（fiscal welfare）和职业福利（occupational welfare）。这里的社会福利是指社会服务，而财政福利是指具有明确社会目标的特别减税和退税措施，如凡市民参加慈善捐款、社会保险或抚养子女等都能获得所得税减免，从而增加净可支配收入；职业福利是指与就业或缴费记录有关的由企业提供的各种内部福利。"① 可见，在蒂特马斯看来，"社会福利只是社会政策的一部分内容，而财政福利和职业福利则是社会政策的主要内容，在社会政策中占主体地位。"②

T. H. 马歇尔与蒂特马斯对社会政策解释的差别在于，首先是蒂特马斯界定的社会政策的研究范围比 T. H. 马歇尔界定的社会政策的研究范围要宽；其次是蒂特马斯认为，社会政策本身一定是以某种价值观为基础的，社会政策必然与价值选择有关，只要涉及政策，就关切到需求（目标）以及满足需求的方法（手段）问题。因此他对 T. H. 马歇尔的社会政策可以"对公民福利有直接的结果"的解释提出质疑，反对社会政策研究者从纯粹客观的、价值无涉的视角研究社会政策。

蒂特马斯的贡献在于把社会政策概念从社会行政传统中释放出来，拓广了社会行政只研究社会福利的狭窄范畴，他把两种福利，即由税收豁免和优惠构成的财政福利和由雇主企业提供的职业福利，引入社会政策的分析框架之中。但是，蒂特马斯提出的社会政策研究的内容仍然局限在资源分配方面，与 T. H. 马歇尔的社会政策的不同只是把内容扩展至包括财政及职业福利，并引入主观价值维度而已。

基于社会政策的社会行政视角的理解，美国学者对社会政策涵义的理解更为宽泛。与英国学者不同，他们把社会政策理解为是"社会的"政策，赋予了社会政策更宽广的范围与复杂的体系，而不只是"社会福利的"政策。

美国学者吉尔（David G. Gil）认为，"社会政策不是单一的，而是

---

① Titmuss R., *Essays on the Welfare State*, London：Allen & Unwin, 1964, p. 42.
② Titmuss R., *Commitment to Welfare*, London：Allen & Unwin, 1968, pp. 192 – 193.

组合的，即社会政策体系，尽管这些社会政策之间的关系不一定十分紧密。社会政策体系是生活方式的指导原则，它的发展动力来自人类基本的感觉性需求。社会政策体系通过一系列制度过程及相关作用进行运作，并形成一些与生活方式相联系的结果变量。"[1] 美国社会政策学界基本认可了吉尔上述关于社会政策的定义，美国《社会工作词典》引入了吉尔的观点，将社会政策理解为："一个社会的活动和原则，它们指导社会如何干预和协调其中个人、团体、社区和社会制度之间的关系。这些原则和活动是该社会之价值观和习惯作用的结果，并在很大程度上决定了资源的分配方式及其人民的福祉水平。所以，社会政策既包括由政府、志愿组织和一般大众所提供的教育、健康照料、犯罪与矫治、经济保障以及社会福利领域的计划和项目，也包括那些给人带来社会报酬和社会约束的社会观点。"[2] 由此可见，基于社会行政视角所理解的社会政策涵义而言，美国学者对社会政策的理解较之英国学者的理解是宽泛的，他们认为只要是关涉人的基本需求的制度，均可成为社会政策的有机组成部分。

（三）后期：综合视角的社会政策

20世纪70年代以后，伴随着世界福利国家的发展，解决社会平等问题成为社会政策的目标，以往的社会政策是对社会福利和社会服务进行物质资源再分配的理解具有了局限性。为回答社会现实提出的问题，学界对社会政策涵义的研究发生了两个转变，即社会政策由资源分配向社会关系分配的转变、社会政策由社会层面向经济层面的转变。

社会政策由资源分配向社会关系（地位及权力）分配的转变，意味着社会政策的研究范围与研究层面发生变化，由过去的关注社会行政主题转向关注政治和意识形态领域。社会行政时期的社会政策内容主要涉及资源分配问题，通过政府干预进行资源分配以解决贫穷问题。然而，这时的社会政策却解决不了社会平等问题。因为作为资本主义社会

---

[1] David G. G., *Unravelling Social Policy: Theory, Analysis, and Political Action towards Social Equality* (5th ed.), Rochester: Schenkman Books, 1992, pp. 24 – 25.

[2] Robert L. B., *The Social Work Dictionary* (6th ed.), New York: NASW Press, 2014, p. 399.

核心价值的政治民主解决不了在市场经济初次分配的不公平问题,出现了贫富差距,失业与贫困等社会问题,因而需要政府以社会平等为目标构建社会政策对社会关系(地位与权力)进行再分配的机制。我国学者黄晨熹在《社会政策概念辨析》一文中认为:"根据 T. H. 马歇尔的公民权理论,现代公民身份是一个从民事权利逐渐拓展到政治权利和社会权利的演进过程。而现代社会权利,除了保障基本福利需求外,还包括更为重要的社会参与权。如果社会政策所分配的社会资源只是集中于社会消费层次,它针对的分配结果可能只是基本需要的满足,而不包括社会参与的实现。也就是说,面向贫困的物质救济可能只是满足社会福利或社会资源部分,但不能解决贫困者所面临的社会排斥问题,即他们长期与社会脱节,不能履行其公民义务的问题。因此,政府要拓宽干预范围和加强干预力度(包括干预市场及社会),促进公民在资源、地位及权力分配上的平等。这种政策目标的动力是追求各种社会平等(性别、种族、年龄、能力、阶级及教育等)的理想和意识形态。"[①] 可见,社会政策背后的政治理念与意识形态决定着社会政策的分配结果与制度安排。

对社会政策的理解由社会层面向经济层面的转变,是与由"石油危机引发的财政危机和 20 世纪 90 年代日益明显的经济全球化紧密相关的。这一背景促使西方学者对社会政策的审视跳出原有的社会层面,开始着眼于社会政策与经济政策的关系来理解社会政策的内涵,即对社会政策概念的理解要从原有的社会福利及社会平等再分配范畴转向经济生产的分配范畴。"[②] 90 年代后,"很多国际组织、政府及社会政策研究者对以往所认为的社会政策对经济只产生消极作用的观点提出不同的看法。他们认为社会政策既有再分配的功能,也有社会投资的功能。如同教育、卫生事业一样,社会政策具有帮助人们实现潜能的作用,是对社会资本和人力资本的投资,因而社会政策也是生产力要素之一(对劳动力的投资)。社会政策与经济政策不再被认为是相互对立的,而是可

---

① 黄晨熹:《社会政策概念辨析》,《社会学研究》2008 年第 4 期。
② 王卓祺、雅伦·获加:《西方社会政策概念转变及对中国福利制度发展的启示》,《社会学研究》1998 年第 5 期。

以相互融合的。例如,社会政策与劳动力市场密切配合,可以共同提高社会生产力水平和促进经济发展,而相应地,经济的增长也应该考虑到其对社会稳定和社会凝聚力的影响。"① 由此可见,社会政策的内涵发生了由再分配功能向投资生产功能的转变,与此同时,社会政策的再分配功能把资源从生产系统转向非生产系统,这一变化反映出社会政策与经济政策从不相容到相容性、从疏离到融合的过程。

伴随着社会的发展及对社会问题的回应,社会政策的涵义经历三个不同的发展阶段,其内涵也越来越丰富:从最初的国家干预的工具到社会福利与社会服务的社会行政的传统阶段;再到由物质层面上升到价值层面,即追求社会平等的政治意识形态的价值目标的融入阶段;再到由社会再分配功能拓展到经济再分配功能,体现出社会政策涵义的综合性与内容的丰富性。

(四)社会政策的一般涵义

综合上述内容,本书认为可将社会政策的涵义理解为:社会政策是指政府或其他组织在某种社会价值的指导下通过再分配机制,为达到一定的社会性目标而采取的社会性行动及一系列政策、行为准则、法令和规定的总和。对于这一定义可从如下方面理解。

1. 社会政策的主体

社会政策的首要主体是国家与政府,政府通过再分配的机制对社会事务进行国家干预。然而,随着社会的多元化发展,社会政策的主体越发多元,并不局限于国家与政府,还包括国际组织、非政府组织等其他组织。

2. 社会性价值

社会性价值一方面是指社会政策主体所追求的,并赋予具体社会政策的价值追求;另一方面是指在社会中能够代表大多数人利益的价值诉求,而非只反映少数群体利益的价值立场。

3. 社会性目标

社会性目标具有两个层次:一是目前学界达成共识的社会政策的目

---

① 黄晨熹:《社会政策概念辨析》,《社会学研究》2008年第4期。

标，具体包括维护社会平等、增进社会福祉、满足社会需求、解决社会问题、保障公民基本权利、稳定社会秩序、促进社会发展等。二是社会性目标除上述具体的社会政策目标外，还具有宗旨性的社会政策目标，即为满足绝大多数人，尤其是弱势群体的需要，维护社会的分配正义，维护社会的稳定，提高社会的生活质量，促进社会的发展。

4. 社会政策手段

社会政策手段包括两个方面内容：一方面指社会性行动，即国家与政府要动员、鼓励社会成员广泛参与的社会行动；另一方面是指社会政策的主体责任是通过国家与政府的一系列政策、法规、准则、条例等干预手段实现的。

5. 社会政策的领域或内容

关于社会政策的领域有广义与狭义之分。根据上述对社会政策特性的理解，本书认为社会政策的领域应是中范围的。其核心领域应包括人口政策、社会保障政策、性别平等政策、家庭政策、劳动就业政策、公共教育政策、文化体育政策、公共医疗卫生政策、环保政策、公共住房政策、社会服务政策、居民收入分配和消费政策、社会治安政策等相关的政策。

6. 社会政策的本质

本书认为，社会政策的本质为国家干预，即政府通过社会政策对各项社会事务的干预行动。政府通过行政干预的手段，以法制法规的形式建立必要的强制性规则，以引导社会政策的各个领域向着良性方向发展，并通过各种社会服务方式投入必要的公共资源，以满足全社会公民的需要。

综上所述，社会政策是一个综合的、具有丰富内涵的、随着社会需求不断发展的、历史与现实相统一的概念。

二　瑞典社会政策的演进

通过对上述社会政策基本涵义及其特性的分析，我们可以认识到社会政策是一个历史性的概念，同时也是一个不断回应社会现实需要的变化性的概念。瑞典社会政策概念的形成过程同样与瑞典福利国家发展的历史与现实是一致的，是随着瑞典的政治、经济、社会、文化的发展而不断变化的，具有其突出的国别特色。

瑞典是世界上典型的福利国家。由于瑞典社会民主党长期执政，受其思想的影响，瑞典被人们称为"社会民主主义福利国家"模式。瑞典这一国家模式的特点体现在两个方面：一是以普遍主义和社会平等理念为核心价值；二是通过国家干预形成高税收与高再分配的机制。因此也被称为"瑞典模式"。

瑞典作为福利国家是如何形成具有普遍主义的社会政策体制的？推动这一社会体制形成与发展的动力机制与价值理念是什么？这一社会体制与社会政策及社会保障体系之间的关系如何？这些问题则成为我们理解瑞典社会政策涵义的关键因素。为此，我们有必要简要回顾瑞典社会政策演进的历史过程。

（一）解决社会问题：社会政策的初建（19世纪中叶—20世纪40年代）

社会政策是社会进入工业现代化的产物。瑞典从农业社会进入工业社会的进程始于19世纪中叶，伴随着工业现代化的发展进程，出现了工人问题、人口问题、劳动力问题、移民问题等诸多社会问题。瑞典政府为解决这些问题出台了一系列社会政策，由此可见，瑞典的早期社会政策是以解决社会问题为出发点而建立起来的。

19世纪末20世纪初，伴随着瑞典的工业化进程，一部分农民进入到工人队伍之中，因此工人的就业、失业、劳动保障、养老问题形成了"工人问题"。为解决这些问题瑞典政府开始了早期的社会立法活动，1913年瑞典设立了养老保险制度，是北欧国家中较早建立此项制度的国家之一；1916年为解决工伤问题，瑞典建立了强制雇主投保的工伤保险法；1934年为解决工人失业问题，瑞典建立了国家给予补贴的失业保险体系，由此初步形成了瑞典社会保障制度的雏形。

20世纪30—40年代，瑞典现代家庭政策是以当时的人口政策与解决人口出生率问题而成为社会政策的中心领域，家庭政策又因为人口问题成为制约社会经济发展的因素而成为当时政治关注的焦点问题。20世纪30年代，瑞典的人口问题凸显，表现为人口出生率低，儿童死亡率高，人口外流严重，劳动力市场人力短缺。为解决这些问题，瑞典政府对家庭的认识发生了变化，认为家庭不再是私人领域，而是公共领域，女性承担了人类再生产的责任，因此，政府应对家庭生活及家庭中女性的平等地位进行政策干预，以达到提高人口出生率及改变家庭贫困的目的，这使得政府将家庭的内部分工与女性地位、家庭环境等纳入社会政策的领域，政府由此确立了通过家庭政策干预家庭生活以提升女性家庭地位的新理念。[①] 瑞典政府在这一政策理念的指导下，出台了一系列的家庭性别平等政策，为改善女性生活条件及提高生育率，1931 年出台了生育保险补贴政策，1935 年女性和男性平等采用基本养老金政策出台，1938 年子女抚养补助金政策、母亲经济补助政策、通用生育津贴政策出台，1948 年瑞典议会通过了全民儿童福利津贴政策；[②] 同时，政府为补充劳动力市场的不足，于 1939 年出台了保护已婚女性工作权利的《性别平等法案》，规定"不得解雇因怀孕、分娩或结婚的有酬就业的妇女"，1947 年出台国家雇员同工同酬政策，[③] 以促进劳动力市场中的男女性别平等。上述社会政策的出台，标志着瑞典家庭政策的建立，同时也表明瑞典的家庭政策从建立初始就成为社会政策的核心内容之一。

（二）全民福祉：普遍主义社会政策的构建（20 世纪 50—70 年代末）

二战后到 20 世纪 70 年代末，是瑞典社会政策快速发展与全面确立的阶段。这一时期，瑞典的经济高速增长、社会稳定，瑞典社会发展进入黄金阶段，同时也是瑞典福利国家高速发展的阶段。在瑞典，社会政策被看作是通过国家干预手段实现社会民主党倡导的"人民之家"思想的重要政策工具。因此，一种以普遍主义为价值导向的国家统筹的社会政策体系逐渐形成。"社会福利"概念逐渐超越了传统的针对贫困群体或少数福利需求群体等特殊对象所进行的社会救助，转化为以增进全

---

① Alva M., "Gunner M. Kris i befolkningfrågan" *Studies in Philosophy and Social Science*, 1935（4），p. 309.

② Sweden Statistics, *Women and Men in Sweden: Facts and Figures* 2014, Stockholm: Statens Offentliga Utredningar, 2014, pp. 7 - 8.

③ Sweden Statistics, *Women and Men in Sweden: Facts and Figures* 2014, Stockholm: Statens Offentliga Utredningar, 2014, p. 8.

民福祉为目标、带有浓厚普遍主义色彩的社会政策努力。社会福利也不仅仅被理解为工资水平与收入保障，而是在更为广泛的意义上把它理解为解决与人们的生活方式、家庭结构、儿童出生率等相关社会问题的手段。战后时期，瑞典社会政策发展的一个重要特征是不仅从法律上，而且从实际上摒弃了社会福利制度的"慈善"性，实现了国民的统一待遇、统一标准，为国民提供同等程度的社会安全保障，实现了全体社会成员的一视同仁。在这一时期瑞典福利国家的建设中，社会政策的建设在公共福利、社会津贴、社会保险计划三个方面取得了积极的进展。在公共福利方面，瑞典在医疗、教育和住房等方面建立了公共服务体系；在社会津贴方面，瑞典政府发展并建立了儿童津贴、残疾津贴和生育津贴体系；在社会保险方面，瑞典早在1946年形成了以税收为基础的统一的基础养老金体系。这些社会政策均包含了普遍主义的因素，为后来瑞典形成普遍主义的福利国家模式奠定了基础。

（三）应对危机：社会政策的改革（20世纪80年代至今）

自20世纪80年代以来，瑞典及北欧其他福利国家普遍经历了社会政策的改革阶段。80年代初，瑞典受到了来自经济和政治等多方面的挑战，社会政策进入了调整时期。在经济方面，由于20世纪70年代爆发的世界"石油危机"，瑞典的经济发展放缓，出现了收入下降、失业率上升等一系列社会问题，加之人口老化，使得瑞典政府不得不采取削减福利项目或降低待遇水平的措施；在政治方面，由于经济衰退，瑞典执政党更迭频繁，联盟党政府与社会民主党政府交替执政。"1991年瑞典联盟党执政主张缩小政府角色，削减福利支出，并实行了一系列权力下放和以私有化为导向的社会政策改革。1993年瑞典建立的经济委员会（Lindbeck委员会）认为，现行的福利模式是经济发展的阻碍，并主张将以往的社会民主主义政策导向转向自由主义方向。政府精英和政策制定者开始接受个人应对自己福利状况负有更大责任的观点。"①

进入90年代后，瑞典与斯堪的纳维亚各国加速了对其社会政策的改革。"这些改革至少体现在以下六个方面：第一，津贴水平下降，特

---

① Blom-Hansen J., "Still Corporatism in Scandinavia? A Survey of Recent Empirical Findings" *Scandinavian Political Studies*, 2000, 23 (2), pp. 157 – 181.

别是在芬兰和瑞典的许多社会保障项目中。第二，津贴给付时间缩短且设置或延长了等待时间。第三，通过不同的措施来严控津贴给付的资格条件审核。第四，强调加强就业能力的训练与教育。第五，养老金系统的改革，强化了缴费与津贴给付之间的关系。第六，地方政府在福利融资和分配中的作用大大强化，并在中央和地方之间出现了越来越多的谈判。"① 瑞典与北欧国家的这次改革将社会福利政策的重心从公平转向了效率，做到了二者的兼顾，因此被称为"积极的社会政策"。特别是2008年以来的世界经济危机对瑞典的社会政策并没有产生大的影响，因此学者们认为：瑞典福利国家模式没有瓦解，这一模式的合法性基础仍然稳固。②

通过简要回顾瑞典社会政策演进过程不难发现，随着社会的发展，瑞典对社会政策的认识逐渐深刻，政治、经济、社会、文化意识形态价值因素逐渐融入社会政策，丰富了社会政策的内涵与价值目标；瑞典社会政策的发展过程表明社会政策是国家进行调控的重要手段与推进社会建设的有效工具；表明瑞典社会政策由最初的社会救助政策逐步发展为普遍主义的福利国家社会政策体系；表明社会政策强化了社会的"非商品化"精神，通过国家构建社会再分配机制使人们拥有了一种社会平等的公正感，维护了社会的公平。

三 瑞典社会政策的涵义及其特点

基于上述对瑞典社会政策演进过程的分析，本书认为，可以将瑞典的社会政策的涵义理解为：瑞典的社会政策是指通过国家立法和政府的再分配机制，为达到一定的社会性目标，公平地分配不同社会群体的资源、地位及权利，以增进社会福利、解决社会问题、促进社会安全、改善社会环境的一系列政策、行为准则、法令和规定的总和。对于这一定义的具体阐释也可以理解为是对瑞典社会政策特点的描述：

---

① 林卡、张佳华：《北欧国家社会政策的演变及其对中国社会建设的启示》，《经济社会体制比较》2011年第3期。

② Blomberg H., "Kroll C. Do Structural Contexts Matter? Macro-sociological Factors and Popular Attitudes towards Public Welfare Services" *Acta Sociologica*, 1999, 42 (4), pp. 319–335.

1. 社会政策的主体

瑞典社会政策的主体与西方国家不同,政府是国家社会政策制定与执行的主体。政府通过再分配机制对社会事务进行国家干预,并具有国家进行统筹的普遍主义特征。

2. 社会政策的目标

瑞典社会政策的目标体现为瑞典社会民主党的施政理念,即"人民之家"的理念,其核心内容为"通过实行社会和经济民主,消除阶级差别以及一切社会和经济不平等现象,从而使整个社会充满平等、关心、合作和互助。"① "人民之家"理念是瑞典社会政策的行动纲领。

3. 社会政策的原则

瑞典社会政策是"积极的社会政策",其基本原则体现在三个方面:一是平等原则,即公民享受福利的机会平等;二是社会保证原则,即政府要考虑到社会所有可能的情况;三是充分就业原则,即不只是通过失业救济,更重要的是致力于消灭失业这一社会灾难本身。

4. 社会政策的手段

瑞典社会政策的手段包括两方面内容。一方面指社会性行动,社会性行动就是社会政策的主体,即国家与政府要动员、鼓励社会成员民主参与的社会行动;另一方面是指社会政策的主体责任是通过国家与政府的一系列政策、法规、准则、条例等干预手段实现的。

5. 社会政策的领域或内容

根据瑞典的社会现实状况,瑞典社会政策的涵义是广义的,这是与瑞典的普遍主义的政策类型相符的。包括社会保障政策、人口政策、家庭政策、性别平等政策、劳动就业与失业政策、公共教育政策、文化体育政策、公共医疗卫生政策、环保政策、公共住房政策、社会服务政策、居民收入分配和消费政策、反歧视政策、反性暴力政策、社会治安政策等与社会管理相关的政策。

6. 社会政策的本质

瑞典社会政策的本质在于,政府通过政策法案对各项社会事务进行

---

① 金重远:《战后西欧社会党》,上海人民出版社1997年版,第145页。

国家干预，实施政府主导的二次分配，以达到社会公平的目的。作为社会政策主体的政府通过行政干预的手段，以法制法规的形式建立必要的强制性规则，以引导社会政策的各个领域向着良性方向发展，并通过各种社会服务方式投入必要的公共资源，以满足全社会公民的需要。

第二节 历史与文化：瑞典社会政策形成的社会基础

瑞典位于欧洲北部斯堪的纳维亚半岛的东部，东北毗连芬兰，西部与挪威接壤，南部与丹麦隔海相望，东临波罗的海，面积约45万平方米，人口约998万人（2018年），是欧洲北部的重要国家。瑞典社会的发展具有明显的独特性，这种独特性构成了瑞典社会政策形成与发展的社会基础。

一 历史基础：平等的社会结构

瑞典福利国家社会政策的最大特色在于追求普遍主义的"社会平等"，其原因在于瑞典稳定的社会结构与平等的社会理念构成其社会基础。瑞典与其他欧洲国家不同，表现为在由农业社会向工业社会转型过程中没有像其他欧洲国家那样产生社会结构的断裂。"特别是与英、德等国在向现代化转型过程中都曾先后历经'工业文明综合征'不同，她在工业化进程中是相当平稳地完成了社会转型与过渡，并较为完整地保留了前工业化时期相对均等化的社会结构。"①

瑞典相对于欧洲其他国家而言进入工业化的进程较晚。1910年瑞典人口的46%还滞留在农业和农村，瑞典社会还是以农业为主的社会。在20世纪初，瑞典出现了波及面广泛的农业合作经济运动，农民自发的组织了农业合作社，进行自我帮助，以维护农民在政治、经济、文化等方面的共同利益。农业合作运动改变了瑞典的生活方式与生产方式，将农村经济与农民直接带入了现代社会。瑞典社会结构的平稳过渡，使得瑞典农民没有像欧洲老牌资本主义国家的农民那样受到利益的剥夺，

---

① 周弘：《福利国家向何处去》，社会科学文献出版社2006年版，第64—65页。

而是很好地保持甚至是加强了农民的社会地位与经济地位，同时也保存了相对平均主义的农业文化，加之瑞典人口不多且民族单一，比较容易培育平等的共同体意识，这些因素的叠加使得瑞典在全社会推行以"社会平等"为目标的福利模式成为可能。可见，瑞典的这种独特的、平等的社会结构与平等的社会理念为其发展成为"崇尚平等的高福利国家"奠定了社会基础。

二　政治基础：执政党与社会组织的政治合作

瑞典社会民主党的长期执政与劳资集体协议制度的建立，构成了瑞典普遍主义福利国家建设与社会政策制定独特的政治基础。

瑞典社会民主党的执政是瑞典社会发展与社会政策体系建立的重要政治基础。建立于1889年的瑞典社会民主党自1932年执政至今，累计执政67年，曾创造自1932年至1976年连续执政44年的历史，该党2018年仍在执政，被称为欧洲社会民主党最坚强的堡垒。瑞典社会民主党长期处于瑞典的政治中心。社会民主党的价值观及其政党理论，如"人民之家"的政治理念，"民主、平等、团结"的核心价值，维护社会平等与福利国家建设的目标追求，"国家干预与充分就业"的政策主张等都成为瑞典社会政策的目标与内容。瑞典社会民主党在瑞典政坛发挥着不可替代的作用，其充分利用长期执政的优势成功地领导了国家的社会建设，建立了以社会平等为核心价值的社会政策体系，构建了被视为世界典范的"瑞典模式"。

瑞典社会政策的政治基础除政党政治以外，其政治生活还具有自身的独特性。首先，发达的工会组织是瑞典政治生活的突出特点。瑞典工人阶级的组织化程度高而且团结，使其在瑞典社会中具有较强的阶级制衡性，成为一支不可忽视的社会力量。瑞典工会从19世纪末开始出现，随着工业化的发展，瑞典工会不断发展壮大，绝大部分的工人都是工会会员，几乎所有的行业都建立了工会组织，工会的影响深入瑞典民众生活的各个方面。瑞典成为西方国家中工会化水平最高的国家之一。瑞典高度发达的工会组织，不仅对瑞典政党政治的发展产生了重要的影响，也为劳资集体协议制度的建立奠定了基础。其次，劳资集体协议制度的建立是瑞典政治生活的又一个突出特点。19世纪末20世纪初,瑞典分别建立了代表劳工的"瑞典工会联合会"和代表雇主的"瑞典雇主联合会",开始探索劳资之间通过集体协议实现政治合作的道路。瑞典不仅实现了劳资之间的基本妥协,而且也实现了工人阶级中不同阶层之间的妥协,从而建立起劳资集体协议制度。最后,社团主义政治也是瑞典政治生活的另一个重要特点。瑞典工会组织的高度发达,劳资集体协议制度的建立,长期稳定的政党体制以及社会民主党的相对政治优势,使得瑞典政治生活呈现出不同社会阶级、不同利益集团、不同政治党派之间政治合作的倾向,从而形成了瑞典政治生活中的社团主义政治趋势。瑞典社会的这种独特的政治条件为其实现以追求社会平等为目标的社会政策体系建设奠定了政治基础。①

三 经济基础:稳定的经济增长

瑞典经济长期稳定且具有活力的发展也具有其独特性。19世纪末20世纪初,瑞典开始走上工业化的道路。与其他西方国家工业化道路不同的是,瑞典的工业化不是首先从工业领域开始,而是首先从林业、农业、矿业等部门开始,然后逐步发展到其他工业部门。瑞典林业、农业和矿业等部门一直比较发达,其产品正是欧洲其他国家工业化发展过程中必需的基础资源,这使瑞典的工业化免于与欧洲其他国家过早地处于直接竞争之中。两次世界大战之间,世界性经济危机对主要西方国家的经济和社会发展带来严重影响,经济发展速度降低,失业等社会问题不断恶化,国际市场竞争加剧,所有这些使得主要西方国家处于严重的经济萧条之中。瑞典的经济发展虽然也受到经济危机的影响,但由于瑞典工业化道路的特色、体现瑞典学派主要思想主张的经济政策的实施以及长期以来奉行的中立主义外交政策等因素,瑞典经济并没有出现如同其他主要西方国家那样的严重萧条局面,而是继续保持着稳定发展的趋势。②

---

① 丁建定:《瑞典社会保障制度的发展》,中国劳动社会保障出版社2004年版,第3页。
② 丁建定:《瑞典社会保障制度的发展》,中国劳动社会保障出版社2004年版,第2—3页。

第二次世界大战以后，主要西方国家的社会经济进入了一个长期持续发展的黄金时期，瑞典社会经济的发展更为迅速。在战后30年间，瑞典经济迅猛发展，1974年人均年收入居世界第一位；20世纪80年代瑞典经历了20年经济萧条期，1994年社会民主党重新执政，在其执政期间瑞典经济基本保持平稳，1995年至2000年瑞典年均增长率达到3%，相对于同期经济萎靡的欧洲国家这已是很好的成绩，失业率也出现下降趋势，2000年初瑞典的失业率约为4%，中青年中80%的男性和78%的妇女充分就业。[①]可见，瑞典不仅完成了工业化，而且创造了令西方国家乃至世界瞩目的"瑞典模式"。战后瑞典社会经济的快速发展，成为西方资本主义经济发展的典型代表。瑞典社会经济长期稳定的发展，为瑞典的社会建设与社会政策体系的建构奠定了坚实的经济基础。

四 文化传统：平等的社会文化

瑞典福利国家与社会政策得以实现除上述的历史、政治、经济因素以外，还具有更深层次的社会基础，即社会文化传统。平等的社会文化传统是瑞典社会发展的精神支撑，平等是超越政治与经济的整体民主意识形态。瑞典社会平等的传统文化构成因素是复杂的，是由地理历史环境铸就的社会文化、宗教文化、政治文化、经济文化构成的有机统一体。

独特的历史环境造就独特的文化特性。一方面瑞典地处北欧，在历史上必然受欧洲文化的影响。欧洲文化是在过去两百多年时间里逐渐形成的包括自由权、社会平等理想、世俗性、人性理想等普遍主义的社会文化。另一方面由于瑞典社会历史发展的特殊性，决定了瑞典特殊的社会文化的形成。瑞典社会由社会结构平稳的传统农业向工业社会结构的转型，没有导致社会结构的割裂，维护了社会的平等；瑞典工业化建立是以农业为基础的，使得瑞典的工业化免于与欧洲其他国家过早地处于直接竞争之中。这些独特的历史因素，孕育了瑞典社会平等的理念，

---

① 谭鹏：《论战后西欧社会民主党治国理政的经验与启示》，博士学位论文，中共中央党校，2012年，第90—91页。

"人人平等"的理念渗透到社会生活的各个方面，瑞典的社会理念、政治传统、社会福利无不打上平等主义价值观的烙印，社会平等成为瑞典人民普遍的信仰与价值观。追寻社会平等，成为瑞典社会的共识，形成了特定的社会文化。由此可见，社会平等观念已成为瑞典社会文化中不可或缺的组成部分。

瑞典由一元文化转向多元文化，平等是承载文化转变的社会文化基础。瑞典作为北欧一个历史悠久的民族国家，曾经是一个种族、语言与宗教的同质社会，直到二战前，依然保持着这种民族的单一性与文化的同质性。然而，二战期间由于瑞典是中立国，大量的难民涌入瑞典，战后直至现在随着利比亚等中东国家的战争使得大量的移民进入瑞典。这些移民的多元民族背景导致了语言的多元化与民族文化的多元化。以宗教为例，历史上，绝大多数瑞典人信奉的是路德教。战后移民的到来使瑞典的宗教信仰呈现出多样性，除路德教外，随着南欧和东欧移民的到来，罗马天主教和东正教信徒越来越多，其他基督教派别也有一定的存在。更为突出的是，近年来随着土耳其、中东和北非移民的到来，伊斯兰教和佛教也扎根于瑞典社会。可见，二战后移民的大量涌入，使得瑞典由单一的民族文化转变为了多元的民族文化，因此，如何对待多元文化，如何融合多元文化，如何建立和谐的社会文化成为瑞典的一个重要课题。

瑞典政府认为，用平等文化融合多元文化，是瑞典解决多元文化问题的重要途径。1975年，瑞典开始实施平等地对待所有民族文化的多元文化主义政策，通过对多元文化的平等尊重来构建和谐社会。为此，瑞典将社会平等作为多元文化政策的基础，提出了平等、文化保持、社会参与三个原则，这三个原则保证了移民身份、政治权利、语言与信仰的自由与平等。这三个原则同时确立了对待不同文化的平等性，坚守了不同民族文化与宗教都应具有的宽容精神，扩展了不同文化共生的根基。瑞典以平等民主的方式整合多元文化，并成为瑞典一系列社会政策的重要组成部分。

瑞典平等的社会文化不仅体现在对多元文化的融合中，还体现在瑞典的政治文化中，瑞典平等的政治文化是瑞典平等社会文化的一个有机组成部分。瑞典的社会民主主义思想是瑞典的主流意识形态,是瑞典政治文化的核心内容。瑞典政治文化是本民族的传统文化与吸收欧洲优秀文化成果的有机统一。瑞典政治文化,一方面深受欧洲资产阶级自由平等博爱思想的影响;另一方面将外来文化与本国国情和现实相结合,形成并凝练出了具有瑞典特色的政治文化内容:"自由、平等、团结"的核心价值观念。"社会民主主义在强调个人自由的前提下,把自由进一步扩大到全体民众,即从自由的享有主体来说,不是个体,而是集体和国家;从自由享有的范围而言,不是部分领域,而是政治、经济、文化等社会各领域的全方位共享自由;平等是对所有人同等价值、同等尊严与权利的社会民主主义思想的表述。平等意味着每一个人都有平等的自由和权利去决定自己的生活方式和未来发展方向,去改善和改造自己生存和发展的环境。瑞典社会民主主义平等观的价值取向是阶级平等、男女平等及资源和收入的公正分配;瑞典社会民主主义思想中团结的观念主要来源于宗教中的'爱人'的基本理念和瑞典自身传统的文化。瑞典社会民主党于1978年修改完善了党纲,对团结这一概念下了明确的定义,团结指的就是人们要努力去理解彼此,关心爱护彼此,帮助彼此。瑞典社会民主党主张团结这一价值观念,要求人们在社会生活和政治生活中能够互相帮助,互相关心,爱护彼此,理解彼此,为促进经济的发展和社会的进步而共同努力。"[①] 由此可见,在瑞典社会民主主义自由、平等、团结的核心思想中,平等理念起到了承上启下的重要作用,平等是建立在自由基础上的平等,团结是以平等为前提条件的,没有平等不会有团结,平等及社会平等则是瑞典社会民主主义思想与政治文化的核心理念,是瑞典社会民主党进行社会建设的核心目标,也是瑞典社会政策的价值追求。

综上所述,瑞典社会发展中的独特性决定了瑞典社会政策发展变化的独特性,是瑞典社会各种独特性的直接结果。瑞典社会发展过程中的社会历史、政治、经济、文化各方面是相互联系与相互影响的,从而构成了瑞典社会政策发展与变化的社会基础。

---

① 焦丽莎:《瑞典社会民主主义核心价值观研究》,硕士学位论文,内蒙古大学,2017年,第14—17页。

第三节　民主与平等：瑞典社会政策形成的理论基础

瑞典作为世界上福利国家的典型代表之一，其福利模式和社会政策深受政治因素的影响，在社会民主党长期执政的情况下其思想理论主要来源于欧洲民主社会主义的社会福利思想及瑞典社会民主党自身的理论。在瑞典的社会发展过程中，瑞典学派的理论、公民权理论及女性主义理论成为瑞典社会政策及性别平等政策制定与发展过程中重要的理论基础。

一　民主社会主义社会福利思想

民主社会主义思想发源于欧洲，社会福利思想是民主社会主义思想中的重要组成部分。在欧洲社会发展中，这些思想影响深远、内涵丰富，对现代社会福利理论，特别是对福利国家的社会政策产生了重要影响。

由于社会福利思想是民主社会主义思想的一部分，所以人们从社会主义思想的角度出发用两个指标对福利国家进行重新解释：一是追求更大程度上的平等；二是经济生活的集中管理。这一解释也使人们在提到福利国家时总是将其和民主社会主义联系起来，就像吉登斯所说"社会主义者收养并养育了并非完全是他们自己后代的福利国家。尽管不是民主社会主义及其政党第一个创造福利国家。""西方社会主义的主要形态是民主社会主义，一种温和的、议会制的社会主义，其基础是得到强化的福利国家。"① 这种情况的出现与民主社会主义体系有着密切的关系。

（一）民主社会主义的核心价值

民主社会主义是一个宽泛的、包含着非常复杂内容的术语。现代意义上的民主社会主义指的是西方资本主义国家中推进和支持社会改良主义的政党和团体所持的思想理论。这种思想理论源于19世纪末20世纪

---

① ［英］安东尼·吉登斯：《第三条道路——社会民主主义的复兴》，郑戈译，北京大学出版社2000年版，第4页。

初欧洲的一些资本主义国家,而后对西方各国的社会党、工党和社会民主党在各自国家推行的社会改革和国家管理发挥了重要的理论指导作用。民主社会主义的理论渊源可以追溯到19世纪50年代,有两个方面的思想为民主社会主义的理论形成提供了基础理论资源:一是蒲鲁东无政府主义、拉萨尔国家社会主义以及第二国际的伯恩斯坦主义和考茨基主义,也正是这些理论为民主社会主义的开创奠定了基础,而伯恩斯坦更是被称为当今民主社会主义的"教父"。另一个则是以基督教人道主义、存在主义、黑格尔的历史哲学和康德的伦理学等为代表的资产阶级哲学以及涉及社会政治经济的各种流派。社会党《哥德堡纲领》公开宣称:"民主社会主义来源于欧洲、来自基督教伦理、人道主义和古典哲学。"这也为我们提供了佐证。

民主社会主义理论的核心价值可以概括为人道主义、民主制度以及自由、平等和团结互助。

首先,民主主义理论的核心价值体现为其紧紧围绕着人道主义。民主社会主义作为马克思主义的一个分支,其基本观点中仍然包括许多马克思主义的基本观点,人道主义便是其中之一。民主社会主义者信仰个人价值的优先性,坚持文艺复兴和德国古典哲学,特别是康德哲学提出的不能把人作为实现其他目的工具的"绝对命令"。伯恩斯坦主张的"通过合法的斗争使社会对立得到和平解决,社会革命不依赖于暴力袭击和流血的叛乱"[①],成为民主社会主义的理论基础。伯恩斯坦认为,资本主义社会结构变得复杂多样,在复杂的社会中推动剧烈的社会变革会危害整个社会的经济福利,因此应以渐进的、改良的方式推行社会主义。民主社会主义者希望通过资本主义的议会民主渐进地向社会主义过渡,希望形成社会主义目标与手段的统一,这在一定程度上更加肯定了人道主义思想。

其次,民主社会主义者认为只有民主制度这一政体形式才能实现人道主义。民主这个词从政治角度来讲意味着每个人在扮演着政治角色时拥有相同的话语权。民主社会主义者则更加细致的思考到了"民主"

---

① 佚名:《伯恩斯坦言论》,生活·读书·新知三联书店1966年版,第126—127页。

这一词汇不受外界情况的影响其本身就是具有价值的，要承认它的价值，而不是把它看成实现社会主义这一目标的手段，也不是必须在经历了无产阶级专政后才能考虑的事情，民主本身就是社会主义的构成要素，社会主义的目的也就是要将民主扩展到一切领域。民主制亦是最适合社会变革的制度，因为在民主制下，每个人在政治上具有平等的发言权，可以平等地参与政治过程，因此每个问题的决定都是由多数人承担责任，在多数人的觉悟和经验允许的情况下就可以实现最广泛的社会主义改革，而且民主制也可以保证改革措施符合多数人的意愿。民主社会主义主张建立"开放性""多元性"的社会，认为"在民主条件下，各种观点的自由竞争是政治斗争的唯一合理形式。"①

再次，民主社会主义认为自由对于每个人来说都是重要的，是个人的权利，但资产阶级以私人财产权为基础的自由，剥夺了无产阶级自由的权利。在民主社会主义的理论框架里，自由有两方面的含义：一是自由代表着打破地位的限制，拒绝依附关系；二是自由意味着个人权利得到保护，不被侵犯。但仅仅到这里是不够的，为真正实现和保证个人自由还必须由社会提供必要的条件，使个人可以具备自我负责的生活和选择的社会、经济、文化条件，如平等接受教育、就业、社会保障、参与其他文化体育活动的机会等。自由也意味着人人平等地拥有权利，而平等还包括通过累进税、社会福利供给等方式缩小人与人之间在收入、财富占有上的差距。

最后，团结互助一直是社会主义运动的传统。民主社会主义强调团结互助的重要性，一是作为自由的限制；二是赋予自由以实质性的内容。根据社会主义传统，团结互助一方面指工人阶级为了维护与增进自身的权利而联合起来进行斗争，从而使弱者也能得到相应的自由与权利。但是现在更多的是指另一个方面的意思，即社会成员之间形成相互依赖的关系。

总之，民主社会主义者认为，社会主义并不是一个通过机构设置、职责安排而实现目标的实体模式存在，而是一种以人道主义、自由民主

---

① 法兰克福宣言：《各国社会党重要文件汇编》（第1辑），世界知识出版社1959年版，第4页。

为核心的组织原则的构建。社会主义就是使所有的人在政治上享有平等的发言权，根据人们的生活经验和需要为人民提供更为人道的生活条件和劳动条件，并保证人们自己做出决定的权利。民主社会主义更加注重更大的自由、社会保障、社会公正与机会均等。

(二) 社会福利思想及其对社会政策的影响

众多的民主社会主义流派和思想家的社会福利思想和社会政策主张都深深地影响着欧洲的各个福利国家。其中对社会政策最具影响力和代表性的莫过于费边主义与蒂特马斯的思想。

1. 费边主义的社会福利思想

费边主义的社会福利思想是在斯宾塞社会有机理论基础上进一步发展得来的，它强调社会和人的有机统一。社会对每个个体产生重大影响，注重社会的延续性、效率和不断变化，而同时人又在社会的延续中扮演重要角色，因此应尽可能通过机制构建实现人与社会的稳定与和谐，进而在效率这一对人类和社会具有重要意义的因素上产生作用。这一思想的核心在于，社会中的每一成员必须以社会的延续存在为目标。社会公利与个人私利无外乎有两种关系，如果人们将个人私利凌驾于社会公利之上，此时二者之间存在矛盾，而且这种矛盾不仅损害社会和他人的利益也不利于个人利益的实现，相反如果人们都以社会公利为个人目标，那么在社会福利增加的同时个人也将受益。因此，在社会和人的关系中，每个人都应致力于社会延续、增加社会福利，只有这样，个人的自由与利益才会得到保障。

费边主义者还强调平等，认为它"是社会主义最强烈的伦理启示，并仍然是当今社会主义的特点。"① 因为只有在满足了平等这一条件时社会才能形成一个相对稳定的有机体，在平等的基础上社会成员之间的协作有利于社会整体利益的增加。反过来在市场经济体制中，秉承着自由交换的原则加上生产者的趋利行为，总有一部分人的需求是不能得到满足的，其原因就在于市场经济是建立在"不平等"基础上的，市场经济只需注重市场上需求和供给双方，而这里的需求有一个前提是指消

---

① 佚名:《费边短评》,《世界历史》1990 年第 5 期。

费者有意愿并具有支付能力，因此市场经济只满足那些"有支付能力"的少数人需求，而不能为大多数人提供服务，所以我们说它违背了"最大多数人最大效率"原则，不利于社会整体利益的增加。可以说，费边主义的社会有机理论强调"最大多数人的最大效率"，而这一原则是对边沁"最大多数人的最大幸福"原则的改变。根据费边主义的原则，个体要通过协作的方式尽可能使社会达成一个有序的整体，在这种情况下，社会的整体利益会实现增加，进而使个人的利益得到增加即效率的提高。若个体间摒弃协作走向竞争，此时个体会为了实现个人利益采取不良竞争行为损害他人的利益，在这种情况下社会利益不仅不会增加，甚至会因为恶性竞争而导致整个社会的无效率。而竞争机制恰好是市场经济的重要组成部分，所以竞争加剧了上文提到的不平等，为了改变这种机制带来的不平等，费边主义提出了"国民最低生活标准"，即在每个文明社会中个体应该最起码过上以最低标准为限度的生活，这样才能保证他们为社会利益的增加做出贡献。

从费边主义的角度看，高比例贫困人口的出现以及劳动者糟糕待遇的真正原因在于个体无法干预一系列社会因素，比如社会环境、身体健康因素、经济报酬等，这些社会因素又是社会不稳定的表现。因此可以说真正原因在于个人无法控制社会不稳定的因素，同时，要注意到贫困和不平等加剧了社会的不稳定。认为要通过一系列社会政策来保障劳动者的基本生活水平，从而缓和劳资双方矛盾，按照费边主义者的观点，良好的社会政策能够使资本主义温和地渐变到社会主义社会。

2. 蒂特马斯的社会福利思想

蒂特马斯是 20 世纪对社会保障理论产生深远影响的民主社会主义思想家，他主张现代工业社会需要建立有效的社会政策与社会福利制度。认为，在市场经济制度下，无论是生产者还是消费者都尽可能地实现个人利益的最大化，不惜代价采取一切手段，这些手段甚至损害他人利益只求达到个人最优，从而使人的社会责任感被削弱。针对这种情况，蒂特马斯反对市场制度，但他也指出可以建立一种国家福利制度来弥补在社会福利方面的不足。

蒂特马斯强调利他主义在社会政策中的作用。他对献血这种赠予关系进行了调查，指出大约 80% 的献血者献血是为满足其他社会成员需求的高度社会责任感。① 蒂特马斯将他的这一研究拓展至社会政策，认为，在很多交易活动中，双方自愿交换并不完全是经济原因，也可能是社会原因。基于与献血相关的利他主义程度的有限性，可能延伸出更巨大的奉献举动，如照顾老年亲属很多年。他认为 NHS（英国国家医疗服务体系）是 20 世纪英国社会政策最伟大光荣的善举，这样的社会政策会鼓励人们用利他主义、互惠和社会责任精神来表达其自身的追求。②

蒂特马斯认为，社会政策的功能应包括：(1) 社会福利服务可以弥补市场制度在分配和再分配上的不足，这一功能与他的"国家福利制度是在质和量上实现最大社会平等的主要动力机制"的观点相契合。(2) 国家福利能增强社会凝聚力，形成稳定的有机体。通过一系列的社会福利政策增强个体的归属感，积极参与社会活动，同时也让"边缘人"融入社会氛围里，进而使社会协调运转。(3) 社会福利服务有利于社会问题的解决。提供社会福利服务可以使得激烈的冲突矛盾变得温和，也为社会问题的解决打造良好的环境。(4) 国家福利可以增加个人福利。国家福利可以通过政策措施或者其他手段使个人某个方面的需求得到保障，同时也是社会福利增加的表现。如社会保险就是一种为人们可能面对灾难提供安慰的福利形式。

蒂特马斯主张实施普遍的社会保障制度。他认为，市场制度削弱了人的责任感，不利于人主动承担义务，而社会福利政策却可以增强社会凝聚力，提高个体的归属感，那么就应该采取后者建立国家福利制度，并且这种制度该是普遍的。正如他曾说过"普遍性的社会福利服务即没有任何阶级、种族、性别与宗教等差别的社会福利服务，可以发挥这样的社会功能，那就是促进和提高全社会走向社会协调的态度与行为"。

如上分析了蒂特马斯对社会福利的观点，他提倡普遍主义的社会福利，对私人福利持相反的态度。认为：首先，私人福利不仅对平等有副作用，既加深不平等还会在与社会福利发生冲突时损害公共利益。其

---

① Titmuss R., *The Gift Relationship*, New York: Pantheon Books, 1971, p. 236.
② Titmuss R., *The Gift Relationship*, New York: Pantheon Books, 1971, p. 225.

次，私人福利与对应的市场制度一致削弱人们的责任感。再次，与社会福利增强社会凝聚力恰恰相反，私人福利起到分裂的副作用，一些人因为私人福利被排斥到更远的边界上，加剧了社会的离心倾向。最后，私人福利具有明显的"私人性"，这种特性使得自由不能被广泛拥有，有可能带来某些方面的集中，不利于个人才能的尽情释放。

蒂特马斯的思想对社会政策及其相关理论具有重要的影响。正如西方学者这样评价他："按照任何一种标准，蒂特马斯对于研究和理解英国的社会政策所做出的贡献都是巨大的，他死后 20 年，甚至他的某些重要著作出版后的 40 年，他的许多观点还与现在的关于社会保障理论的争论相联系，并激发着这方面的争论与研究的连续不断地展开。"[①]

（三）民主社会主义思想对社会政策的影响

进入 20 世纪，民主社会主义的运动方向发生了重大转变，将对资本主义社会进行社会主义改造作为其核心任务，也作为自己争取工人群众和广大新中产阶级成员的手段。因此，民主社会主义者在推进各资本主义国家的社会政策方面发挥了重要作用。回到我们开篇时提到的问题，人们总是将福利国家与民主社会主义联系起来，这是因为以瑞典为代表的社会民主党将他们的执政理念深深地与福利国家所体现的自由平等、社会协助等相结合并落实到治理国家的政策上去，虽然并不是社会民主党首创福利国家，但每提到福利国家时，人们总会不由自主地联想到民主社会主义。

首先，民主社会主义将福利国家的社会政策视为其贯彻实施社会主义理想的手段。英国工党理论家拉斯基（Laski）是改良主义国家观的主要代表人物，在 1925 年出版的《政治典范》一书中指出，国家是社会意志最终的法律储藏所，国家具有权去管理和干预其他组织的行为和活动。所以，在不根本触动资本主义制度的条件下，可以凭借国家的力量来实现向社会主义的过渡，如通过推行国有化和在政府控制下社会财富的再分配。在其后续著作中，拉斯基对上述观点给予进一步的发展，他认为，实现社会理想大致有两种常见的方式：一是暴力革命；另一个

[①] Vic G., *Modern Thinkers on Welfare*, London: Prentice Hall, 1995, p. 164.

则是改革。相比较而言,拉斯基明显倾向于后者,他反对通过血腥革命的方式达成社会的理想目标,而是将后者的改革思想与福利政策相结合,以福利措施为手段对工人阶级进行安抚避免激烈的革命。他提出"同意的革命"即通过协商的方式使各阶层达到满意,也就是说他主张统治阶级尽可能采取福利政策保障公民的利益,最终实现个人与社会的协调统一。二战后,瑞典等欧洲民主社会主义政党的思想家们对资本主义国家出现的新变化进行了国家社会政策功能的分析和讨论,如奥地利的考茨基(Kautsky)就认为,福利国家的社会政策使国家的本质发生了变化,福利政策主要体现在政治和经济层面上,通过这两个层面渗透到其他各个方面,因而干预国家经济,所以我们可以说国家不仅仅只从几个单一的方面追求福利而是开始注重更加广泛的层面即"普遍的福利"。从考茨基的这一思想可以得知,民主社会主义为国家干预社会主义奠定理论基础。

其次,民主社会主义者在社会政策中强调平等和以普遍主义原则提供福利,这也使得许多福利国家提供了大量普享福利项目。在民主社会主义者看来,社会主义就是良好的社会政策。如恩斯特·维格福斯(Ernst Wig-forss)指出,"社会民主党人的社会主义就是福利政策",赫伯特·延格斯坦(Herbert)也指出"由于社会主义的目标是普遍的福利,因而为福利所做的一切就是社会主义,社会主义概念有着更加具体的福利概念趋向。"① 社会党国际于1951年在《法兰克福声明》中指出,社会主义不仅意味着基本的政治权利,而且意味着经济和社会权利。后者包括工作的权利;享受医疗保险和产期津贴的权利;休息的权利;因年老、丧失工作能力或失业而不能工作的公民获得经济保障的权利;儿童有享受福利照顾的权利;青年有按照其才能接受教育的权利;得到足够住房的权利。尽管民主社会主义者主张以普遍主义原则提供福利,在具体措施上尽可能地达到"普遍",但也应注意到这种普遍性不意味着绝对性,它具有很强的包容性,在某些社会福利领域里并不排斥私人服务和国家完全管理的存在,比如在公共性很强的领域,如教育、

---

① 高鹏怀:《历史比较中的社会福利国家模式》,中国社会出版社2004年版,第16页。

卫生医疗反而提倡私人干预与政府治理同时存在的情况。但总体来说，民主社会主义仍旧反对不利于社会公平，加剧分离倾向的个人化社会保障领域。

最后，民主社会主义的社会政策强调通过国家承担责任、发挥作用来改善社会经济状况。强调平等与民主化，主张福利国家的产生与发展是工业文明进步与政治民主发展的必然结果。我们可以从两个方面来理解这个问题，第一，从工业文明进步的角度，不可否认工业文明促进了经济的繁荣，为全社会提供了更多的物质财富。但凡事皆有利弊，经济的增长的背后是不可回避的社会问题，工业文明在一定程度上加剧了社会矛盾，产生了一系列社会问题，这些问题是统治阶级必须面对的，也是不可回避的。因此统治阶级会采取政策措施进行安抚以调和矛盾。第二，从政治民主发展的角度，提到福利国家即想到民主社会主义，这是因为民主社会主义者相信通过福利措施可以温和地解决社会中的不自由、不平等问题，通过这种温和的方式营造互助、平等的社会氛围增强社会凝聚力，进而追求更自由、更平等的社会理想。

欧洲民主社会主义思想中关于自由、平等、民主制、团结与互助的内容均反映在其社会政策中。民主社会主义者在各个领域采取了各种社会改良政策并取得了积极成果，比如，出台最低工资法、义务教育法等，但也需要看到，其他不同的思想流派针对同样的社会现象也给出了自己的解决方案，也提出了各自的社会福利思想以改进资本主义社会的矛盾。民主社会主义社会政策与其他流派相比的特点在于：对包括经济平等在内的更大程度平等的重视，以及把社会政策视为实现社会主义的手段。

二 瑞典民主社会主义思想

19世纪80年代，伴随着欧洲的社会民主运动的发展和瑞典国内工人运动的不断壮大，瑞典于1889年建立了社会民主主义政党——社会民主党。它的指导思想是社会民主主义，崇尚自由、平等、公正和公平，奉行社会改良主义的阶级合作路线。瑞典早期社会民主主义的代表人物是布兰亭（Karl Hjalmar Branting，1860—1925）。20世纪30年代及在两次世界大战之间,瑞典社会民主主义有了新的发展。针对经济危机,一大批社会民主主义思想家提出了自己的社会经济主张,此期间的代表人物是维格弗斯(Ernst Wigforss,1881—1977)。瑞典较为典型的社会民主主义社会政策的具体体现是瑞典"人民之家"计划。二战后,瑞典民主社会主义社会福利思想进一步发展。1944年,瑞典社会民主党提出《工人运动战后纲领》,战后瑞典民主社会主义社会福利思想的著名理论家为莫勒(Gustav Moller)。本书将对上述代表人物的思想做简要分析与介绍。

(一)布兰亭的社会政策思想

布兰亭是瑞典社会民主党的第一任主席,于1920年、1921—1923年、1924—1925年三次担任内阁首相,对早期瑞典民主社会主义的社会政策有着重要影响。

布兰亭主张社会改革的思想。布兰亭提出,要以改良主义与和平方式实现瑞典的社会主义,因此,他主张通过改良来实现社会的发展,并从自身立场出发,强调社会民主党应该通过政治手段实现目标并以推动立法。他指出:为了实现更高的社会发展目标,必须使资本成为全社会共有的财产。要完成这一任务,则必须进行社会改革。为了实现社会变革的目标,工人阶级必须组织在工会和政党之中。"社会民主党的目标,就是为工人阶级争取政治权利。在这一任务完成以前,为工人阶级争取最好的社会立法。"布兰亭批判了自由主义者试图通过政治改革解决一切问题的观点,而是将推行社会保险、建立和创造一个自由、平等和稳定的社会所需要的工作作为民主社会主义的主要工作。布兰亭不仅将普遍选举权看作瑞典政治变革的主要途径,也将其看作实现社会改革的主要办法。认为利用普选权,工人运动就可以将国家从一种压迫工具,转变为对工人阶级中的弱势群体提供帮助与保护的工具。[①]

布兰亭主张建立有效的社会政策和普遍性社会福利的原则。首先,布兰亭指出应在瑞典建立普遍性社会保险的社会政策。他认为:"社会保险应该包括所有人口。"他指出,以前瑞典社会民主党仅仅把老年工

---

① Tim T., *The Political Theory of Swedish Social Democracy: Through the Welfare State to Socialism*, Oxford: [s. n.], 1990, pp. 22 - 35.

人当成重点关注对象,然而他们发现还有一部分人被忽略,比如小工商业者、农业工人等也正在被逼进济贫院之中。瑞典尽管是一个发达国家,但农业也是其产业的一部分,而农民也不应该被忽视。只关注工人的养老金制度会使农民等被边缘化,甚至排除在福利制度之外。社会保险作为一项由国家出台的制度有责任尽可能使每个公民得到应有的保障,充分实现公民权利。其次,布兰亭还分析了强制性的瑞典社会保险的必要性。认为如果缺少这种强制性,人们会因贪图一时之利而使未来的生活充满风险。最后,布兰亭还主张建立最低工资制度的社会政策。因为,这样的社会政策会降低资本主义剥削的程度。①

布兰亭的观点代表了19世纪与20世纪之交瑞典社会民主党的主张,他的改良主义思想和通过良好的社会政策构建瑞典社会主义的策略,为以后瑞典的福利国家发展奠定了理论基础。

(二)维格弗斯的社会政策思想

两次世界大战之间,瑞典民主社会主义的新发展催生了一批具有较大影响力的民主社会主义思想家,这些思想家的理论使得瑞典民主社会主义社会政策得到了进一步发展。维格弗斯则是这一时期瑞典十分有影响的民主社会主义思想家。他的社会政策主张更加成熟。维格弗斯指出,民主社会主义所采取的政策与自由主义的社会政策有着非常明显的区别,前者的社会政策是通过增加公共财政、激进的税收改革来实现财富再分配的方式提供普遍性的社会福利,维格弗斯指出:"教育和健康关怀、疾病和工伤事故保险、失业保险与养老金制度等措施,都可以被认为是实现更加公平分配的一种努力,至少从某种程度上说,为了提高那些收入较低者的福利,收入较多者应该通过激进的税收改革让出他们的一部分收入。"② 而自由主义所提供的社会福利政策是剩余型的,是以保护私有财产为目的的。

维格弗斯的社会政策思想主要体现在以下几方面:首先,制定有效

---

① Tim T., *The Political Theory of Swedish Social Democracy: Through the Welfare State to Socialism*, Oxford:[s. n.], 1990, pp. 22 – 35.

② Tim T., *The Political Theory of Swedish Social Democracy: Through the Welfare State to Socialism*, Oxford:[s. n.], 1990, pp. 51 – 62.

的就业和解决失业问题的社会政策。维格弗斯针对20世纪二三十年代资本主义经济危机期间瑞典出现的严重失业问题提出了相应对策。他指出，"如果没有足够的企业调动储蓄者的购买力以使人们工作，那么，民众的节俭将成为一种令人怀疑的美德。国家和地方政府在经济萧条期应该毫不迟疑地开拓公共工作机会。当私人企业在将储蓄用于工作方面表现出犹豫不决时，公共部门必须前进一步，并指导人们将其储蓄用于工作方面。"① 维格弗斯主张通过实行有计划性的经济发展实现充分就业，通过有计划的经济政策和社会福利政策使瑞典实现从资本主义向社会主义的转变。他指出，为了实现充分且有效的就业，需要采用一定的经济计划，而经济计划恰恰使得这种"计划性"渗透到生产的方方面面即社会控制扩张至生产领域，在这种经济计划指导下，经济生产活动与生产组织联系得更加紧密，从而生产增长将为社会福利的建立奠定更稳健的基础。

其次，对瑞典社会政策的系统阐释。维格弗斯指出，通过一系列社会政策建立完善的瑞典社会保障体系是瑞典民主社会主义的重要目标。获得社会保障是瑞典工人阶级的权利，通过社会政策要建立和完善的内容包括公共养老金、儿童补贴、工伤事故保险、疾病保险以及提供充分住房等。维格弗斯的社会政策主张包括：（1）承认就业的权利；（2）缩短工作时间；（3）依法实施两周时间的发薪休假；（4）实行较高的养老金津贴；（5）建立国民保健制度；（6）实行产妇补贴；（7）推行遗属津贴；（8）对住房建设提供公共财政支持；（9）给予每一个人同等的接受教育的机会。② 维格弗斯认为，一个文明社会所提供的社会保障应该做到人员全覆盖，不管他处于何种际遇或者是否对经济增长做出贡献。只有社会中的每一成员都享有社会保障，才有可能实现民主社会主义的平等、自由和民主的目标。

最后，分析了更加平等的社会政策的必要性及社会政策实现的财政和经济基础。维格弗斯强调通过社会政策实现社会平等，他认为"财

---

① Tim T., *The Political Theory of Swedish Social Democracy: Through the Welfare State to Socialism*, Oxford: [s. n.], 1990, pp. 46–59.

② 丁建定、魏科科：《社会福利思想》，华中科技大学出版社2009年版，第151页。

富的更加平等分配能够增加集体福利，能够增进大多数人口的社会保障，可以为更加富裕的人类生活提供物质条件。"① 维格弗斯否定经济的快速增长可以自发消除贫困并创建出一种更加公平有效的福利分配的观点。他指出，"不断增长的产品意味着将可能为全体人口提供更高的福利，但这些产出的社会分配要合理有效。合理的社会政策和公共政策既应该为工业社会的人们提供针对生活风险的社会保险，也应该提供公共服务，应该将教育和健康关怀等从市场领域分离出来，这些服务并不构成经济负担，而是实实在在的人力资本投资。同时，维格弗斯也指出，社会政策是一种费用较大的社会政策，即使在推行激进税收制度的时候，也需要一种非常繁荣的经济为后盾，因为社会民主党的目标之一是实现更加平等和公平的财产和收入分配，我们就不能忘记在分配之前必须生产。"②

总之，维格弗斯的社会政策思想强调通过社会再分配不断缩小财富差距实现经济上的平等，也就是说打破阶级限制，从而在瑞典实现真正的社会团结。

（三）汉森的"人民之家"计划

两次世界大战之间，瑞典的工业化进程出现了越来越多的社会问题，诸如失业、贫困、矛盾的激化等。这些问题出现的原因在过去一段时间被认为仅仅是由个人因素所导致的，比如不遵守规则或者是不具有投资天赋导致的贫困等，但经过人们的理性冷静思考，发现除了个人因素外，政府也应该承担部分责任，如缺少合理的宏观调控，没有完整的社会规范等。所以，从这一角度讲，如何制定合理的政策来刺激经济发展，解决一系列社会问题成为人们面对的新挑战。结合瑞典社会发展的历史与现实以及瑞典社会民主主义社会福利思想传统，时任瑞典社会民主党领袖的阿尔滨·汉森（Per Albin Hansson）于1928年提出了"人民之家"计划。可以说，该计划是瑞典社会民主主义福利思想的具体

---

① Tim T., *The Political Theory of Swedish Social Democracy: Through the Welfare State to Socialism*, Oxford: [s. n.], 1990, pp. 51–62.
② Tim T., *The Political Theory of Swedish Social Democracy: Through the Welfare State to Socialism*, Oxford: [s. n.], 1990, pp. 51–62.

体现。

有关"人民之家"的重要意义，汉森是这样阐释的，"这不是一个人的面包问题，而是每一个人在更加有保障的条件下生活和工作的问题。""瑞典社会仍然不是一个好的人民之家"。他认为，瑞典虽然存在形式上的平等，但事实上，却存在严重的社会不平等，尤其是在基本的衣食住行方面。汉森分析道：这是由于公民在资本主义社会中没有被当作一个受尊敬的个体，他们没得到充分的经济、生活、政治保障。所以，国家就应该承担起对全体公民的责任，通过建立"人民之家"来保障其权益。汉森认为，民众的生活保障首先应该得到保障，而且保障的范围应该尽可能覆盖疾病、失业、退休等方面。他还指出"在一个相当长的历史发展时期中，一个政治上成熟的人将不会接受这样的现实，那就是：作为保持和促进社会福利发展的最重要的生产资料掌握在极少数资本家手中，这些资本家为了满足自己的利益，将普遍福利置之度外。"①

"人民之家"计划的实质是通过社会政策建立普遍性的社会福利，目的是缩小阶级差别，实现平等、互助、团结与民主，把瑞典建设成公民享有充分的生活保障与民主平等的社会。因此，从某种意义上来说，"人民之家"建立的途径是以普遍福利为基础的阶级合作。汉森认为，各种社会力量的合作而不是对抗，是实现"人民之家"的重要途径。汉森曾说过"将我们的国家建设成为一个好的人民之家，使生活与工作其中的人们获得生存保障，使每个人为了共同的利益而紧密合作。"②汉森的"人民之家"计划，实际上是 20 世纪 20—30 年代瑞典社会民主党的社会纲领，它对促进瑞典社会福利制度的发展与社会政策的制定产生了直接的影响。

（四）二战以后瑞典民主社会主义社会政策的新思想

二战期间及二战以后瑞典民主社会主义社会政策有了新发展，这表现在两个方面：一是《工人运动战后纲领》的出台；二是有深远影响

---

① Tim T., *The Political Theory of Swedish Social Democracy*: *Through the Welfare State to Socialism*, Oxford: [s. n.], 1990, pp. 127 – 135.

② 丁建定：《瑞典社会保障制度的发展》，中国劳动社会保障出版社 2004 年版，第 54 页。

的莫勒的社会政策思想。

1. 瑞典社会民主党的《工人运动战后纲领》

第二次世界大战期间及其以后,瑞典民主社会主义社会福利思想和社会政策主张都有了新发展。1944年,瑞典社会民主党发表《工人运动战后纲领》并提出瑞典在战后应以充分就业、公平分配和提高生活水平、经济民主有效为目标进行发展。该纲领对比了自由主义和"人民之家"计划并指出若想更长远地进行社会建设应充分发挥计划性,因为自由主义只能在短期内发挥作用,然而计划却可以弥补这一不足,规避经济危机的风险,所以不仅要有计划性,还要在更大的范围内代替自由企业的生产过剩,这也就是该纲领首次提出的"普遍性福利国家"。普遍性福利国家这一计划纲领不仅在就业、养老金、教育、住房方面给出了政策目标,而且还提出要努力实现充分就业,由国家出面安顿好失业人员,进行教育制度和住房制度的改革以及完善养老金制度等。《工人运动战后纲领》为瑞典战后经济的发展提供了指导思想。

2. 莫勒的社会政策思想

莫勒是瑞典二战后最著名的民主社会主义社会政策理论家。他的理论不仅具有完整的社会福利政策思想体系,同时他还长期在瑞典政府部门承担社会政策的制定及其实践工作。莫勒对于瑞典的社会政策和社会保险制度进行了全面的分析,强调国家要为全体民众提供充分有效的生活保障,尤其是保障其国民免于因疾病、工伤事故、老年或失业等社会问题所导致贫困的威胁。同时,莫勒重点分析了社会政策中社会保险的目的,他指出:"社会保险制度显然不是为了帮助那些自私的或者反社会的人们,而是为了帮助我们的人民中的这样一部分人,他们属于好的公民,但却需要得到保护,以免各种风险将其陷于贫困境地。社会保险制度是为了保护家庭免遭非自我因素所造成的困难。"[1]

为了保障所有公民的利益,莫勒坚持社会政策的普遍受益原则,提出应建立最低生活保障制度,避免在瑞典出现极端贫困的问题,他指

---

[1] Tim T., *The Political Theory of Swedish Social Democracy: Through the Welfare State to Socialism*, Oxford: [s. n.], 1990, pp. 103 – 115. 转引自丁建定、魏科科《社会福利思想》,华中科技大学出版社2009年版,第154页。

出，为了社会及个人的利益，"国家不仅应该是一个守夜人国家，而且应该是一个福利国家"。

莫勒的主要观点为：（1）通过中央集权加强制度间的配合以保证社会保障制度的有效性；（2）努力提高接受福利者的自尊；（3）通过保护、关怀、教育重视儿童，发掘儿童的未来价值；（4）明确规定厂长应该承担员工的职业病和工伤事故保险所需费用；（5）改变养老金制度的主要资金来源，以税收改革取代个人缴费；（6）增加养老制度的资金来源，设立基金制度；（7）加大对弱势群体的帮助力度，给孕妇和儿童更多的补贴，建立综合社会保险制度为工业劳动中发生不幸的工人提供保障；（8）充分注意伴随社会保障制度建立而出现的问题，比如"懒汉行为"和欺骗行为。

对于社会保障制度快速发展给瑞典政府带来的财政问题，莫勒也进行了分析，他指出，社会政策和经济政策之间是紧密联系的，社会保障制度的发展必须以社会经济的发展为依托，同时也受制于社会经济，为了解决财政问题进而使社会改革达到成效。莫勒认为，必须使普通公民具有一定的财产并且愿意为社会上的弱势群体提供保障来增进全社会的整体福利。考虑到瑞典社会经济发展的有限性，莫勒指出，只有充分发展瑞典的经济，才能满足更多的失业者的需要。[1]

三 瑞典学派的社会政策思想

在瑞典社会政策发展的历史中，瑞典学派起着非常重要的作用。瑞典学派（The Swedish School）也被称为斯德哥尔摩学派。20世纪30年代的经济危机使瑞典的经济学家们进行了反思和探索，逐渐形成一派，被称为瑞典学派。瑞典学派的社会政策主要关注贫困、平等、国家对个体的责任，以及通过扩张性的财政政策来增加社会就业等，瑞典学派的理论既有凯恩斯主义的基本观点，但同时又结合瑞典自身的特点形成其独特的理论，例如具有民主社会主义特点和一些混合社会经济特点的社会政策。

---

[1] Tim T., *The Political Theory of Swedish Social Democracy: Through the Welfare State to Socialism*, Oxford: [s. n.], 1990, p. 116.

瑞典学派将二战后瑞典的社会与经济政策发展从两方面加以讨论：一是自由化趋势，通过一般的经济政策逐渐代替直接的经济管制；二是社会化趋势，具体体现为服务部门和国民收入的逐步国有化。瑞典学派主张实现社会政策、经济政策的目标包括充分就业、物价相对稳定、适度经济增长、收入分配均等化等。瑞典学派强调平等，尤其强调工人与雇主的平等地位，强调平等原则下的各级组织、机构间的相互协调、共同面对危机，以确保社会的正常发展。瑞典学派分为早期与成熟时期两个发展阶段。

（一）早期瑞典学派的社会政策思想

早期的瑞典学派形成于19世纪末20世纪初至20世纪20—30年代，主要代表人物是维克塞尔和卡塞尔，他们的思想为同一时期社会政策的制定提供了思想基础。

1. 维克塞尔的社会政策思想

瑞典学派重要创始人维克塞尔（Knut Wicksell）的社会政策及社会改革主张，主要反映在1904年出版的《社会主义国家与当代社会》一书中。维克塞尔的社会政策思想主张通过收入再分配解决社会不平等问题。

首先，通过收入再分配解决社会不平等问题。维克塞尔提出，只有关注和提升无产阶级的福利水平，才能使社会作为一个整体健康地发展，他指出："我们一旦认真开始把经济现象看成一个整体，并为这个整体寻求增进福利的条件，就必须为无产阶级的利益进行考虑。"[①] 维克塞尔认为，应通过税收改革和收入再分配来提升瑞典无产阶级的社会福利水平，应制定更加公平的税收政策增加财政收入，而且，将增加的财政收入设立基金，并将基金投资、运营产生回报和收益，然后将收益用于公共事业或公共计划。维克塞尔还指出：工人阶级正常生活所需的物资来源应该从两个方向进行考虑，其一是初次分配所得基本工资收入，再者就是以福利、保险或者其他形式的再分配所得，而后者依赖于政治和税收改革，所以实施改革有利于让收入的分配达到理想状态，以

---

① 李珍：《社会保障理论》，中国劳动和社会保障出版社2001年版，第41—42页。

提升无产阶级的福利水平，最终在社会健康发展上达成共识。

其次，维克塞尔主张社会政策应将幸福波及全民，应该"不管社会阶级种族、性别、语言或信仰如何不同，我们在世界上的目标是把最大可能的幸福扩展给每一个人……那么，我们将会愉快地发现，这个问题的经济学方面已经从根本上得到解决，唯一需要的只是把这种解决付诸实践。"①

2. 卡塞尔的社会政策思想

被称为瑞典渐进主义社会改革派的卡塞尔（Gusa Csel）是早期瑞典学派的另一位代表人物，他在1902年出版的《社会政策》一书中阐述的思想观点，对19世纪末20世纪初的瑞典社会产生了巨大影响。首先，卡塞尔阐释了强制性在社会政策中的必要性，他提出："社会政策毫不犹豫地使用强制，或者通过公共权利，或者通过志愿性个人协会因为这种强制只能创造更大的真正的自由。"② 其次，卡塞尔十分重视再分配，如果再分配没有使社会财富减少或者阻碍财富增长点的出现，那么再分配就不失为促进社会进步的有效手段。同时他认为在实施社会政策时工会等志愿组织应处于核心地位。卡塞尔提出志愿性组织间的竞争会提升组织效率以及社会化程度，只有当组织间的合作无效或阻碍发展时，才应该通过政府进行干预。

（二）瑞典学派成熟时期的社会政策思想

成熟时期的瑞典学派是指20世纪20—30年代，这一时期的代表人物有奥林（Bertil Gotthard Ohlin）、米尔达尔（Gunnar Myrdal）、林达尔（Erik Robert Lindahl）等。在思想渊源上同早期的瑞典学派一脉相承，同时又根据瑞典在世界经济大萧条时期的变化，形成了新的思想和社会政策主张。成熟时期瑞典学派的社会政策思想主要包括两方面的内容：一是关于政府的财政政策思想；二是具体的社会福利政策思想。

首先，在政府的财政政策方面，瑞典学派主张采用扩张性的财政政策。经济危机和大萧条期间，政府的预算很难保持平衡，政府应该增加公共工程，并实行低利率，这样做的目的是希望能直接或间接地刺激经

---

① Knut Wicksell, *Selected Papers on Economic Theory*, New York: [s. n.], 1969, p. 66.
② Sven E Ollson, *Sociall Policy and Welfare State in Sweden*, Lund: [s. n.], 1993, pp. 61–63.

济，进而实现调节经济运行周期的效果，避免经济危机的周期性出现。同时，瑞典学派还指出，扩张性财政政策也是降低失业率的有效途径。在自由放任思想影响下的经济危机主要源于生产过剩，生产过剩会带来连锁反应，企业由于止损会缩小生产规模甚至停产，使得工人的工资下降甚至失业，导致收入的减少，另外，生产者不愿意低价处理，使得消费能力下降，由此进入了一个恶性循环。因此，当经济处于萧条期时，政府应该采取积极的手段来干预经济，在财政上的体现则是政府扩大财政支出，一方面通过大型公共事业的建设为失业者提供就业机会，增加收入，提高购买力进而刺激经济的恢复；另一方面将扩大的财政支出用于社会福利建设，为人们提供救济金、失业保险等。除了这两方面还有一个方面值得注意，政府通过这些措施帮助公众树立信心，以更好的应对经济低迷期。因此，政府的财政预算应该与经济周期相契合，政府应长期保持预算平衡，政府的扩张性投资主要体现在基础设施建设和公共产品、科教文卫等事业上。

在社会福利政策方面，瑞典学派的米尔达尔提出了许多社会政策主张。他指出，瑞典需要采取"预防性的"政策，让具有理性的社会主义者或经济学家参与构建这种社会制度，使人们不再遭遇因社会制度本身问题带来的不良后果，尽可能的规避制度风险。米尔达尔还就20世纪30年代对瑞典社会人口出生率下降问题进行了论述，在《论人口危机》一书中，米尔达尔对瑞典人口出生率下降问题进行了深入分析，认为，持续的低生育率的后果很严重，受人口下降的威胁，可能降低生产率，并降低生活标准。为了克服这一问题，他提出了一系列的社会政策改革，指出，在这种情况下，应采取积极的人口政策，政府应该为人口的可持续发展采取相应举措，为人口的增加提供良好的社会待遇，加大教育投资和更高程度上的儿童保障，减轻儿童抚养的压力，比如提供住房补贴，提高社会保障水平；提供更优质的免费公共服务，包括免费的医疗照护、免费的学校午餐、儿童福利及更多更好的住房和租房补助。同时，主张父母双方都应该出外工作，以往流行的父权式的家庭结构（有工作的爸爸和在家的妈妈）必须通过一系列的社会政策加以改变，如果孩子们在一些经过训练的培训机构当中，而他们父母同时去工作,这将具有一个积极的经济影响,包括对每一个个体的孩子教育福利的收获。米尔达尔甚至具体提出了住房政策来帮助提升出生率,"住房政策的目标应该是,一套公寓除了一个厨房和一个父母的房间外,还应该有儿子的房间和女儿的房间,这意味着一套家庭公寓应该至少有三个房间和一个厨房。"① 在米尔达尔看来,非常严重的住房问题导致了过于拥挤和低质量的房屋,尤其是那些贫困家庭的孩子成长在这样的环境中,将会导致身体上和心理上的伤害。糟糕的住房条件是导致瑞典人口危机的重要原因之一。因此,政府应该承担起改变住房条件的责任,同时,这本身也应该是瑞典社会政策的重要内容。米尔达尔的这一思想对瑞典的社会政策与性别平等政策的建立有着非常重要的影响。

从前面的讨论可以得出,瑞典学派主张的"计划""干预"理念,深深地影响了其社会福利制度的构建,也成为瑞典社会政策建设的指导思想,并以社会政策干预方式调整社会的方方面面,引导了瑞典经济发展,促进社会公平。同时,为瑞典社会政策的建设、发展和完善提供了理论依据。

四 T. H. 马歇尔的公民权理论

公民权理论是由 T. H. 马歇尔(T. H. Marshall)提出的。1949 年,英国伦敦经济学院的托马斯·汉弗莱·T. H. 马歇尔在纪念经济学家阿尔弗雷德·T. H. 马歇尔的一次会议上发表了著名的演讲,即《公民资格与社会阶级》,在他的引人注目的演讲中,他第一次系统地阐释了他所提出的公民权利理论。T. H. 马歇尔的福利的公民权利理论是从哲学视角看待福利国家的建立与发展。公民权理论主要是对二战后的福利国家及其社会政策的发展提供了一种理论解释,同时它也对福利国家在 20 世纪 50—60 年代的发展产生了影响。

(一)T. H. 马歇尔公民权理论的核心思想

公民权理论被视为一种工业化理论的政治视角的分析。该理论认为在工业化背景下,福利国家是获得充分公民权的成功的政治活动产物

---

① Ulf Olsson, "Planning in the Swedish Welfare State", *Studies in Political Economy*, 1991, 34, pp. 147 – 171.

之一。

　　T. H. 马歇尔把公民权定义为"一个共同体的充分的成员身份，"①T. H. 马歇尔认为公民权由市民的、政治的和社会权利三要素形成，这三种公民权利都包含权利和义务两方面。T. H. 马歇尔分别把这些权利与法律、国会和当地委员会、教育系统、社会服务相联系。T. H. 马歇尔的公民权理论主张赋予社会团体的所有成员相同的地位、权利和义务。

　　T. H. 马歇尔的公民权理论的第一要素是市民权利，它是一种产生于18世纪资产阶级进而不断得到发展的权利，是由构成个人自由的必要权利组成，认为，"市民的部分由那些对于个人来说必不可少的权利组成，包括人身自由、言论、思想、信仰的自由，还有要求正义的自由。"② 例如，法律平等、财产权利和言论自由等传统的权利；第二要素是19世纪逐渐兴起的政治权利，政治权利涉及在实践中参与政治的权利，政治权利的兴起体现了工人阶级在政治上的自我诉求，期望通过选举这种方式参与政治决策进入国家政治生活，政治权利的获得也是对工人阶级市民资格的认可，这种市民资格则体现在工人阶级不仅具有选举权还有被选举权。例如参与政治选举投票或作为选举者；公民权理论中的第三个要素是社会权利，社会权利包含一系列权利，从经济福利、安全权利到分享所有的社会财产及以社会普遍标准来度过生活的权利。③

　　T. H. 马歇尔重点分析了公民权的社会权利的发展始末，以及同社会政策、社会福利的关系。T. H. 马歇尔认为社会权是公民权利的重要内核，其发展历经了三个世纪：18世纪的公民权利侧重于权利的法律认可，即法律权利。19世纪伴随政治的发展公民权利强调在政治上的可能性即政治权利，到了20世纪，随着经济的发展以及社会分工的加强，公民权更加体现在社会权利方面。T. H. 马歇尔理论的重要思想和

---

　　① Jürgen Habermas, *Between Facts and Norms*, Cambridge: The MIT Press, 1996, pp. 122 – 123.
　　② ［英］巴巴利特：《公民资格》，谈谷铮译，台北桂冠图书股份有限公司1991年版，第26页。
　　③ T. H. Marshall, *Sociology at the Crossroads and other essays*, London: Heinemann, 1963, p. 74.

原则在于其反商品化的社会权利的定位,以及对于从阶级划分向公民权利的个体地位的变化。社会权利包含了"整个系列的权利:从享受一点点经济福利和社会保障的权利到分享整个社会遗产,并过上按主流标准制定的文明人(civilized being)的生活。"① 通过社会政策赋予社会公民的福利让个体具有对于社会资源的享受权利。T. H. 马歇尔公民权理论所体现的内容实质在于,只有社会政策和社会福利制度才能够赋予个体公民的社会权利。T. H. 马歇尔认为,资本主义的阶级划分分裂了团结的取向,但公民权理论中权利、义务观却有可能实现社会和谐。

(二) T. H. 马歇尔公民权理论蕴含的社会平等思想

公民权概念中的平等观。T. H. 马歇尔针对社会权利提出的公民身份(citizenship)概念本身就蕴含着社会平等的思想,涵盖着平等、需求、权利和自由的理念,这个概念对于思考福利国家社会政策的意义和目的具有重要意义。T. H. 马歇尔的公民身份理论所表达的是现代社会的社会平等和个体自由的理念,公民权概念的历史演进体现的也是社会平等制度的一种渐进发展过程。18世纪的公民权从法律上强调公民的自由平等不受侵犯,19世纪公民权利从政治上试图获得平等的政治参与权,而社会权利则试图解决社会的不平等,通过社会政策保障公民的真正和充分的地位平等。

公民权的实质是社会平等的不断发展。T. H. 马歇尔指出,公民资格反映出的实质问题是确保每个社会成员都可以成为完整意义上具有实质权利的公民,而这种资格的实现又需要公民权利的赋予以及保护。T. H. 马歇尔提出存在两种不同的阶级体系,前者是以身份等级为基础、依靠封建契约来维系的封建等级制;后者是受到财产、教育、国家经济结构等多种因素共同作用的阶级制。② 随着现代资本主义以及市场自由主义的兴起,公民身份的单一性将取代身份的差别性。也就是说,公民权是一种不断发展的社会平等制度,先赋性的社会地位的不平等

---

① T. H. Marshall, *Class, Citizenship, and Social Development*, New York: Doubleday & Company, 1964, p. 72.

② [英] T. H. 马歇尔、安东尼·吉登斯:《公民身份与社会阶级》,江苏人民出版社2008年版,第23—24页。

在 T. H. 马歇尔的公民权理论中的民事权利论述中已不复存在，它改变了封建等级制度下的社会不平等，然而，民事权利和政治权利很难直接改变或减少资本主义的阶级和社会不平等。T. H. 马歇尔从公民资格与权利的视角分析了资本主义社会，社会的贫困和不平等以及阶级结构的矛盾，他认为，资本主义已渐渐发展成为了一种社会体系，但资本主义社会的不平等，是与公民资格的核心思想不相符的，公民权利理论强调公民的权利和义务的平等分配。T. H. 马歇尔认为的公民权利由民事权利到政治权利再到社会权利不断发展的思想对于解决资本主义国家的经济等不平等确实产生了很大影响，公民权演化中对平等和权利的追求亦不断发展。

T. H. 马歇尔通过论述公民地位与平等的关系，认为公民权的演进促进了社会平等。阶级具有不平等性，但社会中的个体的公民资格是平等的，因此，合理的社会政策提供的社会福利应该是具有平等性的，即使社会政策的运行有时会出现结果的不平等或差别，但是，按照公民权理论的观点，作为福利国家基础的"安全网"的最低社会保障原则与水平应保障实现所有人的平等。

（三）社会政策中的社会权利与社会平等的关系

社会权利的提出是 T. H. 马歇尔理论中最能体现其为社会平等所做努力的部分。他认为，拥有社会权利是通过社会政策和社会立法对抗社会中所存在的不平等的利器。这是源于其对社会福利的要求权，具体来说，就是个体对于文明社会中的基本生活权利的要求。它是通过社会政策来实现的，这些社会政策包括价格补贴、最低生活保障、累进制的个人所得税、社会保险制度和公共性的社会服务体系，以及财富再分配或转移支付等，这些社会政策的实施能够一定程度地提高低收入群体的收入，减少各个阶层间的经济水平差距，从而提升公民间的平等性。T. H. 马歇尔所关注的是公民权的扩张对社会平等所产生的积极影响，其核心理念是通过权利的发展与扩张来缓解阶级不平等，这是一种社会改良主义的立场，属于社会民主主义传统的中间偏左路线。[①] 公民权利

[①]［英］德怀尔：《理解社会公民身份：政策与实践的主题和视角》，北京大学出版社2011年版，第59页。

的发展强调的是社会权利的社会政策所产生的平等效应。社会权利的扩张及不断发展的社会政策是一种社会保护运动，可以避免或降低因自由的市场经济所产生的经济危机和极端的贫富分化。

事实上，瑞典等福利国家的国民健康服务体系、社会保险制度、社会救助津贴及性别平等一系列社会政策都体现了社会权利的扩大，这些社会权利的发展促进了福利国家的社会平等化。

（四）T. H. 马歇尔公民权利理论的平等理念的局限性

T. H. 马歇尔的公民权理论指导下的社会政策虽然强调平等，但他并没有将绝对平等作为追求的目标，他的核心原则是提倡社会公正，强调每一个个体都应拥有平等的权利以及平等的义务。T. H. 马歇尔承认公民地位平等是与一定的不平等相结合的，提出"平等的基础是在不平等的结构上建立的。"[①] 他主张，公民权利运动并不是要无限地、不断地追求绝对平等。事实上，它只是希望通过公民身份的提出和定位，在不平等的社会结构中寻求平等的基础，那就是所有公民所具备的平等的公民权利。T. H. 马歇尔的目标并不是要消灭阶级差别，他只是主张社会发展中的社会正义原则。同时，他还指出，社会服务的拓展不是实现收入公平的首要方法，地位平等比收入平等重要得多。T. H. 马歇尔的公民权理论对阶级融合与阶级消除具有较大的理论贡献。

当然，也有人批评 T. H. 马歇尔的理论导致了真实的收入方面的差距加大。批评者指出社会公民权的定义是不清楚的，但 T. H. 马歇尔认为，并不存在一个普遍原则来判断公民权的权利和义务应该是什么。T. H. 马歇尔指出，社会权利的本质和内容既不是自我定义的，同时也不是被赋予的，不应该被一些优先的概念所决定。然而，根据 T. H. 马歇尔的观点，社会权利可能受民主资本主义国家内部冲突的影响。正如 T. H. 马歇尔提出的，公民和政治权利决定了游戏规则：社会权利代表了游戏结果。我们很难预知最终结果。因此，在 T. H. 马歇尔看来，公民身份的基本平等与社会阶级的不平等是可以共存的。

综上所述，尽管对 T. H. 马歇尔的公民权理论存在争议，但公民

---

① T. H. Marshall, *Sociology at the Crossroads and other essay*, London: Heinemann, 1963, p. 91.

权理论对社会政策发展的重要贡献是毋庸置疑的。T. H. 马歇尔的社会公民权利思想对瑞典等福利国家的社会政策的重要贡献在于，T. H. 马歇尔将社会财富再分配同社会中的个体——公民的福利要求权相融合，并将福利国家的社会政策作为扩大公民权利范围的手段与措施，福利国家社会政策的快速发展，是公民权长期演进过程达到高峰的体现。T. H. 马歇尔提供了一个对战后各国政府所提供的社会服务模式改革的解释。T. H. 马歇尔给出充足的理由通过社会政策来实现社会平等，并进而获得社会权利的实现。公民权理论对社会政策的发展具有重要作用，同时为福利国家建设奠定了重要理论基础，正是公民权理论所体现的社会政策目标和社会政策理念才使福利国家进入了蓬勃发展阶段。

五　女性主义社会福利思想对社会政策的影响

女性主义的理论流派与妇女运动的发展历史悠久，而且阶段性特征明显。第二次世界大战以后，伴随着福利国家的出现，女性主义的诉求也从政治性的权利转向社会性的福祉，因而，女性与福利、性别平等、性别角色、女性就业等则成为女性主义的主要议题，同时也成为福利国家社会政策关注的核心内容。从这个意义上说，女性主义的社会福利思想对福利国家的社会政策有着不可忽视的影响。

（一）女性主义的社会福利取向

女性主义（feminism）一词源于19世纪的法国，是指"试图消除女性由于其性别而遭受的统治、压迫、不平等，以及不公平，"[1] 即为消除性别差异，实现性别平等而创立和发起的理论流派与妇女运动。历史上具有深远意义的女性主义运动主要有两次，"一次发生在19世纪末20世纪初，它以争取与男性平等的选举权、受教育权和解决女性就业问题为主要目标"[2]；第二次发生在20世纪60—70年代，主张重新认识女性的身份与价值，在此基础上对女性受压迫的根源进行深入的反

---

[1] Porter E., *Women and Moral Identity*, Sydney: Allen & Unwin, 1991, p. 5.
[2] 杜平：《女性主义与社会性别理论：福利国家研究的新取向》，载彭华民等《西方社会福利理论前沿：论国家、社会、体制与政策》，中国社会出版社2009年版，第169页。

思,"这一时期女性主义关注的领域扩展到就业、家庭、生育及性生活领域,以批判性别主义、性别歧视和男性权力为主要目标。两次女性主义运动一步一步地挑战了传统的性别规范和性别分工,逐渐为女性争取到更多的权益与平等机会。"① 如果说第一次女性主义运动是为争取女性的政治地位与权利,体现为政治性,那么,第二次女性主义运动则是要消灭性别歧视,追求女性的社会权利,体现为社会性。第二次的女性主义理论开始拓展至研究女性与社会福利制度的关系,包括社会保障、住房、教育与医疗、性别平等及社会服务等问题,即女性家庭与社会角色问题。

女性主义对现代福利国家的研究始于20世纪70年代。威尔逊(Elizabeth Wilson)被认为是这一研究领域中的第一人,他指出:"只有在对女性在现代社会中的位置有一个正确认识的基础上所进行的福利国家分析,才能揭示出现代福利主义的全部内涵。"② 自此,关于女性主义与福利国家的研究逐渐发展起来。女性主义思想家关注的核心议题是福利国家在妇女生活中的角色与在改善妇女福利状况中的作用。女性主义社会政策主要关注的是妇女及其家庭的社会福祉、经济福祉与政治福祉,关注女性的社会权利,关注社会政策制定中的女性视角,从这种意义上说,女性主义社会政策中关于女性与福利的议题,是对长期以来社会政策研究中的性别盲点和以男性为中心视角的纠正。女性主义研究的社会福利取向在福利国家的研究中具有重要地位,扮演了重要的角色。

(二)女性主义福利思想对社会政策的影响

女性主义的诉求可以简单地归结为实现男女平等。在女性主义阵营中,派别林立,各有主张,而且变化频繁。在众多女性主义流派中,具有代表性的流派有自由主义女性主义(liberal feminism)、社会主义女性主义(socialist feminism)与激进主义女性主义(radical feminism)。这三大流派的共同点表现为均追求与争取性别平等,要求消除对女性的歧视与剥削压迫的状况;三大流派的不同点在于对女性的被压迫地位做出

---

① 杜平:《女性主义与社会性别理论:福利国家研究的新取向》,载彭华民等《西方社会福利理论前沿:论国家、社会、体制与政策》,中国社会出版社2009年版,第169页。

② Wilson E., *Women and the welfare Stat*, London: Tavistock. 1977, p. 59.

了不同解释,她们分别从女性与家庭角色、女性地位与劳动力市场、女性权利与福利国家等不同方面阐释了自己的福利主张。如下本书具体分析这三大流派的主要观点与福利主张。

由于女性主义各流派的理论观点不尽一致,因此对福利国家的态度也是矛盾的,既爱又恨。一方面对福利国家及其社会政策给予批评与反对,认为福利国家的福利政策在某种意义上强化了性别秩序结构,即女性处于从属地位,而男性处于主导地位,增强了女性对男性的依赖性。另一方面对于福利国家提供的社会政策给予众多女性提供平等的工作机会与独立性表示赞赏。但是,不可否认的是女性主义的分析为我们理解福利国家的发展提供了新的视角。女性主义的福利思想丰富了对福利国家社会政策的研究,也丰富了我们对"福利国家"制度的理解,本书认为,女性主义的主要贡献在于对福利国家社会政策的研究提供了一个新的分析维度与分析框架。

第一,女性主义不同群体对福利国家社会政策的性别平等原则有着一致的共识与期待。他们希望社会政策以女性的平等公民权利理念为基础,这种平等的公民权利视女性为完全的公民,而不仅仅是资源——作为儿童和其他依赖者的照顾者、男人和劳动市场的支持者。他们希望社会政策具有普惠性,即政策应该使所有女性受益,而不仅仅使受过良好教育、中产阶级、全职工作的白人女性受益;认为无偿性的家庭照顾工作应该和公共领域的有偿工作拥有平等的地位和重要性,无偿工作应该被视为女性作为公民所从事的工作;社会政策绝对不能从属于经济政策,社会政策与经济政策必须在平等基础上合为一体。在经济中创造财富的人总是比关注福利的人获得优先地位,这种状况对女性来说具有明显不利的劣势。[①]

第二,女性主义者对保障女性收入的政策建议。他们认为保障女性的收入是实现性别平等的核心基础。因此女性主义者建议,建立一系列

---

① Langan M., "Ostner I. Gender and Welfare", //Room G. (ed.) *Towards a European welfare state*, Bristol: School of Advanced Urban Studies, University of Bristol, 1991, p. 141.

防止女性贫困制度化和固定化的政策，消除和逆转贫穷女性化的社会政策。① 为此，女性主义提出两个最为重要原则：第一个原则是社会服务的提供必须具有普惠性，即无论婚姻状况和工作经历如何，所有人均可以获得；第二个原则是福利津贴必须是以个人为基础分配的，而不是以女性为整体进行分配。② 由此保证女性作为独立的个体能获得相应的非依附性的收入，避免女性专职从事照护家庭的无偿劳动，从而以制度与政策消除女性的贫穷化。

第三，女性主义者要求社会政策保障女性有偿工作权利与促进家庭角色平等。她们认为，保障女性有偿工作的权利是女性的基本社会权利，也是现代社会经济发展的需要，劳动力市场同样是实现女性社会价值的领域。因此，促进女性工作是社会政策的最主要任务。一方面女性主义者要求，在劳动市场中平等对待男性和女性的支持性措施一定要与支持母亲就业、促进父母角色平等的措施相关联。女性主义者提出促进实现女性有偿工作，就需要大规模地发展公共性儿童日间照护服务，以使女性摆脱照护孩子的限制，保障女性的工作权利，她们要求实现从权利到儿童照顾的政策。③ 另一方面，女性主义者寻求促进"父母角色平等"的社会政策。女性主义者认为阻碍女性获得平等工作机会的原因是男性不承担家庭照护责任，因此要实现性别平等就必须使男性承担一定的家庭责任，实现家庭角色的平等；她们提倡夫妇分开的税收体系，从而使女性出去工作为增加家庭收入发挥更大作用，实现女性与男性共担家庭照护与有偿工作的双重责任。

第四，女性主义者期望建立与接受在生理和心理方面适用于所有女性的社会服务。女性主义者对社会服务机构的工作深表质疑，她们质疑社会服务机构秉承的是"男性"的价值观。女性主义者认为，应建立由女性为女性提供的特定的女性主义服务。这些社会服务应提供没有性别

---

① Pearce D., "Welfare is not for women", // Gordon L. (ed.) *Women, the State and Welfare*, Wisconsin: University of Wisconsin, 1990, 11 (2), p. 277.

② Dominelli L., *Women across Continents*, Harvester Wheatsheaf: Hemel Hempstead, 1991, p. 31.

③ Joshi H., *Sex and motherhood as handicaps in the labour market*, //Maclean Mavis, Groves Dulcie (ed.). Women's Issues and Social Policy, London: Routledge, 1991, p. 190.

歧视的，而且是服务提供者与服务使用者之间关系更加平等的社会服务。①

第五，女性主义者要求制定并实施保障女性权利与女性影响力的社会政策。他们提出，应在政府管理部门与决策机构及企业董事会增加女性代表的比率，女性拥有决策权力，才能实现女性对性别平等的追求。女性主义者对福利国家的社会政策充满希望，特别是对女性就业、政治参与度、劳动力市场的机会平等，反对性暴力等方面的社会政策与社会保障制度给予赞赏，因为，在一些福利国家，特别是在东欧的福利国家中，确实已经积极有力地落实了女性主义者梦寐以求的一些社会政策。

毋庸置疑，女性主义对福利国家社会政策的研究与质疑，不仅是对性别不平等的叩问与挑战，同时也促使了对福利国家政策的反思与启发。女性主义的研究视角是丰富多彩的，是融批判性与建设性于一体的。然而，在一个由性别差异驱动的社会里，离开国家或政府的支持，社会福利思想与福利服务很少能够在实践层面得以平等运作。因此，社会政策要及时并有效地回应女性主义的需要是有相当难度的。目前，北欧福利国家，如瑞典、丹麦、挪威、芬兰等国家，从普遍主义出发覆盖全部人口的社会保障体系可以视为是一项有效的尝试。正如帕斯卡尔（Pascall）指出的，女性主义分析不仅要"将女性置于大部分由男性描绘出的图画之中……最终也要绘制一幅包括男性和女性的新图画。"②这一目标的实现，有赖于整个社会的共同努力。认识到性别差异和性别不平等产生的制度根源，并勇于对这些社会制度安排提出挑战并进行改革，从而摧毁性别主义产生的深刻的经济、政治、文化和社会根源，不仅可以为女性，也可以为男性，创造出一个平等、美好、和谐的世界。③

---

① Dale J., *Foster P. Feminists and State Welfare*, London: Routledge and Kegan Paul, 1986, p. 171.
② Pascall G., *Social Policy: A New Feminist Analysis*, London & New York: Routledge, 1997, p. 10.
③ 杜平：《女性主义与社会性别理论：福利国家研究的新取向》，载彭华民等《西方社会福利理论前沿：论国家、社会、体制与政策》，中国社会出版社2009年版，第180页。

第四节　性别平等：瑞典社会政策的价值诉求

瑞典的性别平等是瑞典现代社会的基石之一。由于受社会传统文化与政治文化的影响，追求社会平等是瑞典社会的普遍共识。瑞典社会坚信男性和女性应该拥有平等的权利与影响力，基于这种信念，瑞典得以成为世界上性别最平等的国家之一。在瑞典性别平等不仅是社会和谐的价值目标，瑞典各执政党与在野党的政治价值目标，女性主义追求的价值目标，同时也是政府社会政策长期以来的价值诉求。

一　性别平等：社会政策优先目标

瑞典首相斯蒂芬·勒文（Stefan Löfven）2015年9月27日在出席联合国召开的全球妇女峰会上，以"性别平等和妇女赋权"为主题的讲演中指出："我以领导世界第一个遵循国际团结原则的女权主义政府感到骄傲"！"女权主义政府"与性别平等是瑞典政府一以贯之的价值追求，是瑞典社会政策的优先价值目标。根据2017年最新欧盟性别平等指数显示，瑞典性别平等指数为82.6，欧洲排名第一，位居世界前列。[①]

瑞典政府自称为"女权主义政府"是有理由的。在瑞典，无论是长期执政的社会民主党政府，还是近年来频繁更迭执政的联盟党政府，都将性别平等作为核心关切，将性别平等作为社会政策的优先目标。

瑞典性别平等政策优先目标的确立是与瑞典社会发展及对性别平等的认识密切相关的。在20世纪70年代，瑞典的性别平等政策由家庭政策中逐渐分离出来，形成独立的政策制度体系。这意味着性别平等不再局限于家庭内部的男女地位平等问题，而是随着瑞典经济社会的发展，女性具有进一步追求劳动力市场机会平等的权利及社会政治、经济、教育等各方面的平等权利。性别平等领域不断扩大的社会要求使得瑞典政府的性别平等政策优先目标的设定也经历了一个不断变化的过程。

---

① EIGE. Sweden｜Index｜2015｜Gender Equality Index｜［EB/OL］.2015.［2018-03-25］. http：//eige.europa.eu/gender-equality-index/2015/SE.

瑞典政府于 1987 年提出《性别平等政策目标》，强调性别平等政策的总目标是："不论是在何种领域，男女应有相同的权利、责任、义务以及机遇。男女具有共同承担抚养子女和操持家务的责任，双方都能在工作与社会生活中平等参与政治、社会事务以及其他共同的事务。"[1]为实现《性别平等政策目标》，政府于 1988 年出台了《性别平等五年行动计划》法案。法案在遵循性别平等政策总目标的基础上，提出六个具体的性别平等政策价值目标：第一个价值目标是实现女性与男性的经济独立与经济平等；第二个价值目标是实现劳动力市场就业平等以及平均承担家务照护责任；第三个价值目标强调在公共领域补充领导职位时要平衡性别的差异；第四个价值目标是解决和改善教育体系中的性别差异问题；第五个价值目标是解决家庭成员之间性别平等问题，主要是实现父母工作与照护角色之间的平衡；第六个价值目标是关于女性的政治参与。由此构成了以总价值目标为第一层次，以具体价值目标为第二层次的瑞典性别平等政策目标体系，使政策价值目标更加关注两性的权利与责任。法案的出台，标志着瑞典性别平等政策理念向更加注重两性权利与责任方向的转换，同时对性别平等政策范围进行了拓广，这为"社会性别主流化"的提出奠定了基础。

1994 年春，时任政府社会事务部部长和自由党主席的本特·韦斯特伯格（Bengt Westerberg）提出将社会性别主流化写入政府的《性别平等法案》，同时确立性别平等总的价值目标为："在生活中的各个重要领域，男性和女性享有同等权利、义务以及相同的发展前途。"[2] 在这个总的价值目标下，法案提出了性别平等的六个具体价值目标：女性与男性权利与影响力的平均分布；男性与女性经济独立的均等机会；女性和男性在企业和工作生活中、在就业和工作条件方面以及工作的发展方面享有同等条件；女性与男性（或者女孩与男孩）具有机会均等的受教育、发展个人才能、志向与兴趣的权利；男女共同承担儿童保育和

---

[1] Lundqvist Å., *Family policy paradoxes: Gender equality and labour market regulation in Sweden*, 1930-2010, Bristol: Policy Press, 2011, p.90.

[2] Sweden. Government. Bill 1993/1994, No. 147. Jämställdhetspolitiken: Delad makt-delat ansvar, 1994: 4.

家务劳动方面的责任；消灭性别暴力。① 1994年10月社会民主党上台执政，在《政府宣言》中继续提出社会性别主流化，将追求两性社会权利平等的政策理念融入到政府的所有活动并贯穿于政府的各项政策领域中去。1996年，政府在关于性别平等备忘录中强调："社会性别主流化可以理解为将性别平等的理念融入每一政策领域的主流内容中。不能将性别平等的问题视为孤立的问题或将其同普通活动隔离开来，性别平等的理念是所有工作中一个很明显的组成部分。社会性别主流化是用来强调性别主流不仅仅是补偿一种性别的观点这一问题，也不仅仅是将妇女问题纳入基于男性规范发展而来的结构之中。相反性别主流是一种全新的观点，是在对男性和女性不同的适用条件进行分析的基础上，又发展出的新观点。"② 至此，社会民主党政府将社会性别主流化纳入了规范各级行政机构活动的一般法令中去，这意味着性别平等政策不再是一项孤立于其他社会政策领域的补缺型政策，而是贯穿于各项社会政策中的优先价值目标，这意味着性别平等被纳入社会政策的主流，并贯穿于各项社会政策的始终，以实现社会的性别平等。

社会性别主流化提出的重要意义在于使性别平等成为社会政策的优先目标。以往政府制定政策多是从政治、经济、社会、法律等视角考虑问题，而社会性别主流化作为一种优先策略，则要求以性别平等为优先目标来制定各项政策，从而使政策领域纳入了性别平等的向度，同时也构成了政策改革的目标与方向，社会性别主流化将性别平等因素引入政府的各项规范与政策中去，将原来一直处于边缘地位的女性问题及两性平等问题带到了政府政策舞台的中央，并提到优先政策的高度，使性别平等成为政策的主流内容，使各项政策的制定与执行均体现出对两性权利平等的追求，从而促进了社会性别平等的实现。

自1994年提出"社会性别主流化"，将性别平等作为社会政策的优先目标以来，瑞典政府坚定不移地贯彻了这一性别平等主流化的价值追求，出台了一系列的性别平等政策，凸显性别平等价值目标的优先性：

---

① Sweden. Government. Bill 1993/1994, No. 147. Jämställdhetspolitiken: Delad makt-delat ansvar, 1994: 4.

② Sweden. Government. Skr. 1996/97: 41. Jämställdhetspolitiken, 1996.

2006年，瑞典国会批准了名为《改变社会与个人生活的权利——性别平等政策的新价值目标》(*The Power to Shape Society and One's Own Life-New Goals in Gender Equality Policy*) 的性别平等法案，该法案以社会性别主流化为基础，进一步提出了性别平等政策的总价值目标："男性和女性拥有同样的权利改变社会和他们自己的生活。这包括所有人，不分年龄，种族，性取向，无论残疾与否，也不管是本国的哪个区域。"① 上述总价值目标与之前制定的性别平等政策的目的相差无几，均以性别平等为核心，具体包含四个子目标：平等的权利分配及作用；男性和女性终身的经济平等；无偿的家务劳动和照顾儿童责任的平等分配；反对男性对女性的侵犯。② 除上述这些目标体系外，政府还提出了新的性别平等政策的指导原则，即社会性别主流化作为实现性别平等政策的一种策略，以上四个方面可以理解为实现性别平等主流化策略的具体政策。

2007年11月瑞典出台《打击男性对女性暴力的行动计划》，也被称为国家平权行动计划。瑞典政府对制定并出台国家行动计划的必要性具有广泛的政治共识，认为瑞典虽然在性别平等领域，尤其是在打击男性对女性的暴力行为方面做了大量的工作，但是男性对女性的暴力状况仍然严重存在，男性对女性的暴力行为是一个性别平等与女性充分享受公民权与基本人权的问题。为此，瑞典政府在联合国和欧洲委员会框架内承诺，男性对女性的暴力行为是不可接受的，政府的目的是制止这种暴力。在人身安全方面，妇女和男子、女孩和男孩应该具有平等的权利和机会，所有公民都必须能够生活在没有暴力和虐待的环境中，而这一领域是国家行动的重要政策领域。为实现这个价值目标，政府制订了打击男性对妇女暴力行为的系统行动计划，行动计划包含六个政策领域56项具体的政策措施，并协调司法、社会、经济和健康相关部门，为实现社会的性别平等，打击男性对妇女暴力行为进行不懈的斗争。

2009年，瑞典出台了统一的《反歧视法案》。这部法案涵盖了性

---

① Sweden. Government. Bill 2005/06, No. 155. Makt att forma samhället och sitt eget liv-nya mål i Jämställdhetspolitiken, 2006: 44.

② Sweden. Government. Bill 2005/06, No. 155. Makt att forma samhället och sitt eget liv-nya mål i Jämställdhetspolitiken, 2006: 49.

别、种族划分、宗教及其他信仰、年龄、性取向及残障歧视等非常广泛的范围，同时还涉及十分宽泛的领域，包括职业生活、教育、劳动力市场政策活动、创业或企业运营及职业认可、员工会员身份与资格、雇主组织或专业组织、商品服务、健康医疗和社会服务、社会保障制度、兵役和民政服务及公务员服务等十几个领域，该法案还规定了具体反对歧视与促进平等所应采取的积极措施。2009年的反歧视法案表明瑞典政治文化中平等理念的重要性，这一法案为在更加广泛的范围内及更多的领域实现平等、实行反歧视提供了政策保护。

2017年，瑞典政府出台了《预防和打击男性对女性暴力行为的十年国家战略》。该《国家战略》旨在加强实现政府的性别平等政策第四个子价值目标"停止男性对女性的暴力行为，女性和男性，无论年龄大小平等享有身体发肤完整不受损害的权利和机会"。该战略特别强调对性暴力的预防，特别是对与荣誉有关的暴力和压迫问题及以性目的卖淫和贩卖人口问题的预防。该战略主要内容在于阐释战略价值目标的重新定位，即从过去的被动反应与打击到制定有效的措施进行积极预防，并提高预防与打击的效率。在这一定位之下提出了四项政策价值目标：加强和有效的预防暴力行为；改进对暴力的侦查，加强对受暴力侵害的妇女和儿童的保护与支持；更有效的执法；改进知识和方法。依据这四个政策价值目标，该战略又进一步提出和阐释了2017—2020年期间政府的具体行动计划。

综上，我们可以看到，瑞典政府性别平等政策优先价值目标的提出与实践，经历了1987年的《性别平等政策价值目标》与1988年的《性别平等五年行动计划》法案，基本确立了女性与男性拥有平等的社会权利与责任的思想。后经1994年春出台的《性别平等政策：权力共享—责任共担》的两性平等法案与2006年出台的《改变社会与个人生活的权利——性别平等政策的新价值目标》的性别平等法案，在性别平等政策总价值目标的表述上均无大的差别，政策总价值目标在思想上则完全是一致的。特别值得提出的是，在1994年的两性平等法案中提出"社会性别主流化"的策略，更加强调了性别平等在社会政策中目标的优先性。为具体实现性别平等价值目标的优先性，自1994年的两性平等法案后基本确立了瑞典性别平等政策的目标体系，为实现这一目标体系，瑞典政府又进一步出台了《性别平等政策的新目标》《打击男性对女性暴力的行动计划》《反歧视法案》《预防和打击男性对女性暴力行为的十年国家战略》。这一系列性别平等政策的出台，凸显了瑞典社会政策中性别平等政策目标的优先性，同时为实现瑞典社会平等与性别平等奠定了坚实的制度基础（关于瑞典性别平等政策的详尽阐释请参见本书第三、第四章内容）。

二 瑞典的性别平等与性别平等政策的涵义

瑞典作为福利国家将社会平等作为社会政策的核心价值，而改变以性别为基础的社会权利和资源分配体系、实现性别平等则是社会政策的优先价值。根据本书对瑞典性别平等政策80年历史发展过程的研究，认为瑞典性别平等的涵义是指"确保女性和男性享有同样的权利和机会去追求他们想要的生活"。瑞典这一关于对性别平等涵义的理解经历由关注女性家庭地位与角色，到关注女性与男性具有同样权利与责任的变化过程，最终形成瑞典性别平等的总目标。确保女性和男性享有同样的权利和机会去追求他们想要的生活是瑞典性别平等的理想，也是瑞典追求的性别平等的价值目标，这一理想与目标超越了男女之间关系的小目标，成为实现整个社会平等的宏伟理想与目标。性别平等涵义的这种理解在上述关于性别平等是社会政策的优先目标中有所阐释，并在后面章节中还具有详尽的分析与阐释，此处不再赘述。

瑞典性别平等政策同样是一个历史概念。在瑞典性别平等政策形成与发展并不断完善的80年的历史过程中，在不同的社会发展阶段，面对不同的社会问题，性别平等政策的涵义与范围不尽相同。然而，在对瑞典性别平等政策历时与共时研究的基础上，本书认为可以将瑞典的性别平等政策涵义理解为：瑞典的性别平等政策是指通过国家立法和政府的再分配机制，为改变以性别为基础的社会权利和资源分配体系，确保女性和男性享有同样的权利和机会去追求他们想要的生活的性别平等目标，而采取的一系列政策、行为准则、法令和规定的总和。

瑞典性别平等概念强调的是在社会生活的各个方面女性与男性一样

拥有平等权利与机遇。如果说"确保女性和男性享有同样的权利和机会去追求他们想要的生活"是瑞典社会的一种理想与价值目标,那么,通过建立一系列政策、行为准则、法令和规定的制度设计,去改变以性别为基础的社会权利和资源分配体系,从而达到两性的权利与机遇的分配平等则是瑞典政府实现性别平等的手段与策略。

瑞典性别平等政策的涵义在不同的社会发展阶段,面对不同的性别不平等问题,其内涵与概念的范围也随之变化。

瑞典早期的性别平等政策源于人口政策并与家庭政策相伴随。这一时期的家庭性别平等政策主要解决女性的平等地位问题。20 世纪 30 年代为解决劳动力不足问题,提高人口的出生率与降低儿童的死亡率,因此,家庭政策因为人口问题成为瑞典政治关注的中心,家庭从原有的私人领域进入公共领域,政府由此建立了通过家庭政策干预家庭生活的新理念,并确立了提升家庭中女性平等地位的政策目标。依据这一政策目标,政府出台的家庭政策主要针对两个关键领域。一方面针对提高女性家庭地位,改善女性生活条件及提高生育率,瑞典政府出台了一系列的家庭平等政策。另一方面,为让妇女走出家庭,补充劳动力市场的不足,维护女性就业权利,瑞典政府也出台了相应政策(具体政策参见本书第三章内容)。随着提高女性家庭地位与维护女性工作权利的一系列家庭性别平等政策的出台,人们不仅仅把女性看作"母亲"和"照护家庭的人",而且也把她们看作劳动力市场的从业者。

瑞典 20 世纪 60—70 年代的性别平等政策是确立"性别中立"理念,使家庭政策目标由原来关注女性转向了关注中性关系,从关注家庭内部转向关注家庭外部的劳动力市场的性别平等政策。这一时期,性别平等政策关注的是家庭中两性的中立关系以及劳动力市场中两性的平等问题,政府以"性别中立"理念为指导建立了一系列性别中立的性别平等政策。

为解决家庭中两性关系,瑞典社会经过性别大讨论,逐步确立了"性别中立"的理念,即家庭中的男性与女性是两个完全独立的个人,家庭中的两性是平等的,父母均具有平等的权利与义务,父母在家庭中均扮演有酬工作与照护家庭的双重角色,男性与女性共同具有照顾和抚育孩子的责任与义务。照护孩子不再是女性的专利，在家庭中性别是中立的。依据这一理念，为使单收入（男人挣钱养家）的核心家庭模式转变为双收入（父母挣钱养家）的中性—平等家庭模式，实现家庭内的性别平等与劳动力市场的机会平等，瑞典政府通过家庭平等政策的改革，制定出台了一系列中性—平等政策：1971年的《个人税收法案》，瑞典社会"把个人税收制度看作是解放工薪阶层女性的一股力量"[1]；1974年的《育婴保险法案》，这一法案规定了父母双方均具有照护孩子的责任，男性有陪产假，使得看护孩子不再是妇女的专利；1980年的《平等机会法案》，该法案的宗旨是在劳动力市场中男女机会均等与同工同酬，消除男性与女性在工资收入和就业范围上存在的不合理差别。性别中立政策解决了女性与男性在家庭中双重角色与责任共担问题，构建了两人挣钱的家庭模式，从而使女性走出家庭进入劳动力市场成为可能。同时，在劳动力市场中维护了女性与男性的机会平等与同工同酬，即具有同等的就业与有偿工作的机会，从而实现了女性与男性的终身经济独立，为实现性别平等奠定了制度基础。

性别中立理念是瑞典政府出台一系列中性平等政策的核心价值观，是建立性别平等政策制度体系的思想认识基础；性别中立理念也使瑞典的性别平等政策的目标由关注家庭中女性地位转向关注家庭中的性别关系，从家庭整体转向关注作为平等独立的个人，从家庭内部转向关注家庭外部的劳动力市场，从而构成了"瑞典模式"中性别平等政策的重要特征，同时标志着瑞典性别平等政策体系的建立。

瑞典性别平等政策进入20世纪80年代以后，逐渐确立了性别平等政策的目标体系，并将性别平等的领域逐步拓展到社会各个政策领域，其标志性政策为1994年"社会性别主流化"策略的提出。瑞典社会性别主流化的过程实质上是一个性别平等政策领域不断拓展的过程。这一过程表现为，性别平等的核心价值在于对两性权利平等的追求。在这一社会发展阶段中，瑞典社会出现了移民问题、种族问题、同性恋问题、

---

[1] Florin C., *Skatten som befriar: hemmafruar mot yrkeskvinnor i 1960 – talets särbes kattningsdebatt*, //Florin C, Sommerstad L, Wikander U（eds.）. Kvinnor mot kvinnor: Om systerskapets svårigheter, Stockholm: Norstedts, 1999, p. 116.

残疾人问题与男性对女性的暴力侵害等问题，这些问题不仅是政治问题，也是一个伦理道德问题，更重要的是公民基本权利的维护问题，此时，性别平等政策成为影响社会民主发展与经济增长的关键因素。因此，以性别平等主流化的策略解决这些问题则成为瑞典性别平等政策的重要内容。社会性别平等主流化将性别平等的目标融入社会的各项政策之中，并成为制定各项政策的优先目标，以解决两性的社会权利平等问题。瑞典的社会性别主流化策略一方面使得性别平等政策领域拓广到社会政策的各个领域；另一方面通过对两性平等权利的维护，表明对于性别平等的追求已超越了女性主义对女性平等的追求，而是进入更高层次的对社会平等的追求。

由此可见，瑞典性别平等政策最早从人口政策进入到家庭政策领域以解决女性地位与家庭角色的平等问题，然后进入劳动力市场领域以解决两性的机遇均等与同工同酬问题，再到提出社会性别主流化，将性别平等问题融入到社会的各个领域，以解决两性权利平等问题，从而形成了性别平等目标体系与性别平等政策的制度体系。伴随着性别平等政策的不断发展，性别平等的涵义逐渐丰富，性别平等的领域逐渐拓广，性别平等的理念融入公民的行为中，成为瑞典整体的社会行为与国家行为。可见。瑞典的性别平等政策的涵义是一个具有一定的历史性、普遍性、政治性、开放性的内涵丰富的概念。

三 瑞典性别平等政策是社会政策不可或缺的重要内容

瑞典的性别平等政策是社会政策的重要组成部分。从历史的角度看，瑞典的社会政策与性别平等的理想是不可分割地交织在一起的。瑞典的社会文化与政治文化以社会平等为核心价值，实现社会平等是瑞典社会、政党与政府的社会目标与政治目标，同时也是社会政策的目标，从这个意义上说，瑞典的社会政策与性别平等政策具有内在的一致性，性别平等政策成为社会政策不可或缺的重要组成部分。这一点体现在如下方面。

价值目标的一致性。瑞典社会政策与性别平等政策的范围虽有不同，但是二者的内在本质与追求的价值目标是一致的，即追求社会权利的平等。性别平等政策的价值目标是追求两性之间平等的社会权利，包括政治与管理中的平等参与权利，经济与教育中的机遇均等权利，家庭中角色与责任平等的权利及保障女性自身安全的权利。这种以追求社会权利平等的内在本质的一致性，也决定了性别平等政策与社会政策一样具有普遍性的特征。

政策内容的相融性。瑞典性别平等政策并非是完全独立的政策，而是融合在社会各政策领域中的。性别平等政策以历史顺序依次体现在人口政策、家庭政策、津贴政策、劳动力市场政策、儿童托育政策、父母保险政策、社会保障政策、医疗卫生政策、教育政策、反歧视政策、反对性暴力政策及社会政策的各个领域，这些政策领域融入了对性别平等的价值追求与制度设计，从而体现了对女性基本权利的保护与实现了同男性权利的平等，从而形成了瑞典性别平等的政策体系。由此可见，瑞典的社会政策与性别平等政策的内容是相辅相成地融合在一起的。

政策发展的开放性。瑞典的社会政策与性别平等政策均不是一成不变的，而是随着社会发展的需要与社会问题的凸显而不断地变化，具有开放性。例如，20世纪90年代以后，瑞典的移民问题、同性恋问题、社会歧视问题、性暴力等社会问题凸显，这些领域中的不平等问题成为社会矛盾的焦点，这些问题既是社会政策领域的问题，也是性别平等政策领域的问题，因此，为解决这些问题，出台了关于移民、同性恋者与公民具有同等权利的性别平等政策，出台了反歧视法案，出台了反对性别暴力的国家行动计划与国家战略，从而进一步拓展了性别平等的领域，同时也提高了性别平等的效率与程度。

政策作用的强制性。瑞典社会政策与性别平等政策的一个共同特点是具有强制性。瑞典作为福利国家，强调国家对社会的干预。因此，瑞典政府出台的社会政策与性别平等政策均是以法案形式出现，如1971年的个人税收法案、1974年的育婴保险法案、1980年的性别平等法案、1994年的社会性别主流化的两性平等法案、2009年的反歧视法案等，这就使得社会政策与性别平等政策具有了强制性，这一方面体现了政府对社会问题与性别平等问题主动干预的主导性，用政策与法规去引导规范家庭、劳动力市场及社会各领域的社会问题；另一方面通过法案的强制性，增强了瑞典政府对社会政策与性别平等实施的政治压力与行政压力，从而增强了社会政策与性别平等政策实施的效度。

综上可见，瑞典的社会政策与性别平等政策具有价值目标的一致性、政策内容的相融性、政策发展的开放性、政策作用的强制性的共同特点，这进一步表明二者具有内在本质的一致性与理想、需求与政策的交织性。正是从这个角度上讲，瑞典性别平等政策是瑞典社会政策不可或缺的重要组成部分。本书的研究宗旨在于系统分析与阐释瑞典社会政策中的性别平等政策的演进过程，即从人口政策、家庭政策、津贴政策、劳动力市场政策、儿童托育政策、父母保险政策、社会保障政策、医疗卫生政策、教育政策、反歧视政策、反对性暴力政策等诸多的社会政策中梳理、研究、阐释性别平等政策的产生与发展过程；分析与研究性别平等政策如何形成政策的悖论，如何克服政策悖论，如何进行政策制度改革与完善的过程；分析与研究性别平等政策的价值目标的转变及政策结构的变化；分析与研究瑞典性别平等政策实际效果及对社会发展的作用与影响，总之，系统、全面、立体地研究探寻瑞典性别平等政策与制度体系及其作用将构成本书的内容。

本章小结

本章运用历史与逻辑相统一的方法，阐释与梳理了社会政策、瑞典社会政策、瑞典性别平等与瑞典性别平等政策的涵义与历史演进的过程；在此基础上分析并阐释了瑞典社会政策形成的历史、政治、经济、文化的社会基础；瑞典作为世界上典型的福利国家深受民主社会主义思想的影响，本章在分析阐释欧洲民主社会主义思想对瑞典影响的基础上，进一步分析与探寻了作为瑞典社会政策形成理论基础的瑞典民主社会主义思想与瑞典学派的社会政策思想，与此同时，分析阐释了对瑞典福利国家社会政策影响较大的 T. H. 马歇尔的公民权理论与女性主义社会福利思想。本章的第四节重点阐释了瑞典社会政策与性别平等政策之间的关系，指出性别平等是社会政策的优先目标，瑞典性别平等政策是瑞典社会政策不可或缺的重要内容，从而为本书的其他章节做了理论与逻辑上的铺垫。

第三章　走出政策悖论：瑞典性别平等政策的演进

瑞典的家庭政策是社会政策的重要组成部分，瑞典的性别平等政策则是从家庭政策演化而来的。瑞典家庭政策发展的历史过程是与性别平等政策逐步形成并逐步制度化的过程相伴随的。然而，这一过程是一个非常复杂与多元化的过程，性别平等政策与家庭结构和男女性别角色的矛盾起始于20世纪30年代，一直持续到21世纪初，在这一过程中，伴随着瑞典福利国家建立、兴盛与改革的过程，家庭性别平等政策不断地形成政策悖论，又不断地通过政策的改革与调整克服并走出政策悖论，正是在这复杂的性别平等政策演进过程中，家庭政策与性别平等政策逐渐成熟化与制度化。在这一过程中，家庭成为瑞典政治领域中一个越来越重要的改革主体，家庭关系则成为家庭政策、性别平等政策和劳动力市场政策之间相互作用的一个关键构成要素。本章从历时态的视角，以走出政策悖论为线索，通过对大量一手资料的挖掘与梳理，系统分析与阐释了瑞典性别平等政策的制定、出台、实施与改革的演进过程，并对其演进不同阶段的特点进行评析。

第一节　现代家庭模式与家庭政策初建（1930—1940）

20世纪30年代至40年代，伴随着工业化的迅速发展，瑞典和其他国家与地区一样，由于工业化带来的后果引发了诸多关于"社会问题"的争论。对于瑞典而言，20世纪头几十年，随着瑞典社会经济的发展，城镇人口的增长速度明显加快，自1910—1940年，瑞典城镇人口的比例从24.8%增加到37.4%。① 城镇人口的快速增长，在推动瑞典社会经济发展的同时，也带来了严重的社会问题，如贫困问题、就业问题、生育率下降问题、住房问题及公共卫生问题等，这些问题成为瑞典社会面临的主要问题，引起瑞典政府与社会各界的高度关注，同时也成为瑞典政界和知识界争论与解决的主要问题。然而，解决这些问题的一个前提是解决人口与人口政策问题，而人口政策的基础则是家庭问题，因家庭问题关涉着生育率问题、贫困问题、劳动力市场问题及社会稳定问题。因此这个时期，家庭问题的解决及相应家庭政策的制定在瑞典的社会政策改革中变得越来越重要，同时也成为瑞典一个重大的政治问题。因此，如何看待家庭，这既是一个理论问题，也是一个现实问题。在这一点上，瑞典的知识界吸收了社会学与女性主义对家庭研究的成果，促使瑞典社会与瑞典政府对家庭的认识发生了变化。他们认为家庭不再是私人领域，而是公共领域，生育是人类自身的再生产，政府应对家庭生活、家庭内部分工、家庭环境等进行政策干预，以使家庭的结构与状态适应社会的发展，从而提高生育率、稳定家庭结构、提高有儿童家庭的经济状况。因此，瑞典这一时期的社会政策是以家庭政策为主体的，同时也标志着瑞典现代家庭政策发展的开端。

一　瑞典现代核心家庭模式的建立

家庭政策的制定是与家庭模式的变化紧密相连的。这一时期瑞典进入了现代化的工业社会，社会分工逐渐细化，乡村人口大规模往城市迁移，这使得工业化时期的家庭理念与家庭结构发生了变化，家庭内涵也发生了变化，家庭模式由前工业时代的男性族长掌权的跨代的大家庭模式，发展成为家庭成员由夫妻与子女构成的现代核心家庭模式。② 随着

---

① 丁建定：《瑞典社会保障制度的发展》，中国劳动社会保障出版社2004年版，第37页。
② 家庭模式（family pattern）(form, type)：从家庭的结构特征视角，可以按照不同标准把家庭分成不同的模式（类型）：根据社会所认可的婚姻形式，可划分为一夫一妻制、一夫多妻制、一妻多夫制以及群婚制；根据家庭中的婚姻和子女状况可分为核心家庭、扩大家庭等；依据家庭权威的结构，可以分为父权家庭、母权家庭和平权家庭；根据世系追溯方式，可以分为父系家庭、母系家庭以及双系家庭。社会学的家庭研究者比较关注根据家庭中的婚姻和子女状况来划分家庭模式（类型）及其特征。本书即从这一视角讨论家庭模式。

瑞典工业化的进程，越来越多的人迁移到城市，使得根据家庭婚姻和子女状况而形成的核心家庭急剧增加，同时加剧了家庭男主外（挣钱）、女主内（家庭照护）的家庭分工，在核心家庭的理念下形成了核心家庭的模式，即一人挣钱模式，表现为男性挣钱养家，女性主要从事家庭无偿照护的家庭模式。在这种模式中，女性被婚姻禁锢在生养孩子与无偿做家务的循环之中。家庭结构由代际大家庭转化为成员平等的现代核心家庭，这种核心家庭不受传统大家庭强制性的亲属关系的妨碍，能够满足工业社会固有的职业流动与地域流动的需要，能够具有更充分的就业机会，这种家庭模式更适合于工业社会与工业制度的需求。"随着工业化的到来，原有的家庭形式瓦解了，根据工业社会的职能分工的特点，家庭变得越来越破碎。男人的工作与家庭领域的工作是分开的，这对家庭产生了极大影响。在社会动荡和不安初期，家庭模式为适应新的环境，形成家庭中挣钱的任务主要落在男性身上，而女性主要负责家庭事务的模式。"① 这种新兴的家庭理念与核心家庭模式构成了瑞典家庭政策制定的认识前提。

核心家庭模式存在着男女两性的关系问题，即性别平等问题。在这种家庭结构中，女性被婚姻禁锢在家中承担着没有报酬的照护孩子及家务劳动，"实证研究也表明，现存的'婚姻契约'并不吸引女性，而且实际上，这种'婚姻契约'妨碍她们工作挣钱，妨碍她们追求高等教育。婚姻把女性禁锢在生养孩子和做家务的循环中，使女性的就业机会减少，前景变得黯淡。有趣的是，女性和社会都将此定义为功能失调。"② 由于当时的瑞典社会还几乎没有幼儿园，政府没有提供公共照料机构，没有医疗、怀孕、分娩及护理的保障体系，家庭内部这种不平等的分工结构，加剧了家庭内部的矛盾，导致了意想不到的负面效果——生育率下降这一严重的社会问题。当然，导致生育率下降的原因很复杂，但这是原因之一。

---

① Sweden. Government Commission. SOU 1938：47. Betänkande ang. gift kvinnas förvärvsarbete m. m avgivet av kvinnoarbetskommitténs betänkande, 1938：51.

② Sweden. Government Commission. SOU 1938：47. Betänkande ang. gift kvinnas förvärvsarbete m. m avgivet av kvinnoarbetskommitténs betänkande, 1938：53.

二 瑞典家庭政策的初建

基于对家庭不是私人领域而是公共领域的认识,瑞典社会各界经过讨论形成共识,特别是执政的社会民主党的全民福利政策理念正逐渐形成,社会政策改革的目标锁定为家庭、妇女与儿童。解决人口问题,提高婴儿出生率,降低婴儿的死亡率,补充劳动力市场的劳动力是当时瑞典政府发展经济的首要问题,而且也是一个重大的政治问题。为很好地解决这些问题,瑞典政府专业委员会、学者、执政党与在野党进行了激烈的辩论并达成共识:政府要进行社会政策改革,通过政策干预措施阻止出生率的下降与改变核心家庭中不平等现象。由此瑞典的家庭政策出场并走上了历史舞台。

这一时期,瑞典政府家庭政策的目的是控制贫穷、解决人口出生率低的问题。为解决这一问题,女性与儿童成为家庭政策的主要目标,政策改革在两个关键领域进行,即补助孕妇和产后妇女以及妇女就业权利,这两个政策领域的改革在后来形成了瑞典家庭政策的第一个悖论。通过政策改革体现了对具有母亲身份的人建立保险体系及对母婴关怀,从而提高妇女的家庭地位,促进家庭内与劳动力市场中男女的性别平等,以帮助家庭脱贫、提高生育率、降低婴儿死亡率,补充劳动力市场的不足,从而为瑞典社会经济的发展奠定基础。瑞典早期家庭政策形成了一个关注女性的政策领域,家庭政策的目标就是维护与提高女性在家庭中的平等地位。瑞典早期家庭政策的具体内容为。

(一)保护母亲与儿童的家庭政策

第一,1931 年瑞典出台"生育保险补贴"(Maternity insurance benefits introduced)政策。新的补贴政策包括经过调查发放救济生育补贴;与疾病保险基金相关的生育补贴。经过调查发放救济的生育补贴包括分娩费用、助产士服务费用以及计入的现金补贴;疾病保险计划涉及所有女性,但是没有保险的女性只能得到一点补贴。[①] 生育保险补贴政策出台的社会动机在于解决分娩困难、儿童死亡率高以及在生孩子期间和之

---

① Sweden. Government. Bill 1937, No. 18. Förslag om ändring i förordningen av moderskapenning och mödrahjälpen. 1937.

后妇女的身体和心理疾病等问题。第二，1935年政府出台了女性和男性平等采用基本养老金法案。（Equal basic pensions adopted for women and men）。第三，1938年政府出台了子女抚养补助金制度、母亲经济补助制度、通用生育津贴政策（Child support assistance established. Financial assistance to mothers established. Universal maternity allowance established）。这些家庭政策的出台，表明瑞典政府政策目标在于提高已婚女性在家庭中的地位，减轻女性抚养的负担，提升对女性生育的保护，从而促进人口生育率的提升。第四，成立社会住房委员会，为改善住房条件，政府出台补贴住房政策，为低收入并有很多孩子的家庭提供住房以及帮助有多个孩子的贫穷家庭脱贫。第五，1935年成立人口委员会，委员会发表了17份专家调研与建议报告，带来了几次政策的改革，例如，改进了社会扶助体系以及对孕妇和产后妇女实施就业保障。第六，政府委员会再次积极重新定位家庭政策：设立产科病房，降低婴儿死亡率并减少怀孕妇女生病的情况，补贴医院分娩。①

（二）维护已婚女性工作权利的性别平等政策

在20世纪30年代的瑞典，已婚女性的工作权利是一个备受争议的问题，已婚女性在劳动力市场中的地位问题也同时是各党派政治冲突的焦点。争论在两个相互矛盾的立场中展开——女性是在家照料家务抚养孩子还是走出家门参与到劳动力市场。这两个立场是围绕家庭结构、性别平等以及家庭生活与有偿雇佣之间的相互关联、相互作用问题而展开的。"女性组织也特别活跃，她们获得了自己的政治话语权，开始办自己的杂志，在杂志中，她们清楚地表达了要成为孩子抚养者兼雇员的女性愿景。另外，中右翼特别反对国家或市场雇用已婚女性这一观念。"②

政府委员承担了调和这些截然不同观点的任务，政府力排众议优先选择运用法律方法出台政策法案，支持人口委员会的提议：除了有少于三个雇员的小公司外，禁止其他公司雇主以订婚、结婚、怀孕或生孩子

---

① Sweden. Government Commission. SOU 1936：59. Betänkande i sexualfrågan. Avgivet av befolkningskommittén, 1936.

② Frangeur R, *Yrkeskvinna eller makens tjänarinna? Striden om yrkesrätten för gifta kvinnor i mellankrigstidens Sverige*, Lund：Arkiv förlag. 1998, p. 244.

为由解雇女性。1939年5月议会两院通过政府关于有酬就业妇女不得因怀孕，分娩或婚姻被解雇法案（Gainfully employed women may not be dismissed due to pregnancy, childbirth, or marriage）。法案从1939年7月1日开始生效，雇主以订婚、结婚、怀孕或生孩子为由解雇妇女是违法的，要受到相应的惩罚。这一法案与后来在1980年出台的禁止就业性别歧视法案被称为"性别平等法案"。这一法案在瑞典性别平等政策中具有重要地位。

作为解决严峻的"人口问题"的新途径，家庭政策这时成为人口政策的一个组成部分，一些家庭政策鼓励女性在家从事家庭照护，一些政策鼓励女性进入劳动力市场。这些政策使人们不单单把女性看作"母亲"和"照护家庭的人"，而且也把她们看作劳动力市场的从业者。在这里人们的理念发生了变化，承认了妇女是社会劳动力的有机组成部分，承认妇女的就业权利。伴随着维护已婚女性工作权利的性别平等法案的出台，也标志着瑞典家庭政策首次形成了对已婚女性而言进入劳动力市场工作和家庭照护这种自相矛盾的关系。

上述可见，20世纪30年代，瑞典人口政策和家庭政策形成了集平等主义与男性挣钱养家模式于一体的矛盾体。瑞典家庭出现了核心家庭模式，即男性挣钱养家模式，只有极少数女性在劳动力市场工作。20世纪30年代，虽然称瑞典为福利国家还有点早，但是，社会民主党领袖之一阿尔宾·汉森（Per—Albin Hansson）和几位社会民主党领导人已经把"人民之家"作为瑞典社会发展的核心理念，具有了建立普遍主义社会政策的萌芽，并出台了以提高女性家庭地位与维护女性工作权利为政策目标的一系列人口与家庭政策。但是，就人口政策和家庭政策而言，在现实中执行得并不彻底，很多政策使家庭政策变得自相矛盾，产生了一些鼓励女性参与工作，但同时又鼓励女性多生孩子持家的相互矛盾的政策措施。尽管在20世纪30年代已经出台了处理女性带薪工作和（无薪）家务的复杂关系的政策，但是最终的政策目标并没能实现。因为，此时政策的对象只是家庭中的女性，并未涉及劳动力市场中女性的权利与地位。对这一问题的解决将一直伴随着瑞典家庭性别平等政策在战后很长时期的改革与完善。

第二节 家庭模式争论与家庭政策悖论
（1940—1950）

二战期间，瑞典由于保持中立，避免了由于战争带来的灾难，并同时从战争双方那里获得了较大的经济收益。二战结束后，瑞典的经济快速发展，比战前享有更大的社会凝聚力。在瑞典，社会中绝大多数公民都拥有相同的民族、文化和宗教价值观，社会政策改革的社会基础已牢固确立，福利制度带来的收益已广泛地扩展到全社会。此时，瑞典的社会政策目标发生了重大的转换，从20世纪30—40年代，社会政策目标以家庭女性为主的人口政策及其各种针对生育水平的政策，转向以实现社会公正和社会平等为目标的一系列社会政策与社会保障制度的建立，这预示着瑞典新福利时代的到来，也预示着瑞典福利国家开始形成。自此以后，性别平等的理念则一直贯穿于瑞典的家庭政策及社会政策之中，并逐步将理念转化为制度化的政策现实。

一 男性养家模式与夫妻共同养家模式的争论

瑞典新的福利模式的构建并不是一帆风顺的。这一时期，瑞典家庭政策的发展在两种情况间摇摆不定，处于矛盾之中。瑞典家庭政策导致的矛盾表现为：一方面为发展经济，扩大劳动力市场的劳动力资源，保证妇女在劳动力市场中的地位与就业权利，瑞典出台了有酬就业妇女不得因怀孕、分娩或婚姻被解雇法案。鼓励女性走出家门进入劳动力市场就业；另一方面为提高出生率及降低婴幼儿死亡率，瑞典出台了一系列家庭政策，如住房政策、母亲与孩子医疗标准的上升、补助孕妇和产后妇女等政策，这一系列政策鼓励女性在家相夫教子，从而出现了女性工作与家庭照护双重角色的矛盾，而这一矛盾的产生又与当时瑞典社会对家庭理念与家庭模式即夫妻共同养家模式和男性养家模式的认识不同有着重要的关联。事实上，此时的瑞典社会正经历着两种家庭模式，即男性养家模式和夫妻共同养家模式的斗争与争论。

关于瑞典家庭模式的争论与女性角色的争论是相伴随的。由瑞典的女性主义者阿尔瓦·米达尔及其英国同事维奥拉·克莱因《女性的两个角色》(Womens Two Roles) 一书的出版，引发了围绕女性在家庭中和劳动力市场的角色的讨论。他们着重强调了家庭政策悖论：一方面是男性养家、女性持家的典型；另一方面又希望提升工作女性的工作状况。这个悖论不仅体现在思想意识上还体现在政策实践中。两种政策理念同时共存，一种针对家庭妇女与家庭的关系；另一种将工作女性与劳动力市场和社会政策改革联系在一起，以提升女性权衡职场生涯和照看家庭这两种对立需求的能力。[1] 第一种政策是以维护处在社会状况变化中的家庭为出发点。然而另一种政策则强调，在经济增长和增强劳动力市场活力这种环境中，政府应承担一部分家庭职责，以增强已婚女性在选择工作与家庭责任问题上的自由度。事实上，直至20世纪60年代，这一家庭政策的悖论始终存在。而在当时，后一种政策理念变得越发重要。

在瑞典，较为保守的一派坚持核心家庭模式，他们接受了家庭研究中结构功能主义的思想，认为社会是由相互依存的各部分组成的统一整体。社会秩序的维持依赖于社会各组成部分之间高度一致与劳动分工。家庭是社会最基本的组成部分，它围绕一个唯一的、不可改变的角色结构类型而组织起来。男人的工具性角色将家庭与外部世界连接起来，女人的照护性角色维系着家庭内部的团结。男人和女人的角色划分与社会分为公共和私人两个部分相对应，都是适应发达工业社会的互补性的制度安排。双亲家庭是家庭跨越时空的唯一模式，它是普遍存在的，它是基于男女生物性差异的制度安排，是一种自然的结果。[2] 因此，他们主张男性养家模式，女性承担家庭照护责任。

以社会民主党政府为代表的一派此时并不反对核心家庭模式，而是认为，在社会经济发展，劳动力供给日益稀缺的情况下，要进一步以家庭政策引导和鼓励女性进入劳动力市场，以减少女性家庭照护的压力，实现家庭内性别的平等。社会民主党政府的这一想法有着一定的现实与

---

[1] Hatje A. C., *Från treklang till triangeldrama: Barnträdgården som ett kvinnligt samhällsprojekt under 1880 – 1940 – talen*, Lund: Historiska media. 1999, p. 233.

[2] Kingsbury N, Scanzoni J, *Structural-Functionalism*, // Boss P, Doherty W J. Sourcebook of *Family Theories and Methods*, New York: Plenum Press, 2009, pp. 195 – 221.

政治基础。战后瑞典的经济快速发展,全面就业,高经济增长,低通货膨胀,开启了瑞典 25 年持续增长的黄金时段。瑞典的经济发展社会稳定是与执政的社会民主党的政治纲领与目标紧密相关的。1944 年社会民主党的《工人运动战后纲领》,提出瑞典战后社会发展的三大目标:"充分就业"、"公平分配与提高生活水平"、"经济更加有效与民主"。因此完善社会政策与社会保障制度,就成为瑞典当时最大的政治目标,社会政策是瑞典政府进行二次再分配的重要工具,有助于促进社会的公平,维护社会的稳定,提高全民的生活质量,与此同时也能够调动社会与公民的力量,积极参与社会建设,促进社会的发展,这是瑞典福利政策追求的结果。

家庭政策是社会政策中的一个重要组成部分。但家庭问题仍然是一个敏感的问题。究竟是放任让其发展,还是国家以一种全面的干预方式,支持有孩子的家庭,平衡女性无薪照护与有酬工作之间的矛盾,瑞典社会民主党政府显然取了后者。

二 女性角色的政策塑造与家庭政策悖论的凸显

在瑞典,20 世纪 40—50 年代核心家庭仍是主流模式,母亲成为政策关怀的享有者,而父亲是养家者。所以,女性成为家庭政策关注与改革的目标主体,解决家庭内部的平等问题是家庭政策的目标,这是当时瑞典社会对家庭的认识,也是这一时期瑞典制定家庭政策的基础。这一时期,在这种政策理念的指导下,瑞典政府出台了一系列以女性与儿童为政策目标的家庭政策。

(一)出台全民儿童福利津贴法案

为解决生育率下降和家庭育儿问题,同时为维护社会的公平,减轻女性家庭照护的负担,使有孩子家庭不降低生活水准,政府成立了人口政策委员会。人口政策委员会与另两个委员会,即社会关怀委员会和住房政策委员会,特别关注有孩子家庭的状况。委员会组织专家在 1946 年撰写了《关于儿童保育费分配与一般儿童津贴的建议》的报告(*Betankande om barnkostnadernas fordelning. Medforslag angaende allmanna barnbidrag m. m*)。报告指出,经济再分配的影响还不够大,需要再优化,以提升有孩子家庭的社会地位。于是委员会提出基于生育动机、公正和再分配这三方结合的家庭策略原则：（1）生育动机将社会改革与人口增长尤其是人口增长中定性的方面，即孩子出生的社会环境联系在一起。①（2）公正的动机是与没有孩子的家庭相比，有孩子的家庭不应处于劣势地位，而孩子的花费则尽量由国家来承担。（3）社会再分配的目的是保证所有的孩子都拥有基本的安全保护。②

委员会的政策建议认为，要提高生育水平，就需要出台一个更加有力的社会政策以刺激男性和女性的生育意愿。在一个家庭中，如果家庭成员增加带来的成本上升并没有增加工资与之相匹配，结果就会带来消极的不安全感和生育水平的下降，尤其是工薪阶层会感受到这种压力；由于越来越多的女性进入劳动力市场，但在家务事分配方面却还没有调整，所以女性面临着双重的压力。为提升职业女性的状况，委员会建议平摊家务事的责任，不是在女性与男性之间，而是女性与国家之间。③根据应分担养育孩子的成本，委员会建议建立"全民儿童津贴"，为所有 16 岁以下的儿童发放广泛的儿童津贴，不考虑他们的社会背景和地理环境。④ 这一全民儿童津贴与先前的现金福利、实物补贴和儿童抚育服务一起形成了瑞典战后家庭政策的重要内容。

1948 年 1 月 1 日，瑞典议会通过了"全民儿童福利津贴"法案。法案决定实行一项普遍的儿童福利制度，取代了以前实行的通过减少家庭收入税赋，以便为儿童提供福利的传统做法。这种儿童福利体系主要包括三种类型的福利：第一种是社会救济制度下的儿童福利，被称为普遍性儿童福利津贴；第二种是社会保险制度下的儿童津贴，被称为特殊儿童福利津贴；第三种是教育与家庭服务制度下的儿童补贴。⑤ 瑞典全

---

① Sweden. Government Commission. SOU 1946：5. Betänkande oni barnkostnadernasför delning. Med förslag angående allmänna barnbidrag m. m. , 1946：18 – 19.
② Sweden. Government Commission. SOU 1946：5. Betänkande oni barnkostnadernasför delning. Med förslag angående allmänna barnbidrag m. m. , 1946：21.
③ Sweden. Government Commission. SOU 1946：5. Betänkande oni barnkostnadernasför delning. Med förslag angående allmänna barnbidrag m. m. , 1946：53.
④ Sweden. Government Commission. SOU 1946：5. Betänkande oni barnkostnadernasför delning. Med förslag angående allmänna barnbidrag m. m. , 1946：287.
⑤ 丁建定：《瑞典社会保障制度的发展》，中国劳动社会保障出版社 2004 年版，第 100 页。

民儿童福利津贴制度法案的出台，标志着瑞典第一个以现金为基础的福利政策的实施，它也为未来的福利改革铺平了道路。这项政策的目的是解决社会公平问题，即有孩子与无孩子家庭之间的平等问题，同时也为未来的劳动力提供保障。这一法案的另一个重要意义在于它将家庭政策与劳动力市场政策联系在一起，在为改革准备的过程中明确地提到，如果女性要进入劳动力市场，则必须要调整家务工作和有酬工作之间的关系。全民儿童福利津贴法案的出台在一定程度上是对家庭中女性的解放，为妇女进入劳动力市场起到了一定的促进作用。

（二）出台健康住房政策

这一政策制定的目标是提升妇女在家中的地位。此时瑞典性别平等政策只体现在女性家庭的平等地位问题上。1947年，政府人口委员会在调研与分析了先前家庭政策改革结果及家庭组织结构基础上，呈交了一份关于家庭住房政策的报告，目的是分析影响家庭内部组织的社会变化。[①] 委员会调查了现代家庭的功能分化并分析了女性在现代社会中扮演的家庭和市场双重角色，认为女性肩负大部分的家务事，承担"家庭内部的联系纽带和孩子的照护责任。"[②] 女性对家庭和对家庭内部组织担负主要责任，男性则只是对家庭收入负责。整个福利社会是建立在和谐家庭基础之上的，其中核心家庭在国家和市场中间起到连接的作用。核心家庭有一位顾家的母亲和一位工作的父亲，这样的家庭就成为值得保护的社会基本构成单位。

基于这种对家庭结构与功能的认识，委员会提出"健康住房"的概念及建议。这个概念的提出是基于家务工作、住房空间和住房设计的实证研究。健康的房屋设计应服务于在房屋内工作的女性和在房屋外任何地方工作的男性。房屋因此具有双重功能，既是工作的场合也是放松和休息的地方。委员会以提高核心家庭生活质量为由提出了健康住房政策建议，认为政府要为家庭提供现代化的、舒适的、并非男性所有，而

---

① Sweden. Government Commission. SOU 1947：46. Betänkande angående familjeliv och hemarnete. Avgivet av utredningen för hem-och familjefrågor, 1947：6.

② Sweden. Government Commission. SOU 1947：46. Betänkande angående familjeliv och hemarnete. Avgivet av utredningen för hem-och familjefrågor, 1947：13.

是夫妻共有的住房。① 1948年，瑞典开始实施这一政策，对有儿童的家庭提供住房补贴，同时向家庭提供住房建设贷款和利息资助，住房建设由全国住房管理局监督。② 瑞典健康住房政策的出台，改善了女性进行家庭照护的环境，提高了女性在家庭中的地位。

（三）出台全民生育保险与补贴政策

政府社会保险委员会在1954年提出报告，建议将一般生育保险纳入一般疾病保险。除了丧失行动能力的女性外，保险将会覆盖所有相关人员，提出了两级保险体系，以保证妇女享有分娩成本资助和基本的生育保险。③

社会保险委员会的这一整合生育补助的建议，在议会中引起了热烈的讨论。讨论中出现了两种不同的意见：保守党和自由党（部分支持者来自农民党）认为背景报告不充分，而且忽视了家庭妇女。作为弥补措施，他们提出了自愿的两级保险，且母亲援助项目应针对家庭妇女。保守党议员哈格德认为"不应该给从事家务事的女性带来一种感觉，即社会不认同她们的努力，也不重视她们的工作。"④ 而社会民主党人士则认为，他们的提议主要是为了解决社会政策困境，是为了让所有的女性被关注。一些社会民主党人士反对两级体系，提倡高层次的全民体系而不是现存的普遍措施——援助家庭母亲。如议会中一位女性议员南希·埃里克松（Nancy Eriksson）所言："我们的方案不仅是弥补受雇女性薪酬损失，还能够覆盖所有母亲的全面保险。"⑤ 最终，政府的提议在议会两院中通过，家庭妇女及从事有酬工作的女性均享受生育保险与产妇补贴政策，被称之为全民生育保险政策。这一政策的出台，体现了瑞典普遍主义的社会政策理念。

上述三项政策的出台均是以提升妇女在家中地位为政策目标，这使得性别平等政策本身只体现在女性家庭平等问题上。然而，由于劳动力

---

① Sweden. Government Commission. SOU 1947: 46. Betänkande angående familjeliv och hemarnete. Avgivet av utredningen för hem-och familjefrågor, 1947: 30.
② 丁建定：《瑞典社会保障制度的发展》，中国劳动社会保障出版社2004年版，第214页。
③ Sweden. Government Commission. SOU 1954: 4. Moderskapsförsäkring m. m., 1954: 84.
④ Conservative MP Hagård. AK protocol No. 19, 1954, p. 71.
⑤ Conservative MP Hagård. AK protocol No. 19, 1954, p. 76.

市场状况亟待改革,社会经济的发展需要和呼吁女性进入劳动力市场。此时,家庭政策悖论仍体现为女性工作与家庭照护双重角色的矛盾!

在瑞典,20世纪40—50年代一直持续着关于女性有酬工作和无偿工作(家务)的争论。一些人赞成用社会政策来帮助家庭关系的建立,让女性能待在家中,认为已婚女性要对家庭幸福负责,还要承担一些实际责任。她们既是家庭中情感连接的纽带也是关怀的提供者,应维护家庭中的劳动分工,他们认为女性是家庭的关怀者,而男性则是收入提供者。① 而另一些人则认为,如阿尔瓦·米达尔(Alva Myrdal)就提倡要兼顾强有力的劳动力市场政策和社会政策,支持女性在工作中和家庭中具有多重角色,认为女性有许多恰当的理由获得有酬工作。首先,这关系着女性的幸福,同时还能增强劳动力市场的劳动力供应,解决潜在的劳动力短缺问题。其次,关于性别平等先决条件的讨论可以从女性的两种角色开始。②

如何解决这一矛盾,女性在双重角色中选择哪一种角色,这实质上涉及了性别平等的问题,为什么女性不能与男性一样进入劳动力市场?为什么女性不可以扮演多重角色?随着瑞典经济与社会的发展,劳动力市场需要大量的劳动力,而女性应成为劳动力市场强大的后备军,这时重新认识家庭中男性与女性的性别关系,改变女性角色的冲突,性别的平等问题凸显出来,性别平等此时成为唯一可以解决问题的钥匙。所以,性别平等成为解决劳动力市场稳定和社会再生产这一政治难题的良药。因此,对于瑞典社会而言,解决婚姻内的性别平等问题成为一个重要的政治问题。婚姻之外的性别平等政策问题,将随着时代的发展有待在未来的社会发展进程中得到解决。

值得提出的是,瑞典这一时期的政策是家庭政策的拓展。全民儿童津贴政策、全民生育保险政策以及健康住房政策均是具有普适性的政策,这意味着瑞典家庭政策范围的拓广,这是迈向全民社会政策的标

---

① Lundqvist Å., *Family policy paradoxes: Gender equality and labour market regulation in Sweden*, 1930–2010, Bristol: Policy Press, 2011, p. 59.

② Lundqvist Å., *Family policy paradoxes: Gender equality and labour market regulation in Sweden*, 1930–2010, Bristol: Policy Press, 2011, p. 59.

志,同时也体现了瑞典福利国家建设的普遍主义社会政策的价值追求。

第三节 "性别中立"理念与性别平等政策的建立(1960—1980)

瑞典的家庭政策是其社会政策的重要组成部分,始于20世纪30年代。最初的家庭政策目标是解决出生率低的人口问题与家庭贫困问题,随着瑞典经济社会的发展及福利国家的建立,到20世纪40—50年代家庭政策的目标逐渐由关注人口出生率转向关注家庭中女性平等地位问题,在60—70年代家庭平等政策目标转向关注性别中立的两性关系与劳动力市场的性别平等问题,并开始建立性别平等政策制度体系。在瑞典家庭政策发展过程中,作为瑞典福利国家形成与发展时期的60—70年代末的中性—平等家庭政策改革具有重要的地位,它奠定了瑞典性别平等政策的基本制度体系。

20世纪60—70年代是瑞典模式的形成时期,也是瑞典社会与经济发展的黄金时期,经济高速增长,社会稳定。瑞典在传统的社会平等政治文化理念的指导下,逐步建立起了完善的社会保障制度,二战后至70年代末,是瑞典社会保障制度快速发展时期,也是瑞典福利国家建立与完善时期。在瑞典,由于历史传统与政治文化的原因,在社会平等与性别平等问题上执政的社会民主党与在野政党拥有一致的认识。因此,在社会发展的黄金阶段,性别平等问题也就成为这个时期执政党与政府的重要政治目标。这一时期也是瑞典家庭政策大变革的时代,是性别平等政策发展的重要阶段,其核心是"性别中立"理念的确立,及将这一理念付诸实践并形成一系列中性—平等政策的过程。

性别中立理念的确立是与破解瑞典30—50年代形成的家庭政策悖论紧密相关的,也是解决和走出以往家庭政策悖论的重要的政策重建。在30—50年代,瑞典的核心家庭模式是家庭政策制度的基础,此时家庭政策的目标是关注家庭中女性平等地位问题,为此瑞典政府出台了一系列的家庭政策:为保护母亲及提高生育率,1931年出台了生育保险补贴政策，1935年出台了女性和男性平等的基本养老金法案，1938年出台了子女抚养补助金制度、母亲经济补助制度、通用生育津贴政策。① 为保护已婚女性进入劳动力市场的工作权利，1939年7月1日开始实施有酬就业妇女不得因怀孕、分娩或婚姻被解雇法案，这一法案与在1980年出台的禁止就业性别歧视法案被称为《性别平等法案》，② 这一法案在构建性别平等政策中具有重要地位；为提升女性在家庭中的地位，1948年1月1日，瑞典议会通过了《全民儿童福利津贴法案》，1954年又出台了《生育保险与补贴政策》。③ 这一系列性别平等政策提高了妇女在家庭中的地位，减轻了妇女的家庭负担，提高了人口的出生率，同时也使一部分妇女走出家庭进入了劳动力市场，补充了劳动力的不足，促进了社会经济的发展。但是，这一系列家庭性别平等政策的出台也导致了政策的悖论，即女性的工作与家庭照护双重角色的矛盾：一部分政策鼓励女性做好无偿的家庭照护工作；另一部分政策又鼓励女性走出家门进入劳动力市场，这使得已婚女性陷入了家务照护与有酬工作双重角色的矛盾之中，女性在家庭生活和社会生活中扮演着母亲、妻子与挣工资者、劳动者双重矛盾的角色，并陷入家庭照护与工作之间进退维谷的两难境地。事实上，直至20世纪60年代，这一家庭政策的悖论始终存在着。瑞典这一家庭政策的悖论成为瑞典性别平等政策建立及性别中立理念确立的前提。

随着20世纪60—70年代瑞典现代化的发展，劳动力市场需要补充大量的劳动力，女性成为劳动力市场强大的后备军，这时如何实现家庭中的性别平等，将妇女从家庭中解放出来，就成为认识与解决问题的关键。重新认识家庭中男性与女性的性别关系，建立家庭内部的男女性别平等的"性别中立"理念，即父母共同具有照护家务与外出工作的双重角色与权利的理念，构建中性—平等的家庭模式，使单收入家庭

---

① Sweden Statistics, *Women and Men in Sweden: Facts and Figures* 2014, Stockholm: Statens Offentliga Utredningar, 2014, pp. 7 – 8.

② Sweden Statistics, *Women and Men in Sweden: Facts and Figures* 2014, Stockholm: Statens Offentliga Utredningar, 2014, p. 8.

③ Sweden Statistics, *Women and Men in Sweden: Facts and Figures* 2014, Stockholm: Statens Offentliga Utredningar, 2014, pp. 7 – 8.

（男人挣钱养家）模式转变为双收入家庭模式，因此，构建中性家庭模式就历史性地成为家庭政策改革的目标。与此同时，要实现家庭内的男女平等，就要使女性走出家门进入劳动力市场，实现女性与男性在劳动力市场中的性别平等与机遇均等。为解决上述问题，瑞典政府通过家庭政策的改革，制定出台了一系列性别中立的政策法案，以制度的形式来保证家庭与劳动力市场的性别平等，从而解构以往家庭政策悖论，实现了由核心家庭模式向中性—平等家庭模式的转换。

总之，这一时期是瑞典性别平等政策形成的重要时期，其特点表现为：社会经济发展及执政党实现社会平等的政治目标为性别平等政策提供了政治基础；性别中立理念的确立及性别中立政策的出台与实施构成性别平等政策的重要内容；性别平等政策的目标发生了由女性向男性的目标转换，标志着性别平等政策超越了性别的羁绊而拓广至社会各个领域，从而构成了"瑞典模式"中性别平等政策的重要特性，同时也出现了一个新的政策领域，即性别平等政策领域。可见，瑞典性别平等政策的建立与实施有一个不断发展的历史过程。

一 解构家庭政策悖论："性别中立"理念的确立

在瑞典，20世纪30—50年代出台的以女性平等地位为政策目标，以提高人口出生率及改变家庭贫困的家庭政策，使得女性在现实中陷入了工作与家庭照护双重角色的矛盾，形成了关于工作和家庭生活不知所措的家庭政策悖论。从理论上讲，所有的公民都应得到平等对待，在家庭中两性也应是平等的。然而，在战后的瑞典，随着经济的发展，劳动力市场中劳动力的短缺，女性工作和家庭的角色矛盾进一步加剧，随着家庭政策的不断改革，出现了矛盾的家庭理念。"一些人认为，在劳动力市场，妇女的情况有必要通过国家儿童保育的扩展来得到改善，而另一些人则仍然认为，为了保护社会的未来，让妇女在家照顾孩子，当一个全职妈妈很重要。事实上，虽然通过实施性别平等家庭政策，在20世纪60年代，这个问题在政治上已经部分得到了解决，但是在战后时期，妇女的这两种角色的矛盾对于政治家们来说已经变成一个相当棘手的问题。"① 如何让妇女在没有顾虑地进入劳动力市场或进行家庭照护之间进行自主的选择，这涉及社会公正与性别平等问题，而对这一问题的解决就成为这一时期瑞典政府及执政党的一个政治目标。性别中立理念的确立与中立的性别平等政策的出台，就成为走出家庭政策悖论的重要途径。

"性别中立"理念来源于瑞典政界与社会科学界及女性主义者对家庭角色与模式进行社会大讨论的结果。在讨论中，理论界吸纳了对福利国家具有影响的德国著名的社会学家乌尔里希·贝克（Ulrich Beck）在其《风险社会》所阐释的个体化理论，贝克认为"现代化的进一步发展，使每个个人成为社会生活中的再生产单位，核心家庭不再是不可分割的单位，它被分割为男人、女人和孩子。个体化的过程就是从核心家庭脱离的过程。"② 核心家庭结构由于性别分工，埋没了女性的个人权利，女性被排除在劳动力市场之外，而个体化趋势要求劳动力市场对女性开放，随着女性走向社会，工作不再是男性的特权，被家务劳动束缚的女性劳动力在薪资劳动中将获得解放，在个体化的趋势之中，福利国家的给付单位将从家庭转向个人。

在讨论中女性主义者指出，"我们应该停止重复'女性的双重角色'的概念。男性和女性都有一个作为人的主导角色。作为人的角色需要照顾其后代，这既是一种必然性和一种道德义务，同时也是一段甜蜜的经历或更多收获。如果有人不承认这点，那他应该明白，他的促进妇女解放的事业事实上是一种有条件的解放。"③ 在核心家庭中由于女性完全承担了家庭的照护责任，从事着无偿的家务劳动，并在经济上依赖着男性，这就使得女性在家庭中处于从属与被动的地位。然而以往的家庭政策不但没有改变这种状况，反而巩固了女性居于从属地位的性别秩序结构与家庭照护的角色，限制了女性参与有偿就业的行为，强化了性别不平等。因此，女性主义者认为，政府在福利政策的设计与给付

---

① Lundqvist Å., *Family policy paradoxes: Gender equality and labour market regulation in Sweden*, 1930–2010, Bristol: Policy Press, 2011, p. 4.

② ［日］武川正吾：《福利国家的社会学》，商务印书馆2011年版，第112页。

③ Moberg E, *kvinnans villkorliga*, //Moberg E. Prima materia: Texter i urval, Stockholm: Ordfront, 2003 ［1961］, p. 14.

上，要改变这种不平等的现状，维护家庭中的性别平等与男女的双重责任，要改变女性的家庭角色，维护女性有偿就业的权利。

政府委员会指出，"也许改革的主要对象是家庭生活中的男性。迄今为止家庭政策所做的明智决定是，委员会没有将女性和男性所扮演的角色分离，即使在儿童生活的最早阶段。自出生之日起，男性就和女性同样重要，家庭政策不应因为男女生理结构差异、传统的责任分配观念等将女性与男性区别对待。"[1]

社会大讨论的结果是各政党及社会组织达成了共识，这种共识也构成了对性别中立理念内涵的认识。共识认为，要实现性别平等，家庭中的两性关系需要发生改变：家庭中的男性与女性是两个完全独立的个人，家庭中的两性是平等的，父母均具有平等的权利与义务，父母在家庭中均应扮演有酬工作与照护家庭的双重角色，男性与女性共同具有照顾和抚育孩子的责任与义务。照护孩子不再是女性的专利，在家庭中性别是中立的。"女性的生育能力不等同于需要关怀的能力，照顾和抚育孩子因此是一项需要男性和女性共同完成的任务。如果关怀孩子的责任实现分工，女性和男性将在劳动力市场和社会上实现更加普遍的平等，这为家庭政策进一步改革打开了局面。"[2] 执政的瑞典社会民主党将上述"性别中立"的理念引入到代表大会的报告中，这一理念成为以后一个时期瑞典政府进行家庭政策改革、建立中性的性别平等政策的思想依据。

性别中立理念不仅关注家庭中的性别角色的中立关系，同时也促使了瑞典 70 年代家庭政策改革的转向。家庭性别平等政策的目标从过去关注女性的家庭地位转向关注家庭中两性关系的平等与中立，特别是关注劳动力市场中的性别平等问题。这一政策目标的转向提供了解决以往家庭政策悖论的钥匙：政策的目标不再是家庭，不再是女性，而是家庭中的具有平等权利的独立个人与劳动力市场的两性平等，由此，性别中

---

[1] Sweden. Government Commission. SOU 1972：34，Familjestöd. Betänkander avgivet av Familjepolitiska kommittén，1972：224.

[2] Lundqvist Å.，*Family policy paradoxes：Gender equality and labour market regulation in Sweden*，1930 – 2010，Bristol：Policy Press，2011，p. 83.

立理念与政策成为实现劳动力市场性别平等的重要手段与途径。

性别中立的理念不仅关注家庭的性别平等问题，同时也成为政府制定劳动力市场中性别平等政策的思想基础。瑞典的经济发展、社会稳定是与女性劳动力参与度高有着重要关联的。解决不断严重的劳动力短缺问题，鼓励女性进入劳动力市场，保证劳动力市场的公平，维护男性与女性在劳动力市场中的平等机会，保护女性的工作权利，反对劳动力市场内的性别歧视，则成为政府这一时期的政治选择。政府在劳动力市场性别平等政策中引入性别中立的理念，出台了中性的性别平等法案，以维护女性在劳动力市场中的机会均等与同工同酬的权利。

由此可见，瑞典政府在20世纪60—70年代的"性别中立"理念是解决以往家庭政策悖论的钥匙。性别中立理念以家庭中男女性别平等为前提，强调家庭中的性别中立，强调父母双方均具有工作与家庭照护的权利与责任，强调父母具有"性别中立"的工作与家庭照护的双重角色。这一理念，化解了女性双重角色矛盾的家庭政策悖论，从而使家庭政策目标由原来的女性转向了性别中立，从家庭角色转向了性别关系，从家庭整体转向作为平等独立的个人，从家庭内部转向家庭外部的劳动力市场，使性别平等从理念转变为具体的政策。由此可见，"在工作场所和家庭中，中性理念与政策已被视为实现性别平等的一种手段。于是，关于工作与家庭之间保持平衡的家庭政策悖论消失在新政策的话语中，有人认为这是因为中性改革把目标指向男性的原因。所以可以说，20世纪60—70年代的确是政策的大变革的时代。"[1]

二 "中性—平等家庭"模式与"中性"性别平等政策

性别中立的理念是建立"中性—平等家庭"模式的思想基础，而中性的性别平等政策是"中性—平等家庭"模式实现的路径，同时也是解构家庭政策悖论的有效方式。70年代初的瑞典，经过全社会的讨论确立了性别中立的政策理念，这一理念使核心家庭被"解构"了，家庭不再是一个政策给付的整体，家庭中的男性与女性均是平等独立的

---

[1] Lundqvist Å., *Family policy paradoxes: Gender equality and labour market regulation in Sweden*, 1930–2010, Bristol: Policy Press, 2011, p. 81.

个体化的人，原有家庭中不同角色和地位之间的关系发生了变化，使男性进入了性别平等政策制定的目标中来，认为家庭中应尊重每个人的权利，不论男女均具有工作与家庭照护的双重角色的权利与责任，男性也要承担照护孩子的责任。这时的家庭就由过去的单收入（男性赚钱养家）模式转化为双收入（男女同时赚钱）的中性—平等的家庭模式。这种家庭模式的实质在于提高男性在家庭生活中的参与度，为女性走出家门进入劳动力市场创造条件，男性承担一部分家庭中对孩子的照护工作与责任，从而构建起"中性—平等家庭"模式来取代"核心家庭"模式。"中性—平等家庭"模式取代"核心家庭"模式的具体表现为。

首先，核心家庭为"一人养家"模式，经过改革的中性—平等家庭变为"两人养家"模式。"为实现这一目标，在1969年瑞典社会民主党代表大会报告中呼吁对失业保险和有关产假的法规等方面进行改革。例如，制定中性的家庭主妇保险，以使'家庭妇男'也能在家工作。最重要的提议是制定中性的生育保险，使男性能够陪产假。总之，目标是重建福利制度，赋予其一个新的、更广泛的任务。"[1]

其次，核心家庭为"女性扮演无偿照护家庭角色"的模式，经过改革的中性—平等家庭变为"男女共担家庭照护责任"的模式。"家庭主妇和男性养家模式日益遭到破坏。这为弱化男性养家模式开辟了道路——更多的女性进入劳动力市场，儿童公共日托得以扩大，社会保障体系个体化。"[2] 因此，女性不再是家庭政策改革的唯一目标，就像女性和男性共同承担责任的想法一样，男性顾家的观念开始出现在政策言论中，性别中立的家庭模式实现了真正的突破。

最后，核心家庭模式将女性禁锢在了家中，"中性—平等家庭"模式解放了女性，为女性进入劳动力市场创造了条件。"中性—平等家庭"模式中两性关系的转变为劳动力市场结构改革奠定了基础。20世纪60年代，由于瑞典经济的长期发展和劳动力的持续短缺，市场不断寻找新生劳动力，已婚女性、家庭主妇日益成为重要的劳动力"储备

---

[1] Anonym, *Jämlikhet*, Stockholm: SAP, 1969, p. 174.
[2] Lewis J., "The Decline of the Male Breadwinner Model: Implications for Work and Care", *Social Politics*, 2001, 8 (2), pp. 152 – 169.

军"。中性—平等家庭模式的建立，为女性走出家庭进入劳动力市场奠定了基础，从这个意义上讲，"性别中立的平等关系一方面主张女性就业和经济自由，另一方面主张男性积极参与家庭生活，从而构成两性的双重解放。"①

为实现"中性—平等家庭"模式，要"重新确立家庭政策改革的原则：由社会公正再分配和选择自由引导家庭政策，而不是由人口政策来引导。"② 为使妇女走出家门，使男性与女性共同承担家务，解决家庭内部的性别平等问题，瑞典政府进行了一系列以性别中立为核心理念的政策改革，出台了一系列中性的性别平等政策法案，以保证"中性—平等家庭"模式的实现。本书择重要的政策法案分析如下。

（一）个人税收法案

1971 年瑞典议会通过了取消共同（家庭）税收制度，实行个人税收法案。个人税收法案，即对妻子与丈夫所得税进行独立评估纳税的法案。这一法案是瑞典家庭性别平等政策改革的重要内容，是维护"中性—平等家庭"模式的具体措施，也是瑞典出台的第一个中性的性别平等政策，因此，这一法案的通过被认为是当时"最伟大的平等改革。"③ 然而，这一法案的出台并不是一帆风顺的。以个人税收政策取代共同（家庭）税收政策，经历了思想认识的冲突与政策实践的曲折过程。推动税收政策改革的动力是 60 年代"性别角色"的讨论，受劳动力市场等各方的推动，这次讨论形成了一股促进税收制度现代化的不可抗拒的政治力量。④

瑞典社会 60 年代关于"性别角色"的讨论成为税收个体化政策的出发点。社会民主党以及蓝领和白领工人工会支持对女性只是家庭照护

---

① Åström G., "Föräldraförsäkring och vårdnadsbidrag – om förhållandet mellan ideologi och verklighet", *Tidskrift För Genusvetenskap*, 1990, 11 (2), pp. 37 – 48.
② Lundqvist Å., *Family policy paradoxes: Gender equality and labour market regulation in Sweden*, 1930 – 2010, Bristol: Policy Press, 2011, p. 72.
③ Elvansder, *Svensk skattepolitik 1945 – 1970: en studie i partiers och organisationers funktioner*, Stockholm: Rabén & Sjögren, 1972, p. 252.
④ Elvansder, *Svensk skattepolitik 1945 – 1970: en studie i partiers och organisationers funktioner*, Stockholm: Rabén & Sjögren, 1972, p. 252.

角色的批判，"把个人税收制度看作是解放工薪阶层女性的一股力量。"[①] 认为：核心家庭的性别角色分工将女性奉献给了丈夫和儿女，把女性排除在劳动力市场之外，而原有的共同税收制度歧视有孩子的家庭，优待家庭中有收入的一方。因此，共同税制巩固了女性的性别角色和从属地位，将女性禁锢为家庭工作者。因此，改变女性地位与男性责任是税收个体化政策改革的关键。税收的个体化，对国家而言，是福利国家政策给付单位从家庭转化为个人，对个人而言，则是能够把个人从核心家庭中拯救出来，特别是女性从核心家庭中脱离出来而走向社会，税收个体化使劳动力市场向女性敞开了门户，使女性劳动力在有酬劳动中获得解放。[②] 瑞典专业协会联合会（SACO）和瑞典工会联盟，则反对个体税制，维护以家庭作为经济单位的共同税制。认为妇女的解放不一定取决于女性就业，应捍卫家庭主妇的理想，家庭是夫妻双方组成的有机整体，因此家庭所需缴纳的税费应共同计算，而不能单独计算。[③] 可见，20世纪60年代末，性别平等问题成为政府最重要的问题之一，这一问题也成为社会民主党1969年代表大会（SAP）的主题。

在1969年社会民主党代表大会上，关于中性的性别平等政策的讨论迈出了重要一步。大会在关于性别平等的报告中对性别平等的涵义与范围给予了拓展，指出："性别平等包括同等的生活条件、同等的社会权利和影响、经济社会民主。人们把性别平等看作是高于一切的社会问题，它关系到方方面面，不仅影响穷人，还影响无产者，它标志着学校、工作场所、组织和家庭的实践在平等这个新的政治保护伞下紧密相关。"[④] 这种对性别平等的理解几乎包括所有的政策领域，从劳动力市场、住房、教育、司法到税收领域。

---

① Florin C., *Skatten som befriar: hemmafruar mot yrkeskvinnor i 1960 – talets särbeskattningsdebatt*, //Florin C, Sommerstad L, Wikander U (eds.). Kvinnor mot kvinnor: Om systerskapets svårigheter, Stockholm: Norstedts, 1999, p. 116.

② Elvansder, *Svensk skattepolitik 1945 – 1970: en studie i partiers och organisationers funktioner*, Stockholm: Rabén & Sjögren, 1972, p. 257.

③ Florin C., *Skatten som befriar: hemmafruar mot yrkeskvinnor i 1960 – talets särbeskattningsdebatt*, //Florin C, Sommerstad L, Wikander U (eds.). Kvinnor mot kvinnor: Om systerskapets svårigheter, Stockholm: Norstedts, 1999, p. 126.

④ Anonym, *Jämlikhet*, Stockholm: SAP, 1969, p. 16.

第三章 走出政策悖论：瑞典性别平等政策的演进

在社会民主党代表大会的报告中，家庭政策受到特别的关注。报告认为"实现性别平等的主要方式是个体化。改革的主体不再是家庭，而是个人。无论独居还是某种形式的同居，个人都应受到平等对待。"[①]报告支持了"两人养家"的性别中立的家庭模式，为实现这一模式，呼吁制定中性的家庭主妇保险，以使"家庭妇男"也能在家工作。报告最重要的提议是制定中性的生育保险政策，使男性有陪产假。报告的目标是重建平等的福利制度。[②]

1969年社会民主党代表大会的报告成为社会民主党和议会后来的工作目标。70年代，瑞典进行了一系列关于家庭政策的改革，其中许多是在平等报告和大会中讨论过的内容，最为突出的就是关于个人税收政策的改革，以及将生育保险转变为中性的育婴保险的建议。

个人税收改革在经历上述思想争论的同时，在实际操作层面也是一波三折。自1959年以来，政府委员会就主张进行税收改革，并提出了一个从技术层面上解决问题的办法，但遭到反对；[③] 1964年，税收委员会依然力挺共同税收制；1965年，在制定财政计划过程中，当时的财政部长贡纳·斯特朗（Gunnar Sträng）指出，由于共同税收不仅存在技术上的缺陷，还不利于两性经济上的平等，因此需要深入调查。于是，1965年瑞典政府成立家庭税务委员会，并对共同征税政策情况进行调查。委员会在提交的调查报告中指出："共同征税导致了有孩子家庭和没有孩子家庭之间、夫妻双方同时在职的家庭和双方只有一人在职的家庭之间失去平衡。最近，劳动力市场政策方面已提出反对共同征税，夫妻共同征税对已婚妇女的就业倾向产生了消极影响。在劳动力短缺和已婚妇女构成重要的唯一主要劳动力储备情况下，税收造成如此影响将是不幸的。"[④]

由于建立个人税制的目标涉及一系列有争议的政治问题，包括儿童保育的责任、经济再分配、劳动力市场关系和劳动力供给，所有这些都

---

① Lundqvist Å., *Family policy paradoxes: Gender equality and labour market regulation in Sweden*, 1930–2010, Bristol: Policy Press, 2011, p.67.
② Anonym, *Jämlikhet*, Stockholm: SAP, 1969, p.16.
③ Sweden. Government Commission. SOU 1959: 13. Familjebeskattning, 1959: 47.
④ Sweden. Government Commission. SOU 1967: 52. Barnbidrag och familjetillägg, 1967: 52.

将在新的税制中得以调和。委员会彻底调查了国家对家庭和单身父母的补助情况，认为应建立一个覆盖所有人的、单一的、但有差别的消费补助体系，包括儿童津贴和收入类家庭补助。因此，1969年，家庭税务委员会提交了一份最终报告，并建议建立个人税收制度。1970年政府向议会提交议案，议案提出了关于税收制度的两大变化：第一，建立个人税制；第二，降低多数人的个人所得税。1971年议会通过了个人税收法案，并开始实行个人税制。瑞典政治科学家尼尔斯·埃尔瓦德尔认为，该项议案是妥协的结果，它试图超越不同群体间追求更加合理的收入分配和平等维度的复杂对立。[1] 个人税收法案作为中性政策，为实现家庭中的两性平等，为中性—平等家庭模式的建立奠定了制度基础。

（二）育婴保险政策法案

1973年，瑞典出台的性别中立的育婴保险法案取代了之前的育婴保险政策，这一法案在1978年又进一步得到修订。这一法案规定了父母双方均具有照护孩子的责任，男性有陪产假，这使得看孩子不再是妇女的专利，为实现父母承担家庭双重角色奠定了制度基础。

20世纪60年代后期，由于"性别角色"讨论，性别中立理念与中性—平等家庭模式的确立，性别中立家庭政策出台，生育保险也引发了广泛讨论。经过讨论以共识取代了冲突，所有政党，从左翼到右翼都支持中性的育婴保险。[2] 1965年政府成立了家庭政策委员会，该委员会经过调研最终形成了报告。

报告认为在社会和家庭生活中，男女平等是促进家庭政策改革的先决条件，家庭政策应作为一种手段来平衡有孩子家庭和没有孩子家庭、孩子少和孩子多家庭之间的状况。家庭政策委员会从寻求平等的立场出发，指导制定了育婴保险政策。

报告强烈支持育婴保险这一新政策理念和政策实践。在报告中"'父母'一词取代了'妇女'一词，这表明保险将变为中性，不分性

---

[1] Elvansder, *Svensk skattepolitik 1945 – 1970: en studie i partiers och organisationers funktioner*, Stockholm: Rabén & Sjögren, 1972, p. 287.

[2] Klinth R., *Att Göra pappa med barn: den svenska pappapolitiken 1960 – 1995*, Umeå: Boréa bokförlag, 2002, p. 182.

别，享受补助将不再是女性的专利，而应扩大到承担照顾孩子责任的家长双方，目的是让家长有权决定他们中哪一个人应该留在家里照顾孩子。"① 报告提出了中性育婴保险方案。"新的育婴保险包括几个不同层面，首先是保障基本生活水平，所有父母将不分收入水平和就业状况均包括在内；孩子出生时，父亲将确保享有 10 天的带薪休假；若孩子生病，夫妻双方中一人选择在家照顾孩子，由此造成的收入损失，将获得疾病保险补贴；若孩子存在严重残疾，父母可获得护理补贴。在社会保障制度中，父母和养父母的适用条件与那些亲生父母相同，单身父母也与已婚夫妇适用条件相同。"②

20 世纪 60 年代末，提高男性在家庭生活中的参与度这一政治目标成为育婴保险计划的重要组成部分，同时也是塑造新的"父亲角色"的重要政治舞台。"父亲角色"即父亲有收入且能照顾孩子。③ 当时的性别平等政策主张女性就业和经济自由，以及男性积极参与家庭生活的双重解放。然而，虽然性别平等政策引导了中性育婴保险改革的发展，但这是有条件的，女性使用育婴保险被认为是自然且必需的，而男性使用育婴保险则成为一种自由选择，在现实中，这就导致了女性仍是家庭的主要照护者，显然这与性别平等的目标是大相径庭的。④ 这为后来所产生政策悖论留下了伏笔。

20 世纪 70 年代中期，受西方国家经济"滞涨"的影响，瑞典经济开始出现衰退，市场不断萎缩、经济增长速度放缓。但是，尽管经济发生危机，瑞典的社会政策改革并未因此放慢脚步。恰恰相反，为促使经济好转与社会稳定，社会政策的改革为恢复经济而稳步推进，为使更多的女性进入劳动力市场和公共部门服务，为使家庭结构与职能适应社会

---

① Sweden. Government Commission. SOU 1972：34. Familjestöd. Betänkander avgivet av Familjepolitiska kommittén, 1972：224.

② Sweden. Government Commission. SOU 1972：34. Familjestöd. Betänkander avgivet av Familjepolitiska kommittén, 1972：224.

③ Klinth R., *Att Göra pappa med barn：den svenska pappapolitiken* 1960 – 1995, Umeå：Boréa bokförlag, 2002, p. 200.

④ Åström G., "Föräldraförsäkring och vårdnadsbidrag - om förhållandet mellan ideologi och verklighet", *Tidskrift För Genusvetenskap*, 1990, 11（2）, pp. 37 – 48.

经济发展的需要，推出了在当时最为重要的社会政策改革——中性的育婴保险政策。

1974年，中性育婴保险法案正式实施。法案规定无论收入高低和就业状况，育婴保险的基本水平是每天25克朗，为期180天（六个月）的育婴假期，并且会获得原工资的90%作为补贴。育婴保险所获收入须缴纳赋税，并有资格纳入补充养老保险制度内。1978年此法案进一步得到修订，育婴保险假期天数延长到12个月，其中9个月可获得原工资90%的补贴。育婴保险法案一经出台，政府即成立了一个新的委员会，该委员会的职责是评估育婴保险法案的影响，调查育婴保险是否应该实行配额。①

育婴保险政策的出台，赋予了男性和女性同等的儿童保育补助权利，意味着性别平等政策目标开始锁定男性，将男性与女性置于家庭中的同等地位，改变了男主外、女主内的传统核心家庭模式，父母均具有工作与家庭照护的双重责任与角色，使家庭责任共担，有利于女性外出就业，为从核心家庭模式转换为"中性—平等家庭"模式奠定了制度基础。

（三）劳动力市场的"中性"性别平等政策

20世纪70代中后期，国际经济危机蔓延至瑞典，因经济发展停滞而带来的社会问题也逐渐严重起来，因此促使瑞典对社会政策与社会保障制度进行了一系列的改革与调整，家庭政策改革也发生了转向，不再集中于家庭内部的平等关系，转而关注家庭外的更大范围内的性别平等，尤其是劳动力市场的性别平等问题。在社会政策中家庭政策与劳动力市场政策是紧密相连的，性别平等的中性家庭模式，使父母双方均具有了工作与家庭照护的双重角色与责任，为女性进入劳动力市场创造了条件。然而，女性进入劳动力市场后的性别平等问题，在劳动力缺乏的情况下就成为一个十分重要的政治问题。

1975年，瑞典政府响应联合国"国际妇女年"呼吁世界各国建立性别平等委员会的号召，成立了国家性别平等委员会，并规定了该委员

---

① Sweden. Government Commission. SOU 1978: 38. Lag om jämställdhet i arbetslivet, 1978.

会的三条工作准则：将性别平等纳入更广泛的社会领域和经济平等；人人享有工作权利；人人享有民主参与权。因此，委员会将性别平等纳入政策领域，并将其作为现有改革的一个组成部分，而不是单独的政策领域。① 瑞典性别平等委员会的成立，标志着性别平等理念与政策将贯穿于社会政策的各个领域，这也为20世纪90年代的"社会性别主流化"奠定了基础。

1979年，自由党上台执政，为了获取政治关注和公共关注，实现性别平等问题成为这一时期重要的改革目标，这不仅关系到女性工作的权利问题，而且还关系到进一步改善家庭和劳动力市场之间政策相互衔接的问题。政府的性别平等委员会在关于性别平等提议的基础上，提出设立关于性别平等的法律，以保护个人，反对性别歧视的建议。② 建议政府通过立法的形式来解决劳动力市场中女性和男性的不平等状况，打破劳动力市场内的性别隔离，改变性别歧视的现状，加速实现劳动力市场的性别平等。③ 1980年，瑞典议会通过了《禁止就业性别歧视法案》，也被称为《性别平等法案》（Law against sex discrimination in employment）。④ 该法案旨在保护公民在招聘、工作条件及职业发展上的平等权利，消除男女在工资收入和就业范围上存在的不合理差别。法案规定了劳动力市场各方承担的性别平等的职责，规定雇主要雇佣"弱势性别"员工，以保证在工作场所中的性别平等。法案内容充分体现了性别中立的理念，法案的宗旨是实现男女机会均等与同工同酬。同时，要求企业主制定保障性别机会平等和同工同酬的计划，法案同时对于企业主计划提出了具体要求。⑤

1980年，在发布法案的同年，瑞典中央政府建立了性别平等部，

---

① Lundqvist Å., *Family policy paradoxes: Gender equality and labour market regulation in Sweden*, 1930–2010, Bristol: Policy Press, 2011, p. 77.

② Sweden. Government Commission. SOU 1978: 38. Lag om jämställdhet i arbetslivet, 1978.

③ Sweden. Government. Bill 1978/1979, No. 175. Förslag till lag om jämställdhet mellan kvinnor och män i arbetslivet, m. m., 1979.

④ 该法案有学者另译为《机会平等法案》。

⑤ Sweden. Government. Bill 1978/79, No. 175. Förslag till lag om jämställdhet mellan kvinnor och män i arbetslivet, m. m., 1979.

这是当时世界上为数不多的推进性别平等的中央政府机构。该部门的成立表明政府已超越女权主义所追求的性别平等，不仅仅只是为了女性，而是在更高层次上尊重两性的基本权利，为两性发展创造平等的机会，使男女的潜能与才智都能得到充分的发挥。《性别平等法案》的制定与实施体现了"性别中立"的政策理念，《性别平等法案》由性别平等部负责组织实施，政府同时设置了性别平等监察专员一职，性别平等监察专员的主要任务是督导国内所有政府与私人机构落实性别平等政策情况，任何人如果因为性别因素在职场遭受不公平对待，都可以直接向监察专员投诉，凡是违背性别平等法规定的行为都会受到相应的惩罚和制裁。

瑞典《性别平等法案》的出台与性别平等部的建立，使瑞典性别平等政策从女性家庭角色转向性别中立，从家庭转向了社会，从非强制转向了强制，从政府倡导进入了企业实施，表明政府开始主动通过政策调控解决劳动力市场中的性别歧视问题，表明政府在推进性别平等中开始发挥主导性的作用。

上述可见，以性别中立为政策目标的中性—平等政策，"提出了一系列政治举措来降低女性在劳动力市场的就业门槛，包括通过政治举措来提供慷慨的性别中立的父母保险制度以及提供公共资助的且高质量的儿童抚育政策，与此同时，还在整个公共政策中普遍强调性别平等。在瑞典，性别平等政策作为一项政治政策出现了。最终导致的结果是建立与战后时期以男性养家的思想完全相反的性别中立和性别平等的家庭理念与中性政策。"[①] 上述一系列中性—平等政策的出台在瑞典性别平等政策发展过程中具有重要的作用，它标志着瑞典性别平等政策制度体系的初步形成。

然而，政策的悖论再次出现。这表现为中性平等政策与现实中劳动力市场的性别分隔的矛盾。虽然20世纪70年代是瑞典进行社会改革的十年，由于持续关注家庭内部关系，出台了一系列的中性政策，其改革对促进性别平等起到了显著的作用：女性从传统的性别角色和家庭依赖

---

① Lundqvist Å., *Family policy paradoxes: Gender equality and labour market regulation in Sweden*, 1930–2010, Bristol: Policy Press, 2011, p. 2.

关系中解放出来，改造了核心家庭结构，使核心家庭由独立的但相互关联的个体组成。但是，性别中立政策主要关注与解决的是家庭中的两性平等问题，实质上家庭的性别平等是依赖于劳动力市场的性别平等的，没有劳动力市场的性别平等，家庭中性别平等只能是愿景。尽管出台了《性别平等法案》，引进了关于性别歧视的综合法案，但是在现实中，在劳动力市场实现性别平等和机遇均等还有很长的路要走。因此，这也是导致瑞典政府在20世纪80年代初，对性别平等政策的实际效果展开调查的原因。

三 "中性"性别平等政策的社会价值

瑞典在20世纪60—70年代末建立的性别中立理念与中性—平等的家庭模式以及一系列中性—平等政策，在瑞典性别平等政策的历史发展过程中有着重要的地位，发挥了重要的作用，在一定程度上促进了瑞典社会性别平等的实现，从而使瑞典社会性别平等的现状成为世界的典范，其社会价值与作用具体表现为。

（一）性别平等政策制度体系的形成

20世纪60—70年代末是瑞典经济与社会发展的黄金时期，是瑞典福利国家的完善时期，也是瑞典性别平等政策制度体系形成的重要阶段。这一阶段的特点表现为：社会经济发展及执政党的社会平等的政治目标，为性别平等政策体系的建立提供了政治基础；性别中立理念与"中性—平等家庭"模式的确立及性别中立政策的制定与实施构成了性别平等政策的重要内容；性别平等政策的目标由关注家庭中女性的地位转向关注性别关系的中立，这标志着性别平等政策超越了男女性别的羁绊而拓广至社会领域，从而构成了"瑞典模式"中性别平等政策的重要特性，同时也构建了一个新的政策领域，即性别平等政策领域，形成了以性别中立为主导思想，以"中性—平等家庭"模式为物质承担者的性别平等的制度体系：1970年，《家庭主妇保险》实现性别的中立化；1971年，《个人税收法案》出台，确立了家庭中男女平等的独立关系，为构建"中性—平等家庭"模式奠定了基础，被认为是当时"最伟大的平等改革"；1973年，性别中立的《育婴保险政策》取代之前的育婴保险,确立了父母在家庭中的工作与家庭照护的双重角色与责任;《婚姻法》也发生了改变,父亲可以申请离婚后的子女抚养权;1980年通过了《性别平等法案》,使性别中立理念延伸至劳动力市场,法案的实施一方面为两性发展创造了平等的机会,维护了男女机会均等与同工同酬,另一方面也标志着政府在推进性别平等中开始发挥主导性作用。上述一系列中性—平等政策的出台标志着瑞典性别平等政策制度体系的形成。

(二)"中性—平等家庭"模式与政策具有良好的社会实效

"中性—平等家庭"模式的确立与瑞典的性别平等政策是相辅相成、互为支撑的。一方面它确立了男性与女性的工作与家庭照护双重责任与角色,赋予了男性家庭照护的责任;另一方面改变了女性的家庭照护角色,为妇女走出家庭进入劳动力市场奠定了基础,促使了妇女的解放。中性—平等家庭模式的确立与中性—平等政策不仅实现了家庭内部的两性平等,同时为实现劳动力市场的两性平等创造了条件。这种家庭模式成为瑞典性别平等的标志,从确立至今都发挥着重要的作用,这一点在瑞典政府对性别平等政策的历次评估与性别平等数据统计中均得到验证。1985年,女性使用育儿津贴的天数占94%,男性为6%。2013年女性使用育儿津贴的天数占75%,男性为25%;2010年,女性周末用3.5小时做无偿家务工作,男性周末用于做无偿家务工作的时间为2.5小时;1987年,女性就业率为82%,男性为88%。2000年,女性就业率为76%,男性为81%。2013年女性就业率为77%,男性为82%;1987年,45%的女性兼职,6%的男性兼职。2013年,30%的女性兼职,11%的男性兼职;1994年,女性工资是男性的84%,2012年女性工资是男性的86%。[①] 上述数据表明,男性育儿津贴的领受率在不断地提高,表明越来越多的男性在扮演着照护孩子的角色;从就业率看,由于受经济危机的影响,女性就业率有所下降,但是,男女就业率的差别还是在缩小;女性兼职的比例在降低,女性与男性的工资差别在缩小,这些现象表明瑞典的中性—平等政策与中性—平等家庭模式在现

[①] Sweden Statistics, *Women and Men in Sweden: Facts and Figures* 2016, Stockholm: Statens Offentliga Utredningar, 2016, p. 76.

实中发挥了重要作用,在一定程度上实现了性别平等,联合国开发计划署2016年发布的人类发展报告统计数据显示,瑞典性别平等指数为82.6,位列世界第一。① 由此可见,瑞典社会的性别平等水平成为世界的典范。

(三) 中性—平等政策的局限

不可否认,中性—平等政策在瑞典社会性别平等中发挥了重要的作用,但是政策的悖论再次出现,表现为中性—平等政策与现实中劳动力市场的性别分隔的矛盾。20世纪70年代是瑞典进行中性—平等政策改革的十年,由于中性—平等政策主要是持续关注家庭内部的性别关系,出台了一系列的中性政策,其改革对促进性别平等起到了显著作用,促进了女性从传统的性别角色和家庭依赖关系中解放出来,改造了核心家庭的结构,凸显了家庭中男性与女性独立的个体化的平等关系。但是,性别中立政策主要关注与解决的是家庭中的两性平等问题,实质上家庭中的性别平等是依赖于劳动力市场的性别平等的,没有劳动力市场的性别平等,家庭平等只能是愿景。"即使已给予女性的性别中立的带薪产假及高度个体化税收制度这样的政策工具,也只是仅在理论层面上实现而已,因为现实中核心家庭模式的惯性、女性和男性之间分等级的结构角色削弱了这些政策工具的效力。因而对中性—平等政策的改革要以男性角色与责任的重塑为政策的目标,性别平等不仅要实现在家庭中的平等,更重要的是男女之间的权利平等。"② 尽管出台了《性别平等法案》,引进了关于反对性别歧视的综合法案,但是,在现实的劳动力市场中实现性别平等和机遇均等还有很长的路要走,加之核心家庭模式的惯性,使中性—平等政策工具的效能衰减。因此,这也是导致瑞典政府在20世纪80年代初对中性—平等政策进行改革与完善的重要原因,同时也成为瑞典政府提出并实施社会性别主流化的前因与基础。

综上所述,为解构以往的家庭政策悖论,瑞典政府以性别中立理念

---

① United Nations Development Programme, *Human Development Report* 2016, New York: UNDP, 2016.

② Lundqvist Å., *Family policy paradoxes: Gender equality and labour market regulation in Sweden*, 1930–2010, Bristol: Policy Press, 2011, p. 103.

与中性—平等家庭模式的确立为基础，进行了性别平等政策的改革，出台了一系列的性别中立的政策法案。这些中性—平等政策法案的实施标志着瑞典性别平等政策的目标由关注家庭中女性地位转向关注家庭中的性别关系；家庭模式由核心家庭转向中性—平等家庭；性别平等政策范围由关注家庭内部转向关注家庭与劳动力市场；性别平等政策内容由关注女性家庭地位转向关注男性与女性的工作与家庭照护的双重责任。这一系列性别中立的政策法案，以制度的形式促进了家庭与劳动力市场的性别平等，从而构成了"瑞典模式"中性别平等政策的重要特征，同时标志着瑞典性别平等政策制度体系的建立。瑞典《性别平等法案》的出台，表明政府开始主动治理劳动力市场中的性别歧视问题，政府的行政管理在推进性别平等中开始发挥主导性作用。

第四节 社会改革与性别平等政策的调整（1980—2000）

1980—2000年代是瑞典应对"瑞典模式"质疑并进行经济社会改革的时期，是一个为治理90年代早期的经济危机而进行一系列社会政策与社会保障制度调整的时期，也是一个性别平等政策自20世纪80年代以来，受到激进女性主义者的批评与挑战，而吸纳社会性别理论观点进行改革的时期。经过这一时期的改革，性别平等政策的目标发生了转换，更加关注两性的权利与责任；性别平等政策更加注重男性责任与角色的塑造；社会性别主流化开启了政策制定的新视角，使各政策领域纳入了性别平等的向度，并进一步拓展了性别平等政策的范围与领域。这一时期，虽然瑞典政党更迭频繁，但性别平等政策却保持了制度的连续性，并使性别平等机制进一步的制度化。

一 挑战与回应：性别平等政策调整原因分析

瑞典性别平等政策调整的原因较为复杂，但归结起来主要有三个方面的原因，一是1980年以后，瑞典受世界经济危机的影响经济持续快速发展的趋势逐渐停滞下来，瑞典模式的经济发展道路与福利制度面临严峻的挑战，迫使瑞典对部分社会政策与社会保障制度进行改革；二是这一时期女性主义思潮兴起，展开对以往性别平等政策的批判，进一步寻求女性的权利与利益；三是政府面对上述两方面的压力，对20世纪60—70年代出台的中性的性别平等政策实效进行了全面评估，在此基础上对性别平等政策进行了调整与改革。

20世纪80年代，世界经济危机给瑞典的经济带来沉重的打击，瑞典经济增速减慢，企业劳动生产率由5%下降到1.6%，工业投资下降了33%。瑞典模式开始受到包括瑞典学者在内的各国学者的怀疑。作为瑞典模式重要组成部分的社会政策与社会保障制度，不仅没有像以前那样促进瑞典社会经济的发展，反而因为公共财政的压力成为瑞典经济发展的制约因素。瑞典社会经济快速发展的时代结束了，社会政策与社会保障制度快速发展的时代也随之结束。这一时期，瑞典一向不太严重的失业问题也逐渐凸显。[①] 伴随着大规模的失业、社会服务和社会保险计划的减少，严重的经济形势使得瑞典的政治环境也发生了变化。社会民主党长期执政的局面被打破，执政党更迭频繁，瑞典社会政策相对稳定的时代终结了。这一时期新自由主义思潮兴起，同时对福利国家进行批判，对瑞典模式的国家干预提出质疑，对社会政策的效果提出质疑，主张减少政府的干预，主张自由化与市场化。在这种背景下，瑞典的激进女性主义者首先对家庭政策中"中性角色"的性别平等政策、男女双方共担看护责任和男性的角色等价值观发起了挑战，并提出与新自由主义思潮相一致的激进的女性主义理论与社会性别理论来解释性别平等问题，注重对男性角色的研究，注重男女权利的平等。政府主张"社会性别主流化"，使性别平等政策的应用领域进一步扩大，成为这一时期性别平等政策调整的主要内容。总之，这一时期性别平等政策的改革是与政府对以往性别平等政策实际效果进行评估与激进女权主义的批评交织在一起的。

瑞典性别平等政策的改革是与20世纪60—70年代"性别中立"的性别平等政策出现悖论相关。这一时期为将人们从传统的核心家庭模式

---

① 丁建定：《瑞典社会保障制度的发展》，中国劳动社会保障出版社2004年版，第149页。

与性别角色及家庭依赖关系中解放出来,政府进行了一系列以性别中立为核心的性别平等政策改革,改革的指导思想是把核心家庭中的男性和女性作为独立的、平等的但相互关联的独立个体,凸显了男女的个体性,构成了"中性—平等"的家庭模式。然而在现实中,核心家庭仍然被崇尚为一个社会的稳定源与基础性组织,男性养家糊口和女性照顾家庭的核心家庭模式,不得不被一个夫妻双方共同照护、共同工作的综合家庭模式取代。这种个体化的、家庭内部的、性别中立的政策能否实现劳动力市场的机遇均等构成了这一时期家庭政策的悖论,形成了政策与现实的矛盾。政策悖论再次出现,中性性别平等政策实施的效果如何?这成为激进女性主义批评与政府委员会评估以往性别平等政策的缘由。

(一)激进女性主义的批评

20世纪90年代形成了对瑞典社会发展具有影响的激进女性主义思潮。在这种思潮下,男女不平等的关系被解读为是两性之间权力关系的一种反映。在这种思潮影响下,1994年,社会民主党宣布自身为女权主义政党。与此同时,妇女运动的振兴加强了妇女作为一种政治力量的地位。总的来说,自1994年瑞典大选以来,妇女在议会中的代表比例提高到接近50%。此外,自1994年以后,女性在社会民主党内阁中占了一半。妇女运动的复苏扩大了女性主义的影响,成立了女权主义政党,同时也激励政党中的妇女取得政党的领导地位,她们敦促各当事方宣布其女权主义的本质,这也成为大多数政党都具有女权倾向的一个原因。

激进的女性主义者是中性—平等政策的主要批评者。他们对中性—平等的家庭模式、中立的性别平等政策、照护责任与男性角色提出了质疑。他们认为,首先,性别中性化理念掩盖了女性和男性之间真正的差别,反而强化了女性在家庭中两性关系中的依赖模式,以及在现实的家庭结构中女性的从属地位。其次,伴随着女性越来越多地进入劳动力市场,女性在边缘化的劳动力市场中主要从事服务与低层次的体力性工作,女性在职业结构体系中处于低层次,工资水平普遍低于男性,形成了劳动力市场的分隔格局。再次,男性气质研究的新兴领域推动人们重新探索家庭政策的目标和方向。男性研究揭示了男性作为父亲和照顾者的缺点。因为男性在整体上没有承担家庭照护的责任，这是女性在劳动力市场上处于从属地位的原因，而且男性在家庭中的主导角色破坏了性别平等政策的崇高目标。最后，这样就出现了一种新的家庭矛盾：尽管有性别平等法案和性别中立的平等政策，但在现实中女性仍然是家庭中的主要照护者，所以她们的实际地位仍然是从属的。①

女性主义者不仅对现实中的中性平等政策给予批评，同时也在理论上对结构功能主义把家庭界定为一种客观制度提出了质疑。认为现代家庭模式制度化的后果之一是使不符合这种模式的家庭担负了巨大的压力。斯泰西（Stacey）认为，家庭不是一种客观制度，而是一个意识形态与象征的建构。它有着政治内涵，随着历史变迁，而不是跨越时空泛在的固定模式。家庭中的男性与女性角色安排并不是基于生物差异的自然结果而是社会的建构。功能主义那种单一的、规定性的家庭定义是没有生命力的，因为它无视种族、阶级、性别多样性的存在，而且这样定义家庭更加剧了种族、阶级、性别之间的不平等。② 女性主义者以建构的方式，以社会性别理论为理论基础，对性别平等政策进行理论研究，在20世纪90年代中期，提出"性别权利秩序"这一新概念来解释性别不平等背后的机制。这一理论认为，在社会中和家庭内部，女性和男性之间的权利和影响力分配是不均匀的，社会结构的主体是以男性规范为基础发展起来的，无论是以可见的形式还是不可见的形式，男性标准都对女性和男性如何组织他们家庭生活这一问题产生了重大影响。在现代妇女研究中，男性和女性在家庭生活中的结构问题通常会涉及性别权利秩序，这种性别权利秩序指的是男性的相对主导地位和女性的相对从属地位，男性的权利基础来源于核心家庭的结构，家庭使这种不平等合法化。妇女在家庭中在经济上依赖男人，在家中从事无薪的照护家务劳动，处于从属地位。并且该权利秩序在我们的社会中仍然在保持着、复

---

① Lundqvist Å., *Family policy paradoxes*: *Gender equality and labour market regulation in Sweden*, 1930–2010, Bristol: Policy Press, 2011, p. 102.
② Stacey Judith, *In the Name of the Family*: *Rethinking Family Values in the Postmodern Age*, Boston: Beacon Press, 1996.

制着。该权利秩序由人们在每天的生活中、工作中、政治领域和私营部门通过决定和行动有意识无意识地实践着。这些决定和行动往往倾向于在绝大多数领域中给女性相比于男性更差的条件，改变该权利秩序是性别平等政策要面对的一项最重要的挑战。①

20世纪80年代后期，瑞典女性主义理论家伊冯娜·赫德曼写了一篇"以男性为标准"的论文，使得人们对权力关系问题的认识分析中起了主导作用。赫德曼引入了"属"这一概念，以此来解释社会中女性比男性价值低的原因，并且着手研究这一历史原因。② 她认为，女性已经通过其在劳务市场的参与度为资本主义体系所接受。她们在1921年的普选后被融入民主的政治制度中，然而，尽管在经济体制、政治制度形式上平等，但妇女仍然隶属于社会。这种从属的模式可以通过社会性别系统的运作来解释，这个社会性别系统被定义为"性别的结构化次序"。这种基本秩序是其他社会秩序的前提条件。③ 赫德曼认为，这种"属"系统应被理解为一种社会行动的组织网络，该网络创建了一种与性别有关的模式或逻辑。无论是日常生活还是结构特征均以两个前提为基础，妇女和男人的分离，而以男性为准则。"属"系统最重要的理念性价值在于它强调了不平等的社会秩序如何在一段时间内再现。④

依据上述性别权利秩序理论，女性主义者对以往的性别平等政策调整提出建议：女性在权利结构关系上是从属于男性的，即使已给予女性的性别中立的带薪产假及高度个体化税收制度这样的政策工具，也只是仅在理论层面上实现而已，因为现实中核心家庭模式的惯性、女性和男性之间分等级的结构角色削弱了这些政策工具的效力。因此要进行性别平等政策改革，要"把男性优势作为标准来重塑和重振家庭政策的目

---

① Sweden. Government. Skr. 1996/1997： 41. Jämställdhetspolitiken. Jämställdhetspolitiken ［R/OL］. 1996 ［2018-9-13］. https：//www. Government. se/sv/dokument-lagar/dokument/skrivelse/jamstalldhetspolitiken_ GK0341.

② Hirdman Y., "Genussystemet - Reflexioner kring kvinnors sociala underordning", *Tidskrift För Genusvetenskap*, 1988, 9 (3), pp. 49–63.

③ Hirdman Y., "Genussystemet - Reflexioner kring kvinnors sociala underordning", *Tidskrift För Genusvetenskap*, 1988, 9 (3), p. 51.

④ Hirdman Y., "Genussystemet - Reflexioner kring kvinnors sociala underordning", *Tidskrift För Genusvetenskap*, 1988, 9 (3), p. 53.

标",改变权利关系,强调女性与男性的权利平等与责任共享。只有确定这样的改革目标,才能更加倾向于支持女性。① 因而,女性主义提出对中性—平等政策改革要以男性角色与责任的重塑为目标,性别平等不仅要实现在家庭中的平等,更重要的是男女之间的权利平等。这一时期,激进女性主义对性别平等政策所进行的激烈批评在一定程度上为政治家们所接受并采纳。

(二)政府委员会的评估

由于中性的性别平等政策受到女权主义者的批评,政府在 20 世纪 80 年代初开始对中性的性别平等政策进行了重新评估。

1981 年,政府设置两个委员会,对中性—平等政策的实施效果进行了评估。委员会的结论认为:所有数据表明女性依然承担在家照顾孩子与做家务的繁重任务,相对而言男性承担的家庭照护工作相对较少,妇女在劳动力市场上的弱势地位表明,中性的平等法律法规看起来是无能为力的。两大委员会在分析性别平等政策失败原因时把妇女地位放在首位,并得出男性是导致家庭性别不平等的主要原因的结论。这在瑞典性别平等政策中有史以来第一次将男性视为家庭不平等的主要根源,认为男人作为一个群体,要对妇女在劳动力市场上的从属地位负责任。正是由于男人不愿意参与照顾孩子以及做家务,才导致了妇女在劳动力市场上的从属地位。现实情况是男人一般不承担抚养孩子与做家务的责任,但他们却使妇女在社会中降为从属地位。妇女被困于照顾孩子的事务中以及在工作中的弱势地位,其根源在于男人不承担家庭照护责任。在这一方面,实施父母双保险仅仅是迈出了第一步,对于改善家庭中的性别关系没有实质作用。②

1983 年,针对上述调查结果,政府成立性别平等委员会,同时成立了一个工作小组共同致力于提高男性的男女平等意识,并得到授权,专门分析并改变男性在工作中的角色,以实现性别平等,最终两者形成

---

① Lundqvist Å., *Family policy paradoxes: Gender equality and labour market regulation in Sweden*, 1930–2010, Bristol: Policy Press, 2011, p. 103.
② Lundqvist Å., *Family policy paradoxes: Gender equality and labour market regulation in Sweden*, 1930–2010, Bristol: Policy Press, 2011, p. 86.

了名为《男性的转换》的报告。在报告中,工作组提出了几项要求来增强男性的"男女平等"意识:进一步实施家庭保险来保证男女共担家庭责任;在照顾孕妇方面,男人也要最大程度地参与进去,并且提供家庭顾问和家庭疗法来帮助男性改变他们在婚姻中的行为习惯;提议离婚后男人在分居后照顾孩子方面应承担更多责任。

委员会的这些建议与女性主义者提出的男性角色的重塑为改革性别平等政策的目标是完全吻合的。这些建议影响了后来十年中性别平等政策调整的目标与方向。这期间"男性政治"占据主导地位,这种状况是以前少见的。这期间瑞典社会开展了一系列关于男性和父亲的研究,以求能够解释家庭暴力、家庭分裂、健康状况差以及男性为何不愿意利用家庭保险政策等现象。

1987年,政府又成了一个委员会,其工作目标是针对性别平等政策的批评进行调查,并将调查结果与建议形成了名为《与女士周旋》的报告。报告指出,对性别平等政策批评的补救措施是主张男女之间共享权利以及共同承担责任,尤其是强调公共领域中男女性别配额要平等。因此,委员会提出立法建议,相对于1992年30%的比例和1995年40%的比例,到1998年在政府机关中男女比例要相等,达到50%。提出女性要"一半权力,全额工资"的口号。可见,通过《与女士周旋》的报告,委员会首次将性别维度引入了政治选举的竞技场。[①]

1993年,中右联盟政府委任妇女权利委员会,调查研究作为个体的女性在家庭以及整个社会中与男性在经济实力供应上的差异,即收入及资源的差异。1994年,社会民主党政府上台后给予了该委员会同样的信任,并于1998年公布了其大部分研究成果。该委员会作为政府部门的一个研究项目,主要目的是研究探讨经济实力和资源的性别分布问题。妇女权利委员会的研究成果为13篇研究论文,内容包含家庭、工作生活与劳动力市场、福利政策这三大主题。这13篇报告,既是对女性主义的实证调查,也是对其理论的阐述。这些报告表明,对于女性的研究领域已经扩大化并且更加多样化。报告涉及一系列范围广泛的问

---

① Lundqvist Å., *Family policy paradoxes: Gender equality and labour market regulation in Sweden*, 1930–2010, Bristol: Policy Press, 2011, p. 63.

题，如：管理人员的招聘、经济实力、劳务市场的地位、社会保险、工资的涨幅、工会政策、家务劳动的分配、"妇女问题"的历史性问题等。① 最后，报告综合了这些研究成果，在结尾部分指出：瑞典在 1995 年就已经被联合国提名为世界上男女最为平等的国家，之所以认为瑞典是足够好的，仅仅是因为这一情况（男女平等）在其他国家中甚至更糟糕。委员会最后得出结论，瑞典并不是男女平等的国家，"男女平等的瑞典"只是形式上的。劳务市场仍然是因性别不同而呈现隔离状态，并且在家庭生活中男女不平等也有所体现。男人还是赚了更多的钱，有更好和更合适的（全职）工作，并和女性相比更少地使用育婴假。女性的兼职工作时间和收入均少于男性，加上她们职业生涯的遭遇，因为她们比男人要更多地照顾孩子、家庭以及上了年纪的父母。由此，妇女权利委员会的报告提出要改变男女权利关系不对称的现象，提出了改变家庭与劳动力市场中两性不平等关系的建议。同时还提出了一个理想的社会目标：在该社会中，一方面是生产需求和发展之间的平衡；另一方面是个人的生活质量和社会福利之间的平衡。尽管委员会的建议在当时并未受到政府的关注，但报告中的许多内容对未来十年的性别平等政策有着一定的影响。②

　　综上，自 20 世纪 80 年代初至 90 年代中期，女性主义与政府委员会对 70 年代的中性—性别平等政策的实际效果进行了批评与评估。对这一批评与评估过程进行分析，我们发现，政府的评估结果与女性主义的批评是相吻合的。首先，政府委员会通过调研评估承认在过去的 15 年中，由核心家庭的单收入模式（男性挣钱养家）转变为中性—平等的双收入家庭模式是将愿景变成了现实。但是，在家庭模式转换的过程中，父母工作与照护的双重责任角色并没有真正实现，女性仍然是进行家庭照护的主角，在家庭结构中女性仍处于次要的被动地位。其次，女性主义的批评与委员会的评估认为存在上述问题的原因在于：男性责任

---

① Sweden. Government Commission. SOU 1998：6. Ty makten är din... Myten om det rationella arbetslivet och det jämställda Sverige, 1998.
② Lundqvist Å., *Family policy paradoxes: Gender equality and labour market regulation in Sweden*, 1930 – 2010, Bristol：Policy Press, 2011, p. 99.

是构成家庭性别不平等的根源,正是由于男人不承担家庭照护的责任,才使得妇女被困于照顾孩子的事务中以及在工作中处于弱势地位,实施父母双保险政策仅仅是迈出第一步,对于改善家庭中的性别关系没有发挥实质性的作用;要实现性别平等必须改变两性的权利关系,通过政策使女性与男性权利平等与责任共担。

通过上述分析我们看到,要走出性别中立政策与家庭和劳动力市场中的性别隔离的政策悖论,就要从关注性别中立的家庭模式转向关注男女之间的权利关系,从关注男女之间的性别角色转向关注男女之间的不同利益,这两个转向将成为未来性别平等政策调整的方向与内容。至此,性别平等政策的目标经历了三个阶段,第一阶段是关注女性在家庭中的地位与角色,第二阶段是关注性别中立政策,第三个阶段是关注男性的家庭责任,由此我们看到了走出政策悖论的方向与目标。

二 目标转换与社会性别主流化:性别平等政策调整过程与内容

女性主义者与政府委员会在对中性—性别平等政策进行批评与评估的同时也提出了一些相应的政策建议:一是将性别平等政策的目标锁定男性,主张男性承担家庭照护的责任,而男性未承担照护责任是造成两性不平等的根源;二是要从关注性别中立的家庭模式转向关注男女之间的权利关系,从关注男女之间的性别角色转向关注男女之间的不同利益,这就需要政策关注女性的需求,让男性从事家庭无薪酬工作,因此"父亲政治"就成为性别平等政策调整的主要内容。女性主义的批评建议与委员会的评估建议在一定程度上为瑞典政治家们所采纳,并成为这一时期政府制定与调整性别平等政策的依据与内容。

(一)政策目标的转换:"性别平等五年行动计划"出台

根据委员会《与女士周旋》报告提出的批评与建议,政府部门分析了瑞典性别平等的状况,认为性别隔离的劳动力市场是实现工作生活和家庭生活中性别平等的主要障碍。劳动力市场依然高度实行性别分离制度,在一些低工资的领域和职位中总是能看到妇女的身影,她们通常从事着层次较低的、单调重复的工作。在20世纪80年代中期,在25—44岁年龄段的女性中,有83%的女性参与了劳动力市场,其中一多半妇女在业余时间工作，而同期96%的男性也参与了劳动力市场，只有3%是业余工作。① 这种劳动力市场中的不平衡成为政府非常关注的问题。

此时的瑞典政府还面对另一个重要问题。随着经济危机与对瑞典模式的质疑，新自由主义者提出要改变政府全面干预的社会政策而实行私有化。新自由主义的主张在现实中意味着公共领域资源将减少，这可能会导致儿童福利、公共医疗以及教育领域质量的降低，这也将促使一些优秀的组织寻求私营化的解决方法，而这将会导致社会阶层之间的差异，这些倾向可能会在性别平等领域引起矛盾。

为解决上述问题，瑞典政府调整了性别平等政策的目标，将政策目标由原来关注中性家庭的性别关系转向关注男女的权利与责任。政府于1987年提出了《性别平等政策目标》，强调性别平等的政策目标是："不论是在何种领域，男女应有相同的权利、责任、义务以及机遇。男女具有共同承担抚养子女和操持家务的责任，双方都能在工作与社会生活中平等参与政治、社会事务以及其他共同的事务。"②

为实现《性别平等政策目标》，政府于1988年制订出台了《性别平等五年行动计划》（National 5 year plan of action to promote equal opportunities）法案。法案的首要目标是实现女性与男性的经济独立与经济平等，并认为这是性别平等政策中的关键因素，要消除收入差距与性别收入差距。第二个目标是实现劳动力市场就业平等以及平均承担家务照护责任。当时，在52个职业领域中只有4个领域真正实现了性别比例的平衡，其目标要求到1993年至少要在10个职业群体中实现性别平衡，男女之间工作时长以及就业率的差异也应得到改正，为了实现这些目标，性别平等政策应该与工作环境、职工参加企业经营决策以及就业保护等工作生活政策联系起来。第三个目标强调在公共领域补充领导职位时要平衡性别的差异。第四个目标是解决和改善教育体系中的性别差异问题。第五个目标是解决家庭成员之间性别平等问题，主要是实现父母工作与照护角色之间的平衡。法案将家庭政策定义为："家庭政策旨在

---

① Lundqvist Å., *Family policy paradoxes*: Gender equality and labour market regulation in Sweden, 1930–2010, Bristol: Policy Press, 2011, p. 89.

② Sweden. Government. Bill 1987/88, No. 105. Mål för Jämställdhetspolitiken. 1988: 30.

为所有孩子提供安全的成长环境以及改善抚养条件,并为父母提供机会,使父母能以最可能好的方式照顾和培养孩子。父母有抚养孩子的义务,同时父母也有权来获得个人的发展及物质的充实。"[1] 国家要不断扩大儿童福利政策的领域,并促进家庭保险的发展,加强男性作为父亲的角色责任,引导男性充分利用家庭保险这一政策措施,促使男女双方分担抚养责任,维护女性在劳动力市场中的地位,加强男性作为父亲的角色,从而使女性能够从照顾孩子的繁重任务中解脱出来,并提高女性在工作中的地位。同时为了给承受巨大压力的女性提供支持,建立女性庇护所。第六个目标是关于女性的政治参与。政府接受了《与女士周旋》的政策建议,承诺提高公共领域高层职位中的女性比率,即从1988年到1995年,从20%提高到40%。而且承诺在未来十年内(到20世纪90年代末)实现所有董事会、委员会以及顾问团等公共领域部门中的性别平衡。[2]

上述《性别平等政策目标》与《性别平等五年行动计划》法案的出台,表征着瑞典性别平等政策目标的转换,为解决经济危机中的劳动力不足及劳动力市场性别隔离问题,政策目标更加注重两性的权利与责任,同时对性别平等政策的范围进行了拓广,使政策目标走出家庭,不仅与劳动力市场政策,还与社会、经济、政治领域的政策相结合,从而实现社会的性别平等,这为后来提出"社会性别主流化"奠定了基础。行动计划以法案的形式出台,增强了执行的强制性,法案要求不仅中央政府各部门,而且地方各市政机关也要执行开展行动,并且该法案也获得了社会广泛的政治认可。尽管该行动计划在制度设计上较为宽泛,然而其行动大纲依然成为瑞典20世纪90年代性别平等政策调整的目标与方向,尤其是该法案首次探讨了家庭中男性的角色问题。

(二)责任共担:"爸爸月"的引入

1991年瑞典执政党更迭,中右联盟党执政(1991—1994),1993

---

[1] Lundqvist Å., *Family policy paradoxes: Gender equality and labour market regulation in Sweden, 1930 – 2010*, Bristol: Policy Press, 2011, p. 90.

[2] Lundqvist Å., *Family policy paradoxes: Gender equality and labour market regulation in Sweden, 1930 – 2010*, Bristol: Policy Press, 2011, pp. 88 – 91.

年联盟党政府出台了第一个也是唯一的一个两性平等法案《性别平等政策：权力共享—责任共担》。① 该法案的设计者是时任社会事务部部长和自由党主席本特·韦斯特贝里。该法案的内容和指导思想与社会民主党政府的性别平等政策保持了一种连续性，法案内容与社会民主党政府1988年出台的《性别平等五年行动计划》的内容基本一致。"法案旨在对男性和女性之间的权利分配产生一定影响，以确保在生活中的各个重要领域，男性和女性享有同等权利、义务以及相同的发展前途。"② 政府法案的性别平等政策的具体目标为：女性与男性权利与影响力的平均分布；女性与男性经济独立的均等机会；女性和男性在企业和工作生活中、在就业和工作条件方面以及工作的发展方面享有同等条件；女性与男性（或者女孩与男孩）具有机会均等的受教育、发展个人才能、志向与兴趣的权利；男女共同承担儿童保育和家务劳动方面的责任；消灭性别暴力。这一政策法案旨在减轻女性家庭照护的压力，在家庭内培养男性的角色和义务，注重男女在政治、家庭、社会、劳动力市场中权利与机遇方面的均等，增加妇女在公共部门的数量，实现在政府中有平等的性别代表权并同针对妇女的暴力做斗争，也就是说，是一种"支持女性"的政治活动。③

为实现上述权利共享、责任共担的政策目标，政府认为男女平等政策应该针对产生不平等的家庭性别结构关系。政府评估的数据表明，在以往的父母保险制度下，妇女使用分配给家庭的多于90%的父母保险计划，而男性使用的比率非常小，这是造成家庭育儿只是女性责任的不平等的重要原因。政府认为男性参与到家庭照护工作中去，应是新"爸爸政治"的一项重要内容，政府提出的对策是增加男性产假的领受率，因此，改革父母保险制度则成为主要的政策工具。1993年政府出台了新的《育婴假法案》，即"爸爸月"政策：提出了产假或育婴假应

---

① Sweden. Government. Bill 1993/1994, No. 147. Jämställdhetspolitiken: Delad makt-delat ansvar. 1994.

② Sweden. Government. Bill 1993/1994, No. 147. Jämställdhetspolitiken: Delad makt-delat ansvar. 1994: 4.

③ Sweden. Government. Bill 1993/1994, No. 147. Jämställdhetspolitiken: Delad makt-delat ansvar. 1994: 4.

在具有共同抚养权的父母之间自由分配的前提下，父亲有3个月的育婴假期，其中给符合资格条件的爸爸一个月（30天）为不可转让的育婴假期（2015年不可转让的产假天数增加到90天），鼓励他们承担起照顾孩子的角色。用流行的说法就是"爸爸月"。这项政策使"爸爸政治"达到了高潮。①

"爸爸月"政策的出台，标志着政府接受了女性主义的政策建议，标志着性别平等政策调整将目标锁定了男性，从男性视角考虑解决性别平等问题。该政策以法规的强制性迫使男性使用家庭的父母保险制度，改变以往女性"垄断"育婴假的现象，强制性改变男性对休育婴假的消极态度，以增强男性养育孩子的责任，提高男性产假的领受率，从而减轻女性家庭照护的负担，真正实现父母共担育儿责任，达到家庭性别平等的目的。

瑞典90年代初经济危机爆发时，尽管"爸爸月"没有受到影响，但社会保险，包括父母育儿保险补偿水平还是相对较低，为了避免抵消鼓励人们利用父母保险这一措施，在中右执政联盟政府内部发生了激烈的讨论。曾反对父母保险政策的基督教民主主义政党，提出了儿童照管资助政策，即以现金替代服务体系的制度。1994年瑞典实施了儿童照管资助政策：每月给予每个1—3岁儿童照管时间没有超过30个小时的孩子2000瑞典克朗的资助政策。中右执政联盟政府的这一改革政策又导致了一个新的政策悖论：性别平等家庭政策的目的是为了让女性能更容易地进入劳动力市场，而上述儿童照管资助政策却鼓励妈妈们和孩子待在家里。因此，这项改革推翻了之前的另一项改革，这样就出现了有一些政策是志在超越传统的性别角色，而另外一些政策是志在保留这些传统的性别角色的现象。这项儿童照管资助政策实施半年后，1994年10月在社会民主党重新执政后被废除。

（三）性别平等政策范围的拓广："社会性别主流化"概念的提出

20世纪90年代中期，在瑞典的政策词汇中出现了一个新概念"社会性别主流化"。这一概念最初由联合国引入，其含义是将性别平等的

---

① Lundqvist Å., *Family Policy Paradoxes: Gender Equality and Labour Market Regulation in Sweden*, 1930-2010, Bristol: Policy Press, 2011, p. 86.

理念融入到所有的政策领域中去。社会性别主流化因此成为性别平等政策中的占优策略，即关注政府行政各领域中而非家庭中的性别平等问题。这一新概念的出现，进一步构建了瑞典性别平等政策的理论与社会实践。

"社会性别主流化"（gender mainstreaming）① 这一概念来源于联合国世界妇女大会。1985 年，在内罗毕召开的联合国第三次世界妇女大会上引入社会性别主流化这一概念，之后这一概念同第三世界妇女的政治赋权联系起来。1995 年，在中国北京举行的联合国第四次世界妇女大会上通过的《行动纲领》中，将"社会性别主流化"确定为促进性别平等的全球战略。第四次世界妇女大会强调："在处理提高妇女地位的机制问题时，各国政府和其他行动者应提倡一项积极鲜明的政策，将性别观点纳入所有政策和方案的主流，以便在做出决定以前分析对妇女和男子各有什么影响。"② 为促进《行动纲领》中这项"积极鲜明的政策"的执行，1997 年，联合国理事会通过了对社会性别主流化的一致定义，这是联合国对社会性别主流化最具全面性和权威性的解释："社会性别主流化是一种全球公认的促进性别平等的战略。主流化并不是将其自身作为目标，而是为实现性别平等目标的一种策略、方法和手段。主流化的内涵是要确保性别视角和关注性别平等目标成为所有活动的中心，这些活动包括：政策发展、研究、宣传/对话、立法、资源配置、计划、实施，以及计划和项目的监测。"③ 至此，社会性别主流化这一概念由之前与第三世界妇女的政治赋权相联系的概念演变成为一种世界范围内的政治策略。

社会性别主流化虽然是由联合国在 1995 年正式提出的，但是，社会性别主流化从概念到社会实践均是由瑞典政府首先提出并作为性别平等政策实践发展而来的。瑞典从 60 年代开始就注重实现性别平等，并于 70 年代开始出台了一系列性别平等政策。就社会性别主流化概念而

---

① gender mainstreaming，有的将其译为"性别观点主流化""社会性别主流化"。本书结合瑞典的情况使用"社会性别主流化"这一表述。
② 联合国：《第四次妇女问题世界会议的报告》，1995 年 9 月 4—15 日。
③ UN Women, OSAGI Gender Mainstreaming ［EB/OL］, 2016. ［2016 - 12 - 10］. http: // www. un. org/womenwatch/osagi/gendermainstreaming. htm.

言，1994年春天，在世界妇女大会召开之前，联盟党政府把"社会性别主流化"纳入了政治议程，时任性别平等部部长的女权民主主义者本特·韦斯特伯格（Bengt Westerberg）在1994年春季提出将"社会性别主流化"作为一个新概念纳入国家两性平等法案（New national policy for equal opportunities 1994）。同年10月，社会民主党上台执政，社会民主党政府在《政府宣言》中宣布将"社会性别主流化"作为一项重要战略，将两性平等理念深入到政府的所有活动并贯穿于政府的各项政策中去。社会民主党政府在组织上任命副总理莫娜·萨琳（Mona Sahlin）与两性平等部长承担广泛的协调责任，并承担领导"社会性别主流化"的工作任务，而且将两性平等司移至总理办公室。

瑞典"社会性别主流化"推行的特点表现为行动在先概念在后，体现出重叠性。20世纪90年代引入的"社会性别主流化"概念，与瑞典以往的性别平等政策内容与政策类型具有重叠性。"自20世纪60—70年代以来性别平等已成为瑞典政府的一项重要政治策略，并出台了一系列的性别平等政策，如个人税收、提供负担得起的儿童照护、慷慨的带薪育儿假以及父母享有休假的权利，鼓励女性成为挣钱的人，而男性成为照护的人。同样重要的是，政策规定了女性和男性的个人社会权利，而不是基于家庭关系的福利。"[①] 这意味着瑞典"社会性别主流化"的引入是包含并叠加于原有的性别平等政策体系的，瑞典政府在社会政策中一直将性别平等作为其主要目标。

社会民主党政府的《政府宣言》将两性平等的"社会性别主流化"纳入全国行政机构的规范性法令中。自此，性别平等不再是一项孤立于其他政策领域的补缺型政策，而是成为贯穿于所有政治活动中的一个必要组成部分，同时也成为具有普适性的制定社会政策的视角。在1996年政府关于性别平等的备忘录中，这样表述道："'社会性别主流化'可以理解为将性别平等的理念融入每一政策领域的主流内容中。不能将性别平等的问题视为孤立的问题或将其同普通活动隔离开来。性别平等的理念是所有工作中一个很明显的组成部分。该英语术语［gender ma-

---

① Sainsbury D., *Gender and Welfare State Regimes*, Oxford: Oxford University Press, 1999, pp. 75–115.

instreaming]是用来强调性别主流不仅仅是补偿一种性别的缺点这一问题,也不仅仅是将妇女问题纳入基于男性规范发展而来的结构之中。相反性别主流作为一种全新的观点,是在对男性和女性不同的适用条件进行分析的基础上,又发展出的新观点。"①"社会性别主流化"首次在瑞典政府法案的论述中占有一席之地,同时也意味着性别平等问题将超越女性与男性的家庭范围而扩展到社会的各个领域中去,"社会性别主流化"成为维护性别平等的核心策略,同时也成为社会政策中的占优策略,其关注点在于政府强调在行政各领域中而非家庭中的性别平等问题。这一新的概念与政策的出现进一步推动了瑞典新千年以后性别平等政策的发展。

社会民主党政府实施第一个"社会性别主流化"措施,是将性别培训和加强性别平等的观点纳入调查委员会的工作和指导性文件中去,特别是国家行政机构的预算指令和业务指示。瑞典政府认为性别培训是实施"社会性别主流化"的先决条件,因为负责所有政策的决策者和行政人员都要将两性平等观点纳入其工作中;同时要求把性别平等的观点纳入调查委员会的工作中去,因为各委员会在瑞典政策制定过程中具有关键的作用,他们起草的报告通常是构成政府法案的基础,在有些情况下,委员会实际上是直接起草政府的法案。②

社会民主党政府自1994年将"社会性别主流化"作为一项重要战略,一直坚持了12年三个任期,其间采取了一系列措施与政策制度,确保性别平等理念深入社会各个领域。出台的重要政策法案有:2001年,政府成立工作组对在1994年开始进行的"社会性别主流化"工作进行了评估;在评估的基础上2003年出台国家性别平等行动计划,计划要求:一是政府每一个部门都要制订"社会性别主流化"工作的计划。二是政府开始推进性别预算与性别分析。确定对48个政策领域进行120项性别平等分析,确定了50项目标和若干指标,并发出了60项

---

① Sweden. Government. Skr. 1996/1997:41. Jämställdhetspolitiken. 1997.
② Sainsbury D., Bergqvist C., "The Promise and Pitfalls of Gender Mainstreaming", *International Feminist Journal of Politics*, 2009, 11 (2), pp. 216 – 234.

指示，要求各机构向各部报告其实施的性别平等活动。① 其后，瑞典又在 2005 年颁布了关于性别预算的法案附件，政府将性别预算的执行情况纳入统计的范围。三是国家行动计划宣布对性别平等政策进行调查；2006 年，瑞典国会批准了名为《改变社会与个人生活的权利——性别平等政策的新目标》的性别平等法案，提出了性别平等政策的总目标："男性和女性有同样的权利改变社会和他们自己的生活。这包括所有人，不分年龄，种族，性取向，无论残疾与否，也不论在本国的哪个区域"；② 2009 年瑞典政府通过了统一的《反歧视法案》代替了原有的七部反歧视单行法。这部法案涵盖的范围非常广泛，包括了性别、种族划分、宗教及其他信仰、性取向及残障的歧视，同时也纳入了欧盟立法中关于年龄歧视的规定，新的《反歧视法案》不仅禁止劳动力市场、教育等十个领域中基于性别、跨性别的身份认同或性别表达、种族、宗教或其他信仰、残障、性倾向和年龄的歧视和报复行为，还规定了在工作和教育领域中雇主和教育提供者为了促进平等所应采取的积极措施。③

自 1994 年以来，瑞典"社会性别主流化"在广泛的政策领域中实行，最初体现在高等教育和研究（大学教授的任命）领域、对妇女的暴力行为领域、卖淫和贩卖人口领域；2003 年 6 号的国家平等计划将性别平等目标扩展到警察和法院等司法系统；然后体现于少数群体和移民政策，以及运输、信息技术和环境政策等；2006 年关于性别平等政策新目标的政府法案标志着将性别平等纳入所有预算所涉的所有政策领域，加强了地方政府"社会性别主流化"的工作及评估工作，将性别平等纳入政策制定进程的筹备和执行阶段④；2013—2014 年启动了政府机构中的"社会性别主流化"项目，该项目至 2016 年共提供了为期四

---

① Sweden. Government. Bill 2005/2006, No. 155. Makt att forma samhället och sitt eget liv-nya mål i Jämställdhetspolitiken. 2006：197.

② Sweden. Government. Bill 2005/2006, No. 155. Makt att forma samhället och sitt eget liv-nya mål i Jämställdhetspolitiken. 2006：44.

③ Ann Numhauser-Henning, *Documents requested by the Committee on Women's Right and Gender Equality: the policy on gender equality in Sweden*, Brussels：European Parliament. 2015.

④ Sainsbury D., Bergqvist C., "The Promise and Pitfalls of Gender Mainstreamin", *International Feminist Journal of Politics*, 2009, 11 (2), pp. 216 – 234.

年，共计2600万瑞典克朗的资金支持，截至2018年共有58个政府机构积极投入该合作项目中去。① 上述梳理与分析可见，瑞典的"社会性别主流化"策略的实施不只是一纸文件，而是有具体的计划方案与政策和资金的支持，"社会性别主流化"使性别平等从家庭政策领域走向了社会的各个政策领域，政府主导的以制度法案形式规定的性别平等政策具有强制的执行性，为实现男性与女性拥有平等的权利、机会与责任、实现社会性别平等奠定了坚实的制度基础。

综上所述，瑞典在1980—2000年进行的性别平等政策改革，为适应社会政治经济发展的需要，克服中性—性别平等政策的不足，实现了性别平等政策目标由关注家庭中的性别中立转向关注两性的权利与男性的责任；性别平等政策的范围从关注家庭内部与劳动力市场拓展到各个领域的性别平等问题；性别平等政策的内容由关注女性的地位转向关注男性的责任；性别平等政策的本质表现为从关注女性的角色与地位转向关注女性的权利与利益；"社会性别主流化"开启了政策制定的新视角，使性别平等机制进一步制度化，并进一步拓展了性别平等政策的范围，使性别平等延展到社会的各项政策中去，为实现社会的性别平等奠定了制度基础。瑞典在这一时期进行的性别平等政策改革为世界各国性别平等政策制定与发展提供了经典案例。

第五节 性别平等新目标与瑞典性别平等政策的完善（2000—2017）

在瑞典性别平等政策和家庭政策发展的历史上，21世纪的前十几年是引人注目的时期，这一时期的特点表现为性别平等政策领域的多样化与进一步的完善化。这种多样化与完善化来自瑞典经济的发展、政党的更迭、女性主义的主张及政府的"社会性别主流化"政策的实施与

---

① Sweden Gender Equality Agency, *Government Agencies in the GMGA Programme* [EB/OL], 2018. [2018-3-2]. https://www.jamstalldhetsmyndigheten.se/en/support-coordination/gender-mainstreaming/government-agencies-higher-education-institutions/government-agencies-in-the-gmga-programme/.

改革。

瑞典这一时期性别平等政策的进一步完善有着深刻的社会背景。瑞典经济在2000年出现了迅速复苏,其经济增长率约为4%,失业人数大量减少,瑞典像其他高收入水平的国家一样,尽管未能免于世界经济危机,但在2003年至2008年之间经济仍不断增长。2008年以后受美国金融危机的影响,欧洲一些国家爆发了严重的主权债务危机,经济增长放缓,失业率提高,企业经营困难,社会发生动荡。相比之下,瑞典以其较低的公共债务、完善的社会保障制度,在欧洲主权债务危机中所受影响较小,没有像其他欧盟国家一样遭受到严重经济危机,社会稳定和谐,这构成了瑞典性别平等政策进一步完善的经济基础。

尽管瑞典经济发展状况相对良好,但是失业尤其移民的失业问题、劳动力市场中女性平等就业等问题,一直困扰着社会民主党政府。社会民主党政府一直致力于性别平等政策的改革,实施"社会性别主流化"的策略,对儿童托管政策、家庭保险政策、同性恋与移民的性别平等政策进行了改革,并提出了性别平等政策的新目标。2006年是一个重要的历史转折点,在这一年的选举中,反对党成立的"联盟党"上台执政。该党对劳动力市场性别平等政策提出了一些激进的改革措施。这些改革包括性别平等奖励,再次提出儿童托管资助政策。2014年,社会民主党再次上台执政,在延续以往的性别平等政策的同时,对一些激进的性别平等政策进行了政策调整。

值得注意的是,在这一时期,对性别平等政策发展产生影响的一个重要因素是女性主义者与女权支持者(政党、政府中的女权支持者)的合流。两者都把"社会性别主流化"提上了政治议程。他们的行动是相辅相成的,女性主义者的创新主要集中在强化性别平等机制方面,而女权支持者则更关注政策的内容。此外,至关重要的是女权支持者将性别平等观点越来越多地纳入政策领域及影响这些领域的立法进程。这一时期,主张性别平等成为各党派赢得竞选的一张重要政治选票。中间党、自由党和绿党宣告自己是女性主义政党。2000年瑞典首相皮尔松宣布自己是女权主义者,2001年社会民主党政府也宣布自己是女权主义者,温和党亦建立了女权主义形象。社会民主党、左翼政党和绿党的女权主义者联合起草了 2003 年 6 号国家性别平等方案，方案强调："尽管对性别平等的努力有了很长一段历史，但我们的社会特征仍是性别—权力的秩序。未来更多的工作一定是关于女性主义的。这意味着，我们必须注意这样的性别—权力秩序，即女性处于从属地位，男性处于优势地位，而且我们要改变这样的秩序。这样的秩序也表明，政府把男性和女性视为'社会结构'，也就是说，这样的性别结构是在教育、文化、经济模式、权力结构和政治思想的基础上建立起来的。性别结构建立和维持在个人和社会这两个层面上。尽管在一些社会领域中，一些男性和女性的术语表达一致，但这种性别结构并没有改变。如果我们不能打破现今的性别—权力秩序，就不能实现性别平等。"[1] 该方案明确规定了实施"社会性别主流化"的具体步骤，并使这一进程保持在正轨上。此外，女性主义政治家们也促进了立法，满足了女权运动的诉求，从而使性别平等的观点渗入政策领域。反对党在 2006 年 9 月的选举中获胜，结束了社会民主党要建立一个新的国家性别平等机构的计划。然而，新的中右翼联盟政府并没有否定社会民主党政府的性别平等政策，而是设立了一个新的社会融合与性别平等部，2007 年的预算也大幅增加了实施性别平等政策的拨款。在这样的经济与政治背景下，瑞典的性别平等政策开始走向了多样性改革与不断完善的路途。

一 性别平等政策新目标的确立

2006 年是瑞典性别平等政策发展过程中一个关键的年份。社会民主党政府在年初向议会提出名为《改变社会与个人生活的权利——性别平等政策的新目标》的性别平等法案。这一法案以"社会性别主流化"为基础，提出了性别平等政策的总目标："男性和女性有同样的权利改变社会和他们自己的生活。这包括所有人，不分年龄，种族，性取向，无论残疾与否，也不论在本国的哪个区域。"[2] 这一总目标与之前制定

---

[1] Sweden. Government. Skr. 2002/2003：140. Jämt och ständigt Regeringens jämställdhetspolitik och handlingsplan för mandatperioden. 2003.

[2] Sweden. Government. Bill 2005/2006，No. 155. Makt att forma samhället och sitt eget liv-nya mål i Jämställdhetspolitiken. 2006：49.

的性别平等政策的价值目标相差无几,均以性别平等为核心。社会民主党政府在提出性别平等政策总目标的同时,还具体提出了四个子目标:平等的权利分配及作用;男性和女性终身的经济平等;无偿的家务劳动和照顾儿童责任的平等分配;反对男性对女性的侵犯。第一个子目标强调在社会公共生活中所有男性与女性具有平等的权利与均等的机会;第二个子目标是针对男性和女性的经济不平等问题,提出为促进所有人的经济独立,男性与女性具有参与教育、有偿工作的平等权利,男性和女性在劳动力市场中具有机会平等的权利;第三个子目标是无偿的家务分配。男性和女性具有平等共同分担无偿家务劳动的责任;第四个子目标是要消除一切男性对女性的性暴力侵犯。以上四个方面可以理解为是实现"社会性别主流化"的具体政策。[1] 然而,社会民主党政府提出新目标后就在竞选中失败,2006年10月联盟党上台执政。联盟党政府没有抛弃而是坚持了社会民主党提出的性别平等政策的新目标,特别是四项具体性别平等子目标,从而坚持了以往性别平等政策的指导思想与价值目标,克服了女性主义激进的思想,坚持了实施"社会性别主流化"的原则。

在新目标法案中,政府提出将"社会性别主流化"作为实现性别平等政策的一种策略,要进一步完善"社会性别主流化"的组织。法案规定性别平等委员会的监察官及国家劳动委员会特别顾问负责性别平等工作。针对社会舆论对现存组织无效率的指责,政府提出建立旨在实现性别平等的中央管理机构。2006年性别平等政府法案的出台标志着将性别平等纳入所有预算所涉及的所有政策领域。政府的新目标法案准备要建立新的性别平等中央管理机构。然而,该法案仅仅实施几个月,联盟党政府就取代了社会民主党政府。因此,建立新的性别平等中央管理机构的设想落空了。[2]

由社会民主党政府提出并获得联盟党政府认可的《改变社会与个人

---

[1] Sweden. Government. Bill 2005/2006, No. 155. Makt att forma samhället och sitt eget liv-nya mål i Jämställdhetspolitiken. 2006: 49 – 50.

[2] Sweden. Government. Bill 2005/2006, No. 155. Makt att forma samhället och sitt eget liv-nya mål i Jämställdhetspolitiken. 2006: 90.

生活的权利——性别平等政策的新目标》的确立与实施,对瑞典的性别平等政策的发展与完善有着重要的意义。在新目标法案中确立了以"男性和女性有同样的权利改变社会和他们自己的生活"的性别平等政策总目标,同时确立了支撑这一总目标的四个子目标,即平等的权利分配及作用;男性和女性终身的经济平等;无偿的家务劳动和照顾儿童责任的平等分配;反对男性对女性的侵犯。由此形成了瑞典性别平等政策较为固定的目标体系,而这一目标体系成为瑞典 2000 年后性别平等政策不断完善的指导思想。

二 家庭性别平等政策的完善

瑞典政府在实行"社会性别主流化"的同时,根据社会发展的需求,在性别平等新目标的第三个目标中明确提出:男性和女性具有平等分配共同分担无偿家务劳动和照顾儿童的责任。为此,政府对家庭性别平等政策进行了进一步的改革,通过改革家庭保险政策、建立同性恋家庭平等政策、实施性别平等的补助金与减免税政策,以实现男性和女性平等分配共同分担无偿家务劳动和照顾儿童责任的政策目标,从而使性别平等政策制度体系更加完善。

(一)家庭保险政策改革

家庭保险自 1974 年建立以来一直是瑞典社会关注的问题。尽管政府一再修改家庭保险政策,但是所采用的育婴方案与实践远未达到男女之间的平等。2002 年,政府委员会进行调研认为,男性和女性的家庭保险分配与所在阶层有关,与家庭收入相比,低收入家庭的分配差距会更大,在劳动力市场上处于弱势的女性缺乏让她们的丈夫休(产)假的动力。结论是要关注女性在劳动力市场上的地位及改变家庭保险的分配,提高男性使用家庭保险的领受率。

为了使男性成为有责任心的父亲,保证女性在工作生活、政治体系、公共机构、公司地位中的权利,为改变现行育婴方案中的男女不平等现象,进一步促使家长把家庭和工作尽可能地结合起来。在 2002 年,政府将家庭保险时间延长至 480 天,其中男性休为期不可转让的育婴假延长至两个月(60 天)(2015 年该假期延长至了 90 天);当父母生病时,可以向另一个被保险人支付临时的父母津贴,在某些情况下,10个所谓的"爸爸日"可以被另一个被保险人使用。

2006年,政府提高了疾病津贴的收入上限,使那些收入高的人可以享受父母津贴、临时津贴和怀孕津贴①;2005年,政府委员会为长远地促进父母身份地位平等,以及劳动力市场上的性别平等,提出了更全面的保险改革方案,增加保险费用的预留费用。② 尽管由于2006年社会民主党政府下台,这一方案没能实行,但却尝试了改变家庭保险分配不均的现状。2007年,疾病津贴的收入上限降低到7.5个临时津贴和怀孕津贴的基本金额。父母津贴的上限仍然是基于10个价格基础。

瑞典国家社会保障委员会负责管理实施2002年的家庭保险方案,并经常作出方案实施报告。根据2013年度报告,育婴补贴假中男性休假占24.5%,女性休假占75.5%。尽管如此,自1974年实施此方案以来,男性休假比例已稳步上升。平等划分育婴假的父母比率已经由2000年的4%上升到2012年的12.7%,这已经是较为乐观的比率了。有关育婴假分配方面,2013年的报告指出,育有儿女的男女在公共部门比在私营部门更能平等的分配育婴假,但生活在非市区的人们育婴假平等分配率更低。③ 尽管如此,进行了家庭保险政策改革,将父亲不可转让的育婴假延长至两个月(60天),意味着政府使用强制性的休假方式使得男性承担育儿的角色与责任,同时提升了男性使用家庭保险的领受率,这在某种程度上是对女性的解放,相对减轻了女性育儿的负担,为女性进入劳动力市场创造了条件。瑞典在过去的几十年间,甚至至今一直在讨论如何更为平等地实施家庭保险分配方案。

(二)同性恋家庭的平等政策

家庭保险政策实施的前提是确定家庭中父母的责任与资格。核心

---

① Sweden. Government Commission. SOU 2005: 73. Reformerad föräldraförsäkring. Kärlek, omvårdnad, trygghet, 2005.
② Sweden. Government Commission. SOU 2005: 73. Reformerad föräldraförsäkring. Kärlek, omvårdnad, trygghet, 2005: 18.
③ Ann Numhauser-Henning, *Documents requested by the Committee on Women's Right and Gender Equality: the policy on gender equality in Sweden*, Brussels: European Parliament, 2015.

家庭中的女性早已成为家庭政策改革的起点，其后单身父亲和单身母亲的资格也得到了承认，但是同性恋家庭家长的政策资格却一直没有得到确认。

在瑞典，对于同性恋有一个认识的不断变化过程。在1994年以前，同性恋或同性恋关系在瑞典是非法的，被定义为"反天理罪"；1994年，政府委员会在报告中提议废除这一罪行，并得到了议会的同意。1995年，通过了《登记伴侣关系法案》（《家庭伴侣法》）；1999年，社会民主党政府要求委员会分析同性恋家庭的日常生活，调查同性恋夫妻和异性恋夫妻收养孩子的权利与差异。委员会深入地调查了该领域的现状并提交了调查报告。报告认为，同性恋家庭与异性家庭的孩子在心理发展、家庭福利、周围环境、受照顾的程度等方面情况没有不同。为此，委员会提议给予合法的同性恋夫妻与异性恋夫妻同样的抚养孩子的权利。此外，委员会建议登记的同性恋夫妻领养的孩子应与已婚的异性夫妻家庭的孩子得到同等的对待。2003年，议会同意了委员会建议，同性伴侣获得孩子领养权；委员会报告提出的另一个问题是同性恋者使用人工授精的权利问题。委员会提出，同居或已登记的女同性恋夫妻与已婚或同居的异性夫妻一样，具有使用生殖技术（人工授精）的权利。① 2005年，女同性恋伴侣获得了人工授精的权利，女同性恋夫妻有权使用人工授精，而且承认已怀孕的女性为合法父母。

2009年瑞典废除《注册伴侣法》，取而代之的是新的同性婚姻法——《中性化婚姻法》生效。从2009年5月1日起，人的性别不再是涉及婚姻的重要因素。同性夫妻可以结婚，并享有和已婚异性夫妻相同的权利；2009年，变性身份被纳入《反歧视法案》；2011年，禁止基于性倾向歧视的规定被加入瑞典宪法；2013年，取消法定性别改变后的强制绝育要求。自此，瑞典政府为同性恋家庭建立了平等的政策，以立法的形式保护了同性恋家庭的利益，使瑞典成为世界上对同性恋最友好的国家之一。②

---

① Sweden. Government Commission. SOU 2001: 10. Barn i homosexuella familjer, 2001.
② 瑞典官方网站：《为一个同性平等的瑞典而努力》，2018年，http://factsswedencn/society/weitongxingpingdengderuidianernuli/，2018年4月14日。

(三) 性别平等的补助金与减免税政策

2006年社会民主党在选举中失败，2006年10月联盟党（温和党、自由党、中间党以及基督教民主党）取得政权。联盟党政府保持了以往性别平等政策的指导思想，克服了女性主义的激进思想，在各个领域坚持实行了家庭性别平等政策，保留了已建立的"社会性别主流化"原则，为此政府提出与2006年初社民党性别平等政策新目标内容基本相同的四项措施：男性和女性平等的权利分配与作用；经济平等；无偿家务与照顾儿童的平等；反对男性对女性的侵犯。①

联盟党政府与社会民主党政府不同的是，提出了性别平等政策的"选择自由与干预共存"的原则。他们认为："政府的目的是家庭政策应该给家长自由管理他们生活的权利，要增加家庭选择的自由，家庭政策应该促使家长的工作与生活相融合。性别平等政策应提供好的前提条件，使他们按照自己的愿望和需求去处理家庭生活，而不是政治性地迫使孩子和家长融入这样的模式。"② 2008年6月，根据家庭自由选择的原则，联盟党政府出台了性别平等奖励政策：市政府通过每月最高300欧元（3000瑞典克朗）的补助金，用于补助使用家庭保险的父母，其补助额度与使用家庭保险的额度密切相关，家长的家庭保险使用额度越多，补助金额越高。③ 也就是说，家长在家看孩子的时间越长，所得补助奖励越高。如果夫妻中一方工作，另一方会得到家庭补助，待在家里照护时间最长的一方会得到税收减免。改革的对象不仅包括异性核心家庭，还包括同性夫妻家庭。④

家庭补助金政策作为改革性别平等政策的一种手段，目的是促进家庭的性别平等，为孩子成长提供更安稳的环境，同时鼓励男性留在家中

---

① Lundqvist Å., *Family policy paradoxes: Gender equality and labour market regulation in Sweden*, 1930–2010, Bristol: Policy Press, 2011, p. 121.
② Lundqvist Å., *Family policy paradoxes: Gender equality and labour market regulation in Sweden*, 1930–2010, Bristol: Policy Press, 2011, p. 121.
③ Sweden. Bill 2007/08, No. 93. Jämställdhetsbonus-familjepolitisk reform. 2008.
④ Lundqvist Å., *Family policy paradoxes: Gender equality and labour market regulation in Sweden*, 1930–2010, Bristol: Policy Press, 2011, p. 122.

陪孩子，使更多的女性进入劳动力市场。① 政府在一系列的报告中强调"改善前提条件，使更多的女性积极承担平等的家庭责任，但不限制家庭的自我决定"。这表明政府的改革是要平衡干预和限制的关系，既要尊重家庭的自我管理，又要鼓励男性和女性平等分配家庭责任。②

劳动收入所得税减免政策。为配合家庭补助金政策，并更有利于劳动力市场的劳动力供应，作为性别平等补助金政策的配套政策，联盟政府在2007年1月1日实施了"劳动收入所得税减免"（jobbskatteavdrag）政策，通过这一政策弥补家庭保险的不足，减少有偿工作的所得税，但它并不属于失业保险、家庭保险和社会救济。政策规定：如果夫妻中收入高的一方在家中照护孩子，会为其配偶减税。③ 这一政策是为了鼓励高收入家长（通常为男性）使用他们的家庭保险权利，以使母亲能够重返工作岗位。上述两个政策为劳动力市场提供了更多的劳动力，实现了家庭中父母"照护责任"的平等。

（四）儿童托管与照管资助政策的改革

在瑞典，儿童公共日托服务是一个关乎机会平等的政治问题，也是妇女平等参与劳动力市场的先决条件。2001年，瑞典的经济发展出现增速，劳动力市场就业与劳动力的需求加大，一方面为了鼓励更多的女性及没有工作的家长进入劳动力市场；另一方面为了延长已就业家长的工作时间，就需要进一步解除女性进入劳动力市场的后顾之忧。为此，社会民主党政府提出要加强儿童托管，提高有孩子家庭的经济状况，鼓励父母全职工作，支持双薪夫妻家庭，并对儿童托管政策进行了改革，以便更好地实现瑞典性别平等政策的目标。

1. 儿童托管政策的改革

儿童托管政策的改革主要从两个方面进行。一方面是出台儿童托管的最高费用政策，即根据父母收入的一定比例给予最高托管费用。父母

---

① Sweden. The Committee of Health and Welfare. 2007/2008：SfU10. Jämställdhetsbonus. Familjepolitisk reform，2008.

② Sweden. The Ministry Series（Ds）Ds 2007：50. Jämställdhetsbonus. Familjepolitisk reform，2007.

③ Lundqvist Å., *Family policy paradoxes*：*Gender equality and labour market regulation in Sweden*，1930 - 2010，Bristol：Policy Press，2011，p. 121.

只需缴纳不超过其收入1%—3%的费用，具体的额度由该家庭在日托中心注册的儿童数量而定。另一方面给予地方政府儿童托管的自治权。儿童托管的最高费用由地方政府根据实际情况自主决定。国家法规要求所有的市政府要为失业或有家庭保险的父母，提供每周至少15小时的儿童托管服务，所有的市政府有责任为1岁以上的儿童提供托管的地方，为4—5岁的所有儿童建设幼儿园，其资金费用由国家提供补偿。到2003年，该儿童托管体系覆盖了瑞典所有市政府。[①] 儿童托管政策的改革使得儿童入托率大幅度提高，2014年，1—5岁儿童入托率为69%，6—9岁儿童入托率为74%。[②] 儿童托管政策的改革是瑞典性别平等政策的一项重要内容，体现了瑞典福利国家的一个重要理念，即育儿不是私人领域的事情，而是公共领域应负的责任。女性承担人类自身的再生产，育儿不是家庭的私事，不能完全由女性承担照护责任。育儿是社会的公共事务，政府应承担相应的责任。从另一视角看，瑞典儿童托管政策的改革为实现家庭性别平等与妇女进入劳动力市场提供了前提条件。

2. 儿童照管资助政策

儿童照管资助政策最早是中右联盟政府于1994年提出的。当时该政策计划提供给1—3岁儿童的家长每月200欧元，即2000瑞典克朗的资助，以使家长能在家中照护孩子。但是，仅几个月后，社会民主党在1994年10月的选举中获胜，随即终止了这一政策。2008年，联盟党选举获胜后，联盟政府为使家长能够有更多的选择自由，花更多的时间陪孩子，提高家长管理自己生活的权利，再一次实行了这一政策。政策规定，1—3岁孩子的家长每月可获得200欧元，即2000瑞典克朗的资助。资助资格为，孩子还没有受益于政府儿童照管政策的，有孩子的但无政府资助的双收入家庭。但同时规定，不能同时受益于该政策与家庭保险政策。实际上，该政策帮助的不仅是在家照护孩子的女性，还有因

---

① Sweden. Government Bill 1999/2000, No. 129. Maxtaxa och allmän förskola m. m., 2000.
② Sweden. Statistics, *Women and Men in Sweden: Facts and Figures* 2016, Stockholm: Statens Offentliga Utredningar, 2016, p. 38.

各种情况而不能使用政府托管政策的家长。①

此项政策与1994年政策的不同在于,它不再是全国性的,而是一项地方政府自主的政策,并由市政府提供资金,政策更加灵活,由地方政府决定是否施行儿童照管资助政策,发挥地方政府的作用。至今,瑞典大概有1/4的市政府实行了该政策。②

上述的减免税与儿童照管资助政策的出台,实质上导致了新的性别平等政策悖论:减税的目的是为使妇女走出家门进入劳动力市场就业,让男性尽可能多的承担家庭责任。但是,政策规定夫妇中收入高的一方在家照护孩子,则配偶减税。现实中高收入的女性一般不做家务照护,减税对高收入女性无意义,如果高收入男性在家,则低收入的女性减税也无任何意义,家庭经济收入并没有得到增加,相反,这一政策反而导致低收入女性很难走出家门,家庭分工仍然不平等,从而形成了性别平等政策新的悖论;而儿童照管资助政策则是积极鼓励女性在家中照护孩子,至少到孩子三岁,这与积极鼓励女性进入劳动力市场工作是相悖的,同时也削弱了国家长期以来一系列性别平等政策的价值取向与政策之间内在的一致性,形成了性别平等政策内容的相悖:不鼓励女性从事有偿工作,而是在家中照护孩子。

导致上述联盟党政府性别平等政策悖论的重要原因,本书认为是联盟党政府性别平等政策的"家庭自由选择"指导思想的确立。一方面,联盟党政府主动继续保留以往社会民主党政府的性别平等政策与主要机制,鼓励女性尽可能走出家门参与劳动力市场;另一方面,则强调家庭的自我决定和自由选择奖励补助,这种自由只是形式上的自由,实际上是为政策利益所左右,使低收入的女性难以走出家门,反而使其留在家中,进一步固化了女性家庭照护的性别角色,这种自由选择在某种程度上削弱了政策的强制性与可控性。

实践证明,上述政策的效果也并不令人满意。2010年3月,瑞典

---

① Sweden. Government. Bill 2007/2008, No. 149. Vårdnadsbidrag-familjepolitisk reform. 2008: 14-18.

② Sweden. Government. Bill 2007/2008, No. 91. Vårdnadsbidrag. Familjepolitisk reform. 2008: 14-18.

社会保险办事处对上述政策的实施效果所进行的调研评估表明，男性与女性的家庭责任分配不均，91%有孩子的男性是全职工作，仅有51%的女性是全职工作。上述政策对男性使用家庭保险没有明显的影响。①

以上我们客观的分析了瑞典家庭性别平等政策改革的情况，由于家庭性别平等政策改革涉及税收政策、财政政策、儿童政策、就业政策等各种错综复杂的因素、政党更迭的政治因素及女性主义等社会因素，使得性别平等政策改革并非一帆风顺，政策效果也不尽如人意。但是，我们也必须看到，通过性别平等政策的改革，使更多的女性进入了劳动力市场，使更多的男性承担了家庭育儿的职责，使家庭中的父母责任共担的双重角色与责任更加深入人心，使性别平等政策的目标实现了较高的达成度。

三 性别平等政策的拓广：《反歧视法案》出台

联盟党政府为更好地实现劳动力市场和私营企业中的性别平等，提出：性别平等不仅是一个重要目标，也是通过"激发与保持人们的能力和创造力"促进经济发展的有效措施。因此，政府制定了如下政策目标：反对劳动力市场和私营企业中的性别歧视；倡导女性企业家精神；消除参与劳动力市场的差异；通过立法来落实性别平等。为了实现这些目标，联盟党政府受欧盟指令及欧洲其他国家的影响，在2009年制定并通过了统一的《反歧视法案》，法案代替了原有的七部反歧视单行法。瑞典在反歧视的模式上与欧洲其他国家类似，开始都是建立单一因素的反歧视类型法。20世纪70年代，瑞典法律条文和平等机构最早开始将重点放在性别歧视问题上，之后开始逐渐关注种族歧视以及残障、性倾向等各种类型的歧视。

2009年的《反歧视法案》代替了原有的七部反歧视单行法案。其中四部适用于工作领域，禁止基于性别、少数族裔、宗教信仰、残障和性倾向的歧视，即《平等机会法案》《工作生活中的种族、宗教或其他信仰的反歧视措施》《禁止在工作生活中歧视残障者法案》《禁止在工

---

① Lövgren N., *Utfall för jämställdhetsbonusen*, Stockholm：Rapport från Försäkringskassan, 2010.

作生活中歧视性倾向法案》。另外三部适用于高等教育、学校以及社会生活其他领域，但是基本上都涉及不同种类歧视的交叉领域，即《平等对待在校生法案》《禁止歧视法案》《小学生歧视法案》。①

2009年1月1日，瑞典的《反歧视法案》生效。这部法案涵盖的范围非常广泛，包括性别、种族划分、宗教及其他信仰、性取向及残障歧视，同时也纳入了欧盟立法中关于年龄歧视的规定。新的《反歧视法案》涵盖的领域十分宽泛，包括：职业生活、教育、劳动力市场政策活动、创业或企业运营及职业认可、员工会员身份/资格、雇主组织或专业组织、商品服务、健康医疗和社会服务、社会保障制度、兵役和民政服务及公务员服务等十几个领域。法案旨在打击这十几个领域中基于性别、跨性别的身份认同或性别表达、种族、宗教或其他信仰、残障、性倾向和年龄的歧视行为，还规定了在工作和教育领域中雇主和教育提供者为了促进平等所应采取的积极措施。新法案将原有的四个平等监察部门合并成一个新的平等监察部门——平等监察专员办公室，合并了1980年建立的性别平等监察部门、1994年建立的残障平等监察部门、1999年建立的种族和性倾向的平等监察部门。取代原有的四个平等监察专员，即性别平等监察官，反民族歧视监察官，反残疾人歧视监察官，以及反性取向歧视监察官。②

《反歧视法案》凸显了瑞典政治文化中的平等理念，这一法案超越了家庭与劳动力市场范围的性别平等问题，旨在更加广泛的范围内及更多的领域实现社会的平等，实行反歧视的政策保护。这一法案的实施也使瑞典成为世界上实现社会平等的一个引人注目的成功案例。

四　从行动计划到国家战略：打击与预防性暴力政策的实施

维护女性的身心安全与健康，维护女性的基本人权，坚决打击与消除男性对女性的侵犯是瑞典性别平等政策的重要内容。这一点也是2006年《性别平等新目标》的重要内容之一：提出"确保女性与男性

---

① Ann Numhauser-Henning, *Documents requested by the Committee on Women's Right and Gender Equality: the policy on gender equality in sweden*, Brussels: Eruopean Pailiament, 2015.

② 丁赛尔：《瑞典反就业歧视法律制度》，《中国劳动》2010年第3期。

在生活的各个方面都享有同样的机会，拥有同样的权利，承担同样的义务"的总目标，在总目标下提出的第四个分目标则强调"反对男性对女性实施暴力。女性和男性，无论年龄大小均平等享有身体发肤完整不受损害的权利和机会，均有权在不必担心遭受虐待或暴力的环境中生活。"《性别平等新目标》的这一价值目标指向成为2000年后瑞典性别平等政策进一步完善的重要内容。

2007年，联盟党政府为解决不断发生的家庭暴力与性侵犯问题颁布实施了《反对男性对女性施暴国家行动计划》，①这一国家行动计划的全称为《反对男性对女性使用暴力，反对以荣誉的名义实施暴力和压迫，反对同性关系间的暴力行为行动计划》，这一计划也被称为《国家平权行动计划》（以下简称《行动计划》）。

《行动计划》旨在打击与取缔男性对女性的暴力行为，主要打击四个方面：一是男性对女性的暴力行为，二是以荣誉为名的暴力和压迫，三是同性恋关系中的暴力行为，四是对特别弱势群体的保护。②

《行动计划》的内容非常全面，涵盖六个相互补充的行动领域与56项具体的反暴力行动措施。这六个领域为：加强对暴力受害者的保护和支持、更加重视预防工作、提高司法系统的标准与效率、针对暴力犯罪者的更好措施、加强合作与协调、增强知识和能力。（为避免内容重复，此部分的详尽阐释参见第四章第五节）

《行动计划》强调打击男性对妇女的暴力行为，必须从性别平等的理念出发，强调政府部门、司法系统、社会组织及各方之间密切合作的重要性，只有相互协调共同打击性暴力行为，才能维护妇女儿童的基本人权与身心的完整性；强调打击男性对妇女的暴力行为的所有措施都必须从受害者的需要出发，为其提供必要的支持和保护；强调打击男性对女性的暴力行为必须有力和有效，要提高司法系统在打击、防范、调查、管理方面的能力及能力培训的水平，从而提高打击性暴力的效率；

---

① Sweden. Government Offices, *Action plan for combating men's violence against women, violence and oppression in the name of honour and violence in same-sex relationships*, 2007.

② Sweden. Government Offices, *Action plan for combating men's violence against women, violence and oppression in the name of honour and violence in same-sex relationships*, 2007, pp. 10 – 16.

强调打击男性暴力行动计划措施实施的前提是增强专业知识和提升能力。截至 2010 年末，即本届联盟政府卸任之前，瑞典政府总计投资 9 亿多克朗来打击各种性暴力行为。行动计划中的各项反暴力措施本质上是通用的，但瑞典政府还是采取特别行动抵制以荣誉的名义实施暴力和压迫的行为。

　　瑞典的性别平等政策几十年来始终保持着政策的连续性，不受政党更迭的政治影响，这构成了瑞典社会发展的一个重要特征。这种政策连续性同样体现为打击性暴力政策的出台上。2006 年瑞典联盟党上台执政，2007 年出台《行动计划》。2014 年瑞典社会民主党上台执政，社会民主党政府 2015 年开始对 2010—2014 年《行动计划》的执行情况进行评估，在总结以往经验的基础上，2016 年 11 月 17 日瑞典政府向议会提交了名为《权力，目标和权威——为了未来平等的女性主义政策》（ Makt, mål och myndighet feministisk politik för en jämställd framtid）的报告。① 在报告中总结介绍了瑞典性别平等政策过去十年的发展情况、实施的经验与效果，特别报告了 2007—2014 年实施《行动计划》性别平等工作的情况。在此基础上提出了《预防和打击男性对女性暴力行为的十年国家战略》②（下文简称《国家战略》，详尽内容参见第四章第五节），并于 2017 年 1 月 1 日开始实施。

　　《国家战略》完全遵循了原来联盟党政府《行动计划》的政策思想与政策目标和内容，从《行动计划》到《国家战略》，瑞典性别平等政策的总目标与第四个分目标始终不变，均保持了"确保女性与男性在生活的各个方面都享有同样的机会，拥有同样的权利，承担同样的义务"的总体目标与"禁止男性对女性实施暴力。女性和男性，无论年龄大小均平等享有身体发肤完整不受损害的权利和机会，均有权在不必担心遭受虐待或暴力的环境中生活"的分目标，体现了政策目标的一

---

① Sweden. Government. Skr. 2016/2017: 10. Makt, mål och myndighet-feministisk politik för en jämställd framtid. 2016.
② Sweden. , jamstalldhetsmyndigheten, Nationell strategi för att förebygga och bekämpa mäns våld mot kvinnor-Jämställdhetsmyndigheten ［EB/OL］. 2017. ［2018 - 7 - 6］. https: // www. jamstalldhetsmyndigheten. se/mans-vald-mot-kvinnor/nationell-strategi-for-att-forebygga-och-bekampa-mans-vald-mot-kvinnor.

致性。

　　《国家战略》强调对性暴力的预防工作，特别是对与荣誉有关的暴力和压迫问题及以性目的卖淫和贩卖人口问题的预防。该战略主要内容在于阐释战略目标的重新定位，即从过去的被动反应与打击到制定有效措施进行积极的预防，并提高预防与打击的效率。在这一价值目标定位的基础上，提出了四项政策内容：加强和有效的预防暴力行为；改进对暴力的侦查，加强对受暴力侵害的妇女和儿童的保护与支持；更有效的执法；改进知识和方法。依据这四个政策领域目标，该战略又进一步提出和阐释了 2017—2020 年期间政府的具体行动计划。

　　从 2007 年的《行动计划》到 2017 年的《国家战略 2017—2026》，在其间，由行动计划到提升为国家战略，始终保持了打击与预防性暴力政策的连续性。多年来以维护女性基本人权为核心，表现出瑞典政府打击性暴力的决心与恒心，从计划到战略的提升表明瑞典政府将预防与打击性暴力、维护女性基本人权的完整性作为一项事业延续下去，也体现了瑞典社会对性别平等理念的永久追求！

　　自 2007 年实施《行动计划》以来，瑞典政府采取广泛的措施，在打击与预防性暴力行为方面取得了很好的实效。瑞典政府建立了两个国家级机构，瑞典妇女庇护所协会以及全国妇女和年轻妇女庇护所联合会，专门负责对受害女性的庇护工作。在全国各地建有 180 家左右的地方妇女庇护所帮助有需要的女性。[①]《行动计划》出台后，瑞典国家警察委员着力打击各种形式的家暴。2016 年，瑞典遭受亲密关系下性侵的女性占人口比例为 25%，较 2012 年降低 3 个百分点。[②] 在瑞典，婚内强奸和其他形式的强奸均被列为刑事犯罪而入刑；性骚扰也是常见的性别暴力行为，这种犯罪也在 2009 年颁布的《反歧视法案》（DA）适用范围之内。性骚扰大多发生在工作中，频发的性骚扰在现实中严重危害女性人身的完整性，尽管在之前瑞典政府就将此定为犯罪，但缠扰行

---

　　① 瑞典官方网站：《瑞典的性别平等》，2016 年 1 月 1 日，http：//factsswedencn/society/gender-equality-in-sweden/，2018 年 7 月 6 日。
　　② Sweden Statistics, *Women and Men in Sweden*: *Facts and Figures* 2016, Stockholm: Statens Offentliga Utredningar, 2016, p. 85.

为（非法困扰）这种特别的犯罪在2011年被引入瑞典刑法典中。2008年6月，瑞典政府投资1.1亿克朗发起校园性别平等教育计划，包括成立学校性别平等特别委员会，开设教师再培训课程，采取措施加强对学生的性别平等及性健康知识教育。自2011年开始，乌普萨拉大学率先开设"反对向妇女施暴"的大学课程，有关性别平等的教育更是在义务教育和高中教育这两个阶段中全面展开。

总之，从《行动计划》到《国家战略》的出台与实施，使得性暴力行为得到一定程度的遏制，维护了女性身体精神的完整性，维护了女性的基本人权。同时，打击与预防男性对女性暴力行为的行动，从计划提升到战略表征着瑞典性别平等政策的进一步完善。

第六节　走出悖论：瑞典性别平等政策发展演进路径评析

上述我们梳理并分析了从1930年至2017年间瑞典性别平等政策的发展演进过程。在这80年间，瑞典性别平等政策的发展与瑞典的政治发展、社会经济的发展、女性主义思潮的发展、性别平等意识形态的发展都有着密切的联系。瑞典家庭性别平等政策发展的过程并非是一个由不平等到平等的线性的、简单的发展过程，而是一个充满着不同的利益冲突，不断转换政策目标，形成政策悖论又不断走出政策悖论的复杂的、矛盾的发展过程。这也是一个以家庭政策悖论为标志的历史：一个靠男性养家模式的思想观念与劳动力市场需求之间矛盾的历史；一个追求个性解放男女平等与遵循传统的性别角色观念之间矛盾的历史；一个存在于家庭和劳动力市场间的性别不平等的历史；也是一个不断变化着的工作和家庭照护性别角色需求与现存的性别权利秩序结构矛盾的历史。瑞典的性别平等政策正是为解决这些矛盾，不断提升政策理念，转换政策目标，调整与改革政策内容，完善性别平等政策，使其走出悖论并形成一系列性别平等政策制度体系的过程。瑞典性别平等政策体系的这一完善过程，为世界各国实现社会性别平等积累了丰富的经验。

一 走出"女性双重角色矛盾"政策悖论,构建中性性别平等政策

20世纪30年代早期,现代家庭政策是以当时的人口政策与解决人口出生率而成为社会政策的中心领域,家庭政策又因为人口问题成为制约社会经济发展的因素而成为政治关注的中心。这导致了政府将家庭的组织形式和家庭的发展纳入到公共政策的领域,家庭从原有的私人领域进入了公共领域,政府由此建立了通过家庭政策干预家庭生活的新理念。

政府此时将家庭政策的目标确定为:一是提高生育率;二是稳定家庭结构;三是提高有儿童的家庭经济状况。在这里女性与儿童被作为家庭政策的主要目标,政策改革在两个关键领域进行,即补助孕妇和产后妇女以及妇女就业权利。一方面,政府出台了住房补贴政策、生育保险补贴政策、女性和男性平等采用基本养老金法案、子女抚养补助金制度、母亲经济补助制度、通用生育津贴等一系列家庭政策。这些政策通过对具有母亲身份的人建立保险体系及对母婴关怀来提高妇女的家庭地位,以帮助家庭脱贫、提高生育率、降低婴儿的死亡率。另一方面,政府为让妇女走出家庭,补充劳动力市场的不足,出台了保障已婚女性工作权利的性别平等政策,以促进家庭内与劳动力市场中的男女性别平等,从而为瑞典社会经济的发展奠定基础。上述政策的出台改变了人们的理念,承认了妇女是社会劳动力的有机组成部分,承认了妇女的就业权利,人们不单单把女性看作"母亲"和"照护家庭的人",而且也把她们看作劳动力市场的从业者。作为解决严峻的"人口问题"的新途径,家庭政策这时成为人口政策的一个组成部分,性别平等法案的出台,也标志着瑞典家庭政策初步形成悖论:女性家庭照护与从事有偿工作的自相矛盾。

二战结束以后,瑞典进入社会与经济快速发展阶段,政府比战前享有更大的凝聚力。社会中绝大多数公民都拥有相同的民族、文化和宗教价值观,社会福利的基础已牢固确立,福利制度带来的收益已广泛地扩展到全社会。此时,瑞典的经济发展要求大力补充劳动力市场,以满足经济发展的需要,同时,瑞典的人口问题仍然是制定、改革家庭政策所

必须考虑的最重要问题之一。现实的需要导致瑞典社会关于政策思想与家庭模式的争论,使得30—40年代初步形成的女性在家庭和劳动力市场中角色矛盾的家庭政策悖论,演化为两种家庭模式的斗争,即男性养家模式和夫妻共同养家模式的争论:一种观点从结构功能主义的视角出发主张男性养家、女性持家的核心家庭模式;另一种观点认为家庭中两性是平等的,应提升女性权衡职场生涯和照看家庭这两种对立需求的能力与权利,主张夫妻共同挣钱养家模式。这两种政策理念同时共存,不仅体现在思想意识上还体现在政策实践中:一种政策是以减轻家庭内部女性照护责任为目标,政府出台了健康住房政策与生育保险和补贴政策,这些政策的出台提升了女性在家庭中的地位,这时的性别平等政策只是体现在女性家庭平等问题上;另一种政策是为了维护社会的公平,减轻女性家庭照护负担,使有孩子家庭不降低生活水准,促使越来越多的女性进入劳动力市场,政府出台了全民儿童福利津贴法案。这一系列性别平等的家庭政策提高了妇女在家庭中的地位,减轻了妇女的负担,提高了人口的出生率,同时也使一部分妇女走出家庭进入了劳动力市场,补充了劳动力的不足,促进了社会经济的发展。但是,这一列家庭性别平等政策的出台也导致和进一步加深了家庭政策的悖论,即女性的工作与家庭照护双重角色的矛盾:一部分政策鼓励女性做好无偿的家庭照护工作;另一部分政策又鼓励女性走出家门进入劳动力市场,这使得已婚女性陷入了家务照护与有酬工作双重角色的矛盾之中,女性在家庭生活和社会生活中扮演着母亲、妻子与挣工资者、劳动者双重矛盾的角色,处于家庭照护与工作之间进退维谷的两难境地。同时,女性双重角色的矛盾也涉及性别平等问题,为什么女性要无偿承担家庭照护责任?为什么女性不能与男性一样进入劳动力市场?为什么女性不可以扮演多重角色?事实上,直至20世纪60年代,这一家庭政策的悖论始终存在着。

  如何解决这一政策悖论。随着20世纪60—70年代瑞典现代化的发展,劳动力市场需要补充大量的劳动力,女性成为劳动力市场强大的后备军,这时如何实现家庭中的性别平等,将妇女从家庭中解放出来,就成为认识与解决问题的重要途径。重新认识家庭中男性与女性的性别平等关系，建立家庭内部男女性别平等的"性别中立"理念：家庭中的男性与女性是两个完全独立的个人，家庭中的两性是平等的，父母均具有平等的权利与义务，父母在家庭中均扮演有酬工作与照护家庭的双重角色，男性与女性共同具有照顾和抚育孩子的责任与义务。照护孩子不再是女性的专利，在家庭中性别是中立的。性别中立的政策理念使核心家庭模式被"解构"，原有家庭中不同角色和地位之间的关系发生了变化，使男性进入到了性别平等政策制定的目标中来，认为在家庭中应尊重每个人的权利，不论男女均具有工作与家庭照护双重角色的责任与权利，男性也要承担照护孩子的责任。这时的家庭就由过去的单收入（男性赚钱）模式转化为双收入（男女同时赚钱）的"性别中立"的家庭模式。与此同时，要实现家庭内的男女平等，就要使女性走出家门进入劳动力市场，实现女性与男性在劳动力市场中的性别平等与机遇均等。为解决上述问题，瑞典政府通过家庭政策的改革，制定出台了一系列性别中立的政策法案，以制度的形式来保证家庭与劳动力市场的性别平等，从而解构以往家庭政策悖论，实现由核心家庭模式向中性—平等家庭模式的转换。至此，瑞典出现了一个新的政策领域——性别平等政策领域，这意味着性别平等政策超越了家庭的范围进入到家庭与劳动力市场领域，同时，也意味着性别平等制度体系的建立。

瑞典20世纪60—70年代末建立的性别中立的理念与中性—平等的家庭模式以及一系列中性—平等政策，在瑞典性别平等政策的历史发展过程中有着重要的地位，发挥了重要的作用，在一定程度上促进了瑞典社会性别平等的实现，从而使瑞典社会性别平等的现状成为世界的典范，其价值与作用具体表现为。

（一）形成了性别平等政策制度体系

20世纪60—70年代末是瑞典经济与社会发展的黄金时期，是瑞典福利国家的形成时期，也是瑞典性别平等政策制度体系形成的重要阶段，其特点表现为：社会经济发展及执政党实现社会平等的政治目标，为性别平等政策体系的建立提供了政治基础；性别中立理念与中性—平等家庭模式的确立及性别中立政策的制定与实施构成了性别平等政策的重要内容；性别平等政策的目标由关注家庭中女性的地位转向关注性别的中立,这标志着性别平等政策超越了男女性别的羁绊而拓广至社会领域,从而构成了"瑞典模式"中性别平等政策的重要特性,同时也构建了一个新的政策领域,即性别平等政策领域,形成了以性别中立为主导思想,以中性—平等家庭模式为物质承担者的性别平等的制度体系:1970 年,"家庭主妇保险"的出台旨在实现性别的中立化;1971 年,个人税制出台,确立了家庭中男女平等的独立关系,为构建中性—平等家庭奠定了基础,被认为是当时"最伟大的平等改革";1973 年,性别中立的育婴保险政策法案取代之前的育婴保险,确立了父母在家庭中的工作与家庭照护的双重角色与责任;婚姻法也发生了改变,父亲可以申请离婚后的子女抚养权。1980 年通过了《性别平等法案》,使性别中立理念延伸至劳动力市场,法案的实施一方面为两性发展创造了平等的机会,维护了男女机会均等与同工同酬;另一方面也标志着政府在推进性别平等中开始发挥主导作用。上述一系列中性—平等政策的出台标志着瑞典性别平等政策制度体系的形成。

(二)中性—平等家庭模式的确立促进了性别平等

中性—平等家庭模式的确立与瑞典的性别平等政策是相辅相成、互为支撑的。一方面它确立了男性与女性工作与家庭照护双重责任与角色,赋予了男性家庭照护的责任;另一方面改变了女性家庭照护的角色,为妇女走出家庭进入劳动力市场奠定了基础,促进了妇女的解放。中性—平等家庭模式的确立不仅实现了家庭内部的两性平等,同时为实现劳动力市场的两性平等创造了条件。这种家庭模式成为瑞典性别平等的标志,从确立至今都发挥着重要的作用,这一点在瑞典政府对性别平等政策的历次评估与性别平等数据统计中得到验证。1985 年,女性使用育儿津贴的天数占 94%,男性为 6%。2015 年女性使用育儿津贴的天数占 74%,男性为 26%。[①] 数据表明,男性育儿津贴的领受率在不断地增长,越来越多的男性在扮演照护孩子的角色。这些现象表明瑞典的中性—平等政策与中性—平等家庭模式在现实中发挥了重要的作用,在一定程度上实现了性别平等,使瑞典的社会性别平等现为世界的典范。

---

① Sweden Statistics, *Women and Men in Sweden: Facts and Figures* 2016, Stockholm: Statens Offentliga Utredningar, 2016.

为解构以往的家庭政策悖论，瑞典政府以性别中立理念与中性—平等家庭模式的确立为基础，进行了性别平等政策的改革，出台了一系列的性别中立的政策法案。这些中性—平等政策法案的实施标志着：性别平等政策的目标由关注家庭中女性地位转向关注家庭中的性别关系；家庭模式由核心家庭转向中性—平等家庭；性别平等政策范围由关注家庭内部转向关注家庭与劳动力市场；性别平等政策内容由关注女性家庭责任转向关注男性与女性的双重责任。这一系列性别中立的政策法案，以制度的形式促进了家庭与劳动力市场的性别平等，从而成为"瑞典模式"中性别平等政策的重要特征，同时标志着瑞典性别平等政策制度体系的建立。瑞典1980年《性别平等法案》的出台，表明政府开始主动治理劳动力市场中的性别歧视问题，政府的行政管理在推进性别平等中开始发挥主导性作用。

然而，政策的悖论再次出现。表现为中性—平等政策与现实中劳动力市场的性别分隔的矛盾。20世纪70年代是瑞典进行性别平等政策改革的十年，由于中性—平等政策持续关注家庭内部的性别关系，出台了一系列的中性政策，其改革对促进性别平等起到了显著的作用，促进了女性从传统的性别角色和家庭依赖关系中解放出来，改造了核心家庭结构，凸显了家庭中男性与女性平等独立的个体化。但是，性别中立政策主要关注与解决的是家庭中的两性平等问题，实质上家庭中的性别平等依赖于劳动力市场的性别平等，没有劳动力市场的性别平等，家庭平等只能是愿景。尽管出台了《性别平等法案》，引进了关于反对性别歧视的综合法案，但是，在劳动力市场中实现性别平等和机遇均等还有很长的路要走，加之核心家庭模式的惯性，以及中性—平等政策工具的效能衰减。因此，这也是导致瑞典政府在20世纪80年代初对中性—平等政策的实效展开调查与评估的原因。

二 走出"中性性别平等政策"悖论，实施性别平等政策调整

1980—2000年，瑞典政府为适应社会政治经济发展的需要，为克服中性—平等政策与现实中家庭和劳动力市场的性别分隔的矛盾，自80年代初至90年代中期，女性主义与政府委员会对70年代的中性—

性别平等政策的实际效果进行批评与评估。对这一批评与评估过程进行分析，我们发现，政府的评估结果与女性主义的批评是相吻合的，首先，政府委员会通过调研评估承认在过去的15年中，由核心家庭的单收入模式（男性挣钱养家）转变为中性—平等的双收入家庭模式是将愿景变成了现实。但是，在家庭模式转换的过程中，父母工作与照护的双重责任角色并没有真正实现，女性仍然是家庭照护的主角，在家庭结构中女性仍处于次要的被动地位。其次，女性主义的批评与委员会的评估认为存在上述问题的原因在于：男性责任是构成家庭性别不平等的根源，正是由于男人不承担家庭照护的责任，才使得妇女被困于照顾孩子的事务中以及在工作中处于弱势地位，实施父母双保险政策仅仅是迈出第一步，对于改善家庭中的性别关系没有发挥实质的作用；要实现性别平等必须改变两性的权利关系，通过政策实现女性与男性权利平等与责任共享。女性主义与政府委员会在对中性—性别平等政策进行批评与评估的同时也提出来了一些相应的政策建议：一是将性别平等政策的目标锁定男性，提出男性要承担家庭照护的责任，而男性未承担照护责任是造成两性不平等的根源；二是要从关注性别中立的家庭模式转向关注男女之间的权利关系，从关注男女之间的性别角色转向关注男女之间的不同利益，这就需要政策关注女性的需求，让男性从事家庭无薪酬工作，因此"父亲政治"就成为性别平等政策改革的主要内容。女性主义的批评建议与委员会的评估建议在一定程度上为瑞典的政治家们所采纳，并成为这一时期政府制定与调整性别平等政策的依据与内容。

瑞典政府性别平等政策的改革是与其社会政治、经济及社会保障制度的改革相伴随的，但就性别平等政策体系的改革调整而言，具有其自身的特点，表现为。

（一）性别平等政策目标与内容的双重调整

由上述分析我们可以看到，在1980—2000年这一时期，瑞典的社会经济形势构成了性别平等政策改革的必然性与外在原因，中性—性别平等政策实施效果不佳构成了性别平等政策调整的现实原因，而女性主义的批评与政府委员会的评估构成了性别平等政策调整的直接原因，性别权利秩序理论构成了性别平等政策调整的理论基础。这些原因决定了这一时期的性别平等政策要进行双重改革：一方面是政策目标的转换；另一方面是具体政策的调整。

女性主义者以性别权利秩序理论为武器，认为就家庭中的权力结构关系而言，男性占主导地位而女性处于从属地位，男性的权力基础来源于核心家庭的结构，核心家庭模式使这种不平等合法化。妇女在家庭中经济上依赖男人，从事无薪的照护家务劳动，处于从属地位。尽管中性—性别平等政策给予了女性以性别中立的带薪假及高度个性化税制等政策工具，但是现实中男女之间的等级结构权力关系与等级结构的角色削弱了这些政策的实际效力，因此要重塑家庭性别平等政策就必须改变权利关系，由中性政策的关注家庭中两性中立关系转向关注女性、关注女性与男性的权利与利益。由此导致这一时期的性别平等政策的双重改革：

一方面，将性别平等政策的目标由关注性别中立转变为关注两性的权利与利益，特别关注女性的权利与利益，使制定性别平等政策的认知基础发生了变化，为此瑞典政府在1987年出台了《性别平等政策目标》，为实现这一目标政府于1988年又制订出台了"性别平等五年行动计划"法案。两项法案的出台标志着瑞典性别平等政策目标的转换，更加注重男性与女性在家庭与社会生活中的权利与责任，使政策目标走出家庭，不仅与劳动力市场政策，还与社会、经济、政治领域的政策相结合，从而实现性别平等，并为后来提出的"社会性别主流化"奠定了基础。

另一方面，性别平等政策的改革锁定"父亲"这一角色。瑞典社会通过"性别角色"的大讨论及女性主义的批评，认为男性没能承担家庭照护的责任是造成女性在家庭与劳动力市场中处于从属地位的根源。因此，如何让父亲更多地承担没有报酬的家庭照护责任，成为当时"爸爸政治"的一项重要内容。为此1993年政府出台了新的《育婴假法案》，即"爸爸月"政策。这一政策的出台，标志着性别平等政策调整为从男性视角考虑解决性别平等问题，关注男性应承担的家庭照护责任。该政策以法规的强制性迫使男性使用家庭的父母保险制度，提高男性产假的领受率，改变以往女性"垄断"育婴假的现象，实现了父母共担育儿责任,达到了家庭性别平等的目的。

性别平等政策上述的双重改革标志着性别平等政策发展经历了三个阶段,第一阶段是关注女性在家庭中的地位与角色,第二阶段是关注性别中立政策,第三个阶段是关注男性应承担家庭照护的责任与角色。性别平等政策的双重改革也是一个从理论到实践的政策发展改革过程,这一政策改革在瑞典性别平等政策发展过程中起到了承上启下的作用,为2000年以后的性别平等政策调整与完善奠定了基础。

(二)保持了性别平等政策的连续性

1980—2000年是瑞典遭受经济危机,瑞典模式遭受质疑,政党更迭频繁的年代,然而,在这种社会背景下,性别平等政策没有像其他领域的政策那样遭受政治风波的影响,而是保持了性别平等政策的连续性,这在当时瑞典的政治环境下是十分难得的,由此构成瑞典性别平等政策的一大特点。

在瑞典,受其历史传统与政治文化的影响,无论是社会民主党还是自由党、温和党,无论是执政党还是在野党,对实现社会性别平等及建立性别平等机制具有共识,因此,性别平等制度化的过程没有受到政党与政府更迭的影响,从而保持了政策的连续性,新政府经常执行上届政府的计划或政策。中右翼政府1991年上台后,执行了社会民主党1988年性别平等五年行动计划的路线;社会民主党于1994年重新执政,也实施了韦斯特伯格(Westerberg)两性平等法案中的几项措施,特别是对社会性别主流化做出承诺并写入社会民主党的《政府宣言》,同时历届政府均重视对于性别平等政策的执行,各届政府越来越多地使用监测和政策评估的手段与方法来保证政策的实施,这种注重政策评估的方式也增强了性别平等政策的连续性。

(三)实现了性别平等政策范围的拓广

1994年瑞典政府提出的"社会性别主流化",不仅在瑞典的性别平等政策发展过程中具有重要的作用,同时对世界各国的性别平等运动有着重要的贡献。首先,开启了制定社会各项政策的新视角。以往政府制定政策多是从政治、经济、社会、法律的视角考虑问题,而"社会性别主流化"作为一种优先策略,则要求以性别平等为目标来制定各项政策，从而使政策领域纳入了性别平等的向度，同时也构成了政策改革的目标与方向。"社会性别主流化"的视角强调了基于性别权利的重要性，性别平等的涵义要比机会平等涵义宽泛，它追求的是两性之间权利与责任的平等。"社会性别主流化"的意义还在于，它将原来一直处于边缘地位的女性问题带到了政府政策舞台的中心，并提到优先政策的高度。"社会性别主流化"将性别因素引入到政府的各项规范与政策中去，为我们提供了一个认识问题、制定政策的新视角。其次，实现了性别平等政策范围的拓广。以往的性别平等政策只涉及家庭政策与劳动力市场政策，而社会性别主流化则将性别平等拓广到社会的政治、经济、文化、教育、生活等各个领域，同时还贯穿于对政治、经济和社会各领域政策设计、执行、跟踪、评估的全过程，并成为衡量评估的标准。最后，将性别平等的机制制度化。瑞典政府从 70 年代开始制定性别平等政策，构建起了较为系统的制度体系，通过"社会性别主流化"将这一政策体系又进一步制度化，表现出制度的连续性与体系化，从而将性别平等的机制拓展到各项政策中去，使各项政策的制定与执行均体现出对两性权利平等的追求，从而实现了社会的两性平等。

  瑞典政府为走出政策悖论所实施的上述一系列性别平等政策的改革，在现实中取得了较好的社会效果，劳动力市场中的性别平等程度有所提高，男女就业机会与工资水平逐渐接近，男性的家庭照护责任感不断提升。瑞典统计局提供的数据表明：2015 年，瑞典 25—44 岁女性失业率为 3%，男性为 4%，欧洲（不包括北欧国家）25—44 岁女性失业率为 10%，男性为 9%[①]；2010 年，女性周末用 3.5 小时做无偿家务工作，男性周末用于做无偿家务工作的时间为 2.5 小时；1987 年，女性就业率为 82%，男性为 88%。2000 年，女性就业率 76%，男性为 81%。2013 年，女性就业率为 77%，男性为 82%；1987 年，45% 的女性兼职，6% 的男性兼职。2013 年，30% 的女性兼职，11% 的男性兼

---

① Sweden Statistics, *Women and Men in Sweden: Facts and Figures* 2016, Stockholm: Statens Offentliga Utredningar, 2016, p. 60.

职；1994 年，女性工资是男性的 84%，2012 年，女性工资是男性的 86%。① 上述数据表明，在劳动力市场中，瑞典女性失业率在欧洲是最低的，从就业率看，由于受经济危机的影响，女性就业率有所下降，但是，男女就业率的差别还是在缩小；女性兼职的比例在降低，女性与男性的工资差别在缩小，男性越来越多地在扮演照护家庭的角色，从事家庭无偿劳动的时间与女性接近。这些数据表明瑞典的性别平等政策的改革与"社会性别主流化"策略的实施取得了很好的实际效果，同时也表明瑞典性别平等政策正在解构并走出政策悖论，使瑞典社会政策与性别平等政策这一国家调控工具发挥出更好的社会效益与效率。

综上所述，瑞典的性别平等政策在不断地解构政策悖论中发展，80 多年来，不为政治更迭与经济危机的干扰，瑞典政府建立了一整套政策目标与政策类型相一致、具有政策连续性的性别平等政策制度体系，这一制度体系的建立与实施是保证瑞典社会性别平等的基础性基石；为走出性别平等政策的悖论，瑞典政府对性别平等政策进行了一系列改革。通过改革性别平等政策目标由关注家庭中的女性到关注性别中立到转向关注两性的权利与责任；性别平等政策的范围从关注家庭内部到关注家庭与劳动力市场再到拓展为社会的各个领域；性别平等政策的内容由关注女性的地位转向关注男性的责任；性别平等政策的本质表现为从关注女性的角色与地位转向关注女性的权利与利益；政府以法案的形式出台性别平等政策，使制度本身具有强制性，体现了政府对家庭、劳动力市场及各领域性别平等的主导与干预，在范围上将性别平等融入社会各政策领域，在过程上将平等贯穿于政策制定执行与评估过程的始终，获得了良好的政策效率；瑞典政府建立了完善的组织体制，形成了纵向自上而下的决策执行、监督保障、项目实施的管理机制与联结各部门的交叉互动互制的横向管理机制，为"社会性别主流化"奠定了组织保障；瑞典政府的性别预算与性别分析、政策评估、资金支持的方法与手段为性别平等政策的实施提供了政策工具与资金保障；瑞典"社会性别主流化"的一个重要贡献还在于开启了社会各项政策制定的新视角，并

---

① Sweden Statistics, *Women and Men in Sweden: Facts and Figures* 2014, Stockholm: Statens Offentliga Utredningar, 2014, p. 76.

进一步拓展了性别平等政策的范围，使性别平等延展到社会的各项政策中去，将原来一直处于边缘地位的女性问题带到了政府政策舞台的中心，并提到优先政策的高度，使政策领域纳入了性别平等的向度，同时也构成了社会政策改革的目标与方向。总之，瑞典的性别平等政策不仅使瑞典成为世界上最平等的国家，同时也为世界各国的性别平等做出了重要的贡献。

本章小结

本章从历时态的视角，以走出悖论：以由家庭政策到性别平等政策演进为主题，通过对于大量一手资料的挖掘与梳理，系统分析阐释了瑞典性别平等政策的制定、出台、演进与变迁的过程；研究分析瑞典性别平等政策从家庭政策中独立出来，形成制度体系的建构过程；研究分析瑞典性别平等政策出台过程中如何形成政策的悖论及对政策悖论的克服，从而使性别平等政策逐步完善。

第四章　瑞典性别平等政策目标体系及其内容与实践

性别平等是瑞典的社会基石之一。性别平等是通过一系列性别平等政策的制定与实施来实现的。本章从共时态的视角来梳理、分析与阐释瑞典性别平等政策的目标体系、内容结构及实施效果。瑞典性别平等政策是社会政策的重要组成部分，二者的政策范围虽有不同，但是内在本质与价值目标是一致的，即追求社会权利的平等。性别平等政策的价值目标是追求两性之间平等的社会权利，包括政治与管理中平等的参与权利，经济与教育中的机遇均等权利，家庭中角色与责任平等的权利及保障女性自身安全的权利。本章从分析性别平等政策本质与价值目标入手，探寻瑞典性别平等政策的目标体系，从总价值目标与分价值目标两个层面及四个价值目标内容结构方面分析阐释瑞典性别平等政策的具体内容及其实践情况。

第一节　性别平等政策的目标体系及其内在结构

瑞典性别平等政策具有一个目标体系，其总体价值目标与具体分价值目标之间具有本质的、内在的一致性，即追求两性社会权利与机会的平等。瑞典性别平等政策目标体系的形成具有一定的历史性，它是与不断解构以男性为主导，女性为从属的性别—权利秩序结构的过程相一致的。追求性别平等在瑞典不仅是政治问题，同时也是重要的社会问题。

一　性别平等政策目标体系的形成与确立

性别平等是瑞典现代社会追求的重要价值。由于受传统文化与政治文化的影响，追求社会平等是瑞典社会的普遍共识。瑞典社会坚信男性和女性应该拥有平等的权利与影响力，基于这种信念，瑞典得以成为世界上性别最平等的国家之一。在瑞典，性别平等不仅是社会和谐的价值目标，也是瑞典各执政党与在野党的政治价值目标，还是女性主义追求的价值目标，同时亦是政府与性别平等政策确立与追求的政策价值目标。

瑞典性别平等政策目标体系的确立是与瑞典社会发展及其对性别平等的认识密切相关的。在20世纪70年代，瑞典的性别平等政策从家庭政策中逐渐分离出来，形成独立的政策制度体系。这意味着性别平等不再局限于家庭内部的男女地位平等问题，而是随着瑞典经济社会的发展，女性要具有进一步追求劳动力市场机会平等的权利及社会政治、经济、教育等各方面的平等权利。性别平等领域不断扩大的社会要求使得瑞典性别平等政策目标体系的设定也经历一个不断变化的过程。

瑞典政府于1987年提出了《性别平等政策目标》(Goals for Gender Equality Policy)，这一《性别平等政策目标》调整了瑞典性别平等政策的原价值目标，将政策价值目标由原来关注家庭中的中性性别关系转向关注男女两性的权利与责任，确立了性别平等政策长期的总体价值目标："不论是在何种领域，男性与女性应有相同的权利、责任、义务以及机遇。"[①] 为实现这一性别平等政策总目标，政府于1988年出台了《性别平等五年行动计划》(National 5 year plan of action to promote equal opportunities) 法案。法案提出了六个具体的性别平等政策价值目标：首要价值目标是实现女性与男性的经济独立与经济平等；二是实现劳动力市场就业平等以及平均承担家务照护责任；三是强调在公共领域补充领导职位时要平衡性别比率；四是解决和改善教育体系中的性别差异问题；五是解决家庭成员之间性别平等问题，主要是实现父母工作与照护角色之间的平衡；六是关于女性的政治参与。政府承诺增加高层公共领域职位中的女性比率，即从1988年到1995年，从20%增加到40%。而且也承诺未来十年内，到20世纪90年代末，实现所有董事会、委员

---

① Sweden. Government. Bill 1987/88, No. 105. Mål för Jämställdhetspolitiken. 1988: 30.

会以及顾问团等公共部门中的性别平衡。① 由此构成了最初的以总价值目标为第一层次，具体价值目标为第二层次的瑞典性别平等政策目标体系。

瑞典《性别平等政策目标》与《性别平等五年行动计划》法案的出台，表征着瑞典性别平等政策价值目标的转换，政策价值目标更加关注两性的权利与责任，同时也使政策价值目标走出家庭，不仅与劳动力市场政策，还与社会、经济、政治领域的政策相结合，使性别平等政策追求更广泛领域中的两性平等。

1991 年，瑞典中—右联盟政府当选执政，承诺让瑞典有一个"新开始"。联盟政府 1993 年提出，1994 年春通过了《性别平等政策：权力共享—责任共担》的两性平等法案。该法案延续了社会民主党政府 1988 年《性别平等五年行动计划》的指导思想，法案提出了与 1988 年社会民主党提出的性别平等政策总目标相似的总体目标，即"在生活中的各个重要领域，男性和女性享有同等权利、义务以及相同的发展前途。"② 在这个总的价值目标下，政府法案提出来性别平等的六个具体价值目标：一是女性和男性权利与影响力的平均分布；二是男性与女性经济独立的均等机会；三是女性和男性在企业和工作生活中、在就业和工作条件方面以及工作的发展方面享有同等条件；四是女性与男性（或者女孩与男孩）具有机会均等的受教育、发展个人才能、志向与兴趣的权利；五是男女共同承担儿童保育和家务劳动方面的责任；六是消灭性别暴力。③ 这一政策法案的目标体系重在解决男女权利问题，特别是要解决女性所面临的有偿工作与家庭照护相结合的困境。这一法案与 1988 年的行动计划法案相比，在总价值目标一致的前提下，在具体价值目标中增加了消灭性别暴力的内容，关注男性对女性暴力行为的预防与治理，这为后来瑞典政府建立针对女性暴力行为委员会及出台一系列

---

① Lundqvist Å., *Family policy paradoxes: Gender equality and labour market regulation in Sweden*, 1930–2010, Bristol: Policy Press, 2011, pp. 88–91.

② Sweden. Government. Bill 1993/1994, No. 147. Jämställdhetspolitiken: Delad makt-delat ansvar. 1994: 4.

③ Sweden. Government. Bill 1993/1994, No. 147. Jämställdhetspolitiken: Delad makt-delat ansvar. 1994.

取缔针对性别暴力的政策奠定了制度基础。

2006年，由瑞典社会民主党、绿党和左翼党共同构思完成并提出，由瑞典国会批准的《改变社会与个人生活的权利——性别平等政策的新目标》的性别平等法案出台。尽管人们期望《新目标》有一个方向性的改变，然而《新目标》对性别平等政策价值目标的确立与以往出台的性别平等政策价值目标有着惊人的相似之处。《新目标》以"社会性别主流化"为基础，提出了性别平等政策的总价值目标为："男性和女性拥有同样的权利改变社会和他们自己的生活。这包括所有人，不分年龄，种族，性取向，无论残疾与否，也不管是本国的哪个区域。"[1] 这一总价值目标与之前制定的性别平等政策的总目标相差无几，在此总目标下，《新目标》又提出了四个具体的子目标：一是平等的权利分配及作用；二是男性和女性终身的经济平等；三是无偿的家务劳动和照顾儿童责任的平等分配；四是反对男性对女性的侵犯。[2] 除上述这些目标体系外，政府提出了新的性别平等政策的指导原则，即以"社会性别主流化"作为实现性别平等政策的一种策略，以上四个方面可以理解为实现性别平等主流化策略的具体政策。

2006年《新目标》的重要意义在于，《新目标》所构成的性别平等政策的目标体系对后来的瑞典性别平等政策建设有着重要的指导意义。至此，瑞典政府基本确立了性别平等政策目标体系，形成了以价值总目标为核心，具体以权利与影响力分配平等、两性经济平等、无偿服务与家务劳动分配平等、禁止男性对女性实施暴力为内容的子目标，从而形成了比较稳定的性别平等政策目标体系，成为后来瑞典一系列性别平等政策制定与实施的目标依据。

综上，我们可以看到，瑞典性别平等政策的目标体系基于1987年的《性别平等政策价值目标》与1988年的《性别平等五年行动计划》法案，基本确立了女性与男性拥有平等的社会权利与责任的思想。后经

---

[1] Sweden. Government. Bill 2005/2006, No. 155. Makt att forma samhället och sitt eget liv-nya mål i Jämställdhetspolitiken. 2006：44.

[2] Sweden. Government. Bill 2005/2006, No. 155. Makt att forma samhället och sitt eget liv-nya mål i Jämställdhetspolitiken. 2006：49.

1994年春出台的《性别平等政策：权力共享—责任共担》的两性平等法案与2006年出台的《改变社会与个人生活的权利——性别平等政策的新价值目标》的性别平等法案，在性别平等政策价值总目标的表述上均无大的差别，政策价值总目标在思想上则是完全一致的。在具体的价值目标的阐释上，自1994年的两性平等法案后基本确立了在政治、经济、家庭、反性别暴力四个领域的权利平等的子目标，这标志着瑞典性别平等政策的目标体系的形成，即形成了以总价值目标为核心层次，以四个具体价值目标为第二层次的性别平等政策的目标体系。这一目标体系的形成为瑞典性别平等政策的内容结构奠定了基础与遵循。

二 基于性别平等政策目标体系的内容结构

瑞典2006年出台的《改变社会与个人生活的权利——性别平等政策的新目标》，确立的性别平等政策总目标在后来的瑞典中文官方网站译为："确保女性与男性在生活的各个方面都享有同样的机会，拥有同样的权利，承担同样的义务。"[1] 这一价值总目标，一方面体现为要改变或抵制瑞典社会原有的以男性为主导，女性为从属的性别—权利结构秩序的资源分配体系；另一方面则是为确保女性与男性享有同样的权利与机会去追求他们想要的人生。当女性和男性在社会生活的各个方面都享有平等权利和影响力时，社会便会更加公平和民主。在瑞典社会中性别平等政策鼓励人们学习各种技能、激发创造力，因此也有助于社会与经济的发展，性别平等成为瑞典社会发展的一个推动力。

瑞典性别平等政策的"确保女性与男性在生活的各个方面都享有同样的机会，拥有同样的权利，承担同样的义务"的总体价值目标，决定了瑞典性别平等政策内容的结构，体现为在总价值目标下对具体性别平等权利的追求，从而形成了瑞典性别平等政策的内在结构：

1. 两性权利和影响力的分配平等。女性和男性必须享有同样的权利和机会参与社会生活与决策。

2. 两性经济平等。女性和男性必须享有同等的受教育机会和条件

---

[1] 瑞典官方网站：《为一个同性平等的瑞典而努力》，2018年，http：//factsswedencn/society/weitongxingpingdengderuidianernuli/，2018年4月14日。

以及平等的薪资水平，这些要素是男女两性实现终身经济独立的途径。作为瑞典劳动力市场最大后备军的妇女，如何走出家庭，进入劳动力市场领域，在劳动力市场中实现性别平等，即机会平等及同工同酬的基本权利，则成为瑞典性别平等政策的价值目标。

3. 有酬劳动和无偿家庭照护分配平等。女性和男性必须同等承担家务劳动，在平等的基础上，拥有获得有酬劳动和无偿家庭照护的同等机会。每个人，无论性别，都有权工作和负担自己的生活，有权平衡事业和家庭生活的关系。

4. 禁止男性对女性实施暴力。女性和男性，无论年龄大小均平等享有身体发肤完整不受损害的权利和机会，均有权在不必担心遭受虐待或暴力的环境中生活。①

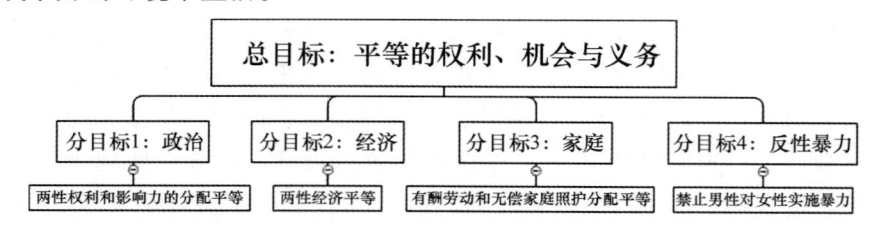

图4—1 瑞典性别平等政策目标体系结构图

瑞典性别平等政策的目标体系（见图4—1）是瑞典性别平等政策的灵魂，通过总价值目标的设定，确立了四个具体价值目标的领域，确立了瑞典性别平等政策的内容结构。自1987年以来，瑞典性别平等政策在维护政治领域中男女平等的参与权利、经济教育领域中机会平等的权利、家庭中工作与照护的平等权利及女性维护自身安全的权利四个方面出台了一系列的性别平等政策。自1994年推行"社会性别主流化"以来，瑞典政府投入了更多资源以有效实施性别平等政策。瑞典政府在2007—2010年每年投资4亿克朗，② 2015年投资

---

① Sweden. Ministry of Integration and Gender Equality，*The Swedish Government's Gender Equality policy*. 2009，p. 1.

② Sweden. Ministry of Integration and Gender Equality，*The Swedish Government's gender equality policy*. 2009，p. 1.

1.52 亿克朗,① 2016 年投资 2.32 亿克朗用于推进性别平等政策在各个领域的实施。② 政府的财政投入使得性别平等政策顺利推行,发挥出更加有力、更加积极的社会作用,促使性别平等的观念渗透到政府的所有政策中去。瑞典政府在教育、就业和社会生活等领域采取实际行动推进性别平等政策,力图通过性别平等这样的途径来积极地创造一个男女平等的社会。在《2012 年全球性别差距报告》中,瑞典被称为全球性别平等的引领者。该报告由世界经济论坛倡议编制,评估各国在经济、政治、教育和卫生等领域的性别平等状况。本章将在后文详尽分别阐释基于瑞典性别平等政策目标体系下的具体内容结构。

第二节　平等参与中的性别平等政策

平等与民主是有着内在一致性的,这种一致性表现为瑞典性别平等政策中的平等参与政策目标与政策实践。性别平等政策中的平等参与是追求女性与男性一样具有政治上平等的参与权利及经济、教育领域中的权利平等与机会平等。在现实社会中,女性的政治、经济参与程度是社会民主程度的度量标志,提升女性在政治与经济领域中的权利与影响力既是瑞典社会民主的追求,也是瑞典性别平等政策的重要价值目标。

一　政治与经济参与中的性别平等政策

瑞典的政治文化对追求社会平等具有普遍的共识。在这种政治文化中性别平等也成为政府的价值目标与社会行动。提升女性的权利与影响力,提高女性的政治与经济的参与度,确保女性与男性一样具有平等参与社会生活与决策的权利与机会,是瑞典性别平等政策的首要价值目标。为此瑞典历届政府均出台了一系列法规与政策来实现与提升女性在

---

① Sweden. Government, Annual Report State 2015 [R/OL]. 2015. [2018 - 03 - 25]. http://www.regeringen.se/496f5a/contentassets/9f89b99f2d6341cabcbb65ead26666e4/arsredovisning-for-staten - 2015 - skr. - 201516101.

② Sweden. Government, Annual Report State 2016 [R/OL]. 2016. [2018 - 03 - 25]. http://www.regeringen.se/49740b/contentassets/c31be086fe96499491dbb84308013120/arsredovisning-for-staten-2016-skr. 201617101.

政治与经济参与中的权利与影响力。

瑞典女性获得政治参与权利与扩大影响力是具有历史传统与制度保障的。1919 年，瑞典女性获得市政选举权和在市县级别政府任职的权利；1921 年，女性得到国家选举权及在国家政府中任职的权利，这标志着瑞典女性获得了重要的政治参与权利，为后来瑞典议会与政府中拥有高比率的女性高级官员奠定了法律基础；1925 年，女性与男性拥有同等获得公务员职位的权利；1947 年，瑞典产生了第一位女内阁部长——卡琳·科克（Karin Kock）；1984 年，瑞典出台了《国家部门平等机会条例》，使女性拥有在国家公共部门任职的平等机会；1988 年，政府出台了关于瑞典性别平等政策建设的重要法案，《性别平等五年行动计划》法案，在法案的第六个价值目标"女性的政治参与"中，提出"增加高层公共领域职位中的女性比率，即从 1988 年到 1995 年间，从 20% 增加到 40%。而且也承诺未来十年内（到 20 世纪 90 年代末）实现所有董事会、委员会以及顾问团等公共领域部门中性别的平衡。"[①] 这一性别平等政策价值目标的确立至今具有重要的影响，同时也成为后来性别平等政策新价值目标的重要内容；1989 年，北欧推进平等机会行动计划，瑞典公布所有职业向妇女开放，包括武装部队，这标志着性别平等政策涉及的领域在不断扩大，标志着女性政治参与度的加深；1994 年，政府出台了《性别平等政策：权力共享—责任共担》的两性平等法案与 2006 年出台的《改变社会与个人生活的权利——性别平等政策的新价值目标》性别平等法案，确立了瑞典性别平等政策的目标体系，形成了由总价值目标与四个领域具体价值目标构成的性别平等政策的目标体系。在总价值目标下，以"社会性别主流化"为基础，强调"在公共生活中女性与男性具有平等的参与权利与影响社会发展的机会"[②] 的政治参与领域的性别平等价值目标。同时，性别统计被纳入瑞典官方统计，成为政府官方统计的组成部分；2009 年，瑞典出台重

---

① Lundqvist Å., *Family Policy Paradoxes: Gender Equality and Labour Market Regulation in Sweden*, 1930–2010, Bristol: Policy Press, 2011, p. 91.

② Sweden. Government. Bill 2005/2006, No. 155. Makt att forma samhället och sitt eget liv-nya mål i Jämställdhetspolitiken. 2006.

要的性别平等政策《反歧视法案》。在该法案中，瑞典政府将性别平等政策的内容与规范移植到了种族平等、信仰平等、变性身份平等领域。这一法案是维护社会平等的综合法律，在瑞典性别平等政策中具有重要地位。这些政策制度的出台，保证了瑞典女性政治参与的权利与平等参与的机会。

瑞典女性政治参与权利的获得与实际参与度的提升是一个渐进的历史过程，这一过程也体现了瑞典性别平等的实现程度与政策的实效性。在1921年，瑞典女性虽然获得了议会的投票权，但长时间以来，议会中的女性代表率很低。1957年，议会中的女性比率为10%，到20世纪90年代女性比率才缓慢增加至40%。20世纪70年代实施性别平等政策后，这一比率逐年增加，到2014年大选后，议会成员中的女性比率达到了44%（349名议员中女性有152位）。[1] 同时，在国家议会委员会中任职的女性比率也在不断的增长，从1985年的28%，增长到了2016年的44%。[2] 这些数据表明瑞典女性的政治参与度与影响力在不断加大，女性政治地位在不断提升。

瑞典政府自称为女性主义政府，注重女性在政治参与方面的性别平等。瑞典女性不仅在国家议会成员中占有44%的性别比率，在政府中担任高级政府官员的比率要高于在议会中任职的女性性别比率，这是瑞典成为世界上性别平等典范的例证。1985年，在瑞典中央政府部长级官员中女性占25%，男性部长占75%，2016年政府的24位部长中有12位是女性，占到了50%[3]，在外交及金融这样具有重大影响的部长级职位均由女性担任，这一比率达到了瑞典1988年《性别平等五年行动计划》设置的公共领域部门中性别平衡的价值目标。这一数据也是目前世界各国在中央政府中部长级官员中女性最高的性别比率，这也充分体现出瑞典在政治参与方面的性别平等。

---

[1] Sweden Statistics, *Women and Men in Sweden: Facts and Figures* 2016, Stockholm: Statens Offentliga Utredningar, 2016, p. 89.

[2] Sweden Statistics, *Women and Men in Sweden: Facts and Figures* 2016, Stockholm: Statens Offentliga Utredningar, 2016, p. 92.

[3] Sweden Statistics, *Women and Men in Sweden: Facts and Figures* 2016, Stockholm: Statens Offentliga Utredningar, 2016, p. 93.

在瑞典，中央政府的委员会是非常重要的咨询与监督部门，中央政府的一些重大政策法案均是由专门委员会负责调研起草的，同时委员会也承担对政策执行的监督责任，因此委员会在瑞典国家行政管理过程中具有不可或缺的地位。自实施性别平等政策以来，政府委员会中女性成员的比率在不断上升，由 1991 年的 31%，达到 2014 年的 49%；其中担任委员会主席职务的女性，由 1991 年的 11%，达到 2014 年的 44%。[①] 可见，在国家级的专业委员会中，女性占有重要的地位与影响力。

上述数据表明，无论在瑞典国家议会、中央政府还是在中央政府的委员会中，女性的性别比率接近一半，这充分证明了瑞典女性的政治影响力与权利影响力均与男性相当，真正体现了妇女地位的提升与性别的平等。值得提出的是，多少世纪以来，瑞典教会大主教的角色一直由男性担任。2013 年，瑞典成为打破这项传统的为数不多的几个国家之一。安特耶·雅克伦（Antje Jackelén）被瑞典教会选为首任女性大主教。雅克伦于 2014 年 6 月正式就任乌普萨拉大主教，由此也成为瑞典教会的大主教。这也从另一个侧面表明了不仅瑞典女性的政治地位在提升，而且社会文化地位与影响力也在提升。

瑞典妇女不仅政治参与度高，在经济参与方面也具有重要的影响力与参与度。瑞典女性不仅在议会和政府中占有近一半的比率，在公共事业公司董事会及高级管理人员的性别比率也在不断提高，公共事业公司董事会主席的女性比率由 2002 年的 13%，上升到 2015 年的 45%；公共事业公司董事会中总经理的女性比率由 2002 年的 12%，上升到 2015 年的 32%，董事会成员中女性比率由 2002 年的 37%，上升到 2015 年的 46%。[②] 数据表明，在瑞典公共事业部门中任职的高级管理层中女性的经济参与度及所占比率是比较高的，这体现了公共部门高级管理人员的性别平等程度是较高的。

然而，与女性在公共事业公司（国有企业公司）中任职的较高比

[①] Sweden Statistics, *Women and Men in Sweden: Facts and Figures* 2016, Stockholm: Statens Offentliga Utredningar, 2016, p. 94.

[②] Sweden Statistics, *Women and Men in Sweden: Facts and Figures* 2016, Stockholm: Statens Offentliga Utredningar, 2016, p. 93.

率相比，在瑞典私人企业董事会中女性的代表比率却很低，与男性任职比率相比差别很大。根据瑞典国家统计局的数据统计显示，2015年，在瑞典上市公司董事会主席中女性仅占5%，男性占到95%，总经理中女性占6%，男性占94%。[①] 2014年瑞典统计数据显示，公共部门与私营部门中管理人员的女性比率相差很大，在公共部门中女性管理人员占到62%，而在私营部门中女性管理人员的比率仅占30%。[②]

　　瑞典公共部门与私营部门管理人员中的女性占比情况如此悬殊表明，瑞典性别平等政策的影响范围与政策的调节范围是有限的。瑞典性别平等政策在公共领域推行的力度与实效较好，而在私人经济领域的推行效果则不尽如人意，这表明国家政策干预的范围与程度是有限的。瑞典的性别平等政策不仅具有社会性，而且同时具有很强的政治性，这使得瑞典政党、政府对性别平等实践的政治压力总体上是较高的，是有政治价值目标作为基础的，因此政策的成效在公共部门范围内比较显著。然而，瑞典性别平等政策的影响是有限度的，也就是说国家政策干预的范围与程度是有限的，性别平等政策只能调节干预或影响到公共政策领域和政治领域及行政权力范围，但是并不一定必然能够涉及或调整经济领域与社会权力范围，特别是私人公司的经营领域。这说明，国家性别平等政策的干预范围与程度的有限性，这种限度也正是性别平等政策推进的主要障碍所在。

　　为解决女性在私人企业董事会的占比问题，瑞典政府为女性在企业董事会中配额立法的讨论已颇有时日。2006年，社会民主党政府启动了政府调查并在此基础上提出了一项有关配额立法（"企业董事会和性别分配"）的提案。该提案建议，在证券交易所上市的公共有限责任公司、国有公共有限责任公司以及私人有限责任公司应受新近强制执行的《瑞典企业法》的管辖，该法规定企业董事会中男女各自比率不得低于40%。但是因为社会民主党政府在2006年的大选后被保守党政府取而

---

① Sweden Statistics, *Women and Men in Sweden: Facts and Figures* 2016, Stockholm: Statens Offentliga Utredningar, 2016, p. 98.

② Sweden Statistics, *Women and Men in Sweden: Facts and Figures* 2016, Stockholm: Statens Offentliga Utredningar, 2016, p. 99.

代之，因此这项提案并未正式出台。但是，为女性在企业董事会中配额立法这一议题却引起了公众的关注，并同时成为2010年大选的辩论议题。社会民主党、绿党和左派政党（当时为反对党）承诺，如果他们能够上台执政，最迟到2012年推行配额立法，但是他们未能赢得大选。2010年9月保守的联合党政府赢得了连任，在执政的四年期间，对是否出台配额立法存在分歧：保守党（温和联合党）对配额立法持积极立场，而自由党和中央党则反对配额立法。2011年10月保守党全体会议否决了政党委员会就支持企业董事会性别配额所提出的提案。至此，配额立法则从政治议程上取消了。

当前瑞典执政的社会民主党与绿党的联合政府，在2014年的施政方案中表示，如果到2016年企业董事会中女性代表比率仍低于40%，届时将在股东大会之后提议进行性别配额立法。① 然而，2017年1月12日斯德哥尔摩（路透社）新闻报道的题目为：瑞典政府放弃了公司董事会性别配额法案。报道称，因在瑞典议会成员中占多数间的偏右反对党和民粹主义的民主党，反对"上市公司增加女性董事会成员的数量"的法案，使瑞典社会民主党和绿党的联合执政政府放弃了这项计划中的性别配额法案。② 由此可见，瑞典的性别配额法案至今没能通过立法。我们也就，能够理解公共部门与私人部门间女性高级管理人员占比62%与5%的差别了。

综上所述，瑞典自20世纪70年代开始实施性别平等政策以来，特别是1994年开始推行"社会性别主流化"策略以来，为提高女性在政府决策层的比率，政府出台了多项法案与政策措施，并为性别平等政策的实施提供了大量的资金，从而使得政府与议会中女性比率不断提升，提高了女性的政治影响力，提升了女性参与决策的权利，并在政府与议会中达到了女性与男性相等的性别平衡，这种相等的性别平衡是在没有诉诸性别配额制基础上自愿达成的。因为在近几十年中，由于受到社会

---

① Ann Numhauser-Henning, *Documents requested by the Committee on Women's Right and Gender Equality*: *the policy on gender equality in Sweden*, Brussels: Eruopean Pailiament. 2015, p. 15.

② Johan Sennero, Swedish government drops plans for gender quota bill for company boards [N/OL]. 2017 - 1 - 12. https://www.metro.us/news/swedish-government-drops-plans-for-gender-quota-bill-for-company-boards/Lmiqal-XbM9_ S8XyHvdn5GjOdLqIg.

文化传统、公众舆论和选民普遍期待的影响，瑞典的各大政党在竞选中均采取了一种新的普遍做法，即选举中每位第二候选人皆为女性，这成为政策因素之外的女性任职比率上升的原因之一。总之，从上述数据可见，瑞典的性别平等政策的实效性是较强的，不论在欧洲还是与世界各国相比，瑞典女性的社会地位、参与政治与经济决策的比率及影响力均位于世界前列，这使瑞典成为世界上性别最平等的国家之一。

二 教育中的性别平等政策

性别平等意识是瑞典社会平等文化的重要组成部分。这种平等意识体现在瑞典的教育理念与指导思想上，表现为，为女性与男性提供平等的教育机会，保障女性平等接受教育的权利，正如在1988年出台的《性别平等五年行动计划》法案中强调的，要解决与改正教育体系中的性别差异。瑞典作为世界上典型的福利国家之一，其特点在于政府主导通过社会资源的再分配实现社会平等。因此平等分配教育资源，使女性与男性享有同等的受教育权利与平等的受教育机会，是瑞典性别平等政策追求的价值目标。瑞典的教育法案与瑞典性别平等政策的相互配合与衔接，是解决教育领域中两性平等权利与机遇平等的制度保证。

为保障女性与男性同样具有接受教育的权利，瑞典的《教育法》与《高等教育法》规定，公民具有平等接受公共教育与高等教育的权利。瑞典的教育包括义务教育、综合高级中等教育和高等教育三部分。瑞典教育法律规定，地方政府必须向所有义务教育毕业后、愿意接受高中教育的学生提供免费的高中教育机会。瑞典的普通高等教育分为本科和专科两个层次。高等教育机构包括传统的大学、大学学院及短期职业技术教育学院等，所有高校均实行免费教育。

瑞典在"1962年《教育法》中设立的'9年制综合学校'旨在为所有学生提供普通教育，以便在文化和政治知识和价值观方面建立共同的基础。教育法规定在同一所学校，瑞典7岁至16岁的每个孩子接受相同的教育，具有强制性，而且男女同校是一种规则。"[①] 1968年，瑞

---

① Elgqvist-Saltzman I, "Straight Roads and Winding Tracks: Swedish Educational Policy From a Gender Equality Perspective", *Gender & Education*, 2006, 4 (1-2), pp. 41-56.

典实施《特别教育服务法》，提出了"全纳教育"的理念，确保所有儿童都有权接受教育，其中也包括智障儿童，从 6 岁开始，瑞典的所有孩子都能获得免费教育的平等机会。1977 年，瑞典出台《高等教育法》，该法案主张建立综合性的高等教育体系，扩大高等教育的范围；主张课程设置向职业化、综合化、多样化发展；主张高等教育向成人教育、继续教育发展，从而为范围更广、数量更多的人提供更好、更多的接受高等教育的机会。1985 年，瑞典通过《瑞典教育法》，该法规定瑞典实行九年义务教育制度。法案规定，从 7 岁到 16 岁接受义务教育是每个儿童的权利和义务。(从 1997 年 1 月 1 日起，儿童也可以 6 岁入学)，所有的孩子和成年人，不分性别、住所、社会地位、财产状况，平等地享有受教育的权利。该法案规定了每门科目的最低修读时间，并确保学生享有安全而友好的学习环境。1994 年 7 月 1 日，瑞典议会通过《国家教育法案》，中央政府制定了《国家义务教育教学大纲》和《国家非义务教育教学大纲》等纲领性文件，对义务教育、高中教育体制、管理模式以及教学大纲进行改革。时至今日，瑞典教育恪守 1985 年的《瑞典教育法》、1994 年的《国家教育法案》及教学大纲系列改革，并不断加以完善。2000 年，瑞典通过了"国家残疾人行动计划"，该计划强调社会各行各业都存在着轻重程度不同的残疾人，作为国家公民的一份子，既享有权利，又应尽义务。这表明，瑞典政府对特殊群体的关注从社会问题和福利待遇转向对公民权的关注。2009 年，瑞典出台《反歧视法案》，该法案以法律的强制性规定反对教育领域中的性别歧视，以保证女性与男性一样享有入学机会平等与教育过程平等的权利。2011 年，瑞典出台了新版《教育法》，包含了有关义务教育和继续教育、学前教育、学前班、校外保育和成人教育的基本原则和规定。该法案规定，学校所有员工都有责任促进男女学生间的平等，相应条款同样适用于成人教育。①

值得提出的是，在瑞典，学校实施的促进性别平等的具体措施是调整课程的设置，以实现男女在课程中的平均分配。瑞典在 20 世纪 60 年

---

① 瑞典官方网站：《瑞典教育》，2016 年，http://factsswedencn/society/sweden-education/，2018 年 4 月 17 日。

代开始进行课程改革。"1962年的课程是促进新的性别角色的第一步。在手工艺课程中,男女都应该学习木工和纺织工艺品知识。家庭经济成为七年级女生和男生共同的必修科目,幼儿保育成为九年级的学习科目。通过1969年进一步的课程改革,学校在性别角色转换中扮演了更为重要的角色。国家教育委员会制定了平等机会计划。在1980年以后的全国性课程中,性别平等仍然是一个价值目标。"① 瑞典在20世纪90年代开始进行了高等教育改革,这次高等教育的改革是以平等与效率为指导理念。"作为教育平等改革的一部分,政府一直致力于将女孩和妇女的教育与职业选择转向劳动力市场的'男性'领域。教育部关心女孩在科学技术方案中的代表比例不足,拨出大笔资金来促进女性进入这些方案。"② 瑞典政府于20世纪90年代还采取了一系列举措,通过推行有关教授学术职务的平权行动规定,对高等教育中的男女性别不平衡达成协议。"瑞典政府决定'有的放矢'更加积极地开展高等教育机构中招聘/改善女性教授待遇的工作。价值目标随着各高校情况的不同而有所变化,浮动范围在1997—1999年为6%—23%,在2001—2008年为15%—40%。在2005—2008年,一些高校所设的总价值目标为招收教授和讲师中的性别比例为40%—60%。"③

几十年来,瑞典遵循从"教育入学机会平等"到"教育过程平等"的平等理念办教育,使得性别平等政策在各类教育中得到落实,女性与男性同样具有接受教育的平等权利与平等机会。这一点在瑞典的教育水平上体现得较为明显。瑞典国家统计局教育登记处对一千个样本教育水平的统计表明,在25岁至44岁的年龄段,1990年瑞典具有义务教育水平的女性占21%,到2000年这个比率降至11%,到2015年这个比率降至9%,这表明在一千人中只有义务教育水平的人越来越少,相反具有高等教育水平的人越来越多。数据表明,1990年在一千人中具有

---

① Elgqvist-Saltzman I, "Straight Roads and Winding Tracks: Swedish educational policy from a gender equality perspective", *Gender & Education*, 2006, 4 (1-2), pp. 41-56.

② Elgqvist-Saltzman I, "Straight Roads and Winding Tracks: Swedish educational policy from a gender equality perspective", *Gender & Education*, 2006, 4 (1-2), pp. 41-56.

③ Ann Numhauser-Henning, *Documents Requested by the Committee on Women's Right and Gender Equality: the Policy on Gender Equality in Sweden*, Brussels: European Parliament. 2015, p. 14.

高等教育水平的女性占28%，男性占25%；2000年这个比率女性升至36%，男性为31%；2015年这个比率女性升至54%，男性为40%。[①]数据说明，25年间，瑞典的教育水平在不断的提升，女性与男性之间的教育水平相差无几，特别是在高等教育领域，女性的教育水平高于男性，这很好地体现了瑞典教育的机会平等与过程平等的教育理念。

瑞典在1977年《高等教育法》与2011年新修订的《教育法》中特别强调终身教育与成人教育，给予已婚妇女及在职人员提供更多的接受高等教育的机会，并整体提高瑞典的受教育水平。瑞典国家统计局的样本统计数据显示，在45岁至64岁年龄段，1990年瑞典达到高等教育水平的女性占18%，男性为18%；2000年达到高等教育水平的女性比率上升到29%，男性为25%；到2015年具有高等教育水平的女性比率达到40%，而同年龄段同教育水平的男性比率为33%。这组数据表明，瑞典社会的整体教育水平是较高的，而且，在45岁至64岁的年龄段上，女性具有高等教育水平的比率从2000年以来一直高于男性。[②]在这个年龄段，瑞典女性的受教育程度之高与范围之广是与瑞典的性别平等政策实施相关联的。瑞典政府自20世纪70年代以来，出台了《性别平等法案》《全民儿童津贴法案》《育婴保险政策》《育婴假法案》《反歧视法案》等一系列性别平等政策法案，这些法案促使女性从家庭的无偿照护工作中解放出来，使单收入家庭模式转化为双收入家庭模式，使女性走出家门接受高等教育，从而提高了整个社会的教育水平，这充分体现了瑞典性别平等政策的实效性。

瑞典的教育水平及女性受教育水平与同是福利国家的北欧国家及欧洲国家、亚洲国家相比也处于较高水平。瑞典国家统计局对2015年的样本统计数据显示，瑞典仅完成义务教育水平的女性占8%，低于北欧国家女性的14%、欧洲国家女性的14%及亚洲国家女性的25%；而在高等教育的比率中，瑞典达到高等教育水平的女性比率为48%，高于

[①] Sweden Statistics, *Women and Men in Sweden: Facts and Figures* 2016, Stockholm: Statens Offentliga Utredningar, 2016, p. 26.

[②] Sweden Statistics, *Women and Men in Sweden: Facts and Figures* 2016, Stockholm: Statens Offentliga Utredningar, 2016, p. 26.

北欧国家的41%、欧洲国家的46%、亚洲国家的42%。① 数据表明，瑞典接受高等教育的女性比率大幅领先男性受高等教育的比率，这说明瑞典高等教育中的性别平等程度是比较高的，女性的受高等教育水平也高于世界其他国家。

瑞典自20世纪70年代实施性别平等政策以来，由于国家性别平等政策为女性提供了平等的教育机会，双收入家庭数量增多，使女性对男性的依赖程度降低，从20世纪90年代到21世纪前10年，女性的受教育水平超过了男性，无论是在高校就读的女性学生还是高校的女性教师的数量明显增加。2015年，在校生与毕业生中的女性分别占到60%与63%，同期男性在校生与毕业生中的占比分别为40%与37%。2014年，在高等教育院校中任教的讲师女性占46%。②

综上，瑞典实施性别平等政策的近40年，为瑞典的社会经济发展，特别是教育的发展做出了贡献，特别是1994年提出推进"社会性别主流化"后，性别平等深入到社会的各个领域。瑞典的教育领域贯彻了性别平等政策的本质，追求男女权利的平等与机会的平等，保障了女性平等接受教育的机会与权利，提升了女性受教育的程度与水平，增加了女性受教育的数量，女性接受成人教育的比例之高，表明瑞典的性别平等政策与高等教育政策相结合，提升了整个瑞典社会的受教育水平，同时也使瑞典女性受教育的水平高于世界平均水平，成为世界性别平等的典范。总之，教育领域的性别平等为女性提高受教育水平，提高自身的能力从而为女性平等的参与政治、经济与社会生活提供了素质保障。

第三节　女性劳动力市场中的性别平等政策

瑞典是世界上女性进入劳动力市场数量占比最多与程度最高的国家之一。20世纪60—70年代以来随着瑞典社会发展黄金时期的到来，大

---

① Sweden Statistics, *Women and Men in Sweden: Facts and Figures* 2016, Stockholm: Statens Offentliga Utredningar, 2016, p. 27.
② Sweden Statistics, *Women and Men in Sweden: Facts and Figures* 2016, Stockholm: Statens Offentliga Utredningar, 2016, p. 32.

批瑞典女性进入劳动力市场。这一方面是社会经济发展的需要，更重要的是瑞典作为福利国家出台了完善的社会保障制度与一系列性别平等政策，从而较好地解决了劳动市场中的女性与男性之间的机会平等与同工同酬问题，解决了女性与男性在家庭中双重角色与责任共担问题，构建了两人挣钱的家庭模式，从而使女性走出家庭进入劳动力市场成为可能。

瑞典的性别平等政策从宏观与微观两个层面支持与维护了女性进入劳动力市场的平等权利与平等机会。如果说瑞典的性别平等政策在政治参与方面强调的是权利与影响力分配的平等，那么，在两性经济方面的平等，则强调的是在劳动力市场中女性与男性的机会平等与同工同酬，即具有同等的就业与有偿工作的机会，从而实现女性与男性的终身经济独立，这就是瑞典性别平等政策在经济领域的政策价值目标。

一　劳动力市场中的性别平等政策

瑞典女性大量进入劳动力市场是与瑞典的性别平等政策发挥重要作用相关联的。女性进入劳动力市场是有条件的，首先，要把女性从家庭的无偿劳动中解放出来，进入有偿工作的劳动力市场。其次，要保证劳动力市场的公平与平等，即女性与男性的机会平等与同工同酬。为实现这些条件，瑞典政府出台了一系列的性别平等政策，从宏观性别平等政策价值目标设定与微观具体规范劳动力市场，维护女性平等权利与利益，从两个政策层面保证了女性进入劳动力市场的工作权利与机会平等的权利。关于女性从家庭无偿劳动中解放出来的性别平等政策问题本书将在下一节阐释。

瑞典劳动力市场中的性别平等政策，体现在微观层面的政策重在保证与维护女性的就业权利与劳动力市场的公平两个方面。

在20世纪30年代，已婚女性的工作权利是一个被备受争议的问题，同时已婚女性在劳动力市场的地位问题也是瑞典各党派发生政治冲突的焦点问题。争论的焦点为：女性是照料家务从事无偿劳动，还是参与到劳动力市场从事有偿工作。这一焦点问题涉及家庭中女性与男性的性别平等问题与家庭模式（男性挣钱模式还是两人挣钱模式）问题。

瑞典政府力排众议，认为应优先选择法律方法，提供法案允许与保护已婚女性的工作权利。1939年政府委员会提出维护已婚女性工作权利的性别平等政策的法案议案，1939年5月议会通过了"有酬就业妇女不得因怀孕，分娩或婚姻被解雇"的政府法案。法案从1939年7月1日开始生效。这一法案的出台，在瑞典性别平等政策体系中有着重要的地位，法案有效地保护了女性有偿工作的权利，保护了妇女的工作利益，为女性特别是已婚女性进入劳动力市场打开了大门，也为女性与男性在劳动力市场中平等竞争奠定了基础。

为改变女性在家庭中的从属地位，把家庭中的男女两性看作没有依附关系的独立个体，将女性从家庭禁锢中解放出来，瑞典进行了税收个体化政策的改革。

1971年，瑞典议会通过了取消共同（家庭）税收制度，出台《个人税收法案》，即妻子与丈夫所得税独立评估纳税的法案。人们"把个人税收制度看作是解放工薪阶层女性的一股力量。"[①] 认为：原有的共同税收制度歧视有孩子的家庭，优待家庭中有收入的一方。因此，这一法案解放了家庭中的女性，改变了家庭中女性对男性的依附关系，促进了家庭与劳动力市场中的性别平等。因此，这一法案的通过被认为是当时"最伟大的平等改革。"[②] 这也是瑞典第一个中性的性别平等政策。税收的个体化，对国家而言，是福利国家政策给付单位从家庭转化为个人，但是对个人而言，能够把个人从核心家庭中拯救出来，特别是使女性从核心家庭中脱离出来而走向社会，税收个体化使劳动力市场向女性敞开了门户，使女性劳动力在有酬劳动中获得解放。[③]

20世纪70年代中后期，国际经济危机蔓延至瑞典，慢慢地销蚀着"瑞典模式"。这一时期，瑞典因经济发展停滞而带来的社会问题

---

① Florin C, *Skatten som befriar: hemmafruar mot yrkeskvinnor i 1960-talets särbeskattning sdebatt*, //Florin C, Sommerstad L, Wikander U (eds). Kvinnor mot kvinnor: Om systerskapets svårigheter, Stockholm: Norstedts, 1999, p. 116.

② Elvansder, *Svensk skattepolitik 1945–1970: en studie i partiers och organisationers funktioner*, Stockholm: Rabén & Sjögren, 1972, p. 252.

③ Elvansder, *Svensk skattepolitik 1945–1970: en studie i partiers och organisationers funktioner*, Stockholm: Rabén & Sjögren, 1972, p. 257.

也逐渐严重起来,这一背景致使瑞典对社会政策与社会保障制度进行了一系列的改革与调整,此时劳动力市场的性别平等问题成为改革的重点。性别平等的中性家庭模式,使父母双方均具有了工作与家庭照护的双重角色与责任,为女性的解放并进入劳动力市场创造了条件。然而,女性进入劳动力市场后的性别平等问题,在劳动力缺乏的情况下就成为当时一个重要的政治问题。政府的性别平等委员会建议,通过立法来解决劳动力市场中女性和男性的不平等状况,打破劳动力市场内的性别隔离,改变性别歧视的现状,加速实现劳动力市场中的性别平等。[1] 为此,1980 年瑞典议会通过了《禁止就业性别歧视法案》(*Law against sex discrimination in employment*),也被称为《性别平等法案》。法案内容充分体现了性别中立的理念,法案的宗旨是,实现男女机会均等与同工同酬,消除男女在工资收入和就业范围上存在的不合理差别。法案规定了劳动力市场各方承担的相关性别平等的职责,雇主被规定要雇用"弱势性别"员工,以保证在工作场所的性别平等。[2]

这一法案与瑞典 1939 年出台的"有酬就业妇女不得因怀孕,分娩或婚姻被解雇"的政府法案被称为瑞典著名的"性别平等法案"。1939 年出台的性别平等法案与 1980 年出台的性别平等法案在内容上有着重要的衔接,前者维护了女性从事有偿工作的权利,后者维护了女性进入劳动力市场后机会平等与同工同酬的权利,法案同时对雇主的行为进行了规范。法案以法律的形式出现具有较强的强制力与执行力,在瑞典性别平等政策中发挥了重要的作用。同时法案的出台还表明政府在主动的治理劳动力市场中的性别歧视问题,政府的行政管理在推进性别平等中发挥着主导性的作用。

为解决与禁止家庭与工作领域中的性别、少数族裔、宗教信仰、残障和性倾向的歧视问题,2008 年,瑞典政府出台了统一的《反歧视法案》代替了原有的七部反歧视单行法。新的《反歧视法案》纳入了 1980 年出台的《性别平等法案》的全部内容,禁止劳动力市场的性别歧视和

---

[1] Sweden. Government Commission. SOU 1978: 38, Lag om jämställdhet i arbetslivet, 1978.
[2] Sweden. Government. Bill 1978/79, No. 175. Förslag till lag om jämställdhet mellan kvinnor och män i arbetslivet, m. m., 1979.

报复行为，禁止工资方面的性别歧视，对"平等工资"做了详尽的阐释，提出"性别收入差距"GPG（Gender Pay Gap）行动计划，法案规定雇员为25人或者超过25人的企业每三年需制定一份GPG计划来促进企业内的性别平等与工资平等，按照政府的法案，这是一项年度要求，[①] 每年政府的性别平等部门将对企业的GPG计划进行检查与评估。

上述瑞典政府出台的一系列旨在维护女性工作权利，维护劳动力市场中机会平等与同工同酬的性别平等政策，在现实中发挥了重要的作用。这些性别平等政策均以法案的形式出台，表现了政策的强制性与有效性，同时也表现出政府通过性别平等政策对劳动力市场中性别歧视的干预及对女性平等权利的维护。

瑞典劳动力市场中的性别平等政策，体现在宏观层面的政策重在设定性别平等的价值目标与对性别平等政策的执行与评估。

1987年，瑞典政府提出《性别平等政策目标》，1988年出台《性别平等五年行动计划》法案。法案提出了性别平等政策建设的价值目标与方向，其中提出要实现性别平等的"首要的价值目标是实现女性经济独立与经济平等，这一价值目标被认为是性别平等政策中的关键要素。收入差距应该消除，性别收入差距也应消除；第二个价值目标就是实现劳动力市场就业平等以及平均承担家务劳作。为了实现这些改变，性别平等政策应该与工作生活政策联系起来，工作生活政策包括工作环境、职工参加企业经营决策、工作时长以及就业保护。"[②] 法案认为，改善女性就业状况的实质在于提高性别平等程度这一关键因素，因此提出了涉及经济、劳动力市场、公共领域性别平衡、教育、家庭生活、政治参与六个方面的性别平等具体价值目标，而前两个价值目标则主要针对女性就业状况。这一行动计划目标成为瑞典政府出台一系列性别平等政策目标的基础，引领了瑞典至今性别平等政策的建设，同时，也成为1990年以后瑞典性别平等政策调整的方向与内容。

[①] Ann Numhauser-Henning, *Documents requested by the Committee on Women's Right and Gender Equality: the policy on gender equality in Sweden*, Brussels: European Parliament. 2015, p. 17.

[②] Lundqvist Å., *Family policy paradoxes: Gender equality and labour market regulation in Sweden, 1930–2010*, Bristol: Policy Press, 2011, p. 90.

1990年以后，瑞典政府为适应社会发展的需要，对性别平等政策进行了一系列的改革，在改革的过程中，1994年，瑞典政府提出并开始实施"社会性别主流化"策略，要求政府各部门将性别平等理念融入所有领域的政策制定中去，使性别平等具有优先地位与政策向度。为更好地实施"社会性别主流化"策略，2003年，瑞典政府出台了《国家性别平等行动计划》。该计划强调并提出了实施"社会性别主流化"政策的具体措施与方法。该计划规定了实施"社会性别主流化"的三个步骤：要求政府各部门及各地方政府拟定具体实施"社会性别主流化"的计划；政府要推进性别预算与性别分析；对性别平等政策进行调查。政府组建了专门调查委员会，负责审查性别平等政策的价值目标、方向、组织和效益。[1] 2006年，瑞典国会批准了名为《改变社会与个人生活的权利——性别平等政策的新目标》的性别平等法案，这一法案以"社会性别主流化"为基础，提出了与前述法案相近的性别平等政策的总目标及政治、经济、家庭、取缔性暴力四个领域的具体价值目标，其中四个子目标的第二个目标设定为"男性和女性终身的经济平等"。《新目标》的意义在于，构建了稳定的性别平等政策目标价值体系，基本规定了后来瑞典性别平等政策建设的方向与内容。同时《新目标》的出台标志着"社会性别主流化"工作进入一个新阶段。"社会性别主流化"的实施使性别平等政策范围扩大到社会的各个领域，并出台了一系列审查监督评估与性别预算等措施来强调对性别平等政策的执行与落实，从而使性别平等政策对女性权利的维护更加广泛与深入。

二 女性劳动力市场中性别平等政策的实效分析

瑞典自20世纪70年代实施性别平等政策以来，随着家庭模式由一人挣钱的核心家庭模式向两人挣钱的中性—平等家庭模式的转换，女性与男性共担家庭责任与角色的确立，女性解除了家庭的后顾之忧，进入劳动力市场的人数增加，成为劳动力市场重要的后备军。同时，伴随着政府性别平等政策法案对劳动力市场性别歧视的干预与治理，女性与男性就业机会

---

[1] Sweden, Government, Prop 2005/06: 155, *Makt att forma samhället och sitt eget liv-nya mål i jämställdhetspolitiken*. 2006, p. 197.

平等与同工同酬的程度有所提高,下面通过图表与数据对瑞典劳动力市场中女性与男性的劳动力就业状况与工作收入状况的性别平等政策实效进行分析。

(一)女性劳动力就业状况政策实效分析

瑞典国家统计局在《瑞典女性与男性:2016 年事实和数据》的统计数据与图表中反映了 1970 年至 2015 年 45 年间,20—64 岁瑞典女性与男性劳动力状况与正常工作时间变化的状况,对瑞典女性劳动力就业状况与男性进行比较,来分析瑞典性别平等政策的实际效果(见图 4—2、图 4—3)。

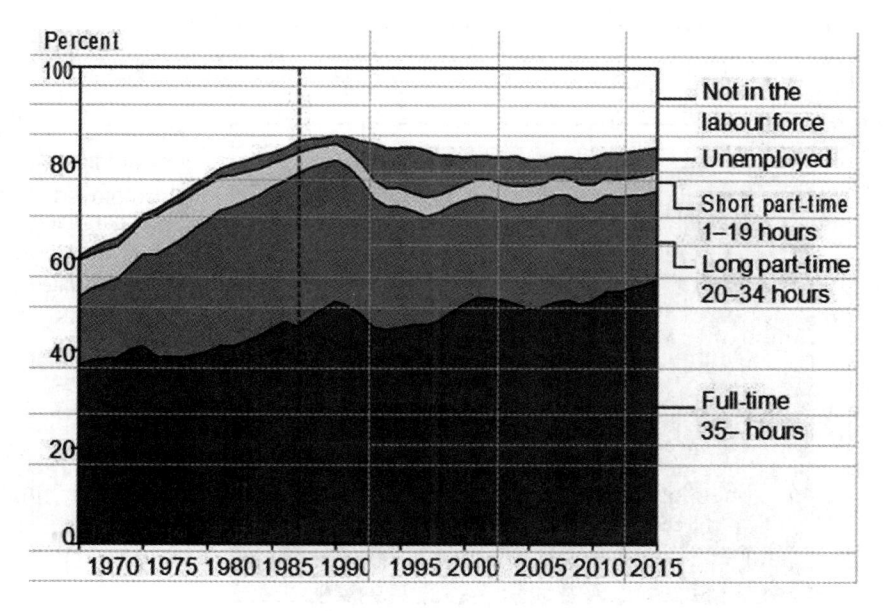

图 4—2 1970 年至 2015 年,女性年龄在 20—64 岁之间的劳动力状况与正常工作时间[1]

资料来源:瑞典统计局,劳动力调查(LFS)。

第一,图 4—2、图 4—3 表明,在 1970 年至 1990 年的 20 年间,瑞

---

[1] Sweden Statistics, *Women and Men in Sweden: Facts and Figures* 2016, Stockholm: Statens Offentliga Utredningar, 2016, p.46.

典女性劳动力的人数呈上升趋势，这表明女性走出家庭进入劳动力市场的人数在不断增加，同时也表明女性的收入有所增加，瑞典男性的收入仍然保持在同一水平。这一现象说明这一时期瑞典性别平等政策的效果凸显，由于双收入家庭模式的普遍确立与劳动力市场性别歧视情况的改变，女性大规模进入劳动力市场，同时增加了女性的收入。

第二，从图4—2、图4—3可以看到，在20世纪70年代与80年代之间，女性每周从事20—34个小时的长时段兼职工作的比例上升幅度较大。从1970年至今，与男性相比，女性兼职工作的比例远远高于男性。这充分表明，性别平等政策的效果是有限度的，由于性别的特点，女性仍是照护孩子的主力，因此兼职的比例要高于男性。

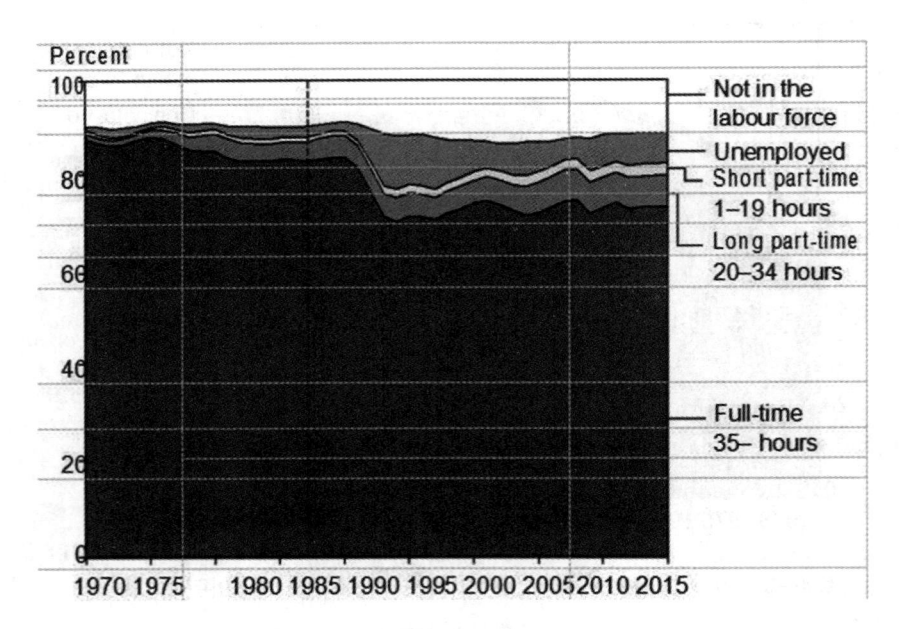

图4—3　1970年至2015年，男性年龄在20—64岁之间的劳动力状况和正常工作时间[①]

资料来源：瑞典统计局，劳动力调查（LFS）

---

① Sweden Statistics, *Women and Men in Sweden: Facts and Figures* 2016, Stockholm: Statens Offentliga Utredningar, 2016, p. 47.

第三，图4—2、图4—3表明，在20世纪80年代至90年代之间、2000年左右及2010—2015年之间，女性全职工作人员的比例有所增加，从几十年的总趋势看，女性从事全职工作的比例一直保持上升态势。但是，从图4—3分析可见，近年来，男性从事全职或兼职的比例没有显著变化。然而，如果我们考虑最近几十年的趋势，男性从事全职工作的比例有所下降，而兼职的比例则略有上升。从总体上看，女性从事全职工作的比例呈上升趋势，而男性从事全职工作的比例总体上呈下降趋势。这一趋势表明女性与男性的角色在发生变化，照护孩子不再是女性的专利，一部分男性回到家中照护孩子而女性进入劳动力市场工作。因此，男性全职工作比例呈下降趋势，女性全职工作比例呈上升趋势。本书认为，这正是家庭中性别平等的表现，这也正是瑞典性别平等政策所追求的让女性参与有偿工作，让男性承担家庭角色的性别平等政策的效果。

第四，20世纪90年代，由于瑞典遭受经济危机，无论男性还是女性的失业率均有上升，但是同时，男性与女性在劳动力中所占比率均略有上升。在21世纪前十年的初期，不论男性与女性尽管失业率仍高于20世纪70年代和80年代，但失业率仍在下降。

第五，2015年，女性年龄在20—64岁的劳动力比率为83.7%，相对失业率为6.4%，男性年龄在20—64岁的劳动力比率为88.7%，相对失业率为6.9%。这一数据表明男性的就业率略高于女性，而失业率却很接近，这说明，在瑞典劳动力市场中女性与男性的参与程度是相近的，体现了两性的相对平等。

瑞典统计局2015年劳动力调查（LFS）的统计数据显示，瑞典25—44岁女性参与经济活动的劳动力人口比例为91%，45—64岁女性的比例为85%，分别高于欧洲国家的85%与73%、亚洲国家的73%与69%，高于世界平均水平的88%与84%。[1] 根据欧洲性别平等研究所2017年发布的对欧盟国家性别平等指数的调查：从2005年到2015年，瑞典（82.6）在工作领域得分最高，仍然是就业方面性别平等的领先

---

[1] Sweden Statistics, *Women and Men in Sweden: Facts and Figures* 2016, Stockholm: Statens Offentliga Utredningar, 2016, p.48.

者，其次是丹麦（79.2）和荷兰（76.7）。①

由上述分析可见，45年来，瑞典通过实施性别平等政策，25—44岁参与经济活动的女性劳动力比率为91%，是世界之最。女性年龄在20—64岁的劳动力比例为83.7%，也为世界最高，从45年来的总趋势看，瑞典女性的全职工作的比例一直保持上升态势。这些数据表明瑞典的性别平等政策具有较好的实效性，提升了女性的社会地位与就业水平，在瑞典劳动力市场中女性与男性的参与程度是相近的，实现了两性的相对平等。

（二）女性与男性劳动力工资状况比较分析

瑞典政府通过出台一系列性别平等政策来消除与纠正劳动力市场中的性别歧视问题，特别是2009年《反歧视法案》中禁止性别收入差距行动计划实施以来，劳动力市场中女性与男性之间的工资差别略有缩小，根据瑞典国家统计局出版的《瑞典女性与男性：2016年事实和数据》显示，2016年，以全职工资计算，女性收入是男性收入的87%，这个数据比2014年出版的《2014年瑞典的女性与男性》表明的女性收入是男性收入的86%的数据提高一个百分点（表4-1、表4—2）。②

表4—1　　　　2014年十大女性占主导地位的职业群体

Occupational group	Number		Sex distribution		Average salary （SEK）		Women's salaries as a percentage of men's salaries
	W	M	W	M	W	M	
Nurses (continued)	19	1	93	7	32 800	33 000	100

---

① EIGE, *Gender Equality Index* 2017 – *Measuring gender equality in the European Union* 2005 – 2015, Brussels: Publications Office of the European Union, 2017, pp. 14 – 15.

② Sweden Statistics, *Women and Men in Sweden*: *Facts and Figures* 2016, Stockholm: Statens Offentliga Utredningar, 2016, p. 71.

续表

Occupational group	Number		Sex		Average		Women's
Assistant nurses	162	14	92	8	25 500	25 400	100
Nurses	73	10	88	12	32 300	33 100	98
Managers in elderly care	8	1	87	13	38 000	38 300	99
Social workers and counsellors, etc.	27	4	86	14	29 900	30 200	99
Therapists and occupational therapists, etc.	15	3	85	15	28 900	29 600	97
Office assistants and secretaries	139	24	85	15	27 300	28 500	96
Child minders and teaching assistants, etc.	91	17	84	16	21 900	21 500	102
Care assistants	66	14	83	17	23 200	23 100	100
Compulsory school teachers, leisure time childcare workers and pre-school teachers	150	31	83	17	28 000	28 100	100

数据从2014开始，职业类别按照SSYK 2012进行划分。

数据来源：国家调解办公室工资和薪酬结构管理处与瑞典统计局。

说明：以数千人为样本，性别分布（%）、平均工资（SEK）和妇女的薪金占男子薪金的百分比。全职和兼职员工。按职业群体中的妇女百分比排序。

表4—2　　　2014年十大男性占主导地位的职业群体

Occupational group	Number	Sex distribution	Average salary (SEK)	Women's salaries as a percentage of men's salaries

续表

Occupational group	Number		Sex		Average		Women's
	M	W	M	W	M	W	M
Installation and industrial electricians, etc.	..	47	1	99	27 500	30 400	91
Carpenters, masons and construction workers	..	82	1	99	27 000	29 800	91
Vehicle mechanics and repairers, etc.	1	51	2	98	27 300	28 000	97
Metal moulders, welders and Sheet metal workers, etc.	1	23	3	97	24 700	27 900	89
Commissioned officers	..	1	3	97	..	38 800	
Forestry workers	0	3	3	97	25 700	25 600	100
Machine operators	2	30	5	95	28 000	28 000	100
Operations managers in construction, factories and mines	1	13	5	95	52 800	46 900	113
Truck and sector bus driver	7	86	8	92	25 800	26 500	98
Recycling workers	1	8	8	92	25 100	25 400	98

数据从2014开始，职业类别按照SSYK 2012进行划分。

数据来源：国家调解办公室工资和薪酬结构管理处和瑞典统计局。

说明：以数千人为样本，性别分布（%）、平均工资（SEK）和妇女的薪金占男子薪金的百分比。全职和兼职员工。按职业群体中的男性百分比排序。

瑞典女性与男性的工资差异与女性和男性在劳动力市场中从事不同的职业有关。从表4—1、表4—2我们可以看到，由于女性和男性从事的职业不同，在女性占主导地位的职业中，如护理、助理、秘书、教师、社会工作者的职业中，女性的工资与男性相比差距很小，女性薪资占男性薪资的百分比为96%；在个别职业中，如保姆与助理，女性薪资要高于男性，女性薪资占男性薪资的百分比为102%；而男性占主导地位的职业中，因技术含量与劳动强度高于女性的行业，如在科学、技术、工程和数学领域中，女性明显处于弱势地位，因此男性的工资要略高一些，但是差别并不是很大，如在金属磨具工和焊工职业中，女性薪资占男性薪资的百分比为89%。可见，影响男性和女性之间工资差距的重要因素是他们所从事的职业领域的差异。

然而，上述统计数据对女性是按全职与兼职来计算的，在现实中，通过上面的图4—2我们可以看到，女性兼职的比重是很大的，母亲这一身份对女性而言是"经济惩罚"，对男性而言则是婚后生活的"额外奖励"，当考虑到女性比男性兼职工作更多，休产假与育婴假期时间更长，照顾生病孩子的时间要比男性更多等因素，男性比女性的收入会更高。研究发现，休完产假回去上班的母亲们在往后的十年中不容易获得升职加薪。母亲常被鼓励完成兼职工作或挑战性小的工作。因此，女性的母亲身份及其家庭影响是女性工资低于男性的一个重要因素。

如果按工作部门来分析女性工资与男性工资的情况（见表4—3）我们会发现，统计方法不同，两性之间的工资占比也会不同。从使用不加权的统计方法得出的数据看，瑞典20年间女性工资占男性工资的百分比在82%—87%之间波动，整体的增长幅度不是很大。当用标准加权的统计方法，考虑男女年龄、教育背景、全职/兼职、部门和职业类别方面的差异等变量因素，我们获得的数据显示，20年间差距在妇女的收入是男子收入的91%—94%之间波动，女性与男性工资差别较小，从20年的趋势看，女性工资占男性工资的百分比呈上升趋势，这表明女性的工作水平在不断提升；从表4—3中，我们可以看到，同在公共部门中，在中央政府中任职的女性的工资占男性工资的百分比要低于在地方政府中任职女性的占比，而且加权后在市政部门中性别收入的差距最小；公共部门与私人部门相比，公共部门中女性工资占比要略高于私人部门。总之，数据表明，20年间无论是在公共部门还是在私人部门，瑞典女性工资占男性工资的百分比在不断上升，女性与男性之间的工资差别在不断缩小，这说明瑞典性别平等政策发挥了作用。

综上，瑞典政府在推行劳动力市场性别平等政策中出台了一系列政策法案，特别是《反歧视法案》中禁止工资方面的性别歧视，提出了GPG（性别收入差距）行动计划来规范性别收入歧视。总的来看，瑞典女性与男性之间的收入差异仍然是存在的，但是这个差距正在缩小。欧盟统计局的分析数据表明，瑞典的女性与男性之间的工资差距在逐年缩小，瑞典的GPG在2006年为16.5%，2007年17.8%，2008年为16.9%，2009年为15.7%，2010年为15.4%，2011年为15.6%，2012年为15.5%，2013年为14.6%，2014年为13.8%，2015年为14%，2016年为13.3%。欧盟地区2016年的GPG平均指数为16.3%。可见，瑞典2016年13.3%的GPG平均指数低于欧盟的16.3%的GPG平均指数。① 同时数据也表明，瑞典女性与男性之间的工资差别在欧洲地区也是比较小的。

表4—3　　1994—2014年，按部门分列的女性工资占男性工资的百分比②

年份	自治市		郡议会		中央政府		私人部门		全部部门	
	Unw	W	Unw	W	Unw	W	Unw	W	Unw	W
1994	86	—	74		83	—	85	—	84	—
1996	87	98	71	94	83	93	85	91	83	92
1998	89	98	71	93	84	92	83	90	82	91
2000	90	98	71	93	84	92	84	90	82	92
2002	90	98	71	92	84	92	85	90	83	92
2004	91	98	71	93	85	92	85	91	84	92
2006	92	98	72	93	87	93	86	91	84	92
2008	92	99	73	93	88	93	86	91	84	92
2010	94	99	73	94	89	94	87	92	86	93

① Eurostat, Gender pay gap in unadjusted form [DB/OL]. 2018. [2018-4-22]. http://ec.europa.eu/eurostat/tgm/table.do?tab=table&plugin=1&language=en&pcode=sdg_05_20.

② Sweden Statistics, *Women and Men in Sweden：Facts and Figures* 2016, Stockholm：Statens Offentliga Utredningar, 2016, p.71.

续表

年份	自治市		郡议会		中央政府		私人部门		全部部门	
	Unw	W	Unw	W	Unw	W	Unw	W	Unw	W
2011	94	99	74	94	91	94	87	92	86	93
2012	94	99	75	94	91	94	88	92	86	93
2013	94	99	76	94	92	94	88	92	87	93
2014	95	99	76	95	92	94	88	93	87	94

数据来源：国家调解办公室工资和薪酬结构管理处和瑞典统计局

加权和未加权全职工资

Unw = Unweighted（未加权） W = Weighted（加权）

1 加权数值考虑到男女在年龄、教育背景、全职/兼职、部门和职业类别方面的差异。

2014 以前的计算是根据 113 个职业类别进行的。结果可能与基于 355 种职业的计算结果不同。2014 年计算基于 147 个职业群体。结果与基于 429 个职业的计算不同。

2014 年开始，据 SSYK 2012 报告对职业人群进行分类。

第四节 家庭政策中的性别平等政策

瑞典的家庭政策是指政府为父母提供尽可能好的条件以照顾、培养、改善孩子的成长环境及父母具有同等家庭照护权利与责任的法规与制度的总和。瑞典的性别平等政策在 20 世纪 70 年代从家庭政策中分离出来，但家庭中的性别平等政策问题仍是性别平等政策的重要内容。

在 2006 年的《性别平等政策新目标》中，在总目标下瑞典政府提出的第三个分目标为"无偿的家务劳动和照顾儿童责任的平等分配"。可见，瑞典的家庭性别平等政策的宗旨在于通过政策调整与塑造家庭中父母平等的家庭照护角色与责任，改变核心家庭结构中的男性外出挣钱，女性在家庭从事无偿照护工作的传统家庭角色，改变男性在家庭中处于主导地位与女性处于从属地位的家庭秩序结构，努力塑造男女双方共同工作与照护家庭的双重角色，以实现家庭中男女两性之间的性别平等。瑞典家庭性别平等政策的宗旨在于，实现家庭中女性与男性性别关系的平等，改变核心家庭中男性（一人挣钱）的主导角色地位与女性家庭无偿照护的从属角色地位。

一 塑造家庭角色的性别平等政策

瑞典政府在20世纪30年代将家庭生活作为公共领域纳入政府的政策范围，从而形成家庭性别平等政策。这一政策目标旨在实现家庭中两性角色中的平等，即家庭中女性与男性具有同等的工作与家庭照护的双重角色与责任。为此，瑞典政府从20世纪40年代开始至今出台了一系列的家庭性别平等政策，通过产假、陪产假、育婴假政策来调整家庭角色中的两性平等。

瑞典家庭性别平等政策调整家庭角色的路径是从两个方面展开的：一方面是维护女性的权利与利益，女性带薪亲子假随着社会发展逐渐延长，瑞典政府于1901年开始规定女性享有四周无薪产假，1955年法律规定在职的生育妇女应享有三个月的带薪产假，此后逐渐延长至九个月、一年，直至现在的480天。另一方面是强调父亲在儿童成长中应该承担的责任。自1917年出台法案赋予所有儿童拥有父亲的权利以来，把父亲对儿童的照顾责任从原先的自愿选择变为具有一定的强制性，陪产假从原先的可转让发展为不可转让，不可转让的时间期限从原来的一个月发展为2015年的三个月（90天）。

20世纪70年代，大量瑞典女性进入劳动力市场。1974年，瑞典出台性别中立的育婴保险政策（parental insurance），规定了父母双方均具有照护孩子的责任，为父母承担家庭双重角色奠定了制度性基础。法案提出了性别中立的育婴保险方案，享受补助将不再是女性的专利，而应扩大到承担照顾孩子责任的家长双方，目的是让家长有权决定他们中哪一个人应该留在家里照顾孩子。[①] 法案规定无论父母收入高低和就业状况，育婴保险的基本水平是每天25克朗，为期180天（六个月）的育婴假期，并且会获得原工资的90%作为补贴。1978年此法案进一步修订，育婴保险假期范围扩大到12个月，其中9个月可获得原工资90%的补贴。育婴保险政策的出台，赋予了男性和女性同等的儿童保育补助权利，意味着性别平等政策价值目标开始锁定男性，将男性与女性置于

---

① Sweden. Government Commission. SOU 1972: 34, Familjestöd. Betänkander avgivet av Familjepolitiska kommittén, 1972.

家庭中的同等地位，改变了男主外、女主内的传统核心家庭模式，父母均具有工作与家庭照护的双重责任与角色，使家庭责任共担，有利于女性外出就业，促进了家庭中性别平等的实现。

1995年，瑞典政府为克服在以往父母保险制度下，女性使用多于90%的家庭父母保险计划，而男性使用的比率非常小，从而造成家庭育儿只是女性责任的不平等的现象，出台了《育婴假法案》（Parental Leave Act）。该法案包含了对育婴假、产假和陪产假权利的重要规定，为增加男性产假的领受率，提出产假或是育婴假，在具有共同抚养权的父母之间自由分配的前提下，父亲有3个月的育婴假期，其中给符合条件的爸爸一个月（30天）的不可转让的育婴假期（2002年不可转让的育婴假天数增加到60天，2015年增加到90天），鼓励父亲承担起照顾孩子的角色。瑞典PLA（现行的）具体内容为①。

（1）产假（maternity leave）。一些怀孕的准妈妈由于其工作对身体状况的要求，从而不得不中断工作而休产假。瑞典产假的最长期限是50天，其间准妈妈可以得到原工资的80%作为补偿。但是，能否获得该补助金也是由准妈妈的工作年限所决定的，在休产假之前工作超过6个月，或者在休产假之前的两年内累计工作时间超过12月的准妈妈才能获得80%的补助金。怀孕津贴的支付时间是从预产期的前60天开始，一直到前11天。

（2）陪产假（Paternity leave）。瑞典的《带薪育儿假法案》规定，父亲和母亲都有权利享受产假。这对父亲来说，其实就是陪产假。父亲可以享受2个星期的陪产假，同时能得到原工资的90%作为补贴。

（3）育婴假（Parental leave）。在瑞典，父母可以享受480天的带薪休假以照顾子女。父亲至少有90天（2015年后）的亲子假，剩余的390天父母可以根据具体情况作出分配。所以如果父亲或者母亲想放弃他的育儿假，必须要签署一份同意书。此外，每位父母都有权利在子女18个月以内获得随时的无薪休假。育儿假是所有父母的权利，但是法

---

① Government. se. Parental Leave Act（Föräldraledighetslagen）[EB/OL].2015.[2018-2-3].https：//www.government.se/government-policy/labour-law-and-work-environment/1995584-parental-leave-act-foraldraledighetslagen/.

案也规定父母必须在预产期的 240 天前，具有日收入高于 180 克朗的工作，在享受亲子假期间，父母能够得到原工资 80% 的补助。对于没有工作的父母，育儿假的补助标准则是每天 180 克朗。在育儿假的前 390 天，其补助是由社会保险根据其工资水平以现金支付，而后的 3 个月则由疾病保险系统根据其工资水平的 70% 以现金支付，最后 3 个月则不予现金支付。

育婴假可以在儿童 8 岁以前，分一次或者几次享受该假期。而且在子女未满 8 岁之前，母亲也可以申请每天工作时间仅为 6 个小时的短工时工作。此外，育婴假还规定，每个儿童每年有两天时间与父母接触，在那天父母可以和子女一起上学，以更清楚地了解子女的状况。

（4）临时育儿假（temporary parental leave）。临时育儿假适用于年龄在 12 岁以下，以及有医生所开生病证明的 12 岁到 15 岁的儿童，每个儿童每年的临时亲子假最高可达 120 天。临时育儿假期间，父母可以得到原工资的 80% 作为补助。享受临时育儿假是每个家庭的权利，同时也可以用来照顾生病的子女。如果家庭中的主要照顾者生病了，父母也可以利用 60 天的临时育儿假来照顾家中年纪较小的子女。从 2001 年开始，临时育儿假也适用于家庭以外的、处于社会保险系统的工作人员，当然，前提是父母无法从工作中脱身照顾生病的孩子。

2008 年 6 月，根据联盟党政府提出的性别平等政策"选择自由与干预共存"的原则。联盟政府出台了性别平等奖励政策，即家庭补助金政策：市政府通过每月最高 3000 瑞典克朗的补助金，用于补助使用家庭保险的父母，其补助额度与使用家庭保险的额度密切相关，家长的家庭保险使用额度越大，补助金额越高。改革的对象不仅包括异性夫妻家庭，还包括同性夫妻家庭。家庭补助金政策作为性别平等政策改革的一种手段，目的是促进家庭的性别平等，为孩子成长提供更安稳的环境，同时鼓励男性留在家中陪孩子，使更多的女性进入劳动力市场。[①]

为配合家庭补助金政策，促进劳动力市场的劳动力供应，作为性别平等补助金政策的配套政策，联盟政府在 2007 年 1 月 1 日，提出"劳

---

① Sweden, The Ministry Series (Ds) Ds2007: 50, *Jämställdhetsbonus. Familjepolitisk reform*, 2007, p. 7.

动收入所得税减免"（jobbskatteavdrag）① 政策，以弥补家庭保险的不足，减少有偿工作的所得税，但它并不属于失业保险、家庭保险和社会救济。政策规定：如果夫妻中收入高的一方在家中照护孩子，可以为其配偶减税。这一政策的目的，是鼓励高收入家长（通常为男性）使用他们的家庭保险权利，以使母亲能够重返工作岗位。两个政策的目的是为劳动力市场提供更多的劳动力，实现家庭"照护责任"的性别平等。②

瑞典的育婴假制度在很大程度上彰显了家庭角色的性别平等。根据瑞典国家社会保障委员会2013年度的报告，育婴补贴假中男性休假占比为24.4%，女性休假占比为75.5%。自从1974年实施此方案以来，男性休假比例已稳步上升。平等划分育婴假父母的比例已经翻了几番，由1980年的5%上升到2010年的23%，这表明男性的家庭照护角色逐渐深入人心，男性参与家庭育婴工作的现象越来越普遍。③ 总之，瑞典一系列育婴政策的出台，标志着瑞典性别平等政策调整将政策目标锁定在男性，并从男性的角度来解决性别平等问题，用法规的强制性迫使男性使用家庭的父母保险制度，改变以往女性"垄断"育婴假的现象，以增强男性养育孩子的责任，提高男性育儿假的领受率，从而减轻女性家庭照护的负担，真正实现父母共担育儿责任，达到家庭性别平等的目的。

二 促进家庭性别平等的儿童保育政策

瑞典家庭性别平等政策的核心在于鼓励与实现父母在家庭角色中的性别平等，体现为鼓励与强调男性对家庭对儿童的照护责任，鼓励与保障女性就业权利与参与有偿工作。为实现这一政策价值目标，瑞典的家庭政策，一方面通过儿童福利政策来解放女性，解决女性后顾之忧，为女性走出家门创造条件；另一方面通过出台家庭保险与育婴假政策，给

---

① 瑞典语，意为"劳动收入所得税减免"。
② Lundqvist Å., *Family policy paradoxes: Gender equality and labour market regulation in Sweden*, 1930–2010, Bristol: Policy Press, 2011, p. 123.
③ Ann Numhauser-Henning, *Documents requested by the Committee on Women's Right and Gender Equality: the policy on gender equality in Sweden*, Brussels: European Parliament. 2015, p. 20.

予父母共同照护孩子的政策空间,促使父母双方共担家庭责任,扮演工作与家庭照护的双重角色,促进充分的就业,实现家庭照护中的两性平等。

(一)瑞典儿童津贴政策

20世纪40年代,"由于越来越多的女性进入劳动力市场,但在家务事分配方面却还没有调整,所以女性面临着工作与家庭照护的双重压力。为提升职业女性的生活状况,瑞典委员会建议平摊家务事的责任,这种平摊责任不是在女性与男性之间,而是在女性与国家之间,由国家承担一部分育儿的成本。一方面将儿童津贴融入家庭收入;另一方面增强家庭的购买力以促进瑞典产业能力。"[1] 为此,瑞典政府为解决生育率下降和家庭育儿问题,同时为维护社会公平,减轻女性的家庭照护负担,使有孩子家庭不降低生活水准,根据分担养育孩子成本的原则,政府决定实行一项普遍的儿童福利制度,以取代以前通过减少家庭收入税收来提供儿童福利的传统做法。1948年1月1日,瑞典议会通过了《全民儿童福利津贴法案》。

《全民儿童福利津贴法案》规定为所有16岁以下的儿童发放广泛的儿童津贴,儿童津贴是政府资助的以免费的形式发放给所有儿童,它实行统一标准,且不附带任何有关家庭收入情况调查的条件,其津贴标准为每个儿童可以获得每个季度65克朗,每年260克朗的现金津贴补助(1948年的65克朗,相当于2008年货币价值的1140克朗,即每月380克朗,全年4560克朗)。儿童津贴一般会支付给母亲,但如父母双方具有共同的监护权,可申请向其共同账户支付津贴款项。如果父母对此没有积极的选择,那么津贴则转到母亲的账户。[2]

随着瑞典社会经济的发展,儿童津贴的给付额度也在不断地调整。1964年为每个儿童每月700克朗,1966年提高到每个儿童每月900克朗,1996年儿童津贴由每月的750克朗减少到640克朗,2001年又涨

---

[1] Sweden. Government Commission. SOU 1946:5. Betänkande oni barnkostnadernasfördelning. Med förslag angående allmänna barnbidrag m. m.,1946:58.

[2] Ann-Zofie Duvander, Mats Johansson. Barnbidraget-en pigg 60 - åring [J/OL]. Välfärd, 2008 (4):16 - 17. [2017 - 2 - 1]. http://www.scb.se/statistik/_ publikationer/le0001_ 2008k04_ ti_ 08_ a05ti0804. pdf.

至每月 950 克朗，2005 年调到 1050 克朗①，2018 年 3 月瑞典儿童津贴增加至每月 1250 克朗。

为鼓励生育，避免孩子多与孩子少的家庭之间的不平等，1982 年，瑞典政府在《全民儿童福利津贴法案》中引入了多子儿童补助，规定多孩子家庭会获得更多的儿童津贴。以 2018 年的标准为例，一般儿童福利金为每名儿童每月 1250 瑞典克朗，如果有两个孩子，则每个孩子在获得 1250 瑞典克朗的基础上，每月另获得 150 瑞典克朗；如果有三个孩子，则每个孩子在获得 1250 瑞典克朗的基础上，每月另获得 730 瑞典克朗补贴，具体见图 4—4。②

Antal barn	Barnbidrag totalt	Flerbarns-tillägg totalt	Summa
1	1 250 kr	- kr	1 250 kr
2	2 500 kr	150 kr	2 650 kr
3	3 750 kr	730 kr	4 480 kr
4	5 000 kr	1 740 kr	6 740 kr
5	6 250 kr	2 990 kr	9 240 kr
6	7 500 kr	4 240 kr	11 740 kr
Etc			

Såhär ser barnbidraget (och flerbarnstillägget) ut från 20180301

图 4—4　自 2018 年 3 月 1 日执行的儿童福利津贴

除了上述普惠制儿童津贴外，瑞典政府还设立了残疾儿童照顾津贴、单亲生活津贴、房屋津贴以及跨国收养的儿童津贴等政策。瑞典的《全民儿童福利津贴法案》的出台具有双重意义：一方面这项政策旨在解决社会的公平问题，即有孩子与无孩子家庭之间、孩子多与孩子少家庭之间的平等问题，较好地解决了瑞典的人口问题，为未来的劳动力提

---

① 粟芳、魏陆：《瑞典社会保障制度》，上海人民出版社 2010 年版，第 232 页。
② Barnbidrag-Allt om barnbidragen - Barnbidraget 2018［EB/OL］. 2018.［2018 – 6 – 3］. https：//barnbidrag. info/.

供了保障；另一方面的重要意义在于法案的出台在一定程度上是对家庭中女性的解放，解除了女性的后顾之忧，减轻了家庭的经济负担，为女性进入劳动力市场起到了一定的促进作用，这一政策实施成为瑞典妇女大量进入劳动力市场的重要原因之一。

（二）瑞典儿童托育政策

瑞典以崇尚平等的高福利国家著称于世。瑞典的儿童托育政策不仅维护"机会的平等"，同时也非常注意"起点平等"和"结果的平等"，以此来促进男女两性之间的平等。在瑞典，儿童公共日托服务不仅是一个机会平等的政治问题，也是妇女平等参与劳动力市场的先决条件。

瑞典政府于1961年颁布了《儿童照顾法》，规范学前儿童与学龄儿童的托育服务，并于1974年实施普及性的家庭津贴制度，以保障多子女家庭的最低生活水准；1975年实施《学前教育法》，为入小学前一年的幼儿，提供一天3小时免费的学前教育；1982年颁布《社会服务法》，将1960年的《儿童及少年福利法》《儿童照顾法》并入其中。①

瑞典的儿童托育政策是为1岁到6岁的学龄前儿童提供家庭以外的照顾服务。该服务的价值目标是：帮助父母更协调地处理工作、学业以及家庭生活的关系；支持和鼓励儿童的发展和学习，为儿童的健康成长创造良好的条件。瑞典的儿童托育照顾由地方政府给予财政支持，而且其覆盖范围是所有在瑞典居住的儿童。儿童托育服务并不属于义务教育的范畴，所以儿童及其父母有权决定是否接受儿童托育服务，以及接受哪一种儿童托育服务。由于有地方政府的资金支持，所以父母只需交纳很少的费用，每个儿童最高的收费标准每个月不能超过1260瑞典克朗。目前，瑞典的儿童托育服务有以下四种②：

1. 日间照顾中心

父母因为工作或者仍然处于上学阶段而不能在家中照顾子女的，日间照顾中心可以为1—6岁的儿童提供全日制的照顾服务。这是瑞典自从20世纪70年代末期以来成长最快、儿童数量最多的托育照顾类型。

---

① 粟芳、魏陆：《瑞典社会保障制度》，上海人民出版社2010年版，第231—236页。
② 粟芳、魏陆：《瑞典社会保障制度》，上海人民出版社2010年版，第301页。

据统计，2008 年有 50% 的 1 岁儿童、90% 的 2 岁儿童接受了日间照顾中心的服务，超过 85% 的 1 岁至 5 岁的儿童都会被送进日托中心。①

2. 幼儿园

幼儿园主要负责照顾 4—6 岁的儿童，而且这些儿童大多没有参加日间照顾中心。幼儿园多为半日制，每天提供 3 个小时左右的教育性活动。但是，从目前的情况看，随着日间照顾中心的普及，幼儿园的数量在逐渐减少。

3. 开放式学前教育

开放式学前教育通常是由一名幼教老师和一名保育员一起提供具有教育性和社会性的活动，同时允许儿童的保姆或者母亲随时可以带孩子来参加的活动。为每个准备入读小学的儿童提供一年每天 3 小时的免费学前教育。有超过 74% 的 6 岁儿童达到学龄年纪，都会接受开放式学前教育的照料服务，开放式学前教育是专门为学龄儿童在上学前提供照料服务的。

4. 家庭托儿所

家庭托儿所是为 12 岁以下的儿童提供家庭式照顾服务。一般是由政府雇佣一些家庭，这些家庭的父母本身有孩子，但是也可以同时照顾其他的孩子。

2001 年，瑞典的经济发展开始增速，劳动力市场的需求加大，一方面为了鼓励更多的女性及没有工作的家长进入劳动力市场；另一方面为了延长已就业的家长的工作时间，就需要进一步解除女性进入劳动力市场的后顾之忧。为此，2002 年，社会民主党政府提出要加强儿童托管，提高有孩子家庭的经济状况，鼓励父母全职工作，支持双薪夫妻家庭，并对儿童托管政策进行了改革。改革主要从两个方面进行：一方面是建立儿童托管的最高费用体系，即根据父母工薪收入的一定比例给予最高托管费用，父母只需缴纳不超过其收入的 1%—3%，具体的额度由该家庭在日托中心注册的儿童数量而定。另一方面给予地方政府儿童托管自治权。儿童托管的最高费用制度体系由地方政府根据实际情况自

---

① 郑杨：《中瑞两国婴幼儿家庭政策比较》，《学前教育研究》2014 年第 12 期。

主决定。国家法规要求所有的市政府要为失业或有家庭保险的父母，提供每周至少15小时的儿童托管，所有的市政府有责任为1岁以上的儿童提供托管所需场所，为4岁到5岁的所有儿童建设幼儿园，其资金费用由国家提供补偿。到2003年，该儿童托管体系覆盖了瑞典所有市政府。①

综上可见，瑞典的儿童津贴与托育政策是建立在增进男女平等的基础上的。通过儿童的福利政策以促进女性就业，倡导两性平等，从而达到妇女和儿童权益的双赢。瑞典政府通过立法保障就业妇女及其子女的权益，强调家庭中父亲对儿童照护的角色与责任，在很大程度上改变了传统核心家庭与保守意识形态下的"父亲负责赚钱养家，母亲负责家务育儿"思维定式，促进更平等的性别角色模式的建立，使得瑞典获得世界最高的妇女就业率。②

三 家庭性别平等政策的实效分析

瑞典的家庭性别平等政策体现为两个方面：一方面是政策目标针对父母，特别是针对男性，出台了《生育保险法案》（1954）、《育婴保险法案》（1974）、《育婴假法案》（1995）、《家庭保险法案》（2002）、《性别平等补助金与税收减免政策》（2008）等一系列的性别平等法案，特别是"爸爸月"政策，引导男性扮演育婴照护角色，使看孩子不再是女性的专利，使女性从家庭中解放出来而进入劳动力市场，实现了家庭角色的性别平等。另一方面是政策的目标针对儿童的福利政策，瑞典政府先后出台了《全民儿童福利津贴法案》和儿童托育政策，其政策目标在于使政府承担一定的儿童托育工作，以减轻女性的家庭负担，解决女性的后顾之忧，为女性走出家庭创造条件，维护女性的权利与性别平等。根据瑞典国家统计局的数据可以看到。

（一）男性育儿津贴的领受率不断提高

瑞典自1974年出台育婴保险政策以来的40年间，通过育婴假政

---

① Sweden. Government Bill 1999/2000, No. 129. Maxtaxa och allmän förskola m. m., 2000.
② Gordon J R, Whelanberry K S, "Contributions to Family and Household Activities by the Husbands of Midlife Professional Women", *Journal of Family Issues*, 2005, 26 (7), pp. 899 - 923.

策的不断改革与完善，作为性别平等一个重要指标的男性育儿津贴的领受率在不断的提高，这反映出瑞典的性别平等政策对促进家庭中性别角色的平等具有积极的影响。数据表明（见表4—4），自1974年瑞典出台育婴保险政策以来，到1990年男性育儿津贴的领受率虽有增长，从0%到7%，但是增长幅度并不大；但在1995年实施男性不可转让的30天育婴假并给予原工资90%的津贴政策后，男性的育婴津贴领受率有所增长，特别是2002年不可转让的育婴假达到60天，2015年达到90天后，男性的育婴津贴领受率增长较快，从1995年的10%，增长到2015年的26%。这表明其与瑞典具有父亲不可转让的三个月（90天）的高薪（工资80%）育婴假政策密切相关。从事欧洲性别平等问题研究的专家卡斯特罗·加西亚（Castro-García）关于欧洲21国育婴假平等指数（PLEI—Parental Leave Equality Index）的研究指出，"PLEI揭示了三种类型的国家：（1）促进共同责任的国家。冰岛、挪威、葡萄牙和瑞典构成第一批显示最高PLEI值的国家。这些国家都实施了改革，致使男性更多地使用假期，给予他们相当长的不可转让的高薪的育儿假（超过8周）。（2）认为男性是儿童保育"偶然的合作者"的国家。这个群体包括为父亲提供不可转让的几周高薪育儿假的国家。其中法国、比利时、西班牙和丹麦是这个组织中最高的，平均两周。波兰紧随其后，为一个星期，这使男性接受效果较差。（3）最强化性别分工的国家。显示指标值低于0.02，这个群体包括那些甚至不认为男性应该对儿童保育负责的国家。如匈牙利、荷兰和希腊，它们提供给父亲两到五天的高薪休假。在奥地利、意大利、爱尔兰和捷克共和国，这项权利只属于母亲。"① 卡斯特罗·加西亚（Castro-García）的研究表明瑞典的PLEI在欧洲国家中居于较高的水平，表明育婴假政策与家庭中性别角色的塑造是密切相关的，PLEI值高的国家表现为"促进共同责任的国家"，即男女共担家庭责任成为政策的价值目标，从而实现了由"男性挣钱养家，女性无偿照护家庭"的核心家庭模式向"平等的养家与看护者"的性别平等的

---

① Castro-García C, Pazos-Moran M, "Parental Leave Policy and Gender Equality in Europe", *Feminist Economics*, 2015, 22 (3), pp. 1-23.

家庭模式的转换。

表4—4　　　　1974—2015年间支付育儿津贴的天数①

Year	Parental allowance		
	Number	Sex distribution	
		W	M
1974	19 017	100	0
1980	27 020	95	5
1985	33 193	94	6
1990	48 292	93	7
1995	47 026	90	10
2000	35 661	88	12
2005	42 659	80	20
2010	49 719	77	23
2015	53 177	74	26

注：不足一天的以一天计；在1000个样本中的支付天数和性别分布情况。
数据来源：瑞典社会保险局。

瑞典国家社保局的数据显示（见表4—5），男性在孩子2—8岁之间儿童津贴领受率在增加，由孩子2岁时的33%到孩子5岁时的49%，到孩子6—8岁时的50%。这表明父亲参与育儿的程度在加强，参与的过程在延长，抚养孩子的角色在增强。

总之，上述数据表明，男性儿童津贴领受率是一个家庭性别平等的重要指数。男性儿童津贴领受率高说明核心家庭中夫妻之间传统的性别角色发生了变化，男女之间形成了家庭责任共担的性别角色与责任，在家庭工作中男女之间平等的分配工作与育儿工作中扮演平衡的育儿角色。上述数据还表明瑞典家庭性别平等政策的实效性，表明政策对男性育儿津贴的领受具有积极的影响，对于消除家庭性别角色的差异化具有积极的作用，对于平等分配家庭育儿照护工作具有重要的作用，一定程

---

① Sweden Statistics, *Women and Men in Sweden: Facts and Figures* 2016, Stockholm: Statens Offentliga Utredningar, 2016, p. 39.

度地实现了家庭中的性别平等。

表4—5　2005年不同年龄段儿童的父母津贴的支付情况①

Attained age of child（儿童的年龄）	Number of days		支付天数	Percentage distribution（分布的百分比）	
	Women	Men	Total	Women	Men
0	7	0	7	100	0
1	214	19	233	92	8
2	68	34	103	67	33
3	10	8	17	56	44
4	6	6	12	51	49
5	6	5	11	51	49
6	6	6	12	50	50
7	7	7	14	50	50
8	11	11	22	50	50
Total	334	97	431	78	22

数据来源：瑞典社会保险局。
平均支付的天数和分布的百分比。

（二）儿童托育政策效果良好

在瑞典，儿童公共日托服务具有普遍性，这与瑞典普遍实施的儿童托育政策有关。瑞典统计局、瑞典国家教育局学前教育、闲暇托管以及教育护理管理部门有关儿童照料的数据表明（见表4—6）：自1972年到2014年的40多年间，伴随着瑞典儿童托育政策不断完善与学前教育的普遍实施，儿童接受托管的比率不断增加。这进一步表明福利国家通过政策二次分配社会资源，达到了社会平等与性别平等的制度设计的初衷。

从1—5岁年龄段的儿童托管情况看，1972年接受托管的儿童占比

① Sweden Statistics, *Women and Men in Sweden: Facts and Figures* 2016, Stockholm: Statens Offentliga Utredningar, 2016, p.40.

只有 12%，1990 年达到 57%，到 2014 年已超过半数达到 69%；而在 6—9 岁年龄段的儿童托管率变化更大，1972 年的托管率只有 6%，1990 年则达到 50%，到 2014 年已高达 74%。瑞典的儿童托管政策覆盖程度非常广泛，对于改善有育婴负担家庭的经济状况，促进家庭中男女两性之间的平等，通过福利政策来消除社会差别起到了一定的作用。有专家认为，瑞典家庭中男性育婴津贴领受率排在欧洲第三名与儿童托育政策普遍实施有关。①

表4—6 1972—2014 年市政府管理下的学前教育学校、教育护理机构以及闲暇托管中心中儿童的分布情况②

在一千个儿童中的人数以及在每个年龄群体中的百分比

年龄	1972		1980		1990		2000		2014	
	人数	%	人数	%	人数	%	人数	%	人数	%
1—5	689	12	604	36	641	57	471	65	584	69
6—9	360	6	338	22	289	50	482	62	453	74
10—12	316	1	332	3	294	7	367	6	323	18

1. 1972 年、1980 年和 1990 年所得的数据在 1—6 岁这个年龄区间获得。

2. 1972 年、1980 年和 1990 年所得的数据在 7—9 岁这个年龄区间获得。

数据来源：瑞典统计局有关 1972—1990 年儿童照料的数据，瑞典国家教育局学前教育、闲暇托管以及教育护理管理处数据。

综上所述，瑞典家庭性别平等政策的宗旨在于实现家庭中两性角色的平等，瑞典家庭性别平等政策从两个方面实现了家庭的性别平等，一方面是通过出台一系列的育婴保险法案和育婴假政策，特别是父亲具有不可转让的 90 天高薪的"爸爸月"政策，通过法案的强制性引导男性扮演育婴照护角色，使家庭中男女双方均承担照护者与养家者的双重角色与责任，实现家庭角色中的性别平等。另一方面是发挥地方政府的积

---

① Castro-García C, Pazos-Moran M, " Parental Leave Policy and Gender Equality in Europe", *Feminist Economics*, 2015, 22（3）, pp. 1 – 23.

② Sweden Statistics, *Women and Men in Sweden*：*Facts and Figures* 2016, Stockholm：Statens Offentliga Utredningar, 2016, p. 38.

极性，建立普遍的儿童托育服务制度与政策，政府承担了大量的儿童托育工作，以减轻女性的家庭负担，解除女性后顾之忧，维护了女性的权利与性别的平等。瑞典家庭中的性别平等政策的这两个方面是相辅相成、相互补充的。育婴保险与育婴假政策为父亲育婴角色的扮演奠定了制度基础，儿童托育政策为减轻女性育儿负担奠定了制度基础，这两方面的政策相互作用改变了女性无偿家庭照护的传统角色，使得女性获得了解放，为女性进入劳动力市场创造了条件，同时在一定程度上实现了家庭中男女的性别平等。瑞典家庭政策对性别平等的追求，经过几十年的努力在现实中获得了良好的实效性。

第五节 维护女性身心安全与健康的性别平等政策

维护女性的身心安全与健康，打击与预防性别暴力，打击卖淫与人口贩卖，维护女性的性权利与性健康，维护女性的生育权利与生育健康是瑞典性别平等政策的价值追求与重要组成部分。瑞典政府性别平等政策的总体价值目标是"确保女性与男性在生活的各个方面都享有同样的机会，拥有同样的权利，承担同样的义务"。而"禁止男性对女性实施暴力。女性和男性，无论年龄大小均平等享有身体发肤完整不受损害的权利和机会，均有权在不必担心遭受虐待或暴力的环境中生活。"[①]则是瑞典性别平等政策四个具体价值目标之一。几十年来，瑞典政府有针对性地出台并实施了一系列性别平等政策、平权行动计划，2017年又将维护女性安全上升到国家战略的高度，出台了《预防和打击男性对女性暴力行为的国家战略》，这是继"社会性别平等主流化"后，将性别平等政策又提升了一个新高度。

一 维护女性基本人权的性别平等政策的发展历程

打击性别暴力，维护女性生命、自由、自尊及身体精神完整性的基本人权，是瑞典政府工作的重中之重，是瑞典性别平等政策的中心议

[①] Sweden, Ministry of Integration and Gender Equality, *The Swedish Government's gender equality policy*. 2009.

题。瑞典首相斯蒂芬·勒芬文 2015 年以《为性别平等提供资金和良好做法》为题，在第三次国际发展筹资会议上强调："妇女的权利是人权，人权是妇女的权利。安全是一项人权，必须制止一切形式的暴力侵害妇女和女童的行为。基于性别的暴力是一个巨大而普遍的发展障碍。各国政府必须确保妇女在这一领域享有平等权利。"① 维护女性的基本人权，特别是维护性与生殖健康的权利，坚决取缔和打击性别暴力是瑞典性别平等政策一直以来的重要内容，并出台一系列相应的政策，以维护女性的基本人权，打击男性对女性暴力行为，维护女性的身心健康与安全。1965 年瑞典通过反对婚内强奸的法律，婚内强奸被定为刑事犯罪。1975 年新堕胎法生效，在 18 周前女性具有自主决定权。1998 年，瑞典颁布实施《禁止暴力伤害女性法》(Act on Violence Against Women)。这项议案第一次将针对妇女的暴力与刑事犯罪联系起来，与基本人权联系起来，使对女性的暴力成为司法干预的领域。1999 年 1 月，瑞典议会颁布《禁止购买性服务》法令。这项法令将法律的重点放在购买性服务上，立法者认为，购买性服务是男性对于女性施暴的一种形式，是一种犯罪行为，而出卖性的女性遭受着性剥削和性奴役，所以要对嫖客进行打击和制裁，嫖客入刑，对于购买性服务者至少监禁 6 个月。2003 年瑞典议会又颁布了一项与妇女受暴相关的立法《禁止法》，即家庭暴力施暴者要离开家自行解决住处，三个月之内禁止回家，未经检察官允许不得探视妻子和孩子，一旦违法就要受到监禁。这项法规是针对受暴妇女不断受到伤害而采取的措施。② 2007 年政府颁布《反对男性对女性施暴国家行动计划》，也被称为平权行动计划。2009 年出台《反歧视法案》，将反性别歧视归入其中。2011 年性骚扰成为违法行为。实施该法律的目的之一是进一步防止男性对女性施暴。2012 年瑞典统计局以性

---

① Government. se, Speech by Prime Minister Stefan Löfven at the Third International Conference on Financing for Development: Financing for gender equality - results and good practices [EB/OL]. 2015 [2018 - 7 - 6]. https://www.government.se/speeches/2015/07/financing-for-gender-equality-results-and-good-practices/.

② 王衍:《瑞典反性侵"国家行动计划"调查》,《凤凰周刊》2011 年第 464 期。

别平等价值目标指数的形式发布性别统计数据。① 2017 年政府将打击与预防家庭暴力与性侵犯问题提升到国家战略的高度，出台《预防和打击男性对女性暴力行为的国家战略》。在上述瑞典政府出台的一系列政策与法规中，2007 年的《反对男性对女性施暴国家行动计划》、2009 年的《反歧视法案》及 2017 年的《预防和打击男性对女性暴力行为的国家战略》是瑞典政府重要的、系统的、具有政策连续性的反对性别暴力政策。本书将重点分析与评述平权行动计划与国家战略计划，从而具体呈现瑞典政府打击、惩治、预防男性对女性暴力的具体措施与实施效果。

二 打击男性对女性暴力行为的国家行动计划

家庭暴力与性侵犯问题不仅是法律问题与性别平等问题，同时也是政治问题。作为世界上最重视性别平等的国家之一，2007 年，瑞典将家庭暴力和性侵犯问题提升为一项"国家行动计划"，从政府、财政、司法、社会组织、研究机构等各个层面对性侵犯问题进行强力打击与系统预防。2007 年 11 月，瑞典政府颁布一项行动计划，即《打击男性对女性暴力的行动计划》，② 该行动计划全称为《反对男性对女性使用暴力，反对以荣誉的名义实施暴力和压迫，反对同性关系间的暴力行为行动计划》。(Action plan for combating men's violence against women, violence and oppression in the name of honour and violence in same-sex relationships)（以下简称《行动计划》）。

2006 年瑞典联盟党上台执政，联盟党政府在进行大量社会调研的基础上于 2007 年 11 月出台《行动计划》，也被称为国家平权行动计划。瑞典政府对制定并出台国家行动计划的必要性具有广泛的政治共识，认为瑞典虽然在性别平等领域，尤其是在打击男性对女性的暴力行为方面做了大量的工作，但是男性对女性的暴力状况仍然严重存在，男

---

① 瑞典官方网站：《瑞典的性别平等》，2016 年 1 月 1 日，http://factsswedencn/society/gender-equality-in-sweden/，2018 年 7 月 6 日。

② Sweden. Government. Skr. 2007/08：39. Action plan for combating men's violence against women, violence and oppression [Z/OL]. 2008 - 2 - 22. [2018 - 7 - 14]. https://www.government.se/legal-documents/2008/02/skr. - 20070839/.

性对女性的暴力行为是对女性造成不良影响的一个普遍问题，最终也是一个保障性别平等与女性充分享受公民权与基本人权的问题。而对这一问题的解决一直缺乏一致性的政策与系统性的行动计划。为此，瑞典政府在联合国和欧洲委员会框架内承诺，男性对女性的暴力行为是不可接受的，政府的目的是制止这种暴力。在人身安全方面，妇女和男子、女孩和男孩应该具有平等的权利和机会，所有公民都必须能够生活在没有暴力和虐待的环境中，而这一领域是国家行动的重要政策领域。为实现这一政策价值目标，政府制定了打击男性对妇女暴力行为的系统的行动计划，行动计划包含各种政策领域的广泛措施，并协调司法、社会、经济和健康相关的部门，为实现社会的性别平等，打击男性对妇女暴力行为进行不懈的斗争。

瑞典《行动计划》主要打击的是四个方面的行为。一是男性对女性的暴力行为。男性对妇女的暴力行为是社会普遍存在的问题，也是一种严重的犯罪行为。它导致女性身体和精神上遭受痛苦，并影响女性的整个生活过程。这种暴力行为破坏了妇女的生活，限制了女性的自由，侵蚀了女性的安全，是社会所不可接受的。男性暴力侵害女性仍然是一个重要的社会问题。二是以荣誉为名的暴力和压迫。以荣誉为名的暴力和压迫，是围绕男性根植于性别、权力和性欲的文化观念对女性的暴力行为。包括经常发生在家庭中的并且受害者以某种方式依赖并与犯罪者具有强烈的情感联系的暴力和压迫。在荣誉概念中，由于文化、背景、习俗、信仰等原因所生成，而不在当地法律法规之内的习俗、信仰而导致的荣辱感，有时候会造成违法行为，重点是女孩和妇女为维护童贞和贞操，以及家庭的声誉和声望而承受的暴力和压迫。三是同性恋关系中的暴力行为。所有公民无论他们的性取向如何都有权获得同样的保护、支持和帮助。同性关系中的暴力行为与男性在亲密关系中对妇女的暴力行为具有很多共同点。他们有类似的模式，一方寻求限制他人的生命，控制、威胁及使用暴力行为。四是特别脆弱的群体。某些妇女群体特别容易遭受暴力侵害，调查发现残疾人，特别是具有外国背景的残疾人群体、少数民族女性群体、滥用药物/成瘾女性群体为脆弱女性群体，这些群体往往成为施暴者的目标。因此政府要关注这些群体，要加强对这些群体的保护，努力加强打击针对残疾妇女的精神和身体施暴与虐待的行为。① 总之，瑞典政府在国家行动计划中强调，在本届政府的任期内，采取广泛的措施与方法阻止和打击男性对女性使用暴力，反对以荣誉的名义实施暴力和压迫，反对同性关系间的暴力行为及对弱势群体的侵害与暴力行为。政府不仅在国家、地区和地方政府机构、县议会和市政当局政府组织中实施行动计划，同时也将拓展到社会的非政府组织来实施行动计划，动员全社会的力量打击男性对女性的暴力侵害，以实现社会中的性别平等。

瑞典的《行动计划》涵盖了六个较为广泛的行动领域与行动措施，而且各个领域之间相互补充。在六个领域措施中包含 56 项具体的反暴力措施。截至 2010 年末即本届政府卸任之前，瑞典政府总计投资 9 亿多克朗用以打击各种性暴力行为。《行动计划》中的各项反暴力措施本质上是通用的，但瑞典政府还是采取特别行动抵制以荣誉的名义实施暴力和压迫的行为。该计划覆盖六大行动领域与行动措施。

（一）加强对暴力受害者的保护和支持

《行动计划》强调，所有公民都具有安全生活的权利。政府必须为暴力受害者提供高标准的、专业的、适应个人需要的保护和支持，以便受害者可以自由而正常的生活；政府必须设法阻止并严厉打击那些实施暴力的人，必须限制肇事者的自由；瑞典的市政当局有义务依法为受害者提供所需的帮助和支持。为此，瑞典政府提出 22 项具体的行动措施，以加强对暴力受害者的保护和支持。这一部分在《行动计划》中是最为重要的，而且内容最为丰富、措施细致有效。

第一，为暴力受害者提供服务与保护方面的措施：改善对社会服务的知识支持。政府要求国家卫生和福利委员会，对受虐待的妇女提供社会服务工作与知识支持，特别是关于虐待/成瘾问题的妇女、残疾妇女、有外国背景的妇女、老年妇女和以荣誉的名义实施暴力妇女的相关知识，并要求总结以往良好的做法与经验；加强对社会服务的监督。政府

---

① Sweden. Government. Skr. 2007/08：39. Action plan for combating men's violence against women, violence and oppression ［Z/OL］. 2008 - 2 - 22. ［2018 - 7 - 14］. https：//www.government. se/legal-documents/2008/02/skr. -20070839/.

决定加强对遭受虐待的妇女和目睹暴力的儿童社会服务的监管工作。国家卫生和福利委员会负责提交有关各县监督活动的报告。政府将在这个领域进行监督并制定国家统一的、更加清晰的监督评估标准；保证社会服务措施评估工具的质量。确定并保证用于社会服务工作的评估工具的质量，进一步评估应该为受害妇女和儿童提供哪些措施，通过以科学问卷形式为基础的国家评估工具，建立高质量的、系统的和标准化的评估方式。政府资助发展与社会服务有关的风险评估工作；加强对监护与居住条件的评估。政府指示国家卫生和福利委员会编写关于监护、居住状况的风险评估报告，这些报告将改善评估儿童或其他遭受家庭虐待的人的风险及救助方法；评估和发展受虐妇女和目睹暴力儿童的社会服务工作。政府要求国家卫生和福利委员会，对社会服务部门基于受虐妇女和目睹暴力儿童的社会服务工作的方法和程序，进行评估并对评估发现的风险和存在缺陷提出改善措施；为残疾人提供支持和服务的工作人员提供培训。政府计划指导国家卫生和福利委员会制作针对暴力问题的培训材料，并对护理人员与提供支持和服务的人员进行在职培训；加强对药物滥用/成瘾妇女暴力行为护理知识的传播与治疗。政府要求国家卫生和福利委员会汇编和传播关于对药物滥用/成瘾妇女的暴力行为的护理知识与所需治疗；为暴力受害者提供更好的信息服务。政府在2007年春季决定引入法定修正案，使暴力受害者和其他犯罪受害者，具有获得有关监禁服刑人员何时被拘留或何时被释放信息的权利，以及申请保护的预约。

第二，完善与修订法制法规以便更好为暴力受害者提供保护方面的措施：修订"社会服务法"。该修正案旨在澄清社会福利委员会与市政当局向暴力受害者提供帮助和支持的责任与义务。修订规定要特别考虑暴力受害女性的需求及目睹暴力儿童的需求；保护目睹暴力儿童的权利。政府决定对刑事案件的伤害赔偿法进行一般性审查。2006年11月15日颁布的《刑事伤害赔偿法》规定，犯罪受害者可根据伤害程度可获得赔偿。此次修正案旨突出目睹暴力侵害的儿童是否可以获得刑事伤害补偿以及使他们获得更好的保护与支持；改善对受到威胁或迫害的人的保护。目前政府已开展对缠扰行为的调查以加强对受到威胁或迫害的人的保护。调查旨在考虑是否应修改立法，将缠扰行为入刑为犯罪行为，从而防止与打击持续性骚扰与迫害行为，加强对受到威胁或迫害的人的保护；探讨对法律信息获取权和地址信息的保护权。政府已决定在司法系统进行一项保密调查。根据个人安全委员会报告①，现行的法规不能阻止敏感地址与数据的泄密。该调查将考虑现行法规是否赋予法院足够的权力来维护被害人的地址数据等个人信息的机密性；加强法庭安全。政府已指示国家法院管理局评估"安全检查法案"中的某些变化，包括对法院的威胁与安全风险情况的评估，并考虑上述法案中的规定措辞是否恰当。政府将继续在瑞典法院开展安全保障工作。

第三，加大资金投入更好为受害者提供服务与支持方面的措施：资助市政当局对于受虐妇女的保护与加强庇护住房建设。政府决定向市政当局拨款，使其能够实现政府提出的对暴力侵害妇女的社会服务支持法案。② 国家卫生和福利委员会与县级行政部门共同负责在国家层面对这一举措进行跟进和评估；评估和发展为受虐妇女的自愿妇女庇护工作。政府计划为评估和发展自愿妇女的紧急庇护所工作提供资金。为志愿妇女建立紧急庇护所是市政当局开展为受虐妇女服务的一个非常重要的补充工作；指派县行政委员会抵制以荣誉名义的暴力和压迫。政府指定县行政委员会为预防以荣誉名义暴力和压迫女性的措施提供资金。县行政委员会必须继续努力改善庇护住宿，增强知识和预防工作，并将打击男性对妇女的暴力行为及以荣誉名义的暴力和压迫行为，作为县行政委员会一项可持续的工作纳入其正常工作；为打击同性恋关系中的暴力行为提供资金。政府计划在2008—2010年拨出专项资金，为打击同性关系中的暴力行为与暴力受害者提供紧急服务和妇女庇护所。

第四，加强社会组织建设方面的措施：扶持社会组织，制定照顾性暴力受害者的方案。政府计划向乌普萨拉大学提供资金，建立国家男性暴力侵害妇女知识中心（NCK）并制定其职责，制定一项照顾性暴力

---

① Sweden. Government Commission. SOU 2004：1. Ett nationellt program om personsäkerhet, 2004.

② Sweden. Government. Prop. 2006/07：38，No. 105. Socialtjänstens stöd till våldsutsatta kvinnor. 2007.

受害者的国家计划，专注于照顾性犯罪受害者的医疗服务，同时建立打击性暴力信息咨询中心，以改变缺乏性暴力，特别是缺乏同性荣誉暴力和压迫方面知识与信息的弊端，以确保司法机构可获得尽可能全面的数据；支持残疾人组织。政府计划向残疾人组织提供资金，更好地帮助他们发现和预防对残疾人的暴力行为，并支持那些遭受暴力侵害的残疾人。国家卫生和福利委员会将指示福利分会跟进这一资金使用情况；增加对妇女庇护所和暴力受害者支助中心的支持。政府计划增加分配建立自愿妇女庇护所、暴力受害者支助中心及其他志愿服务组织的资金。国家卫生和福利委员会向这些机构分发该资金。

第五，设置调查计划方面的措施：开展对市政府责任及其与其他市政府合作情况的调查。政府进行一项调查计划，以审查社会服务法案中规定的关于市政当局提供服务的责任，以及市政当局之间的合作情况。此项调查旨在提高对暴力受害女性提供的社会服务与支持；调查"社会服务法"和"关爱青年"（特别报告法案）的实施情况。政府还计划一项调查，以审查关于保护和支持弱势儿童问题法案的实施情况，以确保社会服务措施的法律效果，使保护和支持弱势儿童的工作一以贯之地保持下去。

（二）加强对性暴力行为的预防工作

对性暴力行为的预防是打击性暴力工作的重要组成部分。《行动计划》在这部分提出了6项措施，以加强对性暴力行为的预防。这些具体措施为：为暴力受害者建立检测程序。政府计划在乌普萨拉大学指导NCK进一步制定一项方法，建立医疗保健服务的历史档案，以使医护人员能够尽早发现和掌握与受害人经历有关的问题及妇女或儿童，或同性关系的伴侣遭受过暴力的情况。政府认为，在医疗保健中引入此类程序，在产前保健中获得相应的信息，应作为服务整体的一个有机部分；支持青年中心提供性健康与生殖健康服务。政府已指示国家卫生和福利委员会为青年中心提供性健康和生殖健康服务资金，以加强和支持青年中心为年轻人提供有关性健康、生殖健康、心理健康方面的服务与指导，从而促进个人的健康发展；开展有关以荣誉名义的暴力和压迫问题的在职培训。政府计划指定一些学校机构，提供有关以荣誉名义的暴力和压迫问题的在职培训工作，政府机构负责向学校提供义务教育和高中教育培训的相应条件；进一步提高年轻妇女庇护所工作人员的技能。政府已指示国家青年事务委员会采取措施建立国家年轻女性庇护所，使以荣誉名义遭受暴力和压迫的女孩和年轻妇女获得年轻妇女庇护所的支持与服务。这项措施的重点是通过提供国家培训计划提高年轻妇女庇护所工作人员的技能，使其更好地为暴力受害者服务；瑞典遗产基金提供优先领域支持。政府从2007年起提出了新的优先领域，即瑞典遗产基金提供与打击男性暴力有关的资金。这一优先领域为预防暴力、欺凌和性骚扰等项目，并在瑞典遗产基金中加强对性暴力受害者的支持；创造妇女安全的城市环境。政府计划为创造一个更安全的环境而拨款。要设计和建造具有安全感、感受到信任的城市环境，以促进性别平等为目标，以妇女安全为核心改善城市环境，市政工作领导人员应做出相应的工作计划。

（三）提高司法系统打击性暴力犯罪的效率与标准

加强瑞典司法系统对性暴力的打击力度与工作效率是《行动计划》的重要内容，也是瑞典性别平等政策实施的关键部分。《行动计划》在这领域共提出15项具体措施，一方面通过提高司法系统在打击、防范、调查、管理方面的能力及能力水平，从而提高打击性暴力的效率；另一方面要评估性犯罪立法，对刑法典中一些条款进行评估与改革，在刑事制裁方面要充分保护儿童和强迫婚姻的受害者。

《行动计划》在第29—36项的具体措施中强调要加强警察打击男性对妇女暴力行为的工作能力。政府要求国家警察局进一步采取行动，通过培训和教育等措施，提高警察在打击性暴力方面的技术能力和行动能力，增强公众对警察的信任度，以便获得更多的罪行信息；提高警察防范和调查男性对妇女暴力行为的能力；提高警察向暴力受害者提供相关支持措施信息的能力；提高警察预防、侦查和调查性暴力刑事犯罪的能力；提高检察官妥善处理受害者的能力，政府要求检察机关和法院要确保受害者和证人在初步调查期间及法庭上的安全，并使受害者及时接受专业的治疗。《行动计划》的第37—43项措施重点强调通过对刑法及相应法律实施情况的调研与评估，对刑法条款进行修改与补充，以达到严厉打击性别暴力,促进性别平等的目的。具体措施有:评估瑞典刑法第 4a 条严重侵犯妇女完整性的规定;评估性犯罪立法;政府提出对严厉的性暴力犯罪进行调查,并考虑对现行的刑事立法进行修改,以便对严重犯罪给予更严格的惩罚;政府要求调查分析童婚和强迫婚姻现状,提出在刑事制裁方面要充分保护儿童和强迫婚姻的受害者,要使孩子特别是女孩免受胁迫、威胁和暴力;提出法定限制切割女性生殖器官的期限延长至年满 18 岁,严厉禁止在女孩成年之前的婴儿期和青春期切割女性生殖器官,并确保针对上述行为的罪行到达法院;修订"婚姻法",改善关于婚姻财产分割的法律规定,配偶因人身伤害或侮辱而获得的赔偿可以免除财产分割。可见,提高对性暴力的司法打击能力与效率,完善评估刑法典中相关立法与规范,对弱势群体进一步加强保护是这一领域措施的宗旨。

(四) 为暴力犯罪者提供社会服务

《行动计划》针对为暴力犯罪者提供更好的社会服务,提出了 4 项具体的措施。评估在男性暴力罪犯社会服务工作中使用的方法和程序。政府为国家监测系统拨款,以评估和改善对暴力犯罪男性的健康和福利相关的社会服务状况及方法与程序,以达到说服犯罪男性承担责任和认识他们行为的后果;做好针对男性暴力罪犯的社会服务工作。政府指导国家卫生和福利委员会制定针对暴力罪犯男性社会服务相关措施的方法和程序,揭示评估风险和评估的缺陷,国家卫生和福利委员会将提出纠正措施;针对暴力男子的监狱和缓刑服务工作的投资。政府指导监狱和针对性犯罪的男子制定一个科学的质量测试行动计划,即运用科学的方法对犯罪人进行风险评估,特别注意改善控制囚犯释放到社会的时机并加强打击累犯;修订监狱和缓刑服务计划活动的条件。政府提出修订刑事法案中"监狱待遇法"中有关囚犯拥有个人财产权利的条款,将其变更为授权监狱和缓刑服务局禁止囚犯拥有被视为阻碍他们接受治疗的书籍、报纸和杂志,例如,色情杂志。政府在这一领域的措施旨在通过投资以加强为暴力犯罪者提供更好的社会服务,通过制定、实施一系列行动计划建立为暴力犯罪者提供服务的科学方法与程序,强调罪犯的改造与心理调式,以达到说服犯罪男性承担责任及认识他们行为后果的目的。

（五）加强政府与社会组织之间合作与协调

《行动计划》在这一领域提出了 4 项具体措施，以鼓励政府和社会组织之间的协作与部门之间的协调，以便更好地打击性暴力行为。措施的具体内容为：支持区域协调的举措。政府要求县行政委员会启动并在其责任范围内支持区域间的协调工作。要求司法系统、社会服务和医疗保健服务部门以及志愿组织协调起来，共同参与打击男性对妇女的暴力行为，确保为遭受暴力的妇女提供有效与合法的支持；支持地方政府机构和志愿组织合作以抵制暴力侵害妇女行为。政府计划为当地拨款，用于支持地方政府机构与志愿组织形成联合模式，给予妇女支持及她们所需要的保护，合作打击性暴力行为，特别是针对弱势妇女群体的性暴力行为；为调查对妇女的暴力行为开发物理环境。政府要求国家警察局采取措施，专门开发针对妇女的暴力犯罪的物理环境进行调查。在全国范围内开发一个工作模型，开发复合性暴力犯罪的物质环境与审讯场所，配备相应的技术设备及其辅助设施，以便更好地打击性暴力行为；传播有关反性暴力的相关知识和信息。政府计划加强对乌普萨拉大学 NCK 的融资，使其能够更好地传播男性对女性暴力行为的相关知识和信息，提供有关这一主题的培训，尤其是关于性健康的培训，并开展对这一领域的深入研究。

（六）增强应对性暴力的知识与能力

《行动计划》在第六个领域提出了 5 项具体措施，旨在开展对各类性暴力行为的知识与干预措施进行深入的研究，同时进一步开展对以荣誉名义的男性对女性暴力行为进行调查，从而总结经验，寻求规律，提高全社会打击性暴力的成效。措施的具体内容为：建立研究计划。政府计划制定一项涵盖以荣誉名义的男性对妇女施暴与压迫，同性恋关系中男性对妇女暴力和压迫的研究计划。该计划旨在研究应对各类性暴力行为的系统知识，包括这些罪行对受害者的影响，受害者与犯罪者关系，对暴力犯罪者的治疗方法及对性暴力行为的预防、打击与干预的措施；调查以荣誉名义的性暴力和压迫行为。政府已指示生活历史论坛在全国开展调查活动，调查义务教育（6—9 岁）和高中教育中对以荣誉名义针对儿童和青少年，特别是对女童和女性青少年暴力和压迫情况的教育程度，特别要调查和关注教师对上述暴力和压迫的认识程度；调查全国的婚姻状况。政府计划指派国家青年事务委员会对瑞典全国的婚姻现状进行调查，了解家庭的形成，婚姻状况对女孩和妇女的影响；开展对因亲密关系犯罪而死亡的妇女情况的调查。政府要求国家卫生和福利委员会重点调查在密切关系中犯罪而死亡的妇女的情况。通过调查，系统分析女性在密切关系（亲密伴侣暴力）中刑事犯罪而死亡的案例，从中探寻对此类女性提供支持和保护的措施；国家青年事务委员会的培训任务。政府已指示国家青年事务委员会，提供针对负责协调和发展社会服务与教育工作人员的培训。培训的目的是确保参与者了解与男性暴力有关的问题，并使受性暴力影响的人获得可用的支持方法与预防措施方面的知识。①

三　预防与打击男性对女性暴力行为的国家战略

2016 年 11 月 17 日瑞典政府向议会提交了名为《权力，价值目标和权威——为了未来平等的女权主义政策》②的报告。报告总结了瑞典性别平等政策过去十年的发展情况、实施的经验与效果，特别报告了 2007—2014 年实施《行动计划》的情况。在报告中，为保持性别平等政策的连续性、可持续性与时效性，政府提出了未来十年瑞典性别平等政策发展的战略，提出在保持性别平等政策的总价值目标和四个子价值目标的前提下，在次级价值目标下性别平等政策的新定位与工作重点，在此基础上提出了《预防和打击男性对女性暴力行为的十年国家战略》（以下简称《国家战略》），③并于 2017 年 1 月 1 日开始实施。

《国家战略》旨在实现政府的性别平等政策第四个子价值目标"停

---

① Sweden. Government. Skr. 2007/08：39. Action plan for combating men's violence against women, violence and oppression [Z/OL]．2008－2－22. [2018－7－14] . https：//www. government. se/legal-documents/2008/02/skr. －20070839/.

② Sweden. Government. Skr. 2016/17：10. Makt, mål och myndighet-feministisk politik för en jämställd framtid. 2016.

③ Sweden. Government. Extract (Chapter 5) from Skr. 2016/17：10. En tioårig nationell strategi för att förebygga och bekämpa mäns våld mot kvinnor. 2016.

止男性对女性的暴力行为，妇女和男子，女孩和男孩应该享有同样的权利以及身体完整的可能性"。该战略特别强调对性暴力的预防工作，特别是对与荣誉有关的暴力和压迫问题和以性目的卖淫和贩卖人口问题的预防工作。该战略的主要内容是阐释战略价值目标的重新定位，即从过去的被动反映与打击性暴力到制定有效的措施积极预防性暴力，并进一步提高预防和打击的效率与能力。《国家战略》在这一定位基础上，提出了四项政策价值目标：有效的预防暴力行为；改进对性暴力的侦查，加强对受害者的保护与支持；司法警察机构更有效的执法；改进反暴力工作知识与开发新工作方法。依据这四个政策价值目标，该战略又进一步提出和阐释了 2017—2020 年期间政府的具体行动计划。

（一）加强有效的预防暴力行为

《国家战略》的首要政策目标是扩大和有效预防暴力行动，旨在防止更多暴力产生以及引导男性消除暴力行为。在加强与有效预防暴力行为的政策目标中，瑞典政府将重点放在预防上，提出了多项具体的预防措施。这些措施包括普遍暴力预防。政府出台针对广大受众的普遍的暴力预防方案，政府继续开展针对所有年轻人的以预防暴力行为和打击性购买为工作目标的预防方案。政府将通过授权 MUCF、国家教育学院、县行政委员会来有效地实施反暴力计划；针对荣誉标准的预防性工作。要进行普遍的反暴力预防，就需要建立包括不同团体和住宅区的荣誉标准，同时还要考虑在不同的背景下形成男性气质标准和女性自我决定的标准，从而在经济不发达地区增加隔离以达到荣誉标准；性与社会教育。旨在突出广泛的人的基本价值观与性权利教育，包括性别平等、性别、性别模式、性别规范等领域的问题。政府认为学校是进行这项教育非常重要的场所。政府指出，学校最重要的任务之一，就是要对学生进行人类生命不可侵犯、维护个人的自由和诚信、人的平等价值和性别平等价值观方面的教育，这项教育要贯穿于整个教育过程的始终。同时，关于性和同居方面的知识应该构成小学和中学的一个跨学科知识领域，性别、性别角色和性别平等也包括在中小学不同的科目和课程内，校长负责让学生获得这方面的知识；为寻求庇护者和新移民提供帮助。寻求庇护者和新移民往往处于非常脆弱的状态，政府要求青年管理局、民政部和县行政委员会及各类学校，加强对这部分人进行关于性的知识和生殖健康及权利、性别平等、男性气质标准及瑞典法律的普及教育；支持以暴力预防为重点的家长教育。政府计划加强反暴力方法之一在于加强对家长教育以防家庭暴力。国家支持市政当局、县议会和其他与之合作的行为者，开展对为人父母的家长进行父母身份与孩子的权利是平等的教育，促进预防暴力育儿的知识普及；预防犯罪工作。政府计划给县委员会设立区域预防犯罪协调员的任务，增加设置国家预防犯罪协调员工作岗位，以此来支持和推动预防犯罪的工作。政府认为可以降低犯罪复发风险的因素包括获得精神疾病和成瘾护理以及基本住房、就业和教育等社会需求。政府决定出台一个新的国家预防犯罪方案。政府认为地方和区域一级的工作对预防男人对女人的暴力行为是至关重要的。地方政府在战略期间的发展工作包括实施结构化的普遍暴力预防计划，关注学校和学校中的男孩和男性气质问题，实施性别和社会教育，包括性别平等和免于学校暴力的其他活动，获得家长支持，以防止暴力和冲突，包括与荣誉有关的暴力和压迫。

（二）改进对性暴力的侦查，加强对受害者的保护与支持

《国家战略》第二个政策目标的重点在于对性暴力受害者的保护。在这方面政府在战略方案中提出了一些具体的措施。暴力检测。妇女和女孩最易受到与其关系密切的人的暴力侵害，特别是与荣誉相关的暴力侵害。由于这些女性与女孩比较脆弱，大部分受到暴力侵害的妇女和女孩不被公众所知。因此，社会必须积极和系统地工作，以增加对暴力的检测以及与之相关的脆弱性卖淫，尤其是针对暴力受害妇女的健康检测，为其提供健康和社会服务；在医疗保健方面提供系统的有质量的工作。医疗保健是社会反性暴力尤其是男性在亲密关系中对妇女和女孩的暴力行为工作的重要组成部分。世界卫生组织强调，医疗保健对早期发现和预防性暴力有着重要的作用。政府计划进一步探寻通过加强健康和发展医疗保健的预防工作来打击男人对妇女暴力行为的可能性。努力提升女性的健康水平，包括通过产科干预、初级保健和精神病学治疗，向受害者提供有质量的医疗保健；加强对儿童的保护和支持。为了保护和支持受暴力侵害的儿童，国家出台了新的禁令修正案并于 2017 年 1 月

1 日生效。该禁令旨在保护 18 岁及其以下儿童与父母或任何其他成年人的生活。关于监护、住房和社会护理的价值目标；加强对受害儿童监护权的评估与改革，加强对儿童权利的保护，确保法院在监管住房和社交方面的责任；反对以性目的卖淫和人口贩运。出于性目的被进行贩运或卖淫的妇女和女孩需要支持和保护。政府要求性别平等组织加强治理和关注这类受害者，政府将这一任务作为性别平等当局的永久任务。加强地方一级的监管合作。政府要求地方政府的县级行政委员会与警察部门、社区及国家协调员密切协调合作，共同为性暴力受害者提供其需要的社会服务与社会保护。改善民间社会组织的条件；女性社会组织可以为受害女性提供保护支持与社会服务。政府于 2015—2019 年已分配总计 4.25 亿瑞典克朗用于支持当地民间的社会组织与妇女庇护所。支持社会组织提高信息服务能力与提高社会服务的质量。同时为有卖淫经历的人提供艾滋病预防服务。

（三）司法警察机构更有效的执法

《国家战略》的第三个政策目标是更有效地打击关于男性对妇女的暴力犯罪行为。对于司法机构，政府制定了具体的性别平等政策目标，包括提高其干预威胁的能力，加强对互联网违规行为的监控与打击，遭受性犯罪的原告应该得到足够的专业支持。政府将采取行动密切关注与这些性别平等政策目标相关领域的发展：支持原告。政府同意将调查所有暴力侵害妇女的行为作为国家的重要政策目标。司法机关的关键工作是在法律程序中积极、持续和良好地协调关注与支持原告，加强对受害者的法律支持是政府和议会的首要任务；警务管理局制定防止反复暴力发生的方法与措施。警察机构的工作方式应该在更大程度上防止并减少反复暴力发生。政府要求警察部门汇编关于防止在亲密关系中对成人和儿童反复暴力的警务方法和工作方法的知识手册，为该领域的进一步行动提供方法依据；加强对从事购买性服务和人口贩运行为的打击。要对购买性服务及以性为目的贩运人口状况进行调查评估。加强打击利用互联网进行购买性服务及为性目的而进行的人口贩运活动。酒店和出租车行业是涉嫌性服务购买的一个重要的领域，警察当局与行业组织之间要合作检测和阻止在该行业购买性服务的机会。要采取行动，强有力地打击购买性服务的刑事犯罪活动行动；依法打击强迫婚姻、童婚和有荣誉动机的罪行。2014年7月1日，新的刑事和民事条款引入了加强对强迫婚姻和童年婚姻的保护，入刑了两项新的罪行，即婚姻定罪和误导强迫婚姻。自2016年7月1日起，引入了切割生殖器官的刑事责任。政府计划对关于违反和定罪规定的实施情况及对女性总体犯罪率及总体犯罪的处罚方式进行调查；打击互联网违规行为。互联网已成为男性对女性暴力侵害行为，包括威胁和其他形式的侵犯个人行为完整性的不同表现形式的舞台。政府认为针对网络的战略预防工作必须与立法措施相结合。政府建议设立非法侵犯隐私的新刑法典，这意味着任何侵犯他人的人都要承担刑事责任。

（四）改进反暴力工作知识与开发新工作方法

《国家战略》的第四个政策目标是改进知识和开发新的方法。这是指在社会公共和相关专业及决策者层面要掌握关于男性对女性暴力行为的相关知识，进一步研究与开发新的工作方法，以此来更好的抵制暴力行为：了解暴力程度知识，建立统一数据。预防与打击男性对妇女暴力侵害行为的一个关键挑战，是关于暴力程度知识的有限性与不确定性，这使得社会救治缺乏整体性与高效率。针对全国缺乏男性暴力程度的系统知识及各类受害者的典型案例，缺乏统一的关于暴力受害者的统计数据与文档的现状，政府认为有关暴力行为的统计数据和系统的后续行动是健康和福利方面的一个重要发展领域。政府建立国家一级的有质量保证的可靠的暴力统计数据，再制定相应措施，以便制定关于受害者社会服务工作的国家统计数据，并跟进发展关于伤害和医疗救治方面的统计数据。政府还指示国家卫生和福利委员会向市政当局提供支持和指导，以便更好地计算地方一级的暴力成本；了解有效的暴力预防工作。目前关于全力预防暴力事件中有效方法和工作方式的知识仍是有限的。如目前很少有仔细评估早期的针对男人和男孩暴力的预防计划。政府认为，反暴力工作知识和方法的发展应尽可能与预防领域的相关知识和方法相协调。如酒精、毒品、兴奋剂和烟草等对犯罪者的影响及其预防。政府推广国家卫生和福利委员会近年来在社会服务中发展起来的、政府与暴力受害者一起工作的、基于数据标准化的评估方法及在社会服务和卫医疗保健方面对暴力男子的干预；国家对性侵者的预防工作与治疗中心。进一步加强知识和技术发展的可能措施，应建立一个全国性的针对性暴力从业者工作与治疗中心。中心可以面对面，也可以结合电话和基于网络来支持开展针对暴力男子和男孩的普遍暴力预防工作；制定方法并支持在暴力受害者的工作中应用该方法。政府认为有必要继续开发和传播标准化评估方法，以评估暴力、反复暴力的风险以及受害者所需要保护和支持的程度。政府委托国家卫生和福利委员会完成开发工作，这些评估方法应包括尽可能多的医疗保健、精神病学知识及与荣誉有关的暴力行为提供支持，同时这一评估方法要为检测相关人员的暴力行为以及与之相关的脆弱性卖淫行为提供指导；相关专业的教育。政府坚持在义务教育、高中教育与大学教育中，开展关于男性暴力侵害妇女行为的强制性专业培训课程，旨在为学生提供他们在未来职业中免于暴力侵害所需要的知识与技能；监督促进发展。政府认为国家监督是加强对暴力受害者护理和提高护理质量的重要工具。政府将进一步加强和发展对市政和护理人员的关于反对暴力行为工作的监督。政府将通过国家社会服务监督员与社会组织施行对性暴力的监督工作。[①]

通过对上述《国家战略》的四个具体政策目标的阐释可以看到，《国家战略》作为瑞典性别平等政策的重要组成部分，其核心价值在于将预防视为战略的主要焦点和其他四个方面的核心价值目标。瑞典政府认为男性的暴力事件造成了很大的影响，给妇女和女孩带来无限的痛苦，整个社会为此付出了沉重的代价。因此，性别平等政策就是要实现对性暴力的有效预防。只有加强整个社会的预防才能减少性暴力与反复性暴力的发生，只有加强社会保健与预防措施才能向妇女和女孩提供强大的保护和支持，只有有效执法及对性暴力给予坚决的打击才能对暴力犯罪倾向形成震慑作用，从而减少性暴力犯罪。

四 《行动计划》与《国家战略》的特点比较分析

为维护瑞典性别平等政策的"确保女性与男性在生活的各个方面都

---

① Sweden. Government. Skr. 2016/17: 10. Makt, mål och myndighet-feministisk politik för en jämställd framtid. 2016.

享有同样的机会，拥有同样的权利，承担同样的义务"的总价值目标及"禁止男性对女性实施暴力。女性和男性，无论年龄大小均平等享有身体发肤完整不受损害的权利和机会，均有权在不必担心遭受虐待或暴力的环境中生活"的子价值目标。瑞典政府自2007年出台《行动计划》，十年后的2017年又出台2017—2026年十年的《国家战略》，这表现了瑞典政府打击性暴力的决心，表现了瑞典政府推行性别平等政策的恒心，这十几年间通过实施两项重要的性别平等政策，对性暴力的打击与预防具有了政策与制度的连续性，同时也表现了瑞典政府对性别平等认识的不断升华，这表现在，打击性暴力行为由行动计划提升到国家战略之上，两者的变化与特点表现如下。

（一）政策定位的变化：从以打击为主到以预防为主

2007年的《行动计划》与2017年的《国家战略》，从名称上我们就可以感受到其政策核心价值目标的转变。《行动计划》侧重于打击性暴力行为，通过打击来给予受害者保护与支持。《国家战略》的政策定位发生了变化，将战略的核心价值目标定位在对性暴力行为的预防上，是一项预防的战略，是由过去的被动反应预防转向主动的制定有效措施进行预防，尤其是对性暴力行为的早期预防与普遍预防，加强学校、社会服务与医疗保健及民间社会对性暴力的预防。《国家战略》是以预防性暴力为前提来对女性进行保护的，性暴力犯罪是一种严重危害人类生存权利、影响妇女儿童健康与福祉的行为，必须通过预防措施来尽可能保护妇女与儿童基本人权。《国家战略》的这一价值定位，贯穿于战略的四个政策目标之中，以预防为前提与基础，在此基础上加强对受害者的有效保护与服务，与此同时加强对性暴力犯罪的打击力度，专业知识与有效的方法是进行预防的前提条件，全社会对性暴力犯罪知识的普及，工作人员对专业知识的掌握尤为重要，因此其非常重视在基础教育中纳入反性侵教育，学校开展对学生价值观与性知识的教育，通过教育减少性犯罪，同时减少性暴力的受害者，利用网络技术开展对性暴力案例的宣传与统计等，均为成为有效预防的必要条件。可见，《国家战略》的四个政策价值目标是相辅相成、互相衔接、相互条件的，而预防这一主导理念贯穿始终。

（二）政策内容针对性强：注重知识与实效

无论是2007年的《行动计划》，还是2017年的《国家战略》均有一个共同特点，即有针对性、注重知识、注重实效。

《行动计划》内容涵盖六个方面的行动领域与行动措施，包括加强对暴力受害者的保护和支持；加强预防工作；提高司法系统打击性暴力犯罪的效率与标准；为暴力犯罪者提供更好的社会服务措施；加强合作与协调；增强知识和能力。每个领域既具有自身的具体内容，各个领域之间又相互补充、互相衔接。重要的是各领域均具有针对性很强的具体措施，六个领域共包括了56项具体的反暴力措施，每项措施都有具体的任务指向，以便于后续进行评估与检查。非常注重措施的有效性，这一点在后来瑞典政府对2010—2014年《行动计划》实施情况进行评估中体现出来，计划中的具体措施成为评估的标准，这也是瑞典性别平等政策注重实效的具体表现。

《行动计划》注重知识的特点体现为，它将增强知识和能力作为第六个领域中5项具体措施的内容。在这一部分非常强调对各类性暴力行为的知识与干预措施进行深入研究，同时要进一步开展对以荣誉名义的男性对女性的暴力行为进行调查，从而总结经验，寻求规律，以提高全社会打击性暴力的效率。因此，《行动计划》特别注重研究应对各类性暴力行为的系统知识，包括这些罪行对受害者的影响，以寻找总结反性暴力的规律性的系统知识；注重通过全国婚姻及性暴力情况调查来总结规律性的经验，探索对暴力受害者的保护措施；注重培训以确保参与者了解与男性暴力有关的问题，并使受性暴力影响的人获得实用的方法与预防措施方面的知识。

《国家战略》与《行动计划》的内容不同，表现为《国家战略》只有四个方面的政策领域，即加强有效的预防暴力行为；改进对暴力的侦查，加强对受暴力侵害的妇女和儿童的保护与支持；更有效地执法；改进知识与新方法的开发。这四个政策领域相比《行动计划》的六个政策领域减少了"为暴力犯罪者提供更好的社会服务措施与加强合作与协调"两个领域。在瑞典政府2017年给议会的报告《价值目标结构》部分中对此解释为，将"为暴力犯罪者提供更好的社会服务措施"合并到"更有效地执法"领域中的社会服务中去,不再单列对犯罪者提供服务的领域。而关于"加强合作与协调"的内容,政府报告认为,因不好评估又很重要,因此移除战略内容,政府另行出台政策。由此可见,《国家战略》的内容较之《行动计划》的内容更加精炼,同时四个部分内容都提出了具体的优先价值目标,提出了具体的要求与措施,这就使得政策更具有了针对性及实效性。例如,在"加强与有效的预防暴力行为"这一政策领域内,《国家战略》的优先价值目标与措施非常务实且具有针对性,以预防为核心开展各种类的预防措施:从普遍暴力预防入手,开展针对各种对象的性暴力预防措施,包括荣誉标准的预防性工作、性与社会教育的预防、为寻求庇护者和新移民采取行动、支持以暴力预防为重点的家长教育、预防犯罪工作等,体现了《国家战略》内容与措施针对性强、追求实效性的特点。

《国家战略》与《行动计划》相比在注重知识方面更胜一等。《国家战略》以性暴力预防为核心价值,而系统专业知识与方法的开发则是预防的前提与基础。《国家战略》中的四部分内容是紧密相连、相互依存的。《国家战略》对知识的注重的特点与《行动计划》不同。如果说《行动计划》中重视以总结经验,寻求打击性暴力的规律性知识的话,那么《国家战略》则侧重于对具体专业知识的掌握与对新工作方法的开发,以此来更好地抵制性暴力行为。《国家战略》注重利用现代科学技术建立科学的方法为预防与打击性暴力服务。例如,了解暴力程度知识,建立统一数据系统;了解有效的暴力预防工作,政府认为,反暴力工作知识和方法的发展应尽可能与预防领域的相关知识和方法相协调。如酒精、毒品、兴奋剂和烟草等对犯罪者的影响及其预防;建立国家对性侵者预防工作和治疗中心;制定方法并支持在暴力受害者的工作中应用该方法;进行相关专业知识教育,在义务教育、高中教育与大学教育中开展关于反对男性暴力侵害妇女行为的强制性专业培训课程,旨在为学生提供他们在未来职业中免于暴力侵害所需要的知识与技能。可见,《国家战略》中对知识与方法的注重更具体、更基础,体现出整体政策以预防性暴力为核心,而关于预防性暴力的专业知识教育与现代化的技术方法则成为预防性暴力的前提与基础。

（三）注重政策的连续性：由计划到战略

瑞典的性别平等政策具有很强的政策连续性，这是瑞典社会政策的一个重要特点。这一特点充分地体现在对性暴力打击与预防的政策制定与实施中。

瑞典打击性暴力政策的连续性体现为由《行动计划》到《国家战略》的提升。自2006年，瑞典政府出台《性别平等政策新目标》，确定了性别平等政策总价值目标及第四个分价值目标后，2007年，瑞典政府就出台了《行动计划》，又称之为平权行动计划，该《行动计划》旨在针对打击男性对女性的暴力行为、以荣誉为名义的暴力和压迫行为、同性恋关系中的暴力行为及对特别脆弱群体的保护。该计划政策在六个政策目标领域制定了56项具体措施重点打击性暴力行为，以维护妇女儿童的基本人权。2015年政府对2010—2014年《行动计划》的实施效果进行了全国性的评估，在评估的基础上，进一步总结经验，寻找解决不足的对策。2015年6月瑞典政府评估调查组向瑞典政府提交了名为《反对男性对女性暴力及名誉侵害的国家战略》的报告。2016年11月瑞典政府向议会提交了名为《权力，价值目标和权威——为了未来平等的女权主义政策》总报告。在总结瑞典性别平等政策过去十年的发展情况、实施经验与效果的基础上，政府提出了《预防和打击男性对女性暴力行为的十年国家战略》，并从2017年1月1日开始实施。自此，从2007年到2017年，再到2026年，在这20年间，由《行动计划》到提升为《国家战略》，保持了打击与预防性暴力政策的连续性，20年不间断，以维护女性基本人权为核心，表现出瑞典政府打击性暴力的决心与恒心，从计划到战略的提升表明瑞典政府将预防与打击性暴力、维护女性基本权利的完整性作为一项事业延续下去，也体现了瑞典社会对性别平等理念的永久追求！

瑞典打击性暴力政策的连续性也体现在政策的主导思想与政策价值目标、政策内容的连续性上。从《行动计划》到《国家战略》，瑞典性别平等政策的总价值目标与第四个分价值目标始终不变。均保持了"确保女性与男性在生活的各个方面都享有同样的机会，拥有同样的权利，承担同样的义务"的总体价值目标与"禁止男性对女性实施暴力。

女性和男性，无论年龄大小均平等享有身体发肤完整不受损害的权利和机会，均有权在不必担心遭受虐待或暴力的环境中生活"的分价值目标，体现了性别平等政策价值目标的一致性。在此基础上，这种政策的连续性还体现在政策内容的一致性上。从《行动计划》的加强对暴力受害者的保护和支持、加强预防工作、提高司法系统打击性暴力犯罪的效率与标准、为暴力犯罪者提供更好的社会服务措施、加强合作与协调、增强知识和能力六个方面内容，到《国家战略》的加强和有效的预防暴力行为；改进对暴力的侦查，加强对受暴力侵害的妇女和儿童的保护与支持；更有效的执法；改进知识和方法四个方面的内容，均侧重打击、预防、服务、知识这四个核心内容，变化的只是具体的措施。随着社会的发展，具体的实施措施更加具有针对性，更加符合实际的需要，方法更加现代化、更加追求高效率。这种 20 年不变的政策目标与内容是瑞典性别平等政策具有连续性的本质所在。

瑞典打击性暴力政策的连续性还体现为政策的出台不受政党更迭的政治影响，这一特点是瑞典性别平等政策几十年不变的政治保证。2006 年瑞典联盟党上台执政，2007 年出台《行动计划》。2014 年社会民主党上台执政，社会民主党政府 2015 年开始对 2010—2014 年《行动计划》执行情况进行评估，在总结以往经验的基础上，于 2017 年制定出台了《国家战略》，完全遵循了原来联盟党政府《行动计划》的政策思想与政策价值目标和内容，这表现出瑞典的性别平等政策并不会因政党的更迭而有所改变，打击预防性暴力是瑞典整个社会的共识与追求的价值目标，不受政治与政党更迭的影响，这样保证了打击与预防性暴力的性别平等政策几十年不变，一如既往地保持了政策的连续性，这构成了瑞典社会发展的一个重要特征。

（四）社会性别主流化策略推行与反性暴力政策的实施相统一

预防与打击性别暴力的性别平等政策的制定与实施是瑞典"社会性别主流化"的重要内容之一，两者之间是相辅相成内在统一的。

"社会性别主流化"的价值目标与预防打击性暴力的政策目标相一致。"社会性别主流化"的价值目标与预防打击性暴力的政策价值目标是在瑞典整个性别平等政策框架内的政府优先事项，两者具有内在一致性。"社会性别主流化"是将两性平等作为优先价值目标引入到社会的政治、经济、教育、医疗卫生、信息、安全等各项政策领域中去，而这一点和预防与打击性暴力政策以维护女性基本人权与身心的完整性是完全一致的，具有内在的追求性别平等的本质的一致性。

"社会性别主流化"的组织实施与预防打击性暴力政策组织实施相一致。"社会性别主流化"是以政府各级组织、社会组织为主体来协调加以实施的。然而，预防与打击性暴力政策的实施同样注重各级各类组织的协调实施，在这一点上两者的实施主体是完全一致的。政府在向议会提交的《权力，价值目标和权威——为了未来平等的女权主义政策》的报告中强调，在实施《国家战略》中，首先，要加强国家组织机构之间的协调。横向要加强政府各部门之间的合作，做到责任清晰，特别是县行政委员会与县议会、市正当局与警察局之间要加强协同，以减少工作中的误差；纵向要在政府各级组织之间加强配合，特别是要发挥县级行政委员会反性侵的作用，要加强监测，提高工作质量。要建立国家级性别平等组织以协调实施评估与跟进各项政策的实施。为此，瑞典政府在 2018 年 1 月 1 日建立了"瑞典性别平等事务局"，① 对全国的性别平等工作实施统一管理，以便更好地实施两性平等政策，确保政府的性别平等政策优先事项得以实现。其次，要加强政府部门管理各领域与社会组织之间的协调统一。2018 年 1 月瑞典的性别研究秘书处，代表瑞典政府委托瑞典性别平等机构支持 58 个政府机构和一个组织，将性别平等观点及工作纳入其所有业务领域，这些机构主要包括瑞典统计局、瑞典平等特派员、卫生和社会保健督察部门、国家住房与建筑和规划委员会、国家学生援助委员会、在瑞典的儿童监察员、瑞典公共卫生机构、瑞典经济和区域发展机构、瑞典增长政策分析机构、瑞典青年和公民社会机构、瑞典民事偶发机构、瑞典高等教育委员会、瑞典犯罪调查局、瑞典犯罪受害者补偿和支持当局、瑞典高等教育管理局、瑞典国际发展合作署、瑞典移民机构、瑞典国家高等职业教育机构、瑞典国家特殊需要教育和学校机构、瑞典国家法医学委员会、瑞典国家健康与福利

---

① Jämställdhetsmyndigheten，About the agency［EB/OL］．2018．［2018 - 8 - 2］．https：//www.jamstalldhetsmyndigheten.se/en/about-us/about-the-agency.

委员会、瑞典国家机构护理委员会、瑞典成人教育委员会、瑞典国家法院、瑞典养老金机构、瑞典健康与工作和福利研究委员会、瑞典社会保险管理局、瑞典税务机构、瑞典工作环境局等机构。这些部门将"社会性别主流化"的性别平等与维护女性基本权利为优先价值目标纳入本领域工作。瑞典政府在《国家战略》中要求政府组织与非政府组织克服以往缺乏统一领导、工作任务与责任不清的弊端，加强统一领导与协调分工，以提高反性暴力工作的准确性与工作效率。由此可见，在瑞典，"社会性别主流化"的实施主体与预防和打击性暴力政策的实施主体是完全一致的，其共同特征就是在各种组织管理的工作领域中将性别平等作为优先价值目标，将追求两性的权利平等与身心的完整性作为一项事业，永久地推动下去！

五 维护女性身心健康的性别平等政策的实践分析

维护女性身体与精神的完整性是对基本人权的维护，同时也是瑞典性别平等政策的核心价值追求。对女性实施性暴力违反了生命、自由、自尊及身体与精神完整性的基本人权。因此，维护女性的性健康和性权利以及生育健康和生育权利，打击性别暴力则成为瑞典政府的一项重要工作内容，同时也是瑞典性别平等政策的中心议题。自2007年政府出台《行动计划》与2017年出台《国家战略》以来，瑞典社会展开了对性暴力的有力打击，同时积极维护女性性健康和性权利以及生育健康和生育权利。

（一）打击针对女性的暴力行为

家暴在性别暴力中占很大比例，一般为亲密关系中的重复严重侵犯案件。瑞典作为欧盟成员国，也是身体/性暴力事件高发国家。2012年，瑞典有28%的女性揭发其遭受过此类暴力，高于欧盟国家平均水平的22%。[①] 原因在于：由于更多女性敢于站出来揭露，被曝光的暴力案件数量大幅上升；另外20世纪80年代初瑞典修订了法律，移除了女性撤销自己提出的暴力指控的可能性，从而保护这些女性控诉者免受要

---

① Ann Numhauser-Henning, *Documents requested by the Committee on Women's Right and Gender Equality：the policy on gender equality in Sweden*, Brussels：European Parliament. 2015，p. 23.

求她们撤销指控的威胁。① 自 2007 年《行动计划》出台后，瑞典国家警察委员会着力打击各种形式的家暴。2016 年，瑞典遭受亲密关系下性侵的女性为 25%，较 2012 年降低 3 个百分点。②

在瑞典，婚内强奸和其他形式的强奸均被列为刑事犯罪。针对性别暴力的斗争在瑞典是一个中心议题。瑞典刑法典已对性犯罪定刑，该法典在 1984 年和 2005 年做了修改。性犯罪在瑞典一直被视为对性完整和身体完整的侵害。构成强奸刑事能力的必备条件是，犯罪者使用暴力或威胁来实施性行为。在对某些审判进行激烈的公共辩论后，2005 年的改革对这种必备条件进行了略微变更，将"暴力或严重威胁"修订为"使用非法胁迫"。瑞典政府修订了法律，对于利用受害者因被（最终自愿）性侵害的犯罪者，可以且应该将此判定为强奸罪，若干犯罪者参与的犯罪行为即为严重犯罪。即便不使用暴力而严重性侵 15 岁以下儿童的，也构成强奸罪。2008 年，瑞典社会针对批准性犯罪法案的必备条件展开了辩论，也讨论了此法案是否应该并入到法律体系中去。目前为止，这些必备条件的提议已被驳回，因为人们认为这会导致这样的危险，即犯罪调查过于集中在受害者和女性替罪羊身上。2014 年，瑞典新一届政府的宣告书中制定了更为宏伟的价值目标，鉴于公众共识的原则，政府宣布要加强对性犯罪受害者的扶助，更有效地处理性犯罪事件，评估性犯罪立法以及加大刑罚力度以作为性别保护的基础。

在瑞典性骚扰也是常见的性别暴力行为。这种犯罪也在 2009 年颁布的《反歧视法案》（DA）适用范围之内，但性骚扰大多发生在工作中。频发的性骚扰在现实中严重危害了女性人身的完整性，尽管在之前瑞典政府就将此定为犯罪，但缠扰行为（非法困扰）这种特别的犯罪在 2011 年被引入到瑞典刑法典中。这些政策法规的实施，保护了女性的人身安全，打击了性暴力行为。

---

① 瑞典官方网站：《瑞典的性别平等》，2016 年 1 月 1 日，http：//factsswedencn/society/gender-equality-in-sweden/，2018 年 7 月 6 日。

② Sweden Statistics, *Women and men in Sweden：facts and figures* 2016, Stockholm：Statens Offentliga Utredningar, 2016, p. 85.

（二）打击以性剥削和卖淫为目的人口贩卖

打击人口贩卖是 2007 年的针对反对卖淫和以性交易为目的的人口贩卖的平权《行动计划》的中心议题，也是瑞典针对性健康和性权利以及生育健康和生育权利的性别平等政策中的重要组成部分。瑞典政府为执行 2007 年《行动计划》，在 2008 年 7 月颁布了一项抵制卖淫和以性行为为目的的贩卖人口行为的行动计划。[1] 截至 2010 年末，现任政府总计投入 2.13 亿克朗用于实施 36 项抵制措施。人口贩卖是一种特殊形式的频发的性别暴力。这种犯罪活动侵害个人以及他们的基本权利。人口贩卖也是现代形式的奴隶制，贫困妇女和孩子尤其是少女更容易受到侵害，其中涉及胁迫性关系、逼婚等性暴力行为。

瑞典性别平等政策中的核心关切问题便是打击卖淫，其价值目标是最终取缔卖淫。性别平等政策将嫖客（购买性服务者）的责任作为重点，因为人们认为男人要对其性行为负全部责任。有鉴于此，瑞典自 1999 年已将购买性服务列为犯罪行为，即嫖客入刑，并处以最多一年的狱中服刑。此外，按照瑞典政府宣言书，瑞典政府还将"在国外购买性服务"列为犯罪行为。在瑞典刑法典中有关于购买性服务的规章措施，卖淫并不违反法律。人们认为将性服务购买者定罪对购买性服务者有威慑作用，能减少卖淫行为并阻止国外的有组织的团伙和个人在瑞典进行卖淫活动，这样将减少以性剥削为目的人口贩卖。对购买性服务的禁令及其在首个十年内的效应所进行的估计显示，该禁令行之有效，并可作为一种重要工具来处理和预防卖淫及以性剥削为目的的人口贩卖。

以性剥削为目的的人口贩卖与卖淫和旨在最终取缔卖淫的政策紧密相关。这些政策旨在阻止购买性服务、消除社会、政治和经济方面存在的不平等（这种状况被认为为卖淫和人口贩卖提供了温床）以及保护和支持受害者。瑞典关注卖淫、人口贩卖和 HIV 病毒及艾滋病之间的密切关联。在《行动计划》中明确的五大重要领域也都与人口贩卖相关：加大力度保护和帮助处于人口贩卖危险之中的人们，更加注重人口

---

[1] Sweden. Government. Skr. 2007/08：167. Handlingsplan mot prostitution och människohandel för sexuella ändamål. 2007.

贩卖的预防工作，在司法系统中制定更高标准和提高效率，增加国内和国家间合作，提高人们的防范知识和意识。推行此项政策的实施构成了瑞典在欧盟、欧洲议会和联合国所做的承诺。

（三）打击女性生育器切割与逼婚和荣誉名誉的犯罪行为

在瑞典，生育器切割一直以来都属刑事犯罪行为，这一问题也是瑞典性别平等政策核心关切的问题。2007年《行动计划》出台以来，瑞典政府与瑞典社会对这一问题高度重视，将原有的政策与法律与欧盟的规定接轨。现行瑞典政策规定，实行2013年欧盟委员会女性生育器切割交流大会上以及欧洲理事会签署的2014伊斯坦布尔公约中所提议的决定。

基于禁止生育器切割法案，瑞典自1982年起将生育器切割定为刑事犯罪。截至目前，瑞典法庭共收到两起此类案件，均涉及生育器切割，且都发生在瑞典境外。从政策视角出发，抵制生育器切割这一工作实属重中之重，由全国卫生和福利委员会监督，该委员会系瑞典卫生与社会事务部下属政府机构。最近的一次报道表明，依据联合国儿童基金会的评定，估计可能有3.8万名女性（其中18岁以下的有7000人）在来到瑞典之前就遭受过某种类型的生育器切割。据统计，目前居于瑞典18岁以下的1.9万名少女现在处于此类危险之中——虽然她们出生在瑞典，但她们的母亲却出生在生育器切割受到普遍认同的国家。[①] 全国卫生与社会事务部工作中极其重要的一部分，便是致力于改进瑞典医疗卫生机构对于生育器切割的认识，以期更好地避免此类事情的发生。

生育器切割与逼婚是家庭暴力的两大基本要素。这些问题在2007年的《行动计划》中被列为重点打击与预防对象。自2014年4月1日起，瑞典将逼婚判定为一种特殊犯罪，而与这种婚姻有关的一切尝试行为和准备活动也被判定为非法行径。这一法规此前就有过规定：瑞典境内禁止18岁以下公民结婚；对在国外进行的这种婚姻，其认可程度则进一步降低。打击逼婚行为，是2014年至2017年间瑞典政府各项青年

---

① Ann Numhauser-Henning, *Documents requested by the Committee on Women's Right and Gender Equality: the policy on gender equality in Sweden*, Brussels: European Parliament. 2015, p. 25.

政策中非常重要的一部分。①

(四)加强对性暴力受害者的保护

针对性暴力受害者的保护在瑞典各项性别平等政策中占有重要地位。加强对性暴力受害者的保护是瑞典2007年《行动计划》的核心内容,也是瑞典性别平等政策追求的重要政策价值目标。瑞典政府在2007年《行动计划》中提出56项具体措施来加强对性暴力受害者的保护。这些保护措施在2007年以后逐步实施。政府总计投资9亿多克朗建立庇护所与医疗卫生机构,资助反暴力知识中心与服务中心等社会组织,从各个方面为受害者提供支持与保护。

瑞典政府建立了两个国家级机构,瑞典妇女庇护所协会以及全国妇女和年轻妇女庇护所联合会专门负责对受害女性的庇护工作。瑞典在全国各地建有180家左右的地方妇女庇护所,以帮助有需要的女性。②

除瑞典政府提供的妇女庇护所外,瑞典社会中有2000多个大大小小的NGO(非政府)组织也为受害女性提供服务。瑞典全国妇女和年轻妇女庇护所联合会为100多个NGO会员组织提供培训,并接收因家庭暴力或性侵犯无家可归的妇女。只要申请通过审批,受害人即可单独或携带孩子入住,在此期间的饮食起居费用均由避难所资助方及政府承担。③ 2008—2010年,瑞典政府每年拨款3000万克朗,要求瑞典工作生活和社会研究委员会(FAS)开展有关女性健康的研究项目。该研究项目旨在强化有关女性健康的知识,并形成一种研究氛围,此项研究将不限期的进行。

瑞典政府为保护妇女免遭暴力侵害还出资建立了一些社会服务组织与医疗机构。为响应联合国做出的消除对妇女施暴的呼吁,瑞典成立了"反对向妇女施暴委员会"(The Commission on Violence against Women);瑞典政府专门拨款委托乌普萨拉大学设立了"男性对女性施暴国家知识中心"(National Centre for Knowledge on Men's Violence Against Women,

---

① Ann Numhauser-Henning, *Documents requested by the Committee on Women's Right and Gender Equality: the policy on gender equality in Sweden*, Brussels: European Parliament. 2015, p. 24.

② 瑞典官方网站:《瑞典的性别平等》,2016年1月1日,http://factsswedencn/society/gender-equality-in-sweden/,2018年7月6日。

③ 王衍:《瑞典反性侵"国家行动计划"调查》,《凤凰周刊》2011年第464期。

NCK），该中心由政府主办，同时还开通了面向暴力受害者的免费全天服务热线。乌普萨拉大学医院成立了一家为遭受暴力行为和遭到强暴的妇女提供服务的女性受害者全国中心。上述这些机构与组织旨在促进与受虐妇女联系并向受害者提供所需要的帮助。

（五）加强对青少年的性别平等与反性暴力教育

瑞典政府非常重视对儿童与青少年的性别平等教育，特别是性健康与反性暴力的知识普及教育，这一问题已作为国家《行动计划》中的一项长期任务。在瑞典反对性暴力的课程被贯穿到由儿童教育到初高中教育中。瑞典国家犯罪防治委员会曾经指出，对目睹过家庭暴力和暴力犯罪儿童的教育应更加被重视，因为这样的儿童也往往是该类犯罪的潜在犯罪分子。瑞典政府投资促进校园性别平等教育。2008年6月，瑞典政府投资1.1亿克朗发起校园性别平等教育计划，包括成立学校性别平等特别委员会，开设教师再培训课程，采取措施加强对学生的性别平等及性健康知识教育。性别平等特别委员会的任务是为学校师生普及性别平等知识，增强他们的性别平等意识，同时分析性别差异对教育结果、评估方法的影响，以及突破传统性别角色的方法，并要求提出一些有关性别平等行动的合理建议。瑞典国家教育改进司一直致力于实施性别平等教育的措施，实施对象不仅涵盖九年义务教育阶段的学校，还涉及到各个高中和高等教育与成人教育机构。自2011年开始，乌普萨拉大学率先开设"反对向妇女施暴"的课程，有关性别平等的教育更是在义务教育和高中教育的两个阶段中全面展开。

（六）维护女性性健康和性权利及生育健康与生育权利

在瑞典，性健康和性权利以及生育健康和生育权利被视为是性别平等的一个核心问题，也是性别平等政策的一个重要组成部分。在瑞典，医疗卫生权利是全民普及且针对具有居住权的人，郡（区）级政府提供医疗卫生服务，而长期的医疗社会服务则由市级政府提供，体现了瑞典性别平等政策制度的普遍性。不论在公共部门和私营部门，《反歧视法案》（DA）涵盖了医疗保健领域，该法规旨在禁止在获得预防性、调查性和实际的保健医疗方面的性别歧视。在瑞典，《反歧视法案》（DA）维护的性别平等与反对性歧视的范围适用于医疗健康（社会服务）领域，包括适用于公共部门和私营部门。在健康医疗领域，瑞典法律比现行欧盟法律涵盖范围更广，因为除了执行其他国际法律文书，它还实施 CEDAW（消除针对女性一切形式的歧视）公约中的条款。瑞典注重对女性健康问题的全面研究。

性健康和性权利以及生育健康和生育权利作为瑞典性别平等政策中的核心问题备受关注，这表现为对女性产育护理的重视。瑞典政府已宣布加强产育护理服务，根据数据显示，瑞典产妇保健服务绩效良好，孕产妇死亡率几乎可以忽略不计。在 2011 年和 2012 年，瑞典 10 万名女性的孕产妇死亡率为 0% 和 0.1%。这种低死亡率的主要原因在于瑞典实行了完善的孕期预防护理政策，由此，婴儿死亡率也很低，2012 年瑞典平均 1000 个婴儿中有 2.3 个女婴和 2.9 个男婴夭折。2012 年，瑞典女性的生育率为 1.91%，高于欧盟平均水平。瑞典女性的生育率在过去十年中略有上升。[①]

性健康和性权利以及生育健康和生育权利意味着个人在所有方面对自我性权利的主体性体现。在瑞典性别平等政策中，在性健康和性权利以及生育健康和生育权利政策方面还包含一系列内在关联议题：比如性别平等、性教育、关心弱势群体、使用避孕工具的权利、安全堕胎、产育护理和新生儿护理等女性健康与生育的权利问题。为达此目的，性取向在瑞典的通识教育中是很重要的一方面，并通过在其父母不干涉的情况下为年轻（15 岁）人群提供特殊咨询诊所，进而为性取向的咨询和预防措施提供完善的服务。

堕胎权利是瑞典女性性健康和性权利以及生育健康和生育权利中的一个重要部分。瑞典堕胎法案于 1975 年开始实施生效，如果怀孕 12 周的女性要求堕胎，她们有单方面权利决定是否堕胎，这种权利是不可争议的。在此时期之后，有关当局可为特殊情况做出特殊授权。如果医学证明女性是为了身体健康而堕胎，存在堕胎的可能性。堕胎权利还包含着一种寻求堕胎咨询的权利，而这不是一种义务。此法案在 1995 年进行了修订（1996 年 1 月 1 日正式生效），将女性堕胎的怀孕期从 12 周

---

① Ann Numhauser-Henning, *Documents requested by the Committee on Women's Right and Gender Equality: the policy on gender equality in Sweden*, Brussels: European Parliament. 2015, p. 24.

提升至18周。自1975年以来，瑞典每年的堕胎数保持相当稳定，在30000到38000之间摆动，2011年瑞典的堕胎数为37696。瑞典社会和政治领域形成了广泛共识来支持女性的堕胎权利。①

辅助生育权利是性生育权利中的一个重要问题。2006年瑞典在有关遗传完整性的法案中对这一问题做了规定。根据要求，女性结婚或同居（异性或同性），并且其伴侣同意其进行人工授精和试管授精的，可以接受人工授精和试管授精。通过这种辅助生育，婴儿死亡率与"自然怀孕"的婴儿死亡率一样低。目前就单身女性人工授精和试管授精权利的问题仍有争议，但瑞典政府宣布其有意为单身女性提供此类权利，最终出生的孩子有权利获取捐精者的信息。代孕在瑞典还未受到合法的认可。②

综上所述，可以看到，瑞典政府在2007年出台《行动计划》以来，其政策实施的效果是显著的，维护了女性身体与精神的完整性，严厉打击了对女性实施性暴力的犯法行为，对性暴力受害者给予了保护与支持，维护了女性的性健康和性权利以及生育健康和生育权利，维护了女性的根本利益，体现了社会的性别平等。

本章小结

伴随着瑞典福利国家社会的发展，瑞典逐渐形成并构建了以总目标为核心与相辅相成的四个分目标为一体的性别平等政策目标体系。这一目标体系的建构决定了瑞典性别平等政策的内在结构。本章以瑞典性别平等政策目标体系为逻辑线索，从共时态的视角梳理、分析与阐释了瑞典性别平等政策目标体系的形成及其内在结构，并在此基础上，一方面详尽分析并阐释了基于瑞典性别平等政策目标体系的内容结构，包括平等参与中的性别平等政策、女性劳动力市场中的性别平等政策、家庭政

---

① Ann Numhauser-Henning, *Documents requested by the Committee on Women's Right and Gender Equality: the policy on gender equality in Sweden*, Brussels: European Parliament. 2015, p. 28.

② Ann Numhauser-Henning, *Documents requested by the Committee on Women's Right and Gender Equality: the policy on gender equality in Sweden*, Brussels: European Parliament. 2015, p. 29.

策中的性别平等政策、维护女性身心安全与健康的性别平等政策；另一方面以实证的方法分析了上述瑞典性别平等政策目标在实践中的实际效果。通过对于四个子目标内容阐释与政策和实效两条线索的分析，全景式呈现了瑞典性别平等政策的结构与内容及其现实的成效。

第五章　瑞典"社会性别主流化"及其价值评析

瑞典的社会性别主流化作为策略提出是瑞典性别平等政策变迁的结果。瑞典的社会性别主流化策略的形成与实施的过程体现为性别平等政策逐步发展完善的变迁过程。自20世纪70年代至今的40多年间，瑞典性别平等政策的发展是与瑞典的政治、经济及社会发展，与女性主义思潮的兴起，与性别平等意识形态的发展紧密相连的。瑞典的社会性别主流化与性别平等政策的发展过程并非是一个由不平等到平等的线性的、简单的发展过程，而是一个充满着不同的利益冲突，不断解决凸显的社会问题，不断转换政策目标，不断拓展政策领域，不断走出政策悖论的复杂的政策变迁与发展的过程。瑞典性别平等政策体系的这一不断完善过程，为世界各国实现社会性别平等积累了丰富的经验。本章以史论相结合的方式分析与梳理这一过程，以从中总结经验获得启示。

第一节　社会政策的新视角："社会性别主流化"的提出

瑞典政府实施社会性别主流化开启了社会各项政策制定的新视角与新领域。社会性别主流化作为一种优先策略，将性别平等目标纳入社会各项政策，将原来一直处于边缘地位的女性问题及两性平等问题带到了政府政策舞台的中心，实现了性别平等政策领域的拓广。瑞典政府的"社会性别主流化"的提出，对于实现社会性别平等具有重要的意义。

一　社会性别主流化概念的提出

瑞典"社会性别主流化"（gender mainstreaming）的概念最早出现

于1994年联盟党政府的《性别平等法案》与社会民主党政府的《政府宣言》，其基本含义是将性别平等的理念融入所有的社会政策领域中。1985年，在内罗毕召开的联合国第三次世界妇女大会上引入了"社会性别主流化"这一概念，之后这一概念同第三世界妇女的政治赋权联系起来。1995年，在中国北京举行的联合国第四次世界妇女大会上通过的《行动纲领》将"社会性别主流化"引入并确定为促进性别平等的全球战略。1997年联合国理事会通过并公布了社会性别主流化的权威性定义："社会性别主流化是一种全球公认的促进性别平等的战略。主流化并不是将其自身作为目标，而是为实现性别平等目标的一种策略、方法和手段。主流化的内涵是要确保性别视角和关注性别平等目标成为所有活动的中心，这些活动包括：政策发展、研究、宣传/对话、立法、资源配置、计划、实施，以及计划和项目的监测。"① 至此，性别平等主流化这一概念由之前与第三世界妇女的政治赋权相联系的概念演变成一种世界范围内关注性别平等的政治策略。

虽然社会性别主流化作为促进性别平等的策略是由联合国妇女大会在1995年推向世界的。但是，社会性别主流化从概念到社会实践的发展过程是在瑞典首先提出并实施的。"在分析社会性别主流化时，瑞典的经验特别重要，虽然没有叫这个名字，但是自20世纪70年代开始，某些形式的性别主流化已经开始实行了。"② 瑞典政府从20世纪70年代开始就注重对性别平等问题及性别平等政策的研究与实施。1994年，在第四次世界妇女大会召开之前，瑞典政府已经把社会性别主流化纳入了政治议程，写入政府法案。瑞典政府提出这一动议的过程主要体现在两个方面：一方面是自由党时任政府性别平等部长同时也是女权民主主义者的本特·韦斯特伯格（Bengt Westerberg），在1994年春季提出将社会性别主流化纳入政府《性别平等法案》，法案提出了政府部门实现社会性别主流化的总目标及六个分目标，法案旨在对男性和女性之间的权

---

① UN Women, OSAGI Gender Mainstreaming [EB/OL]. 2001. [2016-12-10]. http://www.un.org/womenwatch/osagi/gendermainstreaming.htm.

② Sainsbury D, Bergqvist C., "The Promise and Pitfalls of Gender Mainstreaming", *International Feminist Journal of Politics*, 2009, 11 (2), pp. 216-234.

利分配产生一定影响，以确保"在社会生活中的各个重要领域，男性和女性享有同等权利、义务以及相同的发展前途。"[①] 另一方面是由于瑞典追求平等的政治文化与女性主义的盛行给社会民主党带来的压力。社会性别主流化提出的过程反映了瑞典当时一种独特的政治现象，那就是在党派方面，不论是自由党还是社会民主党，均在扮演着争夺性别平等拥护者的政治角色。1994 年 10 月社会民主党上台执政，新政府的政策宣言履行了其竞选承诺，在社会民主党执政的《政府宣言》中将自由党政府提出的社会性别主流化策略纳入了具体实施过程，并将性别平等理念融入政府的所有活动并贯穿于政府的各项政策中去。

社会民主党政府将社会性别主流化纳入了规范各级行政机构活动的一般法令中去，这意味着性别平等政策不再是一项孤立于其他社会政策领域的补缺型政策，而是成为贯穿于所有政府行政管理活动中的一个必要的组成部分。1996 年政府关于性别平等备忘录中这样强调："社会性别主流化可以理解为将性别平等的理念融入每一政策领域的主流内容中。不能将性别平等的问题视为孤立的问题或将其同普通活动隔离开来，性别平等的理念是所有工作中一个很明显的组成部分。社会性别主流化是用来强调性别主流不仅仅是补偿一种性别的观点这一问题，也不仅仅是将妇女问题纳入基于男性规范发展而来的结构之中。相反，性别主流是一种全新的观点，是在对男性和女性不同的适用条件进行分析的基础上，又发展出的新观点。"[②] 至此，社会性别主流化作为新概念在瑞典政府的论述中占有了一席之地，这意味着性别平等将超越家庭与劳动力市场的范围而扩展到社会的各个领域中去，意味着社会性别主流化将成为实行性别平等目标的一种策略与手段，意味着性别平等将被纳入社会政策的主流，贯穿政策的始终，以实现社会的性别平等。

二 社会性别主流化提出的意义

社会性别主流化的提出开启了瑞典社会政策制定的新视角。瑞典政

[①] Sweden. Government. Bill 1993/1994, No. 147. Jämställdhetspolitiken: Delad makt-delat ansvar. 1994: 4.

[②] Sweden. Government. Skr. 1996/97: 41. Jämställdhetspolitiken, 1996: 73.

府提出的社会性别主流化，不仅在瑞典的性别平等政策发展过程中具有重要作用，同时对世界各国的性别平等运动也有着重要贡献。社会性别主流化的一个重要贡献在于开启了社会各项政策制定的新视角。以往政府制定政策多是从政治、经济、社会、法律等视角考虑问题，而社会性别主流化作为一种优先策略，则要求以性别平等为优先目标制定各项政策，从而使政策领域纳入了性别平等的向度，同时也构成了政策改革的目标与方向，社会性别主流化将性别平等因素引入政府的各项规范与政策中去，为我们提供了一个认识问题、制定政策的新视角；社会性别主流化的新视角强调基于性别权利的重要性，它不仅局限于追求两性之间的机会平等，更重要的是追求两性之间社会权利的平等；社会性别主流化新视角的意义还在于，它将原来一直处于边缘地位的女性问题及两性平等问题带到了政府政策舞台的中央，并提到优先政策的高度，使性别平等成为政策的主流内容；社会性别主流化新视角推动了性别平等政策范围的拓广，以往的性别平等政策只涉及家庭政策与劳动力市场政策，而社会性别主流化则将性别平等拓广到政治、经济、文化、教育、生活等各个政策领域，同时使性别平等问题贯穿于社会各领域政策的设计、执行、评估的全过程，并成为衡量与评估政策的标准，使各项政策的制定与执行均体现出对两性权利平等的追求，从而有助于实现社会的性别平等。

第二节　平等地位与平等权利："社会性别主流化"的政策变迁

社会性别主流化作为策略的提出是瑞典性别平等政策变迁的结果。这一变迁过程表征着性别平等政策的理念由追求女性的平等地位到追求性别中立再到追求两性平等权利的发展过程；表征着性别平等政策的目标由关注女性角色到关注两性关系再到关注男性责任的变迁过程；表征着性别平等政策的范围由家庭领域到劳动力市场领域再到社会各政策领域的不断拓广。瑞典性别平等政策的变迁过程是与瑞典福利国家的形成发展与不断改革、瑞典经济蓬勃发展到遭受危机、女性主义思潮的兴起、瑞典社会政治文化的发展、瑞典社会保障制度的改革与完善、执政党的更迭都是密切相关的。社会性别主流化的本质在于将性别平等的理念引入社会各领域政策的制定中去，追求和实现两性社会权利平等，而这一本质与追求是建立在瑞典自20世纪30年代的家庭政策及20世纪70年代以来不断制度化、系统化的性别平等政策变迁基础之上的。

一　政策理念的转变：女性平等地位—性别中立—两性平等权利

瑞典性别平等政策理念的形成与确立是与其社会政治经济发展的需求，政府对性别平等认识的提升，以及女性主义思潮的影响相伴随的。性别平等政策理念的转变表现为：由最初的追求家庭中女性的平等地位发展到追求男性与女性作为独立个体的性别中立理念，伴随着性别平等问题超越家庭与劳动力市场领域而进入社会各领域，促使性别平等政策的理念又进一步转向追求两性的社会平等权利。

瑞典家庭性别平等政策追求女性家庭中平等地位理念的确立是以执政党的政治理念与社会现实需要为基础的。1932年瑞典社会民主党执政，全面平等观是瑞典社会民主党的核心价值理念，认为全面的平等不只是在法律面前的人人平等，而且还包括阶级平等、男女平等及资源与收入分配的平等，包括给予弱势群体和社会边缘人群以平等发展的机会与权利。社会民主党执政伊始，面对瑞典当时由于工业化带来的诸多社会问题，特别是人口与劳动力短缺问题，提出以"平等"作为政策改革的目标，以解决社会分工与家庭分工中的平等问题，因而确立了提升家庭中女性平等地位的政策理念；在社会现实方面，追求家庭中女性平等地位理念源于早期瑞典的人口政策。早在20世纪30—40年代，瑞典现代家庭政策是以当时的人口政策与解决人口出生率问题而成为社会政策的中心领域，家庭政策又因为人口问题成为制约社会经济发展的因素而成为当时政治关注的焦点问题，这使得瑞典政府对家庭认识的理念发生了变化，认为家庭不再是私人领域，而是公共领域，女性承担了人类再生产的责任，因此，政府应对家庭生活及家庭中女性的平等地位进行政策干预，以达到提高人口出生率及改变家庭贫困的目的，这使得政府将家庭的内部分工与女性地位、家庭环境等纳入到公共政策的领域，政府由此确立了通过家庭政策干预家庭生活以提升女性家庭地位的新理念。① 在这一政策理念的指导下，瑞典政府出台了一系列的家庭平等政策，一方面针对提高女性地位，改善女性生活条件及提高生育率，1931年出台了生育保险补贴政策，1935年女性和男性平等采用基本养老金政策出台，1938年子女抚养补助金政策、母亲经济补助政策、通用生育津贴政策出台，1948年瑞典议会通过了全民儿童福利津贴政策；② 另一方面，政府为让妇女走出家庭，补充劳动力市场的不足，于1939年出台了保护已婚女性工作权利的《性别平等法案》，规定"不得解雇因怀孕、分娩或结婚的有酬就业的妇女"，1947年出台了国家雇员同工同酬政策，③ 以促进劳动力市场中的男女性别平等。上述政策的出台，提高了妇女在家庭中的地位，改善了女性的家庭生活条件，提高了养育子女的经济能力，女性获得了走出家庭的工作权利。然而，上述一系列家庭性别平等政策的出台，也标志着瑞典家庭政策首次形成了悖论：对女性而言形成工作和家庭双重角色的矛盾关系。直至20世纪60年代，这一家庭政策论始终存在着。瑞典的这一家庭政策悖论成为后来瑞典性别平等政策建立及性别中立理念确立的前提与基础。

性别中立理念的确立是一个复杂的过程。解构家庭政策悖论是性别中立理念确立的现实原因；性别角色的讨论与女性主义对功能主义理论的批判构成性别中立理念确立的思想基础；家庭模式的争论则成为性别中立理念确立的直接原因。

首先，如何解决以往家庭政策的女性双重角色矛盾的政策悖论是当时瑞典的一个重要政治问题。20世纪60—70年代瑞典社会进入黄金发展时期，随着经济的发展，劳动力市场需要补充大量的劳动力，女性成为劳动力市场的强大后备军，这时如何实现家庭中的性别平等，将妇女从家庭中解放出来，让妇女在没有顾虑地进入劳动力市场或家庭照护之

---

① Myrdal A, "Myrdal G. Kris i befolkningfrågan", *Studies in Philosophy and Social Science*, 1935 (4), p. 309.
② Sweden Statistics, *Women and Men in Sweden: Facts and Figures* 2014, Stockholm: Statens Offentliga Utredningar, 2014, pp. 7 - 8.
③ Sweden Statistics, *Women and Men in Sweden: Facts and Figures* 2014, Stockholm: Statens Offentliga Utredningar, 2014, p. 8.

第五章 瑞典"社会性别主流化"及其价值评析　　255

间进行自主选择，这涉及社会公正与性别平等问题，而对这一问题的解决就成为这一时期瑞典政府及执政党的一个政治目标。1969 年，社会民主党代表大会作出了关于性别平等的报告，"在这个报告中，中性家庭政策讨论迈出了重要的一步。实现性别平等的家庭政策备受关注，其中三个方面尤受重视，分别是：男女平等；消除不同同居形式之间的不平等；实现不同家庭规模之间生活条件的平衡。最为突出的是关于税收改革以及将生育保险转变为中性的育婴保险的建议。"① 这就要求政府重新认识家庭中男性与女性的性别平等关系，建立家庭内部男女性别平等的性别中立理念：家庭中的男性与女性是两个完全独立的个人，家庭中的两性是平等的，父母均具有承担家庭照护与工作的权利与义务。性别中立理念的确立与中立的性别平等政策的出台，则成为走出家庭政策悖论的重要途径。

其次，女性双重角色的矛盾，引发了瑞典女性主义关于性别角色的讨论，并对功能主义的性别角色理论进行了批判。瑞典知名女性主义作家、辩论家伊娃·莫伯格（Eva Moberg）认为："我们应该停止重复'女性的双重角色'的概念。男性和女性都有一个作为人的主导角色。作为人的角色需要照顾其后代，这既是一种必然性和一种道德义务，同时也是一段甜蜜的经历或更多收获。如果有人不承认这点，那他应该明白，他的促进妇女解放的事业事实上是一种有条件的解放。"② 女性主义认为，"性别角色理论把性别当作一个角色来进行分析，个体通过社会化和规范的内化获得性别角色，而性别规范包括男性与女性气质的理想，社会就是按着这种理想对男女角色进行性别分工，男性被赋予家庭经济支持挣钱养家的角色，专注事业的发展，而女性则肩负家庭照护的责任，将自己奉献给丈夫与儿女。"③ 这种性别角色理论是功能主义的，它虽然是针对性别不平等提出的，但是它本身也具有不平等的涵义，这种角色理论将女性禁锢在家中，将女性排除在劳动力市场之外，女性被

---

① Anonym, *Jämlikhet*, Stockholm: SAP, 1969.
② Moberg E, *kvinnans villkorliga*, //Moberg E. Prima materia: Texter i urval, Stockholm: Ordfront, 2003［1961］, p. 14.
③ 彭华民等：《西方社会福利理论前沿：论国家、社会、体制与政策》，中国社会科学出版社 2009 年版，第 174 页。

核心家庭埋没了。女性应与男性一样具有平等的权利，都应具有工作与家庭照护的双重责任。女性主义的这种认识为性别中立理念的确立奠定了思想基础。

最后，女性双重角色的悖论同时引发了瑞典社会对家庭理念与家庭模式的争论。政府的政策是支持维护男性赚钱的单收入核心家庭理念与模式，还是支持妇女进入劳动力市场构建男女同时赚钱的双收入"性别中立"的家庭理念与模式，在当时的瑞典社会是充满争议的。"战后的瑞典，工作和家庭的矛盾加剧。随着家庭政策改革的引进，矛盾的家庭理念也随之出现。一些人认为，在劳动力市场，妇女的情况有必要通过国家儿童保育的扩展来得到改善，而另一些人则仍然认为，为了保护社会的未来，让妇女在家照顾孩子，当一个全职妈妈很重要。事实上，虽然通过引进性别平等家庭政策，在20世纪60年代这个问题在政治上已经部分得到了解决，但是在战后时期妇女的这两种角色的矛盾对于政治家们来说已经变成一个相当棘手的问题。"① 社会民主党政府选择了前一种家庭理念，主张建立中性—平等的家庭模式，认为家庭不再是一个政策给付的整体，家庭中的男性与女性均是平等独立的个体化的人，应尊重家庭中每个人的权利，不论男女均具有工作与家庭照护双重角色的权利与责任，男性也要承担照护孩子的责任。政府委员会报告指出："也许改革的主要对象是家庭生活中的男性。迄今为止家庭政策所做的明智决定是，委员会没有将女性和男性所扮演的角色分离，即使在儿童自出生之日起的早期阶段，男性就和女性同样重要，家庭政策不应因为男女生理结构差异、传统的责任分配观念等将女性与男性区别对待。"② 这种认识使原有家庭中男性与女性的不同角色和地位之间的关系发生了变化，使男性进入到性别平等政策的目标中来，改变了男性挣钱，女性照护家庭的角色关系，确立了男性与女性工作与家庭照护的双重角色关系，使家庭模式由单收入的核心家庭模式转向了双收入的中性—平等的

---

① Lundqvist Å., *Family Policy Paradoxes: Gender Equality and Labour Market Regulation in Sweden*, 1930–201, Bristol: Policy Press, 2011, p. 4.

② Sweden. Government Commission. SOU 1972: 34, Familjestöd. Betänkander avgivet av Familjepolitiska kommittén, 1972: 224.

第五章 瑞典"社会性别主流化"及其价值评析 ❈ 257

家庭模式。

关于性别角色与家庭模式的辩论,经过政府委员会的调研与讨论和女性主义对功能主义的批判,社会民主党政府吸纳了各方的意见,确立了男女性别平等的性别中立理念,即家庭中的男性与女性是两个完全独立的个人,家庭中的两性是平等的,父母均具有平等的权利与义务,父母在家庭中均扮演有酬工作与照护家庭的双重角色,男性与女性共同具有照顾和抚育孩子的责任与义务。照护孩子不再是女性的专利,在家庭中性别是中立的。

瑞典性别中立理念的确立在其性别平等政策发展过程中具有重要地位。性别中立理念是促使性别平等问题从家庭政策领域中分离出来,成为瑞典建立一个新的性别平等政策领域的思想基础,影响了家庭性别平等政策的改革方向;性别中立理念是解构原有政策悖论,建构中性—平等家庭模式的基础;性别中立理念是瑞典政府出台一系列中性平等政策的核心价值观,是建立性别平等政策制度体系的思想认识基础;性别中立理念也使瑞典性别平等政策的目标由关注家庭中女性地位转向关注家庭中的性别关系,从关注家庭整体转向关注作为平等独立的个人,从关注家庭内部转向关注家庭外部的劳动力市场,从而构成了"瑞典模式"中性别平等政策的重要特征,同时标志着瑞典性别平等政策体系的建立。由此可见,"在工作场所和家庭中,中性理念与政策已被视为实现性别平等的一种手段。于是,关于工作与家庭之间保持平衡的家庭政策悖论消失在新政策话语中,有人认为这是因为中性改革把目标指向男性。所以可以说,20 世纪 60—70 年代的确是政策的大变革时代。"①

瑞典性别平等政策由性别中立理念向社会平等权利理念的变迁经历了一个复杂的过程,这一理念的转变是与解决中性平等政策的悖论与激进女性主义的批评联系在一起的。在 20 世纪 80 年代初,瑞典政府对 70 年代以来建立的中性的性别平等政策进行了重新评估,评估表明,中性—平等政策在实现瑞典社会性别平等中虽然发挥了重要作用,使两人挣钱的中性—平等家庭模式得以确立,但是政策的悖论再次出现,表

---

① Lundqvist Å., *Family Policy Paradoxes: Gender Equality and Labour Market Regulation in Sweden*, 1930–2010, Bristol: Policy Press, 2011, p. 62.

现为中性—平等政策与现实中劳动力市场性别分隔的矛盾：在劳动力市场中，女性主要从事服务与低层次的体力工作，女性在职业结构体系中处于低层次，工资水平普遍低于男性，形成了劳动力市场的分隔格局。这一现象与评估结论招致 20 世纪 80 年代激进女性主义的激烈批评。女性主义者不仅对现实的中性平等政策给予批评，同时以社会性别理论为依据，对性别平等政策进行理论研究，提出"性别权利秩序"这一新理论解释性别不平等背后的机制。这一理论认为，在社会中和家庭内部，女性和男性之间权利和影响力分配是不均匀的，社会结构的主体是以男性规范为基础发展起来的，男性和女性在家庭生活中的结构通常会涉及性别权利秩序问题，瑞典政府在 1996 年备忘录中写道："性别—权利秩序指的是男性的相对主导地位和女性的相对从属地位，并且该权利秩序在我们的社会中仍然在保持着、复制着。该权利秩序是人们在每天的生活中、工作中、政治领域和私营部门通过决定和行动有意识或无意识地实践着。这些决定和行动往往倾向于在绝大多数领域中给女性比男性更差的条件。改变该性别—权利秩序是性别平等政策面临的一项最重要的挑战。"① 依据性别—权利秩序理论，女性主义者对以往的性别平等政策改革提出建议：女性在权利结构关系上是从属于男性的，因而对中性—平等政策的改革要重塑政策理念，性别平等不仅要实现在家庭中的平等，更重要的是要实现男女之间的权利平等。激进女性主义对性别平等政策的批评在一定程度上为政治家们所接受并采纳。

瑞典政府于 1987 年提出了《性别平等政策目标》，强调性别平等的政策目标是："不论是在何种领域，男女应有相同的权利、责任、义务以及机遇。男女具有共同承担抚养子女和操持家务的责任，双方都能在工作与社会生活中平等参与政治、社会事务以及其他共同的事务。"② 为实现《性别平等政策目标》，政府于 1988 年出台了《性别平等五年行动计划》，具体提出在经济、劳动力市场、公共领域、教育、家庭、政治参与六个领域的性别平等目标。这两个法案的出台，表征着瑞典性

---

① Sweden. Government. Skr. 1996/97：41. Jämställdhetspolitiken，1996.
② Lundqvist Å.，*Family Policy Paradoxes：Gender Equality and Labour Market Regulation in Sweden*，1930 – 2010，Bristol：Policy Press，2011，p. 90.

别平等政策理念的转换,为解决经济危机中的劳动力不足及劳动力市场性别隔离问题,法案更加注重两性的权利与责任,同时对性别平等政策的范围进行了拓广,使政策目标走出家庭领域,不仅与劳动力市场政策,还与社会、经济、政治领域的政策相结合,从而实现了社会的性别平等,这为后来提出"社会性别主流化"奠定了基础。1994年春,本特·韦斯特伯格（Bengt Westerberg）提出将社会性别主流化写入政府的《性别平等法案》；1994年10月社会民主党上台执政,在《政府宣言》中继续提出社会性别主流化,将追求两性社会权利平等的政策理念深入到政府所有活动并贯穿于政府的各项政策领域中去。

至此,瑞典性别平等政策的理念经历了由追求家庭中女性平等地位转变为性别中立,到追求两性权利平等的变迁过程,这一过程是一个对性别平等由女性家庭地位到男女机会均等再到社会权利平等的认识的不断深化过程,是一个充满矛盾与解决矛盾的过程,是一个不断回应社会批评的过程,也是一个将性别平等问题不断进行领域拓广的过程。

二 政策目标的转换：女性角色—中性关系—男性责任

伴随着社会性别主流化的过程、瑞典福利国家的建立发展与社会政策的改革、瑞典社会政治经济的发展、性别平等政策理念的变迁,瑞典性别平等政策的目标也随之发生变化,由早期的关注女性家庭中的角色转向关注男女中性的平等关系再到关注男性的责任,性别平等政策目标的变迁体现了瑞典性别平等政策从追求家庭中两性平等到追求劳动力市场的机会平等,再到追求社会各领域的两性权利平等的过程。瑞典性别平等政策目标的不断转换,标志着性别平等政策内容的不断丰富与完善,标志着性别平等政策的不断体系化、制度化,这些性别平等政策的实施使得瑞典一定程度地实现了社会平等,也使瑞典成为世界上实现性别平等的国家之一。

20世纪30—40年代,瑞典政府为解决人口问题确立的提高女性地位的政策理念使得女性成为家庭平等政策的主要目标。伴随着工业化的迅速发展,瑞典和其他地区一样,出现了诸多社会问题,较为突出的是贫困、失业、生育率下降问题,这些问题成为瑞典政府要解决的主要问题。然而，解决这些问题的一个前提性问题是家庭问题，因家庭问题关涉到生育率问题、贫困问题、劳动力市场问题。因此，这一时期，家庭政策因为人口问题成为政府关注的中心，家庭从原有的私人领域进入公共领域，政府由此建立了通过家庭政策干预家庭生活的新理念，并确立了以提升家庭中女性平等地位的政策理念。依据这一政策理念，女性角色成为家庭政策的主要目标，政府出台的家庭政策主要针对两个关键领域，即补助孕妇和产后妇女以及妇女就业权利。为保护母亲及提高生育率、塑造母亲家庭照护的角色，瑞典政府出台了一系列家庭平等政策，同时，为维护女性就业权利、塑造女性工作角色，瑞典也出台了相应政策（具体政策参见本书前面政策理念转变部分），塑造女性家庭照护角色与工作角色的一系列性别平等政策的出台，使得人们不仅仅把女性看作"母亲"和"照护家庭的人"，而且也把她们看作劳动力市场的从业者。然而，这一系列家庭性别平等政策的出台也导致了政策的悖论，即女性的工作与家庭照护双重角色的矛盾：一部分政策鼓励女性做好无偿的家庭照护工作；另一部分政策又鼓励女性走出家门进入劳动力市场，这使得已婚女性陷入了家务照护与有酬工作双重角色的矛盾之中，使得女性陷入在家庭生活和社会生活中扮演着母亲、妻子与挣工资者、劳动者双重角色之间进退维谷的两难境地。家庭性别平等政策悖论所导致的女性双重角色矛盾成为瑞典政府建立中性—平等政策目标的重要原因。

  在20世纪60—70年代，瑞典社会所形成的"性别中立"理念成为解构以往家庭政策悖论的钥匙，使家庭政策目标由原来关注女性转向了关注中性关系，从关注女性角色转向了关注性别中立，从关注家庭整体转向关注作为平等独立的个人，从关注家庭内部转向关注家庭外部的劳动力市场，使性别平等从理念转变为具体的政策。依据父母共同具有照护家务与外出工作的双重角色与权利的中性平等理念，为使单收入（男人挣钱养家）的核心家庭模式转变为双收入（父母挣钱养家）的中性—平等家庭模式，实现家庭内的性别平等与劳动力市场的机会平等，瑞典政府通过家庭政策的改革，制定出台了一系列中性—平等政策：首先，《个人税收法案》。1971年瑞典议会通过了取消共同（家庭）税收制度，实行个人税收法案，即对妻子与丈夫所得税独立评估纳税的法案。瑞典社会"把个人税收制度看作解放工薪阶层女性的一股力量,"[1]认为:核心家庭的性别角色分工将女性奉献给了丈夫和儿女,把女性排除在劳动力市场之外,而"税收个体化的出发点很简单:对当前'性别角色'的批判和对女性就业的歧视。原有的共同税收制度歧视有孩子的家庭,优待家庭中有收入的一方。因此,共同税制巩固了女性的性别角色和从属地位,将女性禁锢为家庭照护者。"[2] 因此,改变女性地位与男性责任是税收个体化政策改革的关键。税收个体化为女性从核心家庭中脱离出来进入劳动力市场敞开了门户,使女性劳动力在有酬劳动中获得解放。这一法案的通过被认为是当时"最伟大的平等改革"。[3]其次,《育婴保险法案》。1974年政府出台性别中立的《育婴保险法案》取代了之前的育婴保险政策且正式开始实施。这一法案在1978年进一步修订,这一法案规定父母双方均具有照护孩子的责任,男性有陪产假,使得看孩子不再是妇女的专利,为父母承担家庭双重角色奠定了制度基础。[4] 最后,《性别平等法案》。1980年瑞典议会通过了《禁止就业性别歧视法案》,[5] 也被称为《性别平等法案》。法案内容充分体现了性别中立的理念,法案的宗旨是在劳动力市场中实现男女机会均等与同工同酬,消除男性与女性在工资收入和就业范围上存在的不合理差别。法案规定了劳动力市场各方承担的职责,规定雇主要雇佣"弱势性别"员工,以保证在工作场所的性别平等。[6] 法案的实施一方面为两性发展创造了平等的机会,维护了男女机会均等与同工同酬,另一方面也标志着政府在推进性别平等中发挥了主导作用。

---

[1] Florin C, *Skatten som befriar: hemmafruar mot yrkeskvinnor i 1960 – talets särbeskattningsdebat*, //Florin C, Sommerstad L, Wikander U (eds.). Kvinnor mot kvinnor: Om systerskapets svårigheter, Stockholm: Norstedts, 1999, p. 116.

[2] Elvansder, *Svensk skattepolitik 1945 – 1970: en studie i partiers och organisationers funktioner*, Stockholm: Rabén & Sjögren, 1972, p. 257.

[3] Lundqvist Å., *Family Policy Paradoxes: Gender Equality and Labour Market Regulation in Sweden*, 1930 – 2010, Bristol: Policy Press, 2011, p. 82.

[4] Sweden. Government Commission. SOU 1978: 38, Lag om jämställdhet i arbetslivet, 1978.

[5] Law against sex discrimination in employment 该法案有学者另译为《机会平等法案》。

[6] Sweden. Government. Bill 1978/79, No. 175. Förslag till lag om jämställdhet mellan kvinnor och män i arbetslivet, m. m, 1979.

中性—平等政策为中性—平等家庭模式的确立奠定了制度基础。双收入的家庭模式不仅实现了家庭内部的两性平等，同时为实现劳动力市场的两性平等创造了条件。这种家庭模式成为瑞典性别平等的标志，从确立至今都发挥着重要作用，这一点在瑞典政府对性别平等政策的历次评估与性别平等数据统计中得到验证。1985年，女性使用育儿津贴的天数占比94%，男性为6%。2013年女性使用育儿津贴的天数占比75%，男性为25%。[1] 数据表明，男性育儿津贴的领受率在不断增长，越来越多的男性在扮演着照护孩子的角色。这些现象表明瑞典的中性—平等政策与中性—平等家庭模式在现实中发挥了重要作用，在一定程度上实现了性别平等，使瑞典社会性别平等的现状成为世界的典范。

由此可见，以性别中立为政策目标的中性—平等政策，"提出了一系列政治举措来降低女性在劳动力市场的就业门槛，包括通过政治举措来提供慷慨的性别中立的父母保险制度以及提供公共资助的且高质量的儿童抚育政策，与此同时，还在整个公共政策中普遍强调性别平等。在瑞典，性别平等政策作为一项政治政策出现了。最终导致的结果是建立与战后时期，以男性养家的思想完全相反的性别中立和性别平等的家庭理念与中性政策。"[2] 上述一系列中性—平等政策的出台在瑞典性别平等政策发展过程中具有重要的地位，它标志着瑞典性别平等政策制度体系的形成。

瑞典性别平等政策的目标由关注两性关系的性别中立转向关注男性责任是与激进女性主义对中性政策的批判与政府对性别平等政策改革相关联的。自20世纪80年代以来，世界经济危机给瑞典的经济带来沉重的打击，瑞典企业劳动生产率由5%下降到1.6%，工业投资下降了33%。瑞典一向不太严重的失业问题在80年代以后逐渐凸显。[3] 伴随着大规模的失业，社会服务和社会保险计划的减少，严重的经济形势使

---

[1] Sweden Statistics, *Women and Men in Sweden: Facts and Figures* 2014, Stockholm: Statens Offentliga Utredningar, 2014, p. 42.

[2] Lundqvist Å., *Family Policy Paradoxes: Gender Equality and Labour Market Regulation in Sweden*, 1930–2010, Bristol: Policy Press, 2011, p. 2.

[3] 丁建定：《瑞典社会保障制度的发展》，中国劳动社会保障出版社2004年版，第149页。

得瑞典的政治环境也发生了变化。社会民主党长期执政的局面被打破,执政党更迭频繁,造成了社会政策相对稳定时代的终结。这一时期新自由主义思潮兴起,对福利国家进行批判,对瑞典模式的国家干预提出质疑,对社会政策的效果提出质疑,主张减少政府的干预,主张自由化与市场化。在这种背景下,瑞典的激进女性主义者首先对家庭政策中的"中性角色"的性别平等政策,对男女双方共担看护责任和男性的角色等价值观发起了挑战与批评。面对女性主义的批评,政府委员会在20世纪80年代初对中性—性别平等政策的实际效果进行了评估。

政府评估的结果与激进女性主义的批评是相吻合的。首先,女性主义的批评认为"性别中性化理念掩盖了女性和男性之间真正的差别,反而是强化了女性在家庭两性关系中的依赖模式,以及在家庭结构中女性仍处于从属地位的现实。"[①] 其次,女性主义的批评与委员会的评估认为存在上述问题的原因在于:男性是构成家庭性别不平等的根源,"女性在权利结构关系上是从属于男性的,即使已给予女性的性别中立的带薪产假及高度个体化税收制度这样的政策工具,也只是仅在理论层面上实现而已,因为现实中核心家庭模式的惯性、女性和男性之间分等级的结构角色削弱了这些政策工具的效力。因而对中性—平等政策的改革要以男性角色与责任的重塑为政策的目标,性别平等不仅要实现在家庭中的平等,更重要的是男女之间的权利平等。"[②] 总之,瑞典社会通过"性别角色"的大讨论,认为男性没能承担家庭照护的责任是造成女性在家庭与劳动力市场中处于从属地位的根源。因此,性别平等政策的改革锁定"父亲"这一角色,男性责任成为性别平等政策的目标。如何让父亲更多地承担没有报酬的家庭照护责任,成为当时"爸爸政治"的一项重要内容。为此1993年政府出台了新的《育婴假法案》,即"爸爸月"政策:父亲有3个月的育婴假期,其中给符合资格条件的爸爸一个月(30天)不可转让的育婴假期(2015年不可转让的产假

---

① Lundqvist Å., *Family Policy Paradoxes: Gender Equality and Labour Market Regulation in Sweden*, 1930 – 2010, Bristol: Policy Press, 2011, p. 103.

② Lundqvist Å., *Family Policy Paradoxes: Gender Equality and Labour Market Regulation in Sweden*, 1930 – 2010, Bristol: Policy Press, 2011, p. 103.

天数增加到 90 天），鼓励他们承担起照顾孩子的角色。这一政策的出台，标志着性别平等政策改革从男性视角考虑解决性别平等问题，关注男性应承担的家庭照护责任。该政策以法规的强制性迫使男性使用家庭的父母保险制度，提高男性产假的领受率，改变以往女性"垄断"育婴假的现象，实现了父母共担育儿责任，达到家庭性别平等的目的，同时也为女性走出家庭进入劳动力市场创造了条件。

综上，瑞典性别平等政策目标的发展经历了三个阶段：第一阶段是关注女性在家庭中的地位与角色；第二阶段是关注性别中立；第三阶段是关注男性应承担的家庭照护责任与角色，三个阶段政策目标的本质在于追求性别平等。瑞典虽然在 1994 年提出社会性别主流化，但是社会性别主流化的目标与瑞典 70 年代以来的性别平等政策的目标与政策类型是基本一致的，具有政策内在的一致性，均是要实现男女在家庭、劳动力市场及在社会各个领域中的性别平等，鼓励和塑造男性与女性工作与照护的双重角色，鼓励女性成为挣钱的人，而男性成为家庭照护的人。重要的是，所有的性别平等政策维护与规定的是男性与女性个人的社会权利与责任，而不是单纯基于家庭的福利。瑞典几十年来伴随社会发展形成的性别平等政策目标是保证其性别平等政策连续性的重要内在因素。

三 政策范围的拓广：家庭领域—劳动力市场领域—社会各领域

瑞典社会性别主流化的过程实质上是一个性别平等政策领域不断拓广的过程。这一过程表现为，性别平等问题最早是从人口政策进入到家庭政策领域以解决两性的地位与角色平等问题，然后进入劳动力市场领域以解决两性的机遇均等问题，再到提出社会性别主流化以解决两性的社会权利平等问题，将性别平等问题融入到社会的各个领域。瑞典性别平等政策领域的拓广表明，对于性别平等的追求已超越了女性主义对女性平等的追求，而是进入更高层次的、价值中立的对性别平等的社会追求。

前述通过阐释政策理念与政策目标的变迁已分析了家庭与劳动力市场领域中的性别平等政策，本书在此不再赘述。本小节主要分析瑞典政府提出社会性别主流化以后的性别平等政策领域的拓广问题。

第五章 瑞典"社会性别主流化"及其价值评析　　265

社会性别主流化开启了社会政策制定的性别平等的新视角，使各政策领域纳入了性别平等的向度，并进一步拓展了性别平等政策的范围，使性别平等延展到社会的各项政策中去，实现了性别平等政策范围的拓广。以往的性别平等政策只涉及家庭领域与劳动力市场领域，而社会性别主流化则将性别平等拓广到社会的政治、经济、文化、教育、生活等各个政策领域，同时还贯穿于对政治、经济和社会各领域政策的设计、执行、跟踪、评估的全过程，性别平等成为衡量与评估各领域政策的标准。

1994年瑞典政府提出社会性别主流化后，2003年瑞典政府针对社会性别主流化实施过程中出现的问题出台了《国家性别平等行动计划》。该行动计划规定了实施社会性别主流化的三个步骤：要求政府各部门及各地方政府拟定具体实施性别主流化的计划；政府要推进性别预算与性别分析。2005年瑞典政府又颁布了关于性别预算的法案附件，同时将性别预算的执行情况纳入统计范围内；宣布了对性别平等政策进行调查。[①] 该行动计划的出台标志着实施社会性别主流化工作进入一个新阶段。2006年瑞典政府出台了《改变社会与个人生活的权利——性别平等政策的新目标》的性别平等法案。这一法案以社会性别主流化为基础，提出了性别平等政策的总目标及六个领域的分项具体目标。其总目标为："男性和女性有同样的权力改变社会和他们自己的生活。这包括所有人，不分年龄、种族、性取向、无论残疾与否、也无论在本国的哪个区域"。[②] 2007年瑞典政府为解决不断发生的家庭暴力与性侵犯问题颁布实施了《反对男性对女性施暴国家行动计划》[③]，《行动计划》旨在打击与取缔男性对女性的暴力行为，重点打击四个方面的内容：一是男性对女性的暴力行为；二是以荣誉为名义的暴力和压迫；三是同性恋关系中的暴力行为；四是对特别弱势群体的保护。《行动计划》坚决打击性暴力的内容成为瑞典社会性别主流化的重要内容。2009年瑞典出

---

① Sweden. Government. Prop 2005/06: 155. Makt att forma samhället och sitt eget liv-nya mål i jämställdhetspolitiken. 2006: 197.

② Sweden. Government. Bill 2005/06, No. 155. Makt att forma samhället och sitt eget liv-nya mål i Jämställdhetspolitiken. 2006: 43.

③ Sweden. Government. Skr. 2007/08: 39. Action plan for combating men's violence against women, violence and oppression. 2007.

台了统一的《反歧视法案》代替了原有的七部反歧视单行法。这部法案涵盖的范围与领域非常广泛。该法案表明了瑞典政治文化的平等理念超越了家庭范围的性别平等问题,在更加广泛的范围内及更多的领域实现平等,实行反歧视的政策保护。2017 年瑞典政府出台《预防和打击男性对女性暴力行为的十年国家战略》,《国家战略》进一步将预防与打击性别暴力纳入社会性别主流化之中,各级政府及社会组织、学术团体、医疗部门、警察、法院、网络监管部门等将性别平等,保护女性基本人权作为支持优先考虑的目标,特别是《国家战略》中的每个部分都提出了优先目标,使社会性别主流化与预防打击性暴力一体化,使性别平等政策的领域不断拓广与深化。2018 年 1 月,瑞典政府委托性别平等机构支持 58 个政府机构和一个社会组织,承担社会性别主流化项目,涉及的领域相当广泛,其工作是将性别观点纳入其所有业务,这项任务被委托给瑞典的性别研究秘书处负责执行。① 总之,"自 1994 年以来,性别平等的政策拓广到各个领域中,最初体现在高等教育和研究(大学教授的任命)领域、对妇女的暴力行为、卖淫和贩卖人口。2003 年的国家平等行动计划特别将目标扩展到警察和法院等司法系统,然后体现于少数群体和移民政策,以及运输、信息技术和环境政策等。"② 2006 年政府关于新目标的性别平等法案又将性别平等纳入政府预算所涉的所有政策领域。

  瑞典社会性别主流化的过程,是一个性别平等政策理念、政策目标、政策领域不断变迁的过程。这一变迁过程体现了性别平等政策的本质在于对两性的平等地位、平等机会与平等权利的追求;这一变迁过程开启了性别平等的新领域,使社会各政策领域融入性别平等的向度与标准;这一变迁过程构建了性别平等政策的制度体系,为社会平等奠定了制度基础;这一变迁过程促进了瑞典社会性别平等程度的提升,数据表明:1985 年 31% 的议会成员为女性,69% 为男性,2010 年议会成员中

---

  ① Jämställdhetsmyndigheten, Government agencies in the GMGA programme [EB/OL]. 2018. [2018-7-14]. https: //www.jamstalldhetsmyndigheten.se/en/support-coordination/gender-mainstreaming/government-agencies-higher-education-institutions/government-agencies-in-the-gmga-programme/.
  ② Sweden. Government. Skr. 2002/03:140. Jämt och ständigt Regeringens jämställdhetspolitik och handlingsplan för mandatperioden. 2003.

女性占 45%，男性占 55%；1985 年在政府中任职的部长级官员中女性占 25%，男性占 75%；2016 年部长级女性官员占 50%，男性占 50%；2015 年瑞典 25—44 岁女性失业率为 3%，男性为 4%，欧洲（不包括北欧国家）25—44 岁女性失业率为 10%，男性为 9%；[①] 1987 年女性就业率为 82%，男性为 88%；2013 年女性为 77%，男性为 82%；1994 年女性工资是男性的 84%。2012 年女性工资是男性的 86%。[②] 数据说明，女性参与国家行政管理的比例在逐渐增加，政府部长级官员的性别比例达到了半数，实现了 2006 年政府的性别平等政策的新目标，这是世界各国部长级官员中性别比例最高的数据；女性失业率为欧洲最低；从就业率看，由于受经济危机的影响，女性就业率有所下降，但是男女就业率的差别在缩小；女性与男性的工资差别也在缩小。这些现象表明瑞典的社会性别主流化策略的实施不只是一纸文件，而是具有实效性的，同时也表明性别平等政策已从家庭政策领域走向了社会的各行各业，政府主导的以法案形式规定的性别平等政策具有较强的执行力，这为实现社会的性别平等奠定了坚实的基础。

第三节　政府主导与政策连续性："社会性别主流化"的价值评析

　　瑞典政府从 20 世纪 70 年代至今的 40 多年间，经历了福利国家的发展与改革，经历了经济危机带来的劳动力市场的动荡，经历了执政党的更迭。但是，瑞典政府始终为维护性别平等，实现两性的平等权利与责任，坚定不移地推行社会性别主流化，建立并实施了一系列的性别平等政策，构建了较为完善的性别平等制度体系，取得了良好的社会效果。总结 40 多年来瑞典性别平等政策的变迁过程，本书认为其可以给我们如下的启示。

---

　　① Gender statistics［EB/OL］，2016.［2016 - 07 - 04］. https：//www.scb.se/le0201 - en.
　　② Sweden Statistics，*Women and Men in Sweden：Facts and Figures 2014*，Stockholm：Statens Offentliga Utredningar，2014，p. 76.

一 政府主导社会性别主流化

政府主导社会性别主流化的实施是瑞典福利国家的一个重要特色。瑞典政府的这一做法与瑞典福利国家注重政府干预,实施再分配的社会政策与强有力的福利国家制度有关。政府主导社会性别主流化使得瑞典的性别平等成为国家意识与社会行动。瑞典政府实施社会性别主流化的一些做法与措施对我们很有借鉴意义。

性别平等政策具有强制性。自20世纪70年代以来,政府出台的性别平等政策与社会性别主流化的政策均是以法案的形式出现,如1971年的《个人税收法案》、1974年的《育婴保险法案》、1980年的《性别平等法案》、1994年的《社会性别主流化的两性平等法案》、2003年的《国家性别平等行动计划法案》、2009年的《反歧视法案》等,这就使得性别平等政策具有了强制性,体现了政府对性别平等问题主动干预的主导性,用政策与法规去引导规范家庭、劳动力市场及社会各领域的性别平等,增强了瑞典政府对性别平等实施的政治压力与行政压力,增强了性别平等政策的实施效度。

建立较为完善的性别平等组织机构。为了实施社会性别主流化战略,瑞典政府建立了较为系统的组织机构与管理机制。瑞典促进性别平等的相关机构主要包括两个层次四类机构,即中央政府与地方政府的性别平等机构。1.政府的性别主流化的专门管理机构、部委行政机构与监督机构构成横向的管理机制,中央政府机构与地方政府机构构成纵向的管理机制,从而形成自上而下的,涉及各政策领域的组织管理体制。中央政府的决策机构为瑞典内阁,由首相办公室、九位大臣(部长)及行政事务办公室组成;中央政府执行机构主要有性别平等部,2018年1月1日瑞典性别平等事务局成立并运行,以确保优先实施政府的性别平等政策;[①] 中央政府的各个部委均与性别平等部门有交叉关系,中央政府各部都具有在各自主管领域内以性别平等观点制定与实施相应政策的责任,及制定并推行以社会性别主流化为目的的内部计划。各部设

---

① Jämställdhetsmyndigheten, Jämställdhetsmyndigheten [EB/OL]. 2018. [2018 – 03 – 25]. https://www.jamstalldhetsmyndigheten.se/.

置 1—2 名性别平等协调员，专司协调和促进性别平等工作，以及协助处理部内与性别平等相关的事务；① 2018 年 1 月瑞典政府已委托瑞典性别平等机构以项目形式支持 58 个政府机构和一个组织，开展将性别平等纳入其所有业务工作。② 2. 地方政府机构有 21 个地方权力机构（郡行政委员会），以及 270 个市政府，③ 瑞典的地方政府具有较大自治权，对于国家的性别平等政策，地方政府可依据本地情况决定给付额度，并以项目的形式推进社会性别主流化工作，中央政府给予一定的经费支持，形成了自上而下的管理体制与工作机制。3. 政府性别平等监督机构，2009 年《反歧视法案》将原有四个性别平等监察部门合并成一个新的平等监察部门，即平等监察专员办公室。4. 政府委员会，在瑞典有 200 多个政府委员会，发挥着咨询与监督作用。

可见，瑞典社会性别主流化的实施是以较为完善的组织机构与管理机制作为组织保障的，这种自上而下的决策执行、监督保障、项目实施形成了纵向的管理机制；社会性别主流化策略的推进是横向联结各部门、各机构的纽带，形成横向交叉互动的管理机制；政府的监督部门与各种委员会既发挥了决策的咨询作用，又成为强有力的监督力量，这种制度安排为实施社会性别主流化奠定了强有力的组织与制度化保障。

运用性别预算与政策评估手段保证政策实施效果。瑞典政府在实施社会性别主流化的过程中运用了一些切实可行的管理方法与手段，特别是性别预算与性别分析，对推进性别主流化具有重要作用。

2003 年瑞典政府通过《国家性别平等行动计划法案》，要求各级行政部门实施性别预算与性别分析，并确定对 48 个政策领域进行 120 个性别平等分析，确定 50 项目标和若干性别分析指标，性别分析要求着

---

① Sweden. Government. Bill 2005/06，No. 155. Makt att forma samhället och sitt eget liv-nya mål i Jämställdhetspolitiken. 2006：197.

② Jämställdhetsmyndigheten，Government agencies in the GMGA. programme ［EB/OL］. 2018. ［2018 - 03 - 25］. https：//www. jamstalldhetsmyndigheten. se/en/gender-mainstreaming/government-agencies-higher-education-institutions/government-agencies-in-the-gmga-programme.

③ Jämställdhetsmyndigheten，Jämställdhetsmyndigheten ［EB/OL］. 2018. ［2018 - 03 - 25］. https：//www. jamstalldhetsmyndigheten. se/.

重考虑与阶级、残疾、移民地位和族裔有关的交叉不平等现象。[1] 2005年瑞典政府又颁布了关于性别预算的法案附件，将性别预算的执行情况纳入统计范围，2006 年的《两性平等法案》将性别观点纳入所有预算所涉的所有政策领域。瑞典目前的性别预算主要集中在四个方面：第一是性别分析，性别分析是所有政策规划领域的一部分，即制定具体的和性别相关的目标和指标；第二是重点侧重于促使女性经济更独立的领域，如劳动力市场、税收、养老金制度、社会保障和保育等方面；第三是性别视角必须纳入社会政策的预测、分析和实施中，例如对宏观经济分析中包括国民生产总值预测、通货膨胀预测及失业率的预测中需要分析哪个性别群体会受到较大的影响等；第四是经济模型中需要纳入性别的视角。[2] 在社会性别主流化的实施过程中，将性别问题纳入预算过程是非常重要的，一是能够发挥预算的绩效管理作用；二是有益于资金的合理分配，从而使对资源的配置与利用效率达到最大化。

　　瑞典政府推行社会性别主流化的另一重要手段是资金支持，这是瑞典性别平等政策卓有成效的物质基础。据瑞典国家年度报告的数据表明，瑞典每年用于性别平等项目的总支出：2013 年为二亿二千九百万克朗；2014 年为二亿四千四百万克朗；2015 年为一亿五千二百万克朗；2016 年为二亿三千二百万克朗。[3]

　　瑞典政府非常注重性别平等政策执行的实际效果。从 80 年代开始对性别平等政策的实际效果进行评估，所形成的评估结果对性别平等政

---

[1] Sweden. Government. Prop 2005/06：155. Makt att forma samhället och sitt eget liv-nya mål i jämställdhetspolitiken. 2006：197.
[2] 秦汉玲：《瑞典性别平等状况研究》，硕士学位论文，山东大学，2017 年，第 19 页。
[3] 瑞典国家年度报告 2013—2016. Sweden. Government, Annual Report State 2013 ［R/OL］. 2013. ［2018 – 03 – 25］. http：//www. regeringen. se/49bb37/contentassets/129cf650ac1b447d930c625ce132ff60/arsredovisning-for-staten – 2013-skr. – 201314101. Sweden. Government, Annual Report State 2014 ［R/OL］. 2014. ［2018 – 03 – 25］. http：//www. regeringen. se/49c837/contentassets/beaf6dd98f254aa394f11e66bd4e1bbe/arsredovisning-for-staten-2014-skr. – 201415101 Sweden. Government, Annual Report State 2015 ［R/OL］. 2015. ［2018 – 03 – 25］. http：//www. regeringen. se/496f5a/contentassets/9f89b99f2d6341cabcbb65ead26666e4/arsredovisning-for-staten-2015-skr. – 201516101 Sweden. Government, Annual Report State 2016 ［R/OL］. 2016. ［2018 – 03 – 25］. http：//www. regeringen. se/49740b/contentassets/c31be086fe96499491dbb84308013120/arsredovisning-for-staten-2016-skr. 201617101.

策的改革与完善起到了重要作用。自 1981 年起，政府对出台的重要的性别平等政策均进行了政策实效评估，政府成立了专司调查与评估的委员会，建立了政策评估机制。2001 年政府成立工作组对在 1994 年开始推行的社会性别主流化工作进行了评估，评估结果成为构建 2006 年国家行动计划的重要内容，国家行动计划要求对性别平等政策进行调查与评估。政府任命了一个调查委员会，负责审查性别平等政策的目标、方向、组织和效益。委员会重新制定了性别平等政策的目标，并提出了若干成果指标，以提高政府在执行性别平等政策措施方面的指导能力。[1] 2006 年关于性别平等的政府法案，通过了该委员会提出的目标和指标，议会批准了该法案，从而以法案的形式完善了对性别平等政策执行情况进行评估的制度。[2]

二 性别平等的制度化与政策的连续性

通过上述对瑞典社会性别主流化全过程的梳理，我们可以看到瑞典的性别平等政策经历了一个强有力的制度化过程。性别平等的政策制度从 20 世纪 70 年代的《个税制法案》《育婴保险法案》；到 80 年代的《性别平等法案》《性别平等目标法案》《性别平等五年行动计划》；到 90 年代联盟党政府的《两性平等法案》与社会民主党政府的《政府宣言》提出社会性别主流化策略；到 2000 年后的《国家性别平等行动计划》与《性别平等政策新目标》及 2009 年的《反歧视法案》，一系列性别平等政策制度的出台，形成了一以贯之的、强有力的性别平等制度化体系。这一制度化的政策体系构建了以政府为主导的、自上而下的性别平等机制，这是瑞典成为世界上社会性别平等水平较高国家的制度基础。

瑞典政府虽然在 1994 年提出社会性别主流化，但是社会性别主流化对性别平等的本质追求与瑞典 70 年代以来的性别平等政策理念与政

---

[1] Sweden. Government Commission. SOU 2005: 66. Makt att forma samhället och sitt eget liv. Jämställdhetspolitiken mot nya mål, 2005.

[2] Sweden. Government. Bill 2005/06, No. 155. Makt att forma samhället och sitt eget liv-nya mål i Jämställdhetspolitiken. 2006.

策目标以及政策类型都是基本一致的，具有政策内在的一致性。虽然政策理念、政策目标、政策范围在不断变迁，但是性别平等政策的本质即追求两性的性别平等是不变的，20世纪70—80年代出台的政策与90年代以后出台的政策主要目标均是一致的，均是要实现两性家庭地位平等、两性劳动力市场机遇平等、两性社会权利平等。瑞典几十年来伴随社会发展形成的性别平等政策理念与目标是保证其性别平等政策连续性的重要内在因素。

瑞典性别平等政策制度保持连续性的另一个重要因素是政府主导、政党与社会支持。20世纪70年代末以来，瑞典遭受了由"滞胀"导致的经济危机，同时瑞典福利国家的模式也遭受质疑，这一时期瑞典政党更迭较为频繁。然而，在这种社会背景下，性别平等政策并没有像其他领域的政策那样遭受政治风波的影响，而是保持了性别平等政策的连续性，这在瑞典当时的政治环境下是十分难得的。在瑞典，由于其历史传统与政治文化的影响，无论是社会民主党还是自由党、温和党，无论是执政党还是在野党，对实现社会性别平等具有共识。因此，性别平等制度化的过程没有受到政党与政府更迭的影响，从而保持了政策的连续性，新政府经常延续上届政府的计划或政策。中右翼政府1991年上台后承诺执行社会民主党政府1988年的《性别平等五年行动计划》的路线；社会民主党于1994年重新执政后，也实施了联盟党政府《性别平等法案》中的政策措施，特别是对社会性别主流化做出承诺并写入社会民主党的《政府宣言》，同时历届政府均重视性别平等政策的执行，各届政府越来越多地使用监测和政策评估的手段与方法来保证政策的实施，这种注重政策评估的方式也增强了性别平等政策的连续性。可见，性别平等政策的连续性得益于性别平等不受意识形态不同的影响与制约，性别平等既是社会问题，也是政治问题，这个问题在瑞典的各个政党与政府中具有共识。

综上所述，瑞典政府实施社会性别主流化开启了社会各项政策制定的新视角与新领域。社会性别主流化作为一种优先策略，将性别平等作为目标纳入社会各项政策，将原来一直处于边缘地位的女性问题及两性平等问题带到了政府政策舞台的中心，实现了性别平等政策领域的拓广；瑞典社会性别主流化的过程是瑞典性别平等政策不断发展变迁的过程，也是瑞典性别平等政策不断完善的制度化、体系化过程。这一过程表现为性别平等政策理念由追求家庭中女性的平等地位发展到追求两性作为独立个体的性别中立，再到追求两性的社会平等权利的变迁；性别平等政策的目标由关注女性角色转向关注男女中性的平等关系再到关注男性的责任的变迁；瑞典性别平等政策的范围由家庭领域拓展到劳动力市场领域再拓广到社会各个政策领域的变迁。瑞典社会性别主流化的实施过程给我们提供了很好的经验与启示：政府主导了社会性别主流化全过程，政府通过主导制定执行政策与规范家庭、劳动力市场及社会各领域的性别平等问题，并且政策均是以法案的形式出现，增强了性别平等政策的强制性与执行力；建立完善的性别平等组织机构与管理机制，为性别平等政策的实施奠定了组织基础；运用性别预算与政策评估及提供资金等手段保证了政策实施的效果；保持了性别平等政策的连续性与制度化。40多年来的性别平等政策的变迁，表征着瑞典政府对两性权利平等的追求，表征着瑞典社会平等程度的提高。欧洲性别平等研究所（EIGE）2017年发布的《2005—2015年欧盟性别平等测量报告》显示，瑞典性别平等指数为82.6，在欧洲28国中排名第一。[①]由此可见，瑞典社会性别主流化的实施经验为世界各国实现社会性别平等提供了可供参考的有益经验。

第四节　瑞典性别平等政策存在的问题分析

瑞典性别平等政策的发展过程并非是一个由不平等到平等的线性的、简单的发展过程，而是一个充满着不同的利益冲突，不断转换政策目标，形成政策悖论又不断走出政策悖论的复杂的、矛盾的发展过程。世界上不存在一蹴而就没有瑕疵的政策体系，瑞典的性别平等政策也不例外。

---

① EIGE. Sweden｜Index｜2015｜Gender Equality Index｜［EB/OL］.2015.［2018–03–25］. http：//eige. europa. eu/gender-equality-index/2015/SE.

一 瑞典性别平等政策的政策悖论

由于瑞典的性别平等政策蕴含在家庭政策、教育政策、劳动力市场政策、税收政策、医疗卫生政策等诸多社会政策中，从不同政策角度出发制定的政策就会产生政策之间的矛盾，形成政策悖论。尽管瑞典政府80年来始终在不断地协调各方利益，转换政策目标，避免并克服政策悖论的产生，但是由于社会政治经济文化因素纷繁复杂，政党的不断更迭，政府的性别平等政策也在不断地改革与变化，从而导致旧的政策悖论解决了新的政策悖论又出现了。从性别平等政策的视角来看，完全避免政策悖论是件很困难的事情。

（一）"女性双重角色矛盾"的政策悖论

20世纪初中期，瑞典政府将家庭的组织形式和家庭的发展纳入到公共政策领域，家庭从原有的私人领域进入公共领域，政府由此建立了通过家庭政策干预家庭生活的新理念。政府将家庭政策的目标锁定妇女与儿童，并对家庭政策进行了改革。政策改革在两个关键领域进行，即补助孕妇和产后妇女以及保障妇女就业权利。一方面，政府出台了住房补贴政策、生育保险补贴政策、女性和男性平等采用基本养老金法案、子女抚养补助金制度、母亲经济补助制度、通用生育津贴等一系列家庭政策。瑞典通过这些政策对具有母亲身份的人建立保险体系及对母婴关怀来提高妇女的家庭地位，以帮助家庭脱贫、提高生育率、降低婴儿的死亡率。另一方面，政府为让妇女走出家庭，补充劳动力市场的不足，出台了保障已婚女性工作权利的性别平等政策，以促进家庭内与劳动力市场中的男女性别平等，从而为瑞典社会经济的发展奠定基础。

但是，上述一列家庭性别平等政策的出台导致和进一步加深了家庭政策的悖论，即女性的工作与家庭照护双重角色的矛盾：一部分政策鼓励女性做好无偿的家庭照护工作；另一部分政策又鼓励女性走出家门进入劳动力市场，这使得已婚女性陷入了家务照护与有酬工作双重角色的矛盾之中，女性在家庭生活和社会生活中扮演着母亲、妻子与挣工资者、劳动者双重矛盾的角色，以及家庭照护责任与工作责任之间进退维谷的两难境地。事实上，至今这一家庭政策悖论始终存在着，女性双重角色的矛盾在性别平等问题上表现为：女性至今仍要无偿承担家庭中大部分的照护责任，女性在家庭中仍处于附属地位，在家庭模式转换的过程中，父母工作与照护的双重责任角色并没有真正实现，女性仍然是家庭照护的主角，在家庭结构中仍处于次要的被动地位。女性主义者认为，男性是构成家庭性别不平等的根源，正是由于男人不承担家庭照护的责任，才使得妇女被困于照顾孩子的事务中以及在工作中处于弱势地位，实施父母双保险政策仅仅是迈出第一步，对于改善家庭中的性别关系没有发挥实质作用；在劳动力市场中女性与男性不能实现机会均等与同工同酬；女性扮演家庭照护与有酬工作多重角色的现实条件不充分，2015年的数据表明女性支付儿童津贴天数的比例为74%。由此可见，家庭政策与劳动力市场政策之间的政策悖论仍在延续。

（二）中性—性别平等政策的政策悖论

为解决"女性双重角色矛盾"这一政策悖论，瑞典政府出台了一系列中性的性别平等政策。如1970年"家庭主妇保险"的实施，以期实现性别的中立化；1971年个人税制的出台确立了家庭中男女平等的独立关系，为构建中性—平等家庭奠定了基础；1973年性别中立的育婴保险政策法案取代之前的育婴保险，确立了父母在家庭中的工作与家庭照护的双重角色与责任；婚姻法也发生了改变，父亲可以申请离婚后的子女抚养权。1980年通过的《性别平等法案》，使性别中立理念延伸至劳动力市场，法案的实施为两性发展创造了平等的机会，维护了男女机会均等与同工同酬。

然而，政策的悖论再次出现，表现为中性—平等政策与现实中劳动力市场的性别分隔矛盾。虽然瑞典政府持续关注家庭内部的性别关系，出台了一系列的中性政策，有利于女性从传统的性别角色和家庭依赖关系中解放出来，改造了核心家庭结构，凸显了家庭中男性与女性平等独立的个体化。但是，性别中立政策主要关注与解决的是家庭中的两性平等问题，实质上家庭中的性别平等是依赖于劳动力市场的性别平等的，没有劳动力市场的性别平等，没有劳动力市场中的两性平等、机会均等及同工同酬，家庭平等只能是愿景。尽管出台了《性别平等法案》，引进了关于反对性别歧视的综合法案，但是，由于现实中在劳动力市场实现性别平等和机遇均等还有很长的路要走，加之核心家庭模式的惯性，致使中性—平等政策工具的效能衰减。

（三）所得税减免与儿童托管政策的政策悖论

瑞典性别平等政策改革（2000年以后）的内容之一是对劳动收入所得税减免与儿童托管政策进行改革，以提高有孩子家庭的经济水平，鼓励父母全职工作，支持双薪夫妻家庭，以更好地实现性别平等政策的目标。

劳动收入所得税减免政策是为配合家庭补助金政策配套出台的政策，旨在通过这一政策来弥补家庭保险的不足，减少有偿工作的所得税，但它并不属于失业保险、家庭保险和社会救济。政策规定：如果夫妻中收入高的一方在家中照护孩子，会为其配偶减税。这一政策的目的，是鼓励高收入家长（通常为男性）使用他们的家庭保险权利，以使母亲能够重返工作岗位。两个政策结合的目的，是为劳动力市场提供更多的劳动力，实现家庭中父母"照护责任"的平等。

儿童托管政策的改革主要从两个方面进行。一方面是通过儿童托管的最高费用政策，即根据父母工薪收入的一定比例给予最高托管费用。另一方面，给予地方政府儿童托管的自治权。2008年联盟党选举获胜后，联盟政府为使家长能够有更多的选择自由，希望家长能花更多的时间陪孩子，提高家长管理自己生活的权利，再一次实行了该党早前提出的这一政策。政策规定，1—3岁孩子的家长每月可获得200欧元即2000瑞典克朗的资助。资助资格为，孩子还没有受益于政府儿童照管政策、有孩子但无政府资助的双收入家庭。但规定不能同时受益于该政策与家庭保险政策。实际上，该政策帮助的不仅是在家陪孩子的女性，还有因各种情况而不能使用政府托管政策的家长。

上述减免税与儿童照管资助政策的出台，实质上导致了新的性别平等政策悖论：减税的目的是为使妇女走出家门进入劳动力市场就业，让男性尽可能多地承担家庭责任。但是，政策规定夫妇中收入高的一方在家照护孩子，则配偶减税。现实中高收入的女性一般不做家务照护，减税对高收入女性无意义，如果高收入男性在家，则低收入的女性减税也无任何意义,家庭经济收入并不会增加,相反这一政策反而导致低收入女性很难走出家门,家庭分工仍然不平等,从而形成了性别平等政策新的悖论;而儿童照管资助政策则是积极鼓励女性在家中陪孩子,至少到孩子三岁,这与积极鼓励女性进入劳动力市场是相悖的,同时也削弱了国家长期以来一系列性别平等政策的价值取向与政策之间内在的一致性,形成了性别平等政策内容的相悖:不鼓励女性从事有偿工作,而是在家中陪孩子。

导致上述联盟政府性别平等政策悖论的重要原因,本书认为是联盟党政府性别平等政策的"家庭自由选择"指导思想的确立。一方面,联盟党政府主动继续保留以往社会民主党政府的性别平等的政策与主要机制,使女性尽可能走出家门参与劳动力市场;另一方面,则强调家庭的自我决定和自由选择奖励补助,这种自由只是形式上的自由,实际上是由政策利益所左右,使低收入的女性难以走出家门,并反而使其留在家中,进一步固化了女性家庭照护的性别角色,这种自由选择在某种程度上削弱了政策的强制性与可控性。

2011年,伦敦政治经济学院的伯尔尼拉·滕伯格(Pernilla Tunberger)和温迪·西格尔·拉什顿(Wendy Sigle-Rushton)在《欧洲社会政策》上发表了《瑞典家庭政策改革的连续性和变化》一文。文章在对瑞典实施的三项家庭政策,即育儿假与儿童托育政策、性别平等补助金政策、减免税政策进行大量调研的基础上,深入分析了这三项家庭政策在多大程度上改变了对幼儿父母就业和儿童保育选择,以及这些激励措施是否因收入水平不同而有所差异。论文在进行大量数据分析的基础上认为:随着新政策的实施,让女性伴侣工作时间减少或工作时间为零的成本已经下降。(1)对于高收入的夫妇来说,最好的选择是让他们全职工作,并雇佣一个保姆来照看孩子。(2)对于低收入夫妇来说,最好的选择是两个人都可以一边工作和一边在家庭照护。(3)对于收入差距较大的夫妇,以及女性低收入者,最佳选择是让她在有资格获得现金补助的期间放弃有偿工作。文章进一步认为,瑞典这一套连贯一致的家庭政策改革,为全职双重收入与公共儿童保育结合起来的两性平等模式提供了最有力的支持,也为妇女提供了高水平的就业机会。但是,现金补助收益鼓励妇女暂时退出劳动力市场，而税收减免政策则鼓励妇女增加她们的工作时间，同时把无报酬的工作留给其他人。

实践证明，上述政策的效果也并不令人满意。2010年3月，瑞典社会保险办事处对上述政策实施效果进行的调研评估结果表明，男性与女性的家庭责任分配不均衡，91%有孩子的男性是全职工作，仅有51%的女性是全职工作。上述政策对男性是否使用家庭保险没有明显影响。

综上可见，由于性别平等政策涉及税收政策、家庭政策、教育政策、财政政策、儿童政策、就业政策等各种错综复杂的因素、政党更迭的政治因素及女性主义等社会因素，使得性别平等政策建构与改革并非一帆风顺，各类政策之间的协调与各种利益之间均衡十分困难，政策悖论时有发生，政策效果也不尽如人意。

二 瑞典社会性别主流化存在的问题

在瑞典，社会性别主流化作为一种策略进入政治领域并非一帆风顺而是备受争议的。首先是质疑社会性别主流化是否能真正有助于转变性别关系，还是已经弱化成为单纯的方法和技术；[1] 其次是很多女权主义者认为社会性别主流化是一个精英项目，这个项目在许多情形下将妇女排除在外，不允许她们参与进来，比如说，妇女运动。[2] 的确，自瑞典社会民主党政府在1994年10月首次宣布将社会性别主流化作为一项重要战略，并坚持了三个任期，即12年，其后的联盟党政府继续坚持社会性别主流化策略，2014年，社会民主党政府又重新执政，在政府宣言中再次将重点放在社会性别主流化上。瑞典政府坚持社会性别主流化策略取得的成就是世界有目共睹的，但是，这并不意味着社会性别主流化不存在问题，除上述所提问题之外，本书认为还存在以下问题。

（一）地方政府执行社会性别主流化处于初级阶段

在瑞典对于实现性别平等具有传统政治文化与社会理念的共识。在

---

[1] Daly M., "Gender Mainstreaming in Theory and Practice", *Social Politics*, 2005, 12(3), pp. 433–450.

[2] Verloo M., *Multiple Meanings of Gender Equality: A Critical Frame Analysis of Gender Policies in Europe*, New York: CEU Press, 2007.

中央政府的各部门与机构中由于广泛进行社会性别主流化的培训及政策制定的规范，对社会性别主流化的认识程度很高，由于日常决策、资源分配、标准制定都会影响性别平等的实施，因此性别平等观念与社会性别主流化已成为中央政府各项日常工作中不可或缺的组成部分。但是通过对社会性别主流化评估发现，一些地方政府对社会性别主流化的认可度并不高，执行社会主流化政策也不到位，"纳入区及地方一级行政机构的社会性别主流化的任务仍处于初级阶段，有一个认可度不高的解释是因为某种惰性和未能够分配到足够的资源。"① 在对瑞典厄勒布鲁自治区社会性别主流化进行调查的报告中，反映出地方政府执行社会性别主流化的漏洞。报告指出："第一个是劳动力市场女性的条件。虽然在瑞典有着内部性别平等的漫长历史以及自治市庞大的女性雇佣者，但是自治市作为雇主的责任被排除在性别主流化的项目之外，这意味着关于雇主歧视的问题可能被忽略。"② 可见，"在地方一级，一些城市已经开始实施社会性别主流化特别项目，但发展情况参差不齐。除了教育，在地方一级实现两性平等的绩效管理相当受限。"③ 由此可见，在瑞典，地方政府实施社会性别主流化的过程中存在执行不到位的情况。

（二）性别平等工作部门责任大协调难

社会性别主流化作为瑞典实现性别平等目标的主要策略，意味着国家各个领域的决策都要贯彻性别平等的理念。在瑞典，政府机构中存在着部门的社会性别主流化责任大与协调难的问题。在瑞典中央政府机关中设有性别平等部及每个部中设有一到两名性别平等协调员，性别平等部负责性别平等政策的执行，该部与其他各个部具有交叉职能，通过协调检查来保障与督促各部门社会性别主流化工作的推进；而每一个部门的性别平等协调员负责制订社会性别主流化工作计划与实施，提供援助和提供咨询意见，但性别主流化的责任由编制政府法案的行政和政治工作人员负责。协调员与负责两性平等司的干事一起，成立了一个部际性

---

① Sainsbury D, Bergqvist C, "The Promise and Pitfalls of Gender Mainstreaming", *International Feminist Journal of Politics*, 2009, 11 (2), pp. 216-234.

② Andersson R, "The Question of Feminism in Gender Mainstreaming—A Case of Non-conflict in Local Politics", *Nora Nordic Journal of Women S Studies*, 2015, 23 (3), pp. 203-219.

③ Sweden. Statskontoret. N 2004: 07. En effektivare Jämställdhetspolitik, 2004: 85.

别平等工作组，负责监测各部委计划的执行情况。① 可见，这样少的机构却承担着对各部门各领域社会性别主流化政策的实施与监督的庞大责任，同时还承担着横向的与各部门的巨大协调工作，因此形成了社会性别主流化的普遍性与责任大协调难的问题。② 这种组织运行机制也在不同程度上影响了社会性别主流化的实施效果。

（三）社会性别主流化影响有限

瑞典是世界上实施社会性别主流化策略最早，性别平等政策制度体系较为完备的国家。但是，"自引入性别主流化战略以来，我们很难看到影响性别平等的主要障碍发生重大的转变：性别分割的劳动力市场、与男性相比更低的妇女收入、公司董事会中女性人数较少以及男性侵害妇女的行为，这些难题仍然存在。"③ 当然，社会性别平等问题的解决不可能一蹴而就，但是当反思社会性别主流化工作的时候，必须承认，社会性别主流化的影响是有限的。这种有限性表现为，瑞典由政府主导的社会性别主流化虽然要将性别平等的观点纳入社会的各个领域，但其影响力所能涉及的领域是有限的，也就是说，社会性别主流化所能够涉及的领域主要是政治领域与行政管理的公共政策领域，但是不能影响经济领域与社会权力。因此，社会性别主流化的影响力是有限的，我们不可能期盼仅仅通过社会性别主流化去解决一切社会平等问题。

本章小结

本章以史论结合的方法，对瑞典性别平等政策中具有世界性特点的社会性别主流化从提出到政策变迁及其实施的过程，进行了系统的、全面的、深入的研究与阐释，并从中总结可借鉴的经验与教训。瑞典实施社会性别主流化的过程是瑞典性别平等政策不断发展变迁的过程，也是

---

① Sweden. Government. Prop 2005/06：155. Makt att forma samhället och sitt eget liv-nya mål i jämställdhetspolitiken. 2006：191.

② Sainsbury D, Bergqvist C, "The Promise and Pitfalls of Gender Mainstreaming", International al Feminist Journal of Politics, 2009, 11 (2), pp. 216 – 234.

③ Sainsbury D, Bergqvist C, "The Promise and Pitfalls of Gender Mainstreaming", International al Feminist Journal of Politics, 2009, 11 (2), pp. 216 – 234.

瑞典性别平等政策不断完善的制度化、体系化的过程。这一过程表现为性别平等政策理念由追求家庭中女性的平等地位发展到追求两性作为独立个体的性别中立，再到追求两性的社会平等权利的变迁；性别平等政策的目标由关注女性角色转向关注男女中性的平等关系再到关注男性责任的变迁；瑞典性别平等政策的范围由家庭领域拓展到劳动力市场领域再拓展到社会各个政策领域的变迁。瑞典社会性别主流化的实施过程给我们提供了很好的经验与启示：政府主导了社会性别主流化全过程，政府通过主导制定执行政策与规范家庭、劳动力市场及社会各领域的性别平等问题，并且政策均是以法案的形式出现，增强了性别平等政策的强制性与执行力；建立完善的性别平等组织机构与管理机制，为性别平等政策的实施奠定了组织基础；运用性别预算与政策评估及提供资金等手段保证了政策实施的效果；保持了性别平等政策的连续性与制度化。瑞典40多年来性别平等政策的变迁，表征着瑞典政府对两性权利平等的追求，表征着瑞典社会平等程度的提高。瑞典社会性别主流化实施的经验为世界各国实现社会性别平等提供了有益的参考。

第六章 瑞典性别平等政策的有效性分析

在前述各章中，本书采用定性分析方法，从历时与共时的视角，从瑞典性别平等政策形成的社会与理论基础、性别平等政策的演进过程、性别平等政策目标体系及内容结构、社会性别主流化等几个方面对瑞典性别平等政策进行了分析与阐释。本章则采用定量分析方法，以大量客观数据为基础，采用统计建模方法以求证前述瑞典性别平等政策的有效性，并利用聚类分析与方差分析法对欧洲各国与世界各地区性别平等的差异性进行比较分析。

第一节 瑞典性别平等政策的有效性

一 基本假设

在前述各章的定性分析中，我们可以看到，瑞典是世界福利国家的代表，以实现社会平等为其核心价值，通过实施一系列性别平等政策，保证了女性的平等参与权利、劳动力市场机会平等权利与家庭父母的双重照护责任，基本上实现了性别平等。

通过对比分析我们发现瑞典作为经济发达的高福利国家，由于许多政策直指人民生活和人类发展的核心内容（如性别平等、育儿与养老保障等），因此，社会安定、人们生活幸福。在联合国发布的2017年《世界幸福指数报告》中，瑞典名列全球幸福指数榜 Top 10。因此，我们有理由给出如下三个基本假设：

H1：瑞典的性别平等程度与经济发展情况有关。平均收入水平越高，则性别平等程度越高。

H2：瑞典的性别平等程度与社会福利水平有关。社会福利水平越高，则性别平等程度越高。

H3：瑞典的性别平等程度与相关政策的强度有关。性别平等政策强度越高，则性别平等程度越高。

为了从实证分析的角度进一步验证这些假设，需要收集相关数据并利用建模方法进行统计分析。根据这些基本假设，所构建的统计模型为

$$性别平等程度 = \beta_0 + \beta_1 + \beta_2 + \beta_3 \quad (6—1)$$

式中：β_1——收入水平；

β_2——福利水平；

β_3——政策强度。

如果瑞典的性别平等政策是有效的，那么模型（6—1）中的回归系数 β_3 应该是显著的。

二　指标选择与数据源

估计模型（6—1）的步骤包括：第一步，确定模型中各个变量的指代性指标；第二步，收集相关数据；第三步，进行统计建模与假设检验。

选择的指标应具有指代性。这种指代性首先应能够反映变量的内涵，其次是这个指标的数据应具有可得性。反映性别平等程度的指标主要有两个，一个是"性别平等指数"（GEI, Gender Equality Index），另一个是"性别不平等指数"（GII, Gender Inequality Index）。性别平等指数主要来自欧盟人权理事会的人权发展报告。但这一报告是不定期发布的，不能保证每一年都有数据。性别不平等指数是由联合国人权理事会发布的，目前有 1995 年至 2015 年的数据。因此，考虑到数据的可得性和权威性，性别平等程度用性别不平等指数 GII 指代。

反映收入水平的指标包括 GDP、人均 GDP 以及人均可支配收入等。本书将采用反映一个国家宏观经济发展程度的指标"人均 GDP"作为收入水平的指代性指标。考虑到通货膨胀的影响，为了使历年的人均 GDP 具有可比性，将 2010 年作为基期进行平减以消除通货膨胀的影响。瑞典人均 GDP 数据来自瑞典统计年鉴，收集时间段为 1980 年至 2017 年。

反映福利水平的指标有很多,常见的有"社会保障支出"、"失业公共支出"和"失能公共支出"等。其中最重要的是社会保障支出,且数据收集时间从1980年至2016年,但后面的两个指标缺少2014年至2016年的数据。本书采用回归法预测这些缺省值,即建立待预测变量与社会保障支出的一元回归方程,并依次估计这些缺省值。因此,本书福利水平指标包括"社会保障支出"、"失业公共支出"和"失能公共支出"这三个指标。

政策强度指标的选择最为困难。在一些文献中,常常利用虚拟变量(0—1变量)考察政策执行前后绩效变化的显著性。而虚拟变量过于笼统,用它不能百分之百地确认政策执行的有效性。本书将采用反映性别平等政策执行力的指代性指标。一是"支付男性育儿津贴的天数占比",二是"1—5岁儿童免费托管占比"。男性育儿意味着男性与女性一样都要承担育儿责任,政府将男性育儿也视为工作并支付津贴是平等政策执行力度的体现。儿童免费托管意味着女性与男性一样可以从容进入职场,不必再为照顾未成年儿童担忧和耗费精力体力。由于模型反映性别平等程度的指标是GII,而GII是从生殖健康、赋予的权力、经济地位三个维度来衡量性别不平等的程度,为了避免自我验证,政策强度将不选择与女性权利和社会地位有关的指代性指标。

政策强度指标"支付男性育儿津贴的天数占比"和"1—5岁儿童免费托管占比"的数据来自瑞典统计年鉴,收集的时间段为1990—2015年。"1—5岁儿童免费托管占比"只有1990年、2000和2014年的数据。本书通过计算1990—2000年和2000—2014年的增长率,进而推算其他年份的儿童免费托管占比。

三 数据的统计描述与整理

(一) 相关性分析

首先查看GII指数与人均GDP的折线图。折线图6—1考察的时间段是从1995—2015年的数据。为了便于比较,缩小了人均GDP的数量级(人均GDP/1000)。从折线图6—1可以看出,随着人均GDP的提升,瑞典的性别不平等指数GII是逐年递减的,从2005年开始,GII仅在 0.05 附近，在世界范围内几乎也是最低的。可以说，瑞典是男女平等社会的典范。

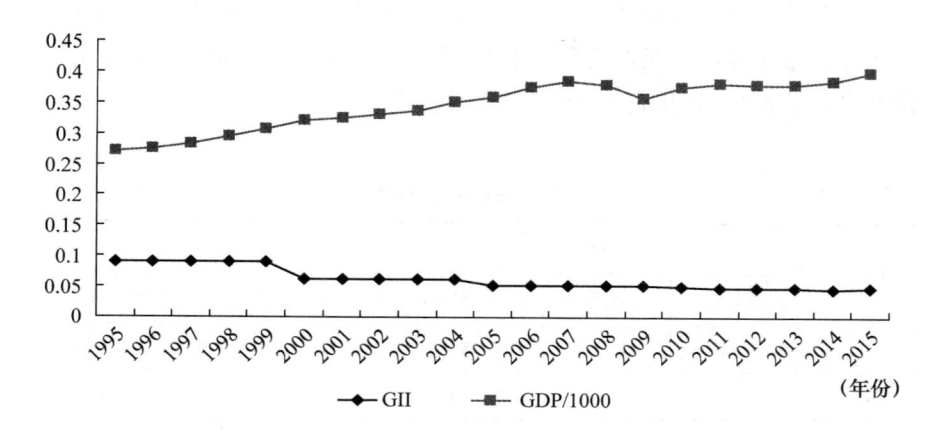

图 6—1　瑞典 1995—2015 年 GII 与人均 GDP 的折线图

其次，考察 GII 与诸多影响因素之间的相关系数。由相关系数表 6—1 可以看出，如果不考虑其他影响因素，除了失能公共支出以外（GII 与失能公共支出的相关系数仅为 0.0561），性别不平等指数 GII 与人均 GDP、失业公共支出、社会保障支出、男性育儿津贴比、儿童免费托管比都是相关的，且相关性都在一个极高的水平。因而，性别平等的程度确实与收入水平、福利水平和政策强度有关。

表 6—1　　　　　　　　　　相关系数表

	GII	GDP	失业支出	失能支出	社会保障	育儿津贴	免费托管
GII	1	—	—	—	—	—	—
GDP	-0.9444	1	—	—	—	—	—
失业支出	0.9266	-0.9500	1	—	—	—	—
失能支出	0.0561	-0.1995	0.2654	1	—	—	—
社会保障	0.6929	-0.8012	0.8117	0.6100	1	—	—
育儿津贴	-0.8564	0.9139	-0.8684	-0.4787	-0.8887	1	—
免费托管	-0.8253	0.8875	-0.8815	-0.4639	-0.9137	0.9225	1

（二）政策强度因子

在表6—1中，反映政策强度的男性育儿津贴与儿童免费托管的相关系数很高，为了避免回归建模可能产生的多重共线性，首先采用主成分分析法综合这两个指标为政策强度因子。对这两个指标进行主成分分析的结果见表6—2和表6—3。

表6—2　　　　　　　　　总方差被解释的程度

主成分	特征根			抽取方差		
	特征值	方差贡献	累计贡献率	特征值	方差贡献	累计贡献率
1	1.947	97.354	97.354	1.947	97.354	97.354
2	0.053	2.646	100.000	—	—	—

由表6—2可以看出，对两个指标进行主成分分析后，保留了一个主成分，且这个主成分的累计贡献率高达97.354%，即这一主成分能够解释原来两个指标"男性育儿津贴"与"儿童免费托管"97.354%的信息。此外，表6—3中每个指标的公共度都是0.974，即保留的主成分解释了每个指标97.4%的方差。因而，这个主成分具有极强的代表性，并称之为政策强度因子。

表6—3　　　　　　　　　主成分分析结果

	均值	标准差	主成分系数	公共度
男性育儿津贴	15.640	6.903	0.507	0.974
儿童托管比重	62.945	4.297	0.507	0.974

根据表6—3的主成分系数可以写出政策强度因子的综合表达式，即：

政策强度因子 = 0.507（Z男性育儿津贴）+ 0.507（Z儿童托管比重）　　（6—2）

其中，"Z男性育儿津贴"表示对该指标进行标准化，它等于男性育儿津贴减去均值后,再除以标准差,各个指标的均值和标准差都可以在表 6—3 中查到。实际上,政策强度因子是两个指标的加权平均,而这种权重是由数据本身决定的,既具有合理性又具有客观性。

由政策强度因子与 GII 指数的折线对比图 6—2 可以看出,政策强度随时间的推移而大幅度增加,且随着政策力度走强,性别不平等指数逐渐下降,性别平等程度增强。

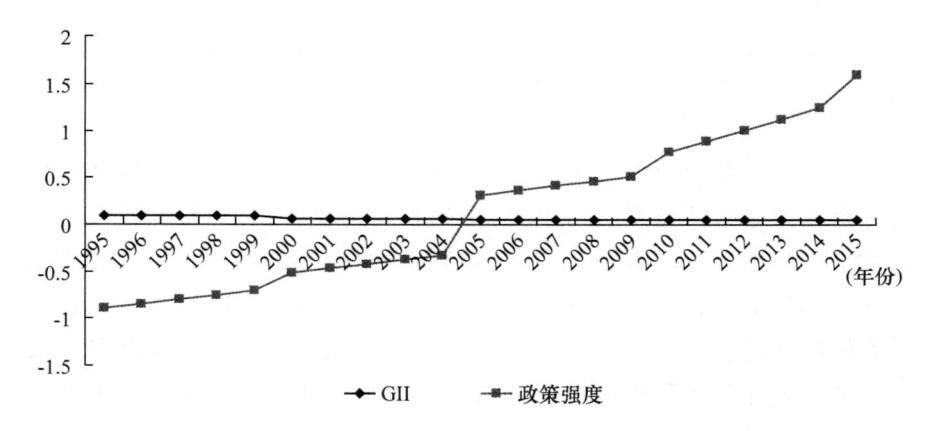

图 6—2　瑞典 1995—2015 年 GII 与政策强度的折线图

四　回归分析结果

为了验证性别平等政策的有效性,本节利用相关数据分别建立如下三个方程:一是性别不平等指数 GII 与人均 GDP 的一元回归方程(反映经济发展对性别平等的影响);二是性别不平等指数 GII 与政策强度因子之间的一元回归方程(反映政策强度对性别平等的影响);三是性别不平等指数 GII 与人均 GDP、政策强度因子、社会保障支出和失业公共支出之间的多元回归方程(反映经济发展、政策强度与社会福利对性别平等的综合影响),由于失能公共支出与性别不平等指数 GII 的相关系数仅为 0.0561,所以建模时不包含该项指标。为了克服人均 GDP 与其他指标数量级的差异,在估计模型时,将采用人均 GDP 的对数进行回归建模。利用统计软件 SPSS 实现的回归分析结果见表 6—4。

表6—4　　　　　　　　　　回归分析结果

	参数估计	T-值	参数估计	T-值	参数估计	T-值
常数项	0.810***	15.314	0.065***	34.847	0.520**	2.782
lnGDP	-0.128***	-14.150	—	—	-0.070**	-2.138
政策强度	—	—	-0.017***	-7.776	-0.008*	-1.867
社会保障	—	—	—	—	-0.005**	-2.575
失业支出	—	—	—	—	0.012*	1.960
	$R2 = 0.909$	—	$R2 = 0.751$	—	$R2 = 0.938$	—

注：***. 显著性水平为0.01；**. 显著性水平为0.05；*. 显著性水平为0.1。

由于三个方程的拟合优度R2都比较高，因此三个方程都有极强的解释能力，且所有系数在0.1水平上都是显著的（实际最高的显著性水平为0.079）。此外，无论是哪个方程，人均GDP和政策强度的系数都是负的，因此，收入水平越高、平等政策力度越强，性别不平等指数就越小、性别平等程度越高。在第三个方程中，社会保障水平越高，则性别平等程度也就越高。与之相反的是失业公共支出水平的提升并不能保证性别平等程度的提升，也就是说，社会福利中的某些支出倾向于弱者，比如失业或失能人员，但这些社会福利不会对社会的性别平等做出贡献。实证分析的最终检验结果见表6—5。总之，当考虑到经济以及社会福利等其他重要影响因素以后，瑞典的性别平等政策仍是有效的。

表6—5　　　　　　　　　　假设以及验证结果

假设	内容	验证结果
H1	瑞典的性别平等程度与经济发展情况有关。平均收入水平越高，则性别平等程度越高	支持
H2	瑞典的性别平等程度与社会福利水平有关。社会福利水平越高，则性别平等程度越高	部分支持
H3	瑞典的性别平等程度与性别平等政策的强度有关。性别平等政策强度越高，则性别平等程度越高	支持

第二节 世界各地区性别平等的差异性分析

一 聚类分析与多元方差分析

在进行差异性分析和对比分析时，可以借助两种统计方法实现：一是聚类分析；二是多元方差分析。聚类分析的目的是将一组样本或一个地域中的诸多国家按照"物以类聚"的原则划分成几类。统计聚类分析的方法主要有系统聚类和 K – 均值聚类，而系统聚类中又有最短距离法、最长距离法、重心法、类平均法以及 Ward 法等。在进行数据挖掘时，最常使用的方法就是 K – 均值聚类法。

为了分析欧洲性别平等的差异性，本研究将采用 K – 均值聚类法以及历年各个国家的性别平等指数将欧盟 28 个成员国依性别平等程度划分为高、中、低三类，并具体分析这三类国家性别平等之间的差异以及与经济发展之间的关系。

当在世界范围内分析洲际之间性别平等的差异性时，由于经济、文化以及政策等因素，这种性别平等的差异一定是存在的。因此，研究的主要目标是检验这种差异的显著性，即从统计意义上验证这种差异是随机的（差异不显著）还是内在的（差异显著）。

多元方差分析的目的就是统计验证这些洲际性别平等之间的差异是否显著。由于要考虑多年洲际性别平等之间的差异，所以需要采用多元方差分析方法进行如下检验：一是从整体上由全模型验证洲际性别平等差异的显著性；二是由子模型验证每一年洲际性别平等差异的显著性；三是通过对比分析验证两两洲际性别平等差异的显著性。

二 欧盟成员国性别平等的差异性分析

本节采用欧盟 28 国成员 2005 年、2010 年、2012 年和 2015 年的性别平等指数以及人均 GDP 研究欧盟成员国性别平等之间的差异以及与经济发展之间的关系。

性别平等指数是一个综合评价指标，其主要评价维度包括工作状况、财富状况、知识获取能力、业余活动情况、社会权利和健康状况。

这一指标由欧盟的人权理事会不定期推出，由此可以了解欧盟成员国女性社会地位的变化状况。

欧盟各国性别平等指数于2005年、2010年、2012年和2015年的统计描述结果见表6—6。由表6—6中的平均值可以看出，欧盟性别平等指数是逐年上升的，总体上，女性社会状况得到了持续的改善。但从标准差来看，与2005年相比，欧盟各国间性别差异在2015年有扩大的倾向。

表6—6　　　　　　　　平等指数的描述统计结果

	样本量	最小值	最大值	均值	标准差
EU2005	28	45.90	78.80	58.4929	8.88627
EU2010	28	48.60	80.10	60.0714	8.78352
EU2012	28	50.10	79.70	61.3143	8.76258
EU2015	28	50.00	82.60	62.7036	8.92311

利用K-均值法将28国聚成3类的结果见表6—7。具体分类结果如下：

第一类有5个国家，它们是北欧的丹麦（DK）、芬兰（FI）、瑞典（SE）和西欧的荷兰（NL）、英国（UK），其平均平等指数从2005年的72.88逐年上升至2015年的75.36，十年间的平均增长速度为3.4%。它们是欧洲女性社会地位最高的地区，但平等指数的增长速度却是最低的。

第二类有8个国家，它们是西欧的比利时（BE）、德国（DE）、爱尔兰（IE）、法国（FR）、卢森堡（LU）、奥地利（AT）和南欧的西班牙（ES）、斯洛文尼亚（SI）。其平均平等指数由2005年的62.5上升为2015年的68.39，十年间的平均增长速度为9.4%。其女性地位在欧盟国家中居中，但平等指数的增长速度最高。

第三类有15个国家，它们是南欧的保加利亚（BG）、罗马尼亚（RO）、希腊（EL）、意大利（IT）、马耳他（MT）、葡萄牙（PT）、克罗地亚（HR）以及东欧的捷克（CZ）、爱沙尼亚（EE）、斯洛伐克

(SK)、波兰(PL)、塞浦路斯(CY)、拉脱维亚(LV)、立陶宛(LT)和匈牙利(HU)。这些国家平均的性别平等指数从2005年的51.56上升至2015年的55.45，十年间的平均增长速度为7.5%。尽管近年来女性社会地位在显著上升、性别平等指数增长速度居中，但女性的社会地位在欧盟国家中仍是最低的。

表6—7 每一类的重心

	类别1 5个国家	类别2 8个国家	类别3 15个国家
EU2005	72.88	62.50	51.56
EU2010	74.22	64.23	53.14
EU2012	74.52	66.55	54.12
EU2015	75.36	68.39	55.45

另外，从分类结果来看，女性社会地位与地域有关，西欧的女性社会地位明显高于其他地区，进而可以推断欧洲各地区的经济水平可能会决定女性的社会地位。三类地区的平均性别平等指数与人均GDP之间的关系见图6—3（对人均GDP的数量级进行了处理，即人均GDP用人

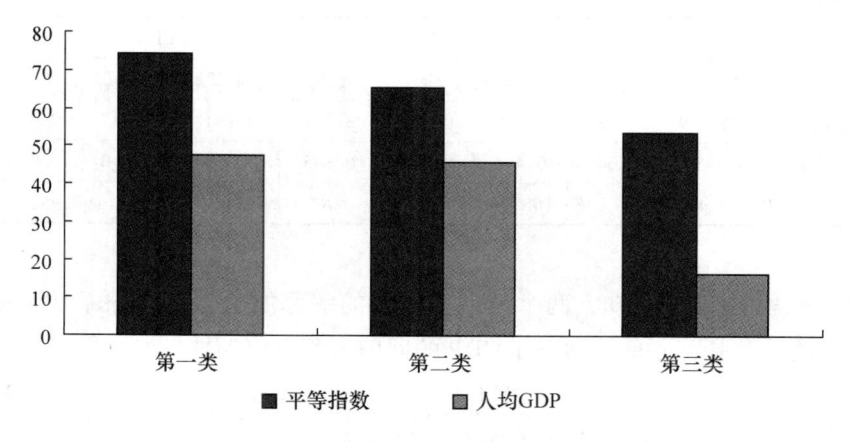

图6—3 欧盟成员国性别平等指数与人均GDP柱状图

均 GDP/1000 替代)。由图 6—3 可以看出,性别平等指数与人均 GDP 有关,平均人均 GDP 越高,性别平等指数也就越高,即经济水平在某种程度上能够决定男女性别平等的程度。

欧盟地区性别平等指数与人均 GDP 的相关系数见表 6—8。由表 6—8 可以看出,性别平等指数与人均 GDP 的相关系数都在 0.6 与 0.8 之间,因而,平等指数与人均 GDP 有中等程度的相关性,且从 2010 年开始,随着时间的推移,它们的相互依赖性有逐年上升的趋势。

表 6—8 平等指数与人均 GDP 的相关系数

	EU2005	EU2010	EU2012	EU2015
相关系数	0.665	0.602	0.689	0.708

下面利用所收集的数据建立回归方程,由此进一步说明性别平等与经济发展之间的关系。为了克服人均 GDP 数量级与性别平等指数的巨大差异,首先,对人均 GDP 取对数,建立性别平等指数 GEI 与 lnGDP 之间的回归方程。其次,对性别平等指数取对数,建立 lnGEI 与 lnGDP 之间的回归方程,SPSS 统计软件的实现结果见表 6—9。

表 6—9 回归分析结果

因变量	GEI				lnGEI			
	参数估计	标准误差	T-值	Sig.	参数估计	标准误差	T-值	Sig.
常数项	-30.139	8.745	-3.446	0.001	2.629	0.141	18.587	0.000
lnGDP	8.995	0.864	10.405	0.000	0.145	0.014	10.390	0.000
	$R2 = 0.496$		$F = 108.269$		$R2 = 0.495$		$F = 107.952$	

根据表 6—9 可知,两个模型有较好的解释能力,且回归系数都是显著的。于是,平等指数与 lnGDP 的回归方程可以写成

$$GEI = -30.139 + 8.995\ln(GDP) \quad (6—3)$$

而 lnGEI 与 lnGDP 的回归方程可以写成

$$\ln(GEI) = 2.629 + 0.145\ln(GDP) \quad (6—4)$$

这是两个不同的回归方程，因此系数的含义也不尽相同。对（6—3）式微分后，可以得到如下关系式，即

$$\Delta GEI = 8.995 \frac{\Delta GDP}{GDP} \qquad (6—5)$$

式（6—5）表明：平均来说，人均 GDP 相对增加 1 个单位，则平等指数上升 8.995 个单位。对（6—4）式两端求微分后，可得

$$\frac{\Delta GEI}{GEI} = 0.145 \frac{\Delta GDP}{GDP} \qquad (6—6)$$

式（6—6）表明：平均来说，人均 GDP 相对增加 1 个单位，则平等指数将相对增加 0.145 个单位。

总之，对欧洲相关数据的实证分析表明，经济的持续发展能够有效促进男女平等社会理想的实现。

三 洲际性别平等的差异性分析

本节将采用世界各国的性别平等数据以及各国 GDP 研究各大洲性别平等差异以及与经济发展之间的关系。数据主要来自联合国人类发展报告。与欧盟不同的是，联合国更关注性别之间的不平等性。GII 是一种不平等指数（Inequality Index），这种综合评价指标主要从生殖健康、赋予的权力、经济地位三个维度来衡量性别不平等的程度。该指数在 0 和 1 之间，GII 越大，则男女社会地位不平等的程度越高。本书收集到了 155 个国家 1995 年、2000 年、2005 年、2010—2015 年的相关数据，但其中有缺省值。比如，非洲的乍得仅在 2015 年度量了性别不平等指数 GII。1995 年和 2000 年缺失的数据最多，在进行统计分析时，有缺省的样本将被直接删除。

表 6—10 和图 6—4 给出了各大洲的平均不平等指数。由于删除了有缺失值的样本，在此次的统计结果中，欧洲国家有 32 个、亚洲国家有 20 个、非洲国家有 20 个、美洲国家有 17 个、大洋洲国家有 4 个。从图 6—4 可以看出，欧洲的 GII 最小，其次是亚洲、大洋洲和美洲，非洲的 GII 最大，由此说明欧洲的性别差异最小，而非洲的性别差异最大。从 GII 指数的变化趋势来看，总体上都是下降的，只有大洋洲的 GII 指数在个别年份有不降反升的现象。总体来说，全世界的性别不平

等现象仍在持续改善过程中。

表 6—10　　各大洲平均不平等指数

	1995	2000	2005	2010	2011	2012	2013	2014	2015
欧洲	0.2733	0.2320	0.1961	0.1750	0.1681	0.1595	0.1510	0.1461	0.1408
亚洲	0.4941	0.4529	0.4069	0.3383	0.3352	0.3259	0.3216	0.3259	0.3216
非洲	0.6299	0.6120	0.5683	0.5424	0.5351	0.5252	0.5151	0.5095	0.5064
美洲	0.5137	0.4825	0.4492	0.4255	0.4198	0.4095	0.4038	0.3937	0.3871
大洋洲	0.4385	0.4210	0.3713	0.4160	0.3615	0.3453	0.3405	0.3868	0.3830
总平均	0.4485	0.4151	0.3753	0.3453	0.3373	0.3276	0.3203	0.3185	0.3137

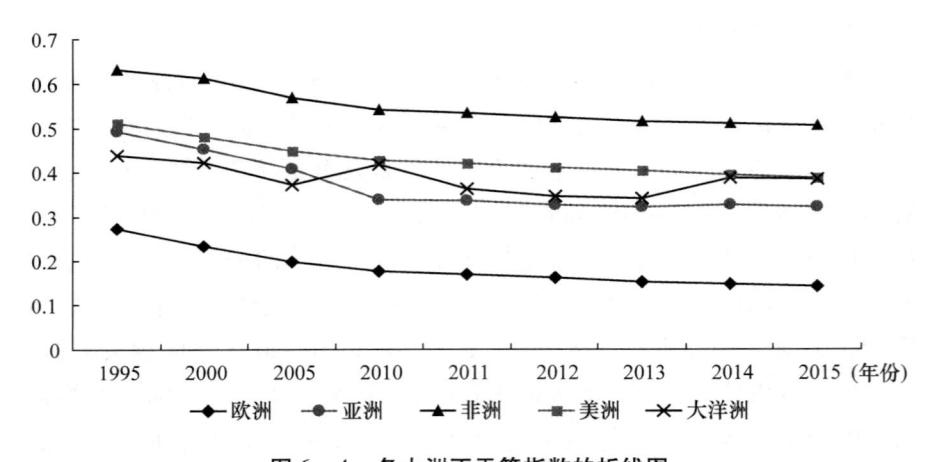

图 6—4　各大洲不平等指数的折线图

为了从统计的角度说明各大洲的 GII 是否有显著的差异，现采用多元方差分析法进行统计验证，并利用 SPSS 中的广义线性模型实现所有年份下各大洲不平等指数的建模分析。多元方差分析的整体检验结果见表 6—11；修正模型与子模型的检验结果见表 6—12；对比分析结果见表 6—13。

表 6—11　　　　　　　　　多变量检验结果

效应		值	F-值	假设自由度	误差自由度	Sig.	偏 Eta 平方
截距	Pillai's Trace	0.900	79.874	9.000	80.000	0.000	0.900
	Wilks' Lambda	0.100	79.874	9.000	80.000	0.000	0.900
	Hotelling's Trace	8.986	79.874	9.000	80.000	0.000	0.900
	Roy's Largest Root	8.986	79.874	9.000	80.000	0.000	0.900
洲际	Pillai's Trace	1.214	4.018	36.000	332.000	0.000	0.303
	Wilks' Lambda	0.183	4.795	36.000	301.534	0.000	0.346
	Hotelling's Trace	2.599	5.667	36.000	314.000	0.000	0.394
	Roy's Largest Root	1.836	16.932c	9.000	83.000	0.000	0.647

由表 6—11 可以看出，反映洲际效应的指标 Hotelling's Trace 大于 Pillai's Trace，且指标 Roy's Largest Root 小于 Hotelling's Trace，由此说明洲际效应或洲际之间的差异性对模型有较大的贡献。另外，由于反映洲际效应的另一个指标偏 Eta 平方均大于 0.3，说明模型 30% 以上的变异可由洲际效应所解释。

表 6—12　　　　　　　　　主效应的检验结果

效应源	因变量	平方和	df	均方	F	Sig.	偏 Eta 平方
修正模型	GII1995	1.754	4	0.439	26.059	0.000	0.542
	GII2000	1.954	4	0.489	30.715	0.000	0.583
	GII2005	1.886	4	0.471	30.987	0.000	0.585
	GII2010	1.835	4	0.459	32.970	0.000	0.600
	GII2011	1.817	4	0.454	35.238	0.000	0.616
	GII2012	1.800	4	0.450	36.664	0.000	0.625
	GII2013	1.796	4	0.449	36.378	0.000	0.623
	GII2014	1.797	4	0.449	33.981	0.000	0.607
	GII2015	1.811	4	0.453	34.061	0.000	0.608

续表

效应源	因变量	平方和	df	均方	F	Sig.	偏 Eta 平方
截距	GII1995	12.544	1	12.544	745.440	0.000	0.894
	GII2000	11.002	1	11.002	691.723	0.000	0.887
	GII2005	9.014	1	9.014	592.564	0.000	0.871
	GII2010	8.179	1	8.179	587.789	0.000	0.870
	GII2011	7.524	1	7.524	583.617	0.000	0.869
	GII2012	7.082	1	7.082	576.944	0.000	0.868
	GII2013	6.816	1	6.816	552.359	0.000	0.863
	GII2014	7.053	1	7.053	533.633	0.000	0.858
	GII2015	6.870	1	6.870	516.840	0.000	0.855
洲际	GII1995	1.754	4	0.439	26.059	0.000	0.542
	GII2000	1.954	4	0.489	30.715	0.000	0.583
	GII2005	1.886	4	0.471	30.987	0.000	0.585
	GII2010	1.835	4	0.459	32.970	0.000	0.600
	GII2011	1.817	4	0.454	35.238	0.000	0.616
	GII2012	1.800	4	0.450	36.664	0.000	0.625
	GII2013	1.796	4	0.449	36.378	0.000	0.623
	GII2014	1.797	4	0.449	33.981	0.000	0.607
	GII2015	1.811	4	0.453	34.061	0.000	0.608
Error	GII1995	1.481	88	0.017	—	—	—
	GII2000	1.400	88	0.016	—	—	—
	GII2005	1.339	88	0.015	—	—	—
	GII2010	1.225	88	0.014	—	—	—
	GII2011	1.135	88	0.013	—	—	—
	GII2012	1.080	88	0.012	—	—	—
	GII2013	1.086	88	0.012	—	—	—
	GII2014	1.163	88	0.013	—	—	—
	GII2015	1.170	88	0.013	—	—	—

表 6—13　　　　　　　　　　对比分析结果

洲际间的比较 （与大洋洲对较）		因变量								
		GII1995	GII2000	GII2005	GII2010	GII2011	GII2012	GII2013	GII2014	GII2015
欧洲	比较估计	-0.165	-0.189	-0.175	-0.241	-0.193	-0.186	-0.189	-0.241	-0.242
	标准差	0.069	0.067	0.065	0.063	0.060	0.059	0.059	0.061	0.061
	Sig.	0.018	0.006	0.009	0.000	0.002	0.002	0.002	0.000	0.000
亚洲	比较估计	0.056	0.032	0.036	-0.078	-0.026	-0.019	-0.019	-0.061	-0.061
	标准差	0.071	0.069	0.068	0.065	0.062	0.061	0.061	0.063	0.063
	Sig.	0.436	0.645	0.600	0.232	0.673	0.751	0.756	0.336	0.334
非洲	比较估计	0.191	0.191	0.197	0.126	0.174	0.180	0.175	0.123	0.123
	标准差	0.071	0.069	0.068	0.065	0.062	0.061	0.061	0.063	0.063
	Sig.	0.008	0.007	0.004	0.054	0.006	0.004	0.005	0.055	0.054
美洲	比较估计	0.075	0.061	0.078	0.010	0.058	0.064	0.063	0.007	0.004
	标准差	0.072	0.070	0.069	0.066	0.063	0.062	0.062	0.064	0.064
	Sig.	0.300	0.383	0.258	0.885	0.358	0.299	0.308	0.914	0.950

由表 6—12 修正模型的显著性水平 Sig. 值和偏 Eta 平方可以看出，每一年的线性模型都是显著的，且主效应可以解释模型 50% 以上的变异度，即每个子模型的解释能力都超过了 50%。由此说明，整体模型和个体模型都是有效的，即每一年洲际不平等指数之间有显著的差异。

由于大洋洲的 GII 指数在五大洋中大致处于中游位置，所以在进行对比分析时，就以大洋洲为参考基准，进一步考察欧洲、亚洲、非洲和美洲与大洋洲性别不平等指数 GII 的差异以及显著性。由表 6—13 可以看出，欧洲每年的 GII 指数比大洋洲低 0.165 个到 0.242 个单位。从统计意义上来说这种差异都是显著的，且这种差异有逐年扩大的趋势。与此相反，非洲每年 GII 指数比大洋洲 GII 指数都高出 0.123 个到 0.197 个单位。从统计意义上来说这种差异也都是显著的，但这种差异有逐年缩小的趋势。大洋洲 GII 指数与亚洲和美洲或多或少都有一定的差异，与亚洲的差异在 -0.078 到 0.056 之间，与美洲的差异在 0.004 到 0.078 之间，但这些差异从统计意义上来说并不显著。

总之，从全球的角度定量研究性别平等所得到的结论是：欧洲的性别平等程度最高，非洲最低。而亚洲、美洲和大洋洲大致相同，并没有显著的差异。一个值得注意的现象是，尽管非洲的 GII 指数最大，但与大洋洲相比，其下降趋势比较显著，这种性别平等程度的改善可能与经济发展以及人类对自身发展的认知密切相关。

下面将利用各国的 GII 指数和 GDP 考察性别平等与经济发展之间的关系。考虑到 1995 年和 2005 年的 GII 指数缺失较多以及时间的连续性，回归分析将采用 2010—2015 年间的相关数据，其样本量为 $n = 879$。与欧盟的回归建模类似，分别以 GII 和 lnGII 为因变量，以 lnGDP 和时间 t（= year - 2009）为自变量建立两个回归方程，统计软件 SPSS 的实现结果见表 6—14。

表 6—14　　　　　　　　　回归分析结果

因变量	GII				lnGII			
	参数估计	标准误差	T - 值	Sig.	参数估计	标准误差	T - 值	Sig.
常数项	1.289	0.024	54.690	0.000	2.132	0.092	23.065	0.000
lnGDP	-0.104	0.003	-40.900	0.000	-0.374	0.010	-37.559	0.000
t	-0.006	0.002	-2.557	0.011	-0.022	0.009	-2.598	0.010
$R2 = 0.658$		$F = 841.453$			$R2 = 0.619$		$F = 710.342$	

根据表 6—14 可知，由于 $R2$ 都超过了 0.6，因此两个模型有良好的解释能力，且回归系数在 0.05 水平上也都是显著的。于是，不平等指数 GII 与 lnGDP 的回归方程可以写成

$$GII = 1.289 - 0.104\ln(GDP) - 0.006(year - 2009) \quad (6—7)$$

lnGII 与 lnGDP 的回归方程可以写成

$$\ln(GII) = 2.132 - 0.374\ln(GDP) - 0.022(year - 2009)$$

$$(6—8)$$

由模型（6—7）可知，在全世界范围内，人均 GDP 相对增加 1 个单位，则不平等指数平均下降 0.104 个单位，且在 GDP 保持不变的前提下，不平等指数随时间的推移，每年平均降低 0.006 个单位。由模型（6—8）可知，人均 GDP 相对增加 1 个单位，则不平等指数相对下降

0.374个单位，且在 GDP 保持不变的前提下，不平等指数随时间的下降速度为 0.022。

总之，与欧洲情形类似，实证分析进一步验证了经济的持续发展以及较快的增长速度可以有效弥合性别不平等社会之间的差距。

本章小结

本章采用从微观（瑞典）到中观（欧盟）再到宏观（世界各大洲）的分析思路，利用权威性数据和统计建模手段分别对瑞典的性别平等实效、欧洲国家的性别平等情况、世界洲际间的性别平等差异性进行实证研究，以使最后结论更具客观性。

首先，运用回归建模法发现：收入水平、社会保障水平和性别平等政策强度都是瑞典社会性别平等的有力保障，且瑞典的性别平等政策是十分有效的。

其次，对欧盟28个国家的聚类分析结果表明：欧盟28国的女性社会地位近几年得到了持续的改善，且女性社会地位明显与地域有关。北欧与部分西欧女性的社会地位明显高于其他地区，而瑞典始终位于第一梯队。回归分析进一步表明：经济发展是促进性别平等的第一影响要素。

最后，根据世界各国的性别平等数据以及多元方差分析发现：全球性别不平等程度逐年下降，其中，欧洲的性别差异最小，非洲的性别差异最大，而亚洲、美洲和大洋洲大致相同。另外，与其他各大洲相比，非洲的性别不平等情况近几年得到了较大的改善，且这种改善与经济发展以及全球化倾向密切相关。

总之，社会经济的发展水平与性别平等程度是成正比的。从分析结果来看，欧洲整体的经济发展状况优于其他各洲，其性别不平等指数也最低；而在欧洲内部，北欧国家的女性社会地位明显高于其他地区；瑞典作为北欧国家之一，通过对其社会保障水平、收入水平、性别平等政策强度、性别平等指数等综合因素量化分析，可以得出瑞典的性别平等政策是有效的，这也是瑞典性别平等程度居于世界前列的主要原因之一。

第七章　瑞典性别平等政策的启示

性别平等关乎社会的进步与发展。瑞典作为世界上典型的福利国家，其社会性别平等政策在完善程度和实践效果上都走在世界各国前列。研究瑞典的性别平等政策，对于进一步完善我国的性别平等政策，构建我国性别平等政策的制度体系，加强我国性别平等政策及社会政策的制度建设有着重要的借鉴意义。虽然我国与瑞典在政治、经济、文化等方面有一定的差异，但透过瑞典 80 多年性别平等政策的历史演进过程，我们可以得到很多重要的启示：追求性别平等，必须着力发展社会经济，提高教育水平；社会性别平等政策的制定不是一蹴而就的，而是一个渐进的、不断完善、不断调整、不断丰富的过程，是一个不断发现社会矛盾不断解决社会矛盾的过程；社会性别平等政策由法规到现实必须形成社会共识，必须有政府强有力的推动作保证。对当下正处于社会转型阶段的中国而言，瑞典的社会性别平等政策对于我们具有更重大的理论意义和实践意义。本书着重从瑞典性别平等政策在女性就业政策、家庭政策、女性参政议政及性别平等主流化方面对我国的启示作以分析。

第一节　完善制度体系：对就业政策的启示

性别平等的实质可以从两方面来理解，一是形式平等，即从法律、观念上承认男女两性在经济、社会以及政治上都拥有同样的权利。二是实质平等，这种更深层次的平等不仅表达出性别之间权利平等的重要性，其更加关注平等权利的实现。在我国，不论是在体现权利赋予的法律法规方面，还是在性别平等的观念上，都相对比较完善。但在性别平等的实现上却仍存在不足，特别体现在女性参政权以及就业权的实现方面还存在一些问题，因此秉持着实质的性别平等理念，进一步研究这两种平等权利的实现就显得尤为重要。

一　我国就业领域性别平等政策取得的成就及其存在的问题

（一）我国就业政策中实现性别平等的成效

新中国成立以来，我国政府一直将平等作为国家发展的重要价值理念和目标，并且非常重视女性就业问题，同时就业不仅仅是经济问题，其更多地体现就业权的实现，而权利又需要法律的界定以及保护，因此可以说国家在就业领域所颁布的一系列体现两性就业平等的法律很好地促进了我国女性就业权的实现。

在我国，《妇女权益保障法》《劳动法》以及《就业促进法》等作为就业领域保护两性平等权利的主体法律，在促进女性平等就业方面起到了巨大的作用。在这些法规具体的法律条款中，可以清晰地看到我国政府在性别平等领域以及促进女性就业权利的实现方面所做出的努力：如在《劳动法》中为保护女性的就业机会，在第13条明确规定："妇女享有与男子平等的就业权利，在录用职工时，除国家规定不适合妇女的工种或劳动岗位外，不得以性别为由拒绝录用妇女或提高对妇女的录用标准"，并在法律条款的第58—63条中体现出对女性就业的特殊保护。而在《妇女权益保护法》中的第四章劳动权益中则较完整详细地规定了女性的就业权利，在此部法律中不仅关注到女性在就业机会上的平等问题，还关注到女性在就业中的平等问题，如在职业升迁方面等。2008年实施的《就业促进法》是一部专门聚焦就业领域的法律法规，其更多关注的是在我国现有的经济社会背景下就业规范化、制度化问题，但这并不影响其在促进女性就业权利实现上所作出的努力，其在总则以及第三章公平就业中，都一再强调了两性就业中的权利平等问题。同时，相关法律的颁布，一方面体现了对女性就业权利的承认以及保护；另一方面法律法规是人民意识的体现，因此这同时表达出我国在性别平等方面的观念与态度。

我国不仅关注到女性就业权利的平等，同时由于女性客观存在的特殊生理情况，为了更好地保护女性就业权利的实现，还关注到对女性的特殊劳动保护。如 2012 年，国务院颁布了《女职工劳动保护特别规定》，就女性的工作强度、劳动范围以及孕期保护等方面都作了较详细的陈述，可以说这部法律的实施更好地保护了女性的工作安全，也在一定程度上延长了女性的职业生涯，促进了女性就业权利的实现。在女性发展方面，我国相继在 1995 年、2001 年以及 2011 年颁布了《妇女发展纲要》。以 2011 年的《妇女发展纲要》为例，在总目标中明确指出："将社会性别意识纳入法律体系和公共政策，促进妇女全面发展，促进两性和谐发展，促进妇女与经济社会同步发展。"在总目标中不仅体现出对女性发展的关注，更值得关注的是其在总目标中已经体现出"性别主流化"的趋势即把性别意识纳入政府重要的政策以及法律的制定中，这对于我国性别平等的发展来说，是一项巨大的进步。

基于上述法规的实施，我国就业政策在实现性别平等方面取得了很大成效，一方面，妇女的就业权利不仅得到了进一步的保障，更为重要的是政府为女性就业提供了更为广阔的就业领域以及就业渠道，这在女性就业人数以及就业结构上可以得到体现；另一方面，男女平等的思想深入到了各个领域，性别平等思想开始被社会逐渐接受。

（二）我国现阶段就业政策中在实现性别平等方面存在的问题

我国在法律规定方面实现了就业的性别平等，但是在现实中，特别是改革开放以后，女性就业权利的实现仍存在一定问题，无论是在就业机会、职业升迁还是退休政策方面都表现出一定程度的性别歧视问题。因此，本书也将依从就业不同阶段的逻辑从三个方面，即就业前、就业中以及退休政策探析就业领域中所存在的两性不平等问题。

当前的就业政策，在实现性别平等方面存在的问题主要表现为就业前的性别歧视、就业中的性别歧视和退休政策中的男女不平等现象。

1. 就业前的性别歧视

在就业机会、就业层次及就业发展方面，相比于男性，女性还是处于不利的位置。究其原因是因为在我国的许多地区，女性的受教育程度仍然相对偏低，在许多地区，尤其是贫困地区的女孩的辍学率远远高于男孩，许多地区的传统观念中仍然存在女孩读书无用论。通过对 2010 年我国第五次人口普查数据进行整理，笔者发现，在高等教育中，两性之间的受教育比例相差较小，但是在基础教育上却呈现出不同的情况，这可以从两方面得到体现：一是在初中以及高中的受教育比例上，女性就读初中以及高中的比例为39.251%、13.564%，而男性却分别拥有44.061%、16.424的受教育比例；二是在文盲的所占比例上，两性之间表现出巨大的差距，男性的文盲比例为2.764%，女性则为7.326%。这说明在较高层次的就业上，两性之间的差距已经不大，但从总体的受教育的水平上看，男性还是占据主导地位，而这一定程度上导致女性在就业上的劣势，从而导致其难以实现与男性的平等就业。

2. 就业中的性别歧视

就业中的性别不平等通常在以下几方面得到体现：

第一，就业领域的机会不平等。抛开个人能力上的因素差异不谈，首先进入行业的机会应该是平等的，这无关乎性别。也正如罗尔斯所说"在社会的所有部分，对每个具有相似动机和禀赋的人来说，都应当有大致平等的教育和成就前景。那些具有同样能力和志向人的期望，不应当受到他们的社会出身的影响。"① 罗尔斯在这里强调的是平等理念中的机会平等，这种平等不应受到性别、出身等因素的影响，但是在就业领域中，女性不仅受到了隐性的就业歧视，甚至在有些企业的招聘过程中受到了公然的歧视，甚至入职后，试用期期间女性收入也往往低于男性。即使在公职领域，女性所占的比例也远低于男性。

第二，就业中性别隔离的产生导致性别不平等。就业领域存在的性别隔离包含两个方面的内容，其一是职业的性别隔离，即在劳动力市场因为职业的性质而产生的社会隔离；其二是行业的性别隔离，可以理解成女性在行业里处于较为初级或者不利的地位而男性则处于更高的地位。近年来，女性的整体就业率的确得到了提升，但同时我们应注意到，女性往往在技术含量较低，以及能力要求较低的职业中徘徊。在承认女性具有同样能力以及权利的前提下，这种明显的就业差别只能归结于性别平等理念的缺失，而且随着就业形式的增加，非传统的非正规的就业形式在就业领域中开始占有一席之地。所谓的非正式的、非正规的

---

① ［美］约翰·罗尔斯：《正义海》，何怀宏、何包钢、廖申白译，中国社会科学出版社2009年版，第56页。

就业是与正式正规就业形式相反,它具有非全日制、非固定性、临时性等鲜明特征,以其自身的机动性和灵活性作为正式、正规就业形式的补充,而在日常生活中以临时工、钟点工等其他形式为我们所常见。① 根据研究数据,我们可以从三个方面进行比较分析,首先是就业比重,非正规就业领域中的女性比重与正规就业领域中偏女性领域的女性就业比重要略高,前者为56.8%,后者为47%,即就业形式的改变使得女性的就业比重有略微上升;其次是收入,如果将女性收入与男性收入作衡量比较,正规就业领域里取收入中位数作比较女性仅为男性的85%,而非正规领域里则为69.4%,可见正规就业与非正规就业之间的收入差距还是相对较大的;再者是社会保障水平上,非正规就业领域使得性别之间的社会保障水平差距变大,女性可享受的养老保险仅为男性的20%,而且在生育方面上应有的待遇更是不能得到保障。因此,可以说就业形式的增加反而加强了性别不平等的状况。

第三,就业中的男女两性同工不同酬。女性的劳动报酬往往低于男性是国际社会共同存在的问题,男女同工不同酬,在我国也同样存在。在我国的表现形式是,在就业结构中男性的整体薪酬高于女性,以及在不同的行业领域里从事同一性质工作时也会产生收入差距。以2005年为例,我们根据不同行业城镇就业人口平均收入做一个以男性收入为基数的性别比统计,其中假定男性的收入基数为100,而女性在公共领域中,水利为75.8、交通为85.0;在社会科学文化领域里,金融为87.7、文化为86.3、科研为87.8;在各类工业产业中,制造为72.2、农业为68.0、服务为79.9,由这些数据我们可以得知,无论处于发展前景如何的产业,性别之间的收入差距仍然很大,女性仍旧处于不利地位没有得到应有平等的报酬。

第四,就业中的"性骚扰"现象。我国社会就业中的性骚扰问题一直存在,近年来,该现象甚至更加严重,我国的性骚扰主战场来自人们的工作场所。这种现象不仅仅是性别不平等的问题,甚至可以说是一种性别欺凌,往往性骚扰的实施者是男性,也就是说男性不仅可能拥有

---

① 谭琳:《中国妇女研究十年》,社会科学文献出版社2005年版,第66页。

更高的薪资水平还成为工作环境的主要影响者，这种"优势"加剧了由性别产生的差距，置身于这种环境的女性在遭受生理和心理的双重迫害时更多的是在面对不平等的就业权。这种现象不仅仅要受到道德的指责，还应受到法律的制裁。

3. 退休政策中的性别不平等

我国有关就业的社会政策所存在的性别歧视，体现在男女不同年龄的退休政策上。具体的政策是指，退休年龄和退休待遇两项政策的差距，退休年龄早晚在一定程度上影响了人们享受的退休待遇。按照现在所执行的《劳动保险条例》，男性60岁退休，女干部55岁退休，女工人50岁退休。退休年龄的确定是基于当时的人均寿命以及工作环境等因素考量的，因此这种退休年龄的差别在当时不仅没有遭到反对，反而具有一定的合理性。但是，随着我国经济社会的发展，不论是人均寿命、工作环境甚至工作种类都发生了巨大的变化，因此，这种退休年龄的差别开始得到了越来越多的关注。不同的退休政策也可以理解成政策在性别面前的差别对待，这就意味着无论政策是否合理在基本前提上都认为男性与女性应该是不同的，难免带着性别歧视的色彩，尤其是这种关乎个人福利的政策。这不仅使女性处于不平等的地位，更是在就业、经济权益以及政治上的损害。首先，在现有的养老金计发规则下，养老金的多少和缴费时长有一定的关联性，而缴费时长又与工作年限有关，因此，养老金的多少与退休年龄就有了一定的关联性，相比于男性，女性的过早退休，会对其退休后的收入甚至生活质量产生不利影响。其次，从政治视角看，女性过早的退休，缩短了其以政治手段谋求自身权利的时间，进而影响了她们在未来的一切可能性。再次，男女不同年龄的退休政策造成了人力资源的浪费。《我国性别平等与妇女发展状况》就教育方面给出了一些成果，根据2014年的数据，初中女生在校比例为46.7%，高中则为50.0%，在高等教育中，本专科在校女生率为52.1%，硕士研究生为51.6%，博士研究生的女生在校比例有所增加是36.9%。[①] 教育领域中的男女比例均等化本身是可以促进性别平等

---

① 佚名：《中国性别平等与妇女发展》，《中国妇运》2015年第11期。

的，但由于退休政策中退休年龄的差异，则可能造成女性人力资源的浪费。因为女性教育程度的提高，同样说明女性所经历的教育时长的延长，进一步导致其进入就业领域年龄的提高，在现有的女性退休年龄下，在有限的职业年限中，很难发挥其所有的潜力，因此造成隐性的人力资源浪费以及性别不平等。

综上所述，虽然我国在就业领域颁布了多部促进性别平等的法律以及政策，并增加了女性的就业领域以及就业渠道，但通过现实分析，我们必须承认女性在就业的整个过程中仍然受到不同程度的歧视，这其中既有社会性别平等意识落后的原因，也有法律不完善以及制度本身存在问题的原因，因此，实现女性在就业中的性别平等，我国仍然任重而道远。

二 完善就业领域中相关性别平等的法律体系

瑞典有关就业方面的性别平等政策主要体现为，完善的法律法规和保障女性经济地位的性别主流化政策。瑞典是世界上女性进入劳动力市场数量占比最多与程度最高的国家之一。瑞典性别平等程度居世界前列，女性就业率曾高达80%，2015年瑞典25—44岁女性失业率为3%，欧洲（不包括北欧国家）25—44岁女性失业率为10%，表明瑞典女性失业率为欧洲最低；[①] 从工资状况来看，《2016年瑞典的女性与男性》数据显示，以全职工资计算，2016年女性的收入是男性收入的87%，瑞典女性与男性之间的工资差别在欧洲地区也是比较小的国家之一。[②]

瑞典实现就业中的性别平等的关键在于，瑞典具有一套完善的保护就业性别平等的法规政策，这一政策的范围涉及从女性能够摆脱家庭照护进入劳动力市场的家庭政策，到女性进入劳动力市场权利的保护政策，到进入就业市场的机会平等政策与同工同酬的政策，再到税收政

[①] Sweden Statistics, *Women and men in Sweden: facts and figures* 2016, Stockholm: Statens Offentliga Utredningar, 2016, p. 60.

[②] Sweden Statistics, *Women and men in Sweden: facts and figures* 2016, Stockholm: Statens Offentliga Utredningar, 2016, p. 70.

策、育儿津贴政策、反歧视保护政策、福利平等政策、失业政策及退休的性别平等政策。本书在分析了我国就业政策在实现性别平等存在的问题与借鉴瑞典的就业政策中所体现的性别平等的经验，认为主要应从以下几个方面完善我国在就业领域中的性别平等政策：

早在20世纪30年代，瑞典就出台了保障女性就业权利的相关法规。1939年5月政府委员会提出并通过维护已婚女性工作权利的性别平等政策的法案："有酬就业妇女不得因怀孕，分娩或婚姻被解雇。"这一法案与在1980年出台的《禁止就业性别歧视法案》被称为瑞典《性别平等法案》。瑞典的性别平等政策均以法案的形式出台，使政策具有较强的强制性与有效性，同时也表现出政府通过性别平等政策对劳动力市场性别歧视的干预，对女性平等权利的维护。我国的有关女性就业中的性别平等的相关法规虽然建立得也很早，但还缺乏相辅相成的法律体系，一些法律法规缺乏强制性和可操作性。基于以上分析，本书认为，我国应从以下几个方面完善就业领域中的法律体系。

（一）修改法律法规中不利于促进女性就业中平等的规定

一方面我国制定的法律法规虽然是秉持着性别平等的理念，但是往往存在两个问题：一是大多法律条款比较模糊，缺乏操作性，其表达的更多的是理念性问题，而不是现实层面的问题；二是缺乏一定的惩罚性，即一些法律只是从法律性的角度进行规范，但却缺少打破这种规范性需付出的代价，如《劳动法》中规定"在录用员工时，除国家规定的不适合妇女的工种或者岗位外，不得以性别为由拒绝录用妇女或者提高对妇女的录用标准"，这种规定在具体实施过程中的力度性和有效性是值得我们思考的。在当前就业领域，我国仍然存在公然挑战性别平等的行为，这与惩罚性的缺乏有很大的联系。另一方面我国有一些法律条款的制定本身就暗含着对女性的不利行为，如上文中所指出的退休年龄的差别，包括在某些法律条款的表达上也没有很好地体现性别平等的思想。因此，要更好地促进我国性别平等的进一步实现，法律的完善与细化，以及加强执法力度是必不可少的一环。

（二）坚决维护女性的就业权利

瑞典性别平等政策微观层面的政策重在保证与维护女性的就业权利

与劳动力市场的公平。我国的某些法律条款是在客观条件方面考虑女性生理条件的基础上为了保护女性的安全而制定的，但随着社会的发展与科技的进步，工作环境、工作方法以及社会观念都在发生了变化，这就导致了当初为了保障女性安全的法律法规反而阻碍了女性在就业中性别平等的实现。如我国曾经颁布的《女职工劳动保护规定》《女工禁忌劳动范围的规定》等法律法规就存在这种现象。性别平等，更进一步说是为了促进女性的自由，而这不应建立在性别角色以及能力的预设上，因此在法律法规的制定上，应坚决维护女性的就业权利。

（三）应加快制定《反就业歧视法》

瑞典 2009 年出台了统一的《反歧视法案》代替了原有的七部反歧视单行法。新的《反歧视法案》纳入了原 1980 年出台的《性别平等法案》的全部内容，规定了禁止劳动力市场的性别歧视和报复行为，规定了禁止工资方面的性别歧视，对"平等工资"做了详尽的阐释，提出"性别收入差距"GPG（Gender Pay Gap）行动计划。因而，十分具有可操作性。对于我国来说，基于以往法律制定中出现的模糊性，这部法案如果想要达到预期的作用，首要的任务是精确定义"歧视"的内涵以及标准。因为在就业领域，公然挑战性别平等的企业毕竟是少数，更多的是隐藏在其内部所设定的隐性的筛选条件所造成的就业歧视。因此，如何界定就业领域中所存在的形式各样的"歧视"类型，是这部法律遇到的首要难题。但不论如何困难，具有我国特色、符合我国国情的《反就业歧视法》的出台都是势在必行的。

三 建立配套的性别平等的社会就业政策体系

配套完整的实现性别平等的社会就业政策体系是使得女性能真正走出家庭，扩大就业机会，切实做到男女两性之间就业平等、同工同酬的保证。早在 1971 年，瑞典就出台了帮助女性从家庭中解放出来的《个人税收法案》。该法案支持对女性只是家庭照护角色的批判和反对针对女性就业的歧视，"把个人税收制度看作是解放工薪阶层女性的一股力量"。将改变女性地位与男性责任作为税收个体化政策改革的关键。1987 年，瑞典政府提出《性别平等政策价值目标》，1988 年出台《性别平等五年行动计划》法案。尤为突出的是 1980 年政府出台《性别平等法案》。法案内容充分体现了性别中立的理念，法案的宗旨是男女机会均等与同工同酬，消除男女在工资收入和就业范围上存在的不合理差别。法案规定了劳动力市场各方承担的性别平等的职责，雇主被规定要雇佣"弱势性别"员工，以保证在工作场所的性别平等。我国的就业政策在实现性别平等方面还相对独立，尽管从我国的法律法规上已明确了就业性别平等，男女同工同酬等。但在具体实施过程中，缺少对女性的就业困境的深层考量，在配套法规的制定和落实上缺乏政策之间的衔接。无论是宏观层面还是微观层面，我国就业方面的性别平等政策均缺乏性别平等价值目标的设定与性别平等政策的执行与评估。

因此，我国在制定就业政策时，应将性别平等的价值目标纳入考量，并具体到每一细节，做到宏观目标与微观目标相辅相成。将实现女性的真正经济独立和经济平等作为重要的价值目标，将具体的性别收入差距的消除作为就业政策的性别平等政策的关键内容，将劳动力市场的就业平等目标延伸至男性女性平均承担家务工作上。要通过立法来解决劳动力市场中女性和男性的不平等状况，打破劳动力市场内的性别隔离，改变性别歧视的现状，加速实现性别平等。只有将经济、劳动力市场、公共领域性别平衡、教育、家庭生活、政治参等多方面与多领域的性别平等政策价值目标相统一，性别平等政策相互配套才能真正实现女性就业平等，切实做到男女两性之间的就业平等，同工同酬。

四 建立政府各部门间相互协调的责任体系

在实现性别平等的就业政策方面，瑞典政府一直是居于主导地位，承担主要责任，并始终运用性别平等政策的价值目标在社会发展和改革中发挥作用。20 世纪 70 年代中后期，由于受世界经济危机的影响，瑞典政府对社会政策与社会保障制度进行了一系列的改革与调整，此时劳动力市场的性别平等问题成为改革的重点。在社会政策中家庭性别平等政策与劳动力市场政策是紧密相连的，这实际反映的是家庭与社会的关系问题。性别平等的中性家庭模式，使父母双方均具有了工作与家庭照护的双重角色与责任，为女性的解放并进入劳动力市场创造了条件。瑞典中央政府还设有性别平等部和性别平等监察专员，负责组织实施，并监督各个机构对性别平等的落实情况，凡是违背性别平等法规所规定的则会受到惩罚和制裁。

瑞典著名的《性别平等法案》的出台还表明政府在主动调控治理劳动力市场中的性别歧视问题，政府的行政管理在推进性别平等中开始发挥主导性作用。我国应借鉴瑞典政府的经验，加强政府相应部门的协调，负责主管就业的各级劳动与社会保障部门应在以下几个方面承担起相应的责任：一是促进就业机会的两性平等，这主要体现在招聘的环节中。相关部门应该监督企业的整个招聘过程，防止在此环节出现性别歧视。二是在职业类别以及就业权利的实现上充分考虑女性的性别特点。性别平等的促进远不是忽略性别的差异，而是在充分考虑性别差异的基础上，使男性和女性可以享受到对等的就业权利。因此，这就要求，不论是在职业的设计、就业渠道以及就业形式上都要充分考虑女性的特点，保障女性就业权利的实现。三是建立完善的社会保障体系，在让女性"走出去"的同时，还要让女性"能出去"，这就要求国家建立完善的社会保障体系。四是完善对女性的就业救济，在女性遭受失业，失去收入来源时，政府应该提供能满足其基本生活的接济金，使其不依靠他人就可以实现失业期间的基本生活，个人的独立化是两性平等中的应有之义，并保护女性在就业过程中的就业权益。如我国《劳动法》第77条规定："劳动者合法权益受到侵害的，有权要求有关部门依法处理，或者依法申请仲裁，提起诉讼。"《促进就业法》第63条规定"地方各级人民政府和有关部门、公共就业服务机构举办经营性的职业中介机构，从事经营性职业中介活动，向劳动者收取费用的，由上级主管机关责令限期改正，将违法收取的费用退还劳动者，并对直接负责的主管人员和其他直接责任人员依法给予处分。"

瑞典不仅重视性别平等理念，政府更是将这一理念融入社会的方方面面，采取积极的政策保护女性的就业权利促进女性的发展。但发展并不单单是权利的保护，平等地位的拥有，更是将女性看成具有潜力能够产生能量的主体，相信她们是能够挖掘财富的。瑞典政府在这方面就做得很好，从性别角度进行财政预算，营造良好的社会氛围。这是值得我们学习的，虽然长久以来我们采取了涉及各个方面的政策措施保护女性的权利并在性别平等上有所成就，但仍存在性别不平等的现象。笔者对瑞典的社会态度以及相关政策做了研究后，结合我国的既有成果和现状发现，性别问题是一个有着长期历史发展并且是在政治、经济多种因素共同作用产生的问题，不能将原因单一归结到男性与环境等因素上。因此，解决我国的性别平等问题必将是长期的、动态的、系统的过程。①

总而言之，从社会系统理论的视角来看，性别歧视的出现，不是社会某一个领域的行为导致的，其和整个社会结构相关，因此，想要解决性别歧视问题，同样不能仅仅依靠某一个部门、某一个领域、某一个群体的努力，需要个人、社会以及政府的共同努力，通过建立系统完善的政策制度体系来保证性别平等的实现。相信将性别平等纳入基本国策的国家会取得长足进步，相信在政府的主导下，我国现存的性别歧视问题在不久的将来可以得到很好解决。

第二节　政策配套与衔接：对家庭政策的启示

当今我国面临的低生育率困境所导致的人口结构失衡，瑞典在20世纪30年代到40年代同样遇到过。也正是这种情况的产生，使瑞典政府认识到家庭领域已远远不仅仅属于私人领域，而应归属于与整个社会发展体系相关的公共领域，作为人类自身的再生产，政府要通过政策对家庭人口的生产进行干预。因此，在这种认知下，瑞典政府实施了一系列的家庭政策，并很好地缓解了生育率低下以及在家庭关系和就业中存在的性别不平等状况。所以，总结瑞典的家庭性别平等政策实施的经验将有助于探寻具有我国特色的遏制生育率下降，不断提高人口质量的解决方案。

一　我国实现家庭性别平等政策的现状及存在的问题

由于家庭政策是由国家相关部门实施的，旨在调节家庭内部夫妻之

---

① 沈奕斐：《被建构的女性：当代社会性别理论》，上海人民出版社2005年版，第2页。

间角色定位以及照护儿童行为中的责任分配，因此有必要对我国目前所实施的家庭政策对这两类行为的影响及存在的问题分别进行分析。

家庭政策首要的任务之一为合理分配男性和女性在家庭之中的角色。相比于瑞典已经把家庭政策目标放在男性的责任与角色上，我国当前的家庭政策仍然关注对于家庭中女性角色的改变上。我国两部直接影响女性角色定位甚至于女性权利的法律，一部是2005年修订的《中华人民共和国妇女权益保障法》；另一部是2015年的《中华人民共和国反家暴法》。《妇女权益保障法》共分为九章，分别保障妇女在政治、文化教育、劳动保障以及婚姻家庭等方面的权益。《妇女权益保障法》的颁布对于女性权利的保护来说是具有里程碑式的巨大意义的。该法案在总则中明确规定，在政治经济文化社会等方面妇女与男性同权，并在其具体法律条文中详细地规定了妇女在各个领域所持有的权利以及所受到的特殊保护。但同时不可否认的是，现有的《妇女权益保障法》仍然存在如下的不足：一是在性别平等的价值理念上，仍然是在以男性为标准来衡量女性所能得到的权利，这是一种较为隐晦的男权思想；二是在具体的法律规定中，大多数是比较模糊的条款，缺乏可操作性；三是即使女性拿起法律的武器，由于相关部门责任划分的模糊以及女性本身的相对弱势地位，致使其很难维护自身的权利，这种情况的出现往往会造成女性对侵犯其权利的行为无能为力之后的漠视，这非常不利于对女性权利的保护，也不利于女性角色的转变。因此，《妇女权益保障法》的颁布固然是一种进步，但对于法律的完善程度来说，仍然还在路上。

《反家暴法》是对女性底线权利的保护即对于女性来说保障其人身安全，是任何人都不可僭越的权利。我国的反家暴法直到2015年才颁布，存在其内在价值理念落后的原因，家庭领域一直被认为是私人领域，特别是对于传统家庭文化厚重的我国来说，在我国传统的男权社会中，家庭一直是男性占据绝对主权的领域，这种现象在我国相对落后的乡村仍然可以看到，可以说男权固化了家庭领域的私人化，而家庭领域的私人化又反过来强化了男权的实现。因此，可以说家庭领域的公共化本身就具有破除男权的作用。《反家暴法》相较于《妇女权益保障法》对于家庭暴力的简单涉及来说，其在相关的条款上已经做了比较详细的规定，如其在内容上包括了对于家庭暴力的预防、处置、人身安全保护令以及法律责任等对整个家暴行为的权益保障。但是在具体的规定上，有一些地方还是值得商榷，如在第三章：关于家庭暴力处置的第十六条这样规定：家庭暴力情节较轻，依法不给予治安管理处罚的，由公安机关对加害人给予批评教育或者出具告诫书。以及第四章：人身安全保护令的第二十三条规定：当事人因遭受家庭暴力或者面临家庭暴力的现实危险，向人民法院申请人身保护令的，人民法院应该受理。这两则条款中都存在对家暴行为包容性过强的倾向，不能很好地保障女性的人身安全。《反家暴法》的出台，是一项进步，但是对于某些权利的维护如生存权，应秉持底线意识，加强对女性的人身保护。

作为家庭政策中重要部分的生育政策，一直受到各国政府的关注，其在一定程度上决定了父母在照护儿童行为的责任分配以及性别角色定位。在现实中，生育率较低的背景下，我国的生育政策做出了一些合理的变化。由 2011 年 11 月出台的双独二孩到 2013 年 12 月的单独二孩再到 2016 年 1 月实施全面二孩政策。从这些政策不难看出我们国家在逐渐放开限制力度，然而我国目前的生育率并没有因政策的改变而达到理想的效果。人们的生育意愿不足，以至于一些我国媒体开始宣扬生育不是个人行为，而是国家行为，不能考虑一己私利，而应为国家考虑。其实，当前政府更应在探寻人们普遍生育意愿较低原因的基础上，出台相关政策去除人们的后顾之忧，而且既然把生育行为提升到国家行为，那么国家就应承担生育以及生育后抚养儿童的责任，而不应单单依靠民众所谓的思想觉悟。我们可以通过在生育政策中占据重要地位的生育保险政策的分析来一窥我国的生育政策。首先，生育保险需要较严格的领取条件，其受众主体主要是具有工作并且需要缴纳一定时长生育保险的职业女性，这就制度性地排斥了没有工作的家庭女性以及大部分的农村女性；其次，生育保险只针对短时间的生育行为，即更多关注短时间的生产，而忽视后期漫长的孩子抚养；最后，生育保险政策中较多关注女性主体的责任和权利，而忽视掉了男性在生育中的责任。虽然近年来，有一些地区增设或延长了男性在妻子生育时的假期，但相对而言，关于男性在抚育行为中所承担责任的规定是缺失的。因此，在我国生育政策相对不完善时，借鉴其他国家在生育政策中的成功经验就显得尤为重要，瑞典则是在此方面的典型国家。

二 家庭责任共担：建立家庭中性—平等的政策理念

瑞典家庭性别平等政策的宗旨在于实现家庭中两性角色的平等，即家庭中女性与男性具有同等的工作与家庭照护的双重角色与责任，从而实现家庭中女性与男性性别关系的平等，改变核心家庭中男性（一人挣钱）的主导角色地位与女性家庭无偿照护的从属角色地位。我们可以将瑞典性别平等家庭政策可资借鉴之处归结为以下几个方面，即瑞典性别平等政策所体现的价值理念以及具体实施手段上对我国家庭政策中性别角色定位的启示，反家暴方面所带来的启示，以及瑞典在生育政策上对我国性别平等政策所带来的启示。

对于我国而言，要改变目前家庭政策中的性别平等所体现出的价值理念相对落后的现状，就必须改变家庭中由女性承担无偿照护的角色与责任的理念。然而在我国保障妇女权益的主体法律《妇女权益保障法》中，仍然体现出了一定的男权思想，即以男性的标准来内在地限制女性的权利。在这方面，瑞典家庭性别平等政策的发展大致经历了三个阶段：第一阶段政策关注与妇女在家庭中的地位与儿童的福利，政策价值目标锁定女性角色；第二阶段政策关注家庭中男女之间的性别平等关系，政策的价值目标锁定中性的责任共担的双重角色；第三阶段政策关注家庭中两性的平等权利与责任，政策价值目标锁定的是男性的家庭责任。瑞典在性别平等领域也经历了这种价值理念的变化，由注重保障女性的权利转变为注重改变现有男性的责任，通过育儿津贴政策、税收政策、育儿补贴与免税等一系列政策，鼓励并要求男性在家庭领域中承担更多的照护责任，并且突破了在性别平等中仅仅关注性别角色转化的视角，更多地开始用公平正义的视角来审视性别平等问题。因此，要在我国的性别平等家庭政策中树立先进的政策理念和目标，以维护女性权利为出发点，而非仅仅达到与男性平等，从而正确定位家庭性别角色与责任。

三 解放女性：建立由政府、市场和家庭共担的托育体系与政策

瑞典在生育观念与家庭性别平等政策的认知相对较为先进。早在20世纪30年代，瑞典政府为解决当时的人口问题与家庭贫困问题，认识到家庭不再是私人领域，而是公共领域的问题，解决人口问题的关键是提高生育率，改变家庭的贫困化问题，女性承担了人类自身再生产的责任，这已不是私人问题而是社会公共问题。因此，家庭应从私人领域转化为公共领域，政府要通过公共政策来干预与调整家庭生活，使家庭不再是独立的个体，因而国家应加大婴幼儿抚育的投资，完善教育与托管体系，尽可能提供育儿方面的优质服务，鼓励家庭中的性别平等，主张父母共担家庭照护的责任，鼓励母亲参与到劳动力市场中，以保证两性平等的观念体现在家庭及育儿政策中。由此瑞典政府先后出台实施了一系列性别平等的生育政策，有些政策是我国可以借鉴的。

首先，在生产方面。瑞典通过运用产假、陪产假、育婴假政策来调整家庭角色的两性平等。随着经济的发展，女性的权利应该与社会进步保持一致，瑞典政府为了使女性得到与社会相适应的福利，将1901年开始规定的为期四周的带薪产假延长至480天。母亲的确在孩子的成长过程中扮演着重要角色，但父亲这一角色也不应被忽略，现今人们越来越重视父亲应该承担的责任，瑞典政府顺应社会趋势从两方面做出改变：一是明确责任，父亲对孩子所承担的责任由自愿变为强制，陪产假也变为不可转让；二是时间上的改变，陪产假的时间期限由一个月延长至三个月。《瑞典育婴假法案》涉及产假（Maternity leave）、陪产假（Paternity leave）、育儿假（Parental leave）、临时育儿假（Temporary parental leave）等。这些政策在瑞典保障性别平等方面产生了良好效果。我国的生育政策可以在以下两方面改进：一方面，应把生育保险制度逐渐过渡到生育津贴制度，让所有工作的妇女享有带薪的产假，不分户籍与就业形式，使农村流向城市就业的女性与在小企业和私营企业工作的女性均获得法定带薪产假，切实保障所有女性生育权利的实现。另一方面，出台父母亲子假政策。效仿瑞典的配额制，建立父母带薪育儿假政策，不能让女性来承担生产的全部责任，应强制给予男性一定时长的带

薪亲子假配额，让所有工作的男性参与儿童的抚育工作，改变家庭内部照护活动的性别分工，使父母共担育儿责任，并依托性别平等部门，对其行为进行一定的监管，让男性开始转变其在家庭领域中的角色定位，促进男女平等的实现。

其次，在儿童托育方面，瑞典拥有瑞典儿童津贴政策和瑞典儿童托育政策等一整套完备的儿童保育政策，这些政策的落实，真正地解决了女性的后顾之忧，继而有助于实现性别平等。我国不论是在教育、医疗还是照护方面都存在资源相对匮乏的问题，因此其改进的方面也应是加强对儿童领域的资源分配，而资源分配又可以分为现金和服务两个层面。在现金层面，国家可效仿瑞典建立儿童津贴制度，当然在考虑国情的情况下，我国还不能与瑞典一样建立不进行收入调查的普惠型儿童津贴，基于收入调查的选择性儿童津贴制度更适合现阶段的我国；在服务层面，主要探究的是在未达到上学年龄时的儿童托管服务。基于瑞典的经验，我国应在两个方面做出努力：一是管控现有托管机构的服务价格。托管机构服务价格的过于高昂加大了父母抚养孩子的成本，因此想要刺激民众的生育意愿，降低这部分的花费势在必行。主要的手段可以根据某一市的平均工资确定收费部分的支出比例来调控服务价格。二是合理分配服务资源，导致托管价格过高的一部分原因是供需失调，这不仅出现在儿童托管领域中，在教育、医疗中都存在这种情况，因此，国家应基于一定区域内儿童的数量合理规划公共托育服务机构的数量，建立0—3岁的公共托幼服务体系与4—6岁的托育体系，建立政府、市场与家庭共担的托育体系，并与母亲的产假与亲子假衔接，以便减轻家庭育儿经济负担，并使母亲重返工作岗位。

四 维护女性人身基本权利：完善预防与打击性别暴力的政策

瑞典在维护女性的身心安全与健康，打击与预防性别暴力，打击卖淫与人口贩卖，维护女性的性权利与性健康，维护女性的生育权利与生育健康方面是非常重视的，瑞典政府将上述理念和内容作为瑞典性别平等政策的价值追求与重要组成部分。"禁止男性对女性实施暴力。女性和男性，无论年龄大小均平等享有身体发肤完整不受损害的权利和机会,均有权在不必担心遭受虐待或暴力的环境中生活。"① 这是瑞典性别平等总目标下的四个具体价值目标之一。几十年来,瑞典政府针对性暴力出台并实施了一系列有关反家暴与性暴力的政策和行动计划。2007年出台了反对性暴力的国家行动计划,2017年又将维护女性安全上升到国家战略的高度,出台了《预防和打击男性对女性暴力行为的国家战略》等。因此,瑞典在反家暴与性暴力方面的理念、政策、行动计划是值得我们借鉴的。我国可以从以下几方面有所作为:第一,具化现有的法律条文,使其更具有操作性。第二,增设保护受到家暴与性暴力的群体人身安全的庇护所,在完善家暴预防的基础上,加强对家暴后的安置工作。第三,转变现有的对家暴行为过于包容的理念,应更加关注家暴受害群体的主观感受,而不能仅仅依凭伤势的严重程度,并对实施家暴者实施一定的行为限制。

最后需要指出的是,对于瑞典的性别平等家庭政策的借鉴还必须考虑到我国的具体情况,因为瑞典具有悠久的发达福利国家的历史,以及特殊的斯堪的纳维亚国家的政治、经济、文化背景。而我国具有东方儒家文化底蕴,人口众多、未富先老,又是后发经济的国家,因此,我国的家庭政策对于性别平等的体现还需结合我国的国情来制定相应的政策。

第三节 平权与增效:对女性参政议政的启示

性别平等政策追求女性与男性在政治上具有同样的平等参与的权利与经济、教育领域中的机会平等权利。在国家的政治生活中女性政治参与的程度如何是衡量一国性别平等的重要标志。

一 我国女性参政议政的现状及存在的问题

性别平等政策从属于国家的政治领域,因此,政治领域的决策权就很大程度上影响性别平等的进程,而女性参政议政的能力又直接决定了

---

① Sweden, Ministry of Integration and Gender Equality, *The Swedish Government's gender equality policy*. 2009.

决策权是否能够实现。所以，考察现有我国女性参政议政的现状，对于寻求我国性别平等政策的完善具有重要的现实意义。

权利的实现需要法律保障，参政议政属于政治权利的一部分，因此，依从这一逻辑，本书主要选取影响女性政治权利的主要法律进行论述。《中华人民共和国宪法》规定了公民的基本权利，这从根本上赋予了女性在参政议政上的可能性。但同时由于《宪法》不是一部专门法律，其很难在具体层面上进行规定，而在1979年通过的《中华人民共和国人民代表大会和地方各级人民代表大会选举法》则很好地填补了这一空白。人民代表大会作为我国的最高权力机关，在最高层次上决定了相关政策的制定，也从根本上促进了性别平等。因此，女性在人民代表大会中的比率程度直接影响了女性权利的实现。经过1995年修订之后，该法第六条第一款明确规定：全国人民代表大会和地方各级人民代表大会的代表中，应该有适当数量的妇女代表，并逐步提高妇女代表的比率。遗憾的是，该法案对女性所占的具体比率还没有在该法律中得到体现。这种情况也反映在全国各级党政机关干部的性别比率上，我们可以看这样一组数据，见表7-1。

表7—1　　　2000—2002年全国干部人数和性别比例构成①

年份	干部人数（万人）		性别构成（％）	
	女	男	女	男
2000	1490	2624	36.2	63.8
2001	1488	2563	36.7	64.3
2002	1493	2498	37.4	62.6

这组数据表明，在干部性别构成上男性与女性相比占有更明显的优势，数量差距也十分明显。经济基础决定上层建筑，伴随经济改革的进行，为了使经济能得到更有效的助力，尽管我国的人事制度也做出了相应的调整，但这种调整与社会发展并不一致。从僵硬死板的任命制到以

---

① 沈奕斐：《中国特定政策领域中的性别主流化》，上海社会科学院出版社2008年版，第33页。

能力争高低的竞争应聘制再到鼓励妇女参政，无论哪一个环节，都面临着同样的问题，即妇女的政治声音很弱。为什么参政决策过程中的性别差异如此之大？这个问题背后的原因是复杂的，但从现实中我们不难发现，在政治决策这个环节中女性的席位是很少的，即使进入了这一环节也被边缘化为链条的低端，这种尴尬的处境使女性很难发声。但是，对这一问题我国政府在《中国妇女发展纲要（2011—2020年）》中做出了回应，规定：县级以上地方政府领导班子中有一名以上女干部，并逐步增加，这已然是一项进步。

总之，从女性参政议政的整体上看，近年来，我国在这方面得到了一定改善。但从女性参政的人数以及比率来看，其仍然处于弱势。因此，在女性的参政议政方面，我国更是任重而道远。

二 建议实行性别比率配额政策

完善性别平等的政策，除坚持社会性别主流化的导向和恪守为妇女赋权的核心外，对于参政政策的性别平等缺失问题，本书认为应采取的对策建议包括提高妇女的参政比率，鼓励妇女进入决策核心层，按照性别比率分配参政名额，提供政策条件让妇女增强政治参与变成现实，制定完善切实可行的确保女性参政的法律法规。

为逐步提升我国女性的参政议政比率，实行性别比率配额政策，必须做到决策层对这一政策的高度重视和认可；针对这一政策出台相应的法律条文，提供可靠的法律保障并制定相关的法律法规，使性别比率配额政策的实施真正做到有法可依。瑞典政府在1988年就出台了《性别平等五年行动计划》法案，在法案的第六个目标"女性的政治参与"中提出增加高层公共领域职位中的女性比率，即从1988年到1995年，从20%增加到40%。而且也承诺未来十年内（到20世纪90年代末）实现所有董事会、委员会以及顾问团等公共领域部门中性别的平衡。由此可见，通过法规保证女性参政议政的比率是可行的。因此，若要使性别比率配额政策落地实施，首先在管理层面上应该具有这种比率分配意识并将这种意识逐步扩大至全社会，同时将该政策纳入国家的规划中；其次在具体实施层面，应该以立法做保障，以法律的形式规定政府各个职位中妇女应有的数量。这是解决当下妇女参政率低的最有效的路径。但这也只是笔者较为粗略的研究，还需要多加论证构建，而且由于社会环境的复杂多变，具体以什么方式实施，比率如何确定，以及是否需要营造相关的政策环境等都是值得思考的。相信在多方的共同努力下会有所见益。

三 逐步提升女性在政府决策机构中的比率

要改变现有男多女少的政治决策格局，通过增加妇女参与决策的比率来打造性别平衡的新局面。就当前情况来看，我国妇女参与决策的比率较低，如何改变现状，增加女性比率是我们必须要面对的问题。2016年瑞典政府中部长级女性官员占50%，男性占50%，瑞典女性参与国家行政管理的比率已经很高，政府部长级官员的性别比率达到了半数，这是世界各国部长级官员中性别比率最高的数据；在政府中担任高级官员的比率要高于在议会中任职的女性性别比率，这是瑞典成为世界上性别平等典范的例证。在外交及金融这样具有重大影响的部长级职位均由女性担任，达到了瑞典1988年《性别平等五年行动计划》设置的公共领域部门中性别平衡的价值目标。这一数据也是目前世界各国中央政府中部长级官员中女性最高的性别比率。这些数据说明瑞典已经很好地解决了女性在政策决策层中缺位的问题。我国政府可以借鉴瑞典的这一做法，逐步提升女性在政府决策机构中的比重。因为只有解决这一问题，才能增强女性在政治上的话语权，她们才可以更多地从自身权益出发提出建设性建议使更多人注意到女性需求，进而提高全社会的女性权益。因此，为了让更多女性参政议政，我们需要对决策群体的结构进行调整，在绝对数量上提升女性决策人数的比率，降低女性决策者缺位的情况。为减少缺位情况的出现，应该做好后续人才选拔储备，让其他合适的女性有机会进入决策系统，这将把有可能产生的对女性利益的损害尽可能地降低和减少。在各级领导的招聘、干部选拔任用时，应首先将性别平等作为价值目标给予考量，以性别主流化理念指导具体的实践。首先在选拔之前，应当树立正确的价值观念即男女平等，并将这种价值观深深融入政策中取代各种带有歧视意味的隐形政策，摒弃男性更适合当干部的传统思想；在选拔过程中应当针对男女生理上的差异灵活变通，当女性处于生育期时给予一定的时间宽限。在前期与选拔过程中保护女性的参政权，实现性别平等，进而真正实现女性平等的参政议政权利。

总之，鉴于瑞典女性参政议政的经验，我国应进一步完善女性参政议政的政策、法规，增强参政政策的可操作性，使其在实施中切实可行，并将女性参政的成熟政策及时上升为国家法律法规，这将是实现性别平等政策目标的重要内容。

第四节 "社会性别主流化"策略对我国社会政策制定的启示

瑞典政府实施"社会性别主流化"开启了社会各项政策制定的性别平等新视角，将性别平等作为目标纳入了社会各项政策，实现了性别平等政策领域的拓广。"社会性别主流化"作为一种优先策略，则要求以性别平等为优先目标来制定各项政策，从而使政策领域纳入性别平等的向度与标准，为实现性别平等奠定制度基础。我国政府一直以来非常关注性别平等问题，不仅把男女平等写进了宪法，还一直坚持将其作为基本国策，并相继颁布了《妇女权益保障法》《妇女发展纲要》以及《就业促进法》等相关法律，但在现实中取得的政策效果却不甚理想。而瑞典不仅接受了性别主流化的理念，更在实践中取得了很好的效果。因此，瑞典的性别主流化的经验对于努力在性别平等领域取得成就的国家具有较大的借鉴意义，对我国而言同样如此。瑞典"社会性别主流化"的理念和实践至少可以给我国带来如下几点启示。

一 将性别平等纳入各项社会政策考量

在实现性别平等的社会政策中，仅仅依靠专门的性别平等政策是远远不够的，促进性别平等，需要在政治、经济、社会文化等各个领域的制度设计中秉持性别平等意识，保持足够的性别敏感度。"社会性别主流化"作为一种优先策略，将性别平等作为目标纳入社会各项政策，将原来一直处于边缘地位的女性问题及两性平等问题带到了政府政策舞台的中心，实现了性别平等政策领域的拓广。显然，我国各项社会政策的制定还没有达到具有性别平等的优先性，没有将性别平等作为政策制定的目标与衡量政策的标准与尺度，性别平等还不具备主流地位，因此，在这一点上我们应借鉴瑞典经验，将性别平等作为一项策略工具，融入各项政策的制定中去，使性别平等成为政策制定的一个重要向度。

二 确立政府在促进性别平等中的主导地位

政府主导"社会性别主流化"的实施是瑞典福利国家的一个重要特色。性别平等应该由政府来主导，而不应过多地依赖民间组织，这在我国表现得尤为明显，妇联过多地承担了维护性别平等以及保护女性的责任，却明显缺乏相应的行政权力。借鉴瑞典的经验，政府应主导实现性别平等，首先，建立较为系统的组织机构与管理机制，应建立中央政府与地方政府主管性别平等的组织机构；建立关于性别平等的专门管理部门、部委行政机构与监督机构，构成纵向与横向的管理机制。其次，政府运用性别预算方法与政策评估手段保证政策实施效果。我们应借鉴瑞典政府在实施"社会性别主流化"过程中运用的一些切实可行的管理方法与手段，特别是性别预算与性别分析，并定期对出台的性别平等政策进行评估，以保证性别平等政策的实效性。

三 循序渐进地推进社会性别主流化

瑞典"社会性别主流化"的实施过程是瑞典性别平等政策不断发展变迁的过程，也是瑞典性别平等政策不断完善的制度化、体系化的过程，这一过程表现为性别平等政策理念由追求家庭中女性的平等地位发展到追求两性作为独立个体的性别中立，再到追求两性的社会平等权利的变迁。因此，性别主流化的实现是一个过程，性别平等的促进同样是一个过程，特别是对人口众多、文化悠久的我国来说，性别主流化的实施固然有助于促进性别平等的推进，但同时需要注意的是瑞典在采取性别主流化之前，无论是在政治还是文化领域都具有良好的性别平等基础。对于我国来说，一定要结合自身的国情，循序渐进。循序渐进地引进瑞典性别平等政策中所体现的"中性—性别平等政策"，这种性别平等政策能很好地改变传统的性别角色定位，将女性与男性分别作为独立的平等个体，双方在家庭角色上具有共担的责任，但是这却需要与其相互协调的社会环境，因此，在采用时应考虑我国的国情，循序渐进地在各政策领域实现性别平等。

四 性别平等政策的系统化

性别主流化相比于以往的性别平等政策，更多地体现为系统性，注重政策相互之间的协调发展。因此对于性别平等来说，不仅要改变女性的观念，同时也要改变男性以及整个社会的观念。如果仅仅急于改变某一单一主体的观念，往往会造成人与人、人与家庭、人与社会以及现实与理想之间的观念错位，从而导致社会矛盾的产生。同时，政府应成立专门的性别平等部门来处理性别平等问题，根据现有的经验，性别平等问题不能仅仅依靠单一的性别平等政策来进行改善，它是一个系统性的工程，因此需要社会福利政策、就业政策、家庭政策、教育政策、医疗政策、育儿政策、养老政策、反性别歧视政策等政策之间的衔接与协调，建立系统化的性别平等政策，从而实现我国真正意义上的性别平等。

本章小结

本章在前述对瑞典性别平等政策分析阐释的基础上，总结瑞典性别平等政策的经验，结合我国现阶段的国情，从就业政策、家庭政策、妇女参政及"社会性别主流化"四个方面分析讨论了瑞典性别平等政策经验对我国的启示。

本章在分析了我国就业政策在性别平等方面取得的主要成效及其存在问题的基础上，提出瑞典性别平等政策对我国就业政策的启示应为完善制度体系，这表现为要完善就业领域中关于性别平等的法律体系；建立配套的关于性别平等的社会就业政策体系；建立政府各部门间相互协调的责任体系。

瑞典的性别平等政策对我国家庭政策的启示表现为，实现性别平等应注意各项性别政策之间的配套与衔接：建立家庭中性—平等的政策理念，从而使家庭责任共担；建立由政府、市场和家庭共担的托育体系与政策，以解放女性，使女性走出家门实现自身的价值；完善预防与打击性别暴力的政策，维护女性人身基本权利，实现性别平等。

维护与实现女性政治参与权利，应借鉴瑞典的性别平等政策的经验，建议实行性别比例配额政策，逐步提升女性在政府决策机构中的比重，实现女性结构性的参政议政。

"社会性别主流化"是瑞典实现性别平等的成功经验，对我国社会政策制定具有一定的借鉴价值，要将性别平等纳入各项政策的考量之中；要确立政府在促进性别平等中的主导地位；要循序渐进地推进性别主流化；要建立系统化的性别平等政策。

总之，借鉴与吸收瑞典性别平等政策的经验要注意中国的国情，在我国社会转型时期的现阶段，要逐步实现性别平等政策的系统化与法治化，从而提升我国社会性别平等的水平与实效。

结　　论

瑞典作为世界公认的性别平等程度最高的国家之一，其社会政策与性别平等政策具有独特性。瑞典的社会政策与性别平等政策是一种政府主导、具有强制性的，带有社会民主主义意识形态色彩的，以维护两性公民权利为基础的，以自由、平等、团结为核心价值的，具有普适主义特征的政策调节工具。瑞典社会政策的本质在于，政府通过政策法案对各项社会事务进行干预，实施政府主导的二次分配，以达到社会公平的目的。瑞典性别平等政策是瑞典社会政策不可或缺的有机组成部分，性别平等是社会政策的优先目标。

瑞典性别平等政策的发展演进过程并不是一个由不平等到平等的线性的、简单的发展过程，而是一个充满着不同的利益冲突与政治博弈，不断解决凸显的社会问题，不断转换政策目标，不断拓展政策领域，不断走出政策悖论的复杂的政策变迁与发展过程。这一过程是与瑞典的政治、经济及社会的发展、女性主义思潮的兴起、性别平等意识形态的变化紧密相连的；与此同时，瑞典性别平等政策演进的历史也是一个不断解决政策矛盾与悖论的历史，瑞典性别平等政策发展过程正是为解决这些矛盾，不断提升政策理念，转换政策目标，完善性别平等政策，使其走出悖论并形成性别平等制度体系的过程。瑞典性别平等政策体系的这一完善过程，为世界各国实现社会性别平等积累了丰富的经验。

瑞典性别平等政策源于20世纪30年代的人口政策与家庭政策，在20世纪70年代由家庭政策中逐渐分离出来，形成独立的政策制度体系。这意味着性别平等不再局限于家庭内部的男女地位平等，而是随着瑞典经济社会的发展，女性要具有进一步追求劳动力市场机会平等的权利及社会、政治、经济、教育、医疗卫生、社会福利等各领域的性别平等权利。

　　瑞典性别平等政策的内容结构体系是由性别平等政策总目标与四个分目标领域构成的。瑞典性别平等政策的总体目标为"确保女性与男性在生活的各个方面都享有同样的机会，拥有同样的权利，承担同样的义务。"这一总目标决定了瑞典性别平等政策的内容结构为：权利和影响力分配平等，即女性和男性必须享有同样的权利和机会参与社会生活与决策；两性经济平等，即女性和男性必须享有同等的受教育机会和条件以及拥有劳动力市场中性别平等、机会平等及同工同酬的基本权利；有酬劳动和无偿家庭照护分配平等，即女性和男性必须同等承担家务劳动，在平等的基础上，拥有获得有酬劳动和无偿家庭照护的同等机会；禁止男性对女性实施暴力，即女性和男性，无论年龄大小均平等享有身体发肤完整不受损害的权利和机会，均有权在不必担心遭受虐待或暴力的环境中生活。这四个分目标的设立标志着瑞典性别平等政策内容结构的确立。

　　瑞典政府实施"社会性别主流化"开启了社会各项政策制定的新视角与新领域。"社会性别主流化"作为一种优先策略，将性别平等作为目标纳入社会各项政策，将原来一直处于边缘地位的女性问题及两性平等问题带到了政府政策舞台的中心，实现了性别平等政策领域的拓广；瑞典社会性别主流化的过程是瑞典性别平等政策不断发展变迁的过程，也是瑞典性别平等政策制度化、体系化的过程。这一过程表现为性别平等政策理念由追求家庭中女性的平等地位发展到追求两性作为独立个体的性别中立，再到追求两性的社会平等权利的变迁；性别平等政策目标由关注女性角色转向关注男女中性的平等关系再到关注男性的责任的变迁；瑞典性别平等政策的范围由家庭领域拓展到劳动力市场领域再拓广到社会各个政策领域的变迁。瑞典社会性别主流化的实施过程给我们提供了很好的经验与启示：政府主导了社会性别主流化全过程，通过制定政策和执行政策来主导与规范家庭、劳动力市场及社会各领域的性别平等问题，这些政策均是以法案的形式出现，增强了性别平等政策的强制性与执行力；建立完善的性别平等组织机构与管理机制，为性别平等政策的实施奠定了组织基础；运用性别预算与政策评估及提供资金等手段保证了政策实施的效果；保持了性别平等政策的连续性与制度化。

瑞典性别平等政策的制定与实施也并非尽善尽美，在现实中也存在一定的问题。一方面表现为不断出现政策悖论。由于性别平等政策涉及税收政策、家庭政策、教育政策、财政政策、儿童政策、就业政策等各种错综复杂的因素、政党更迭的政治因素及女性主义等社会因素，因此，性别平等政策建构与改革并非一帆风顺，现实中各类政策之间的协调与各种利益之间的均衡十分困难，政策悖论时有发生，政策效果也不尽如人意；另一方面"社会性别主流化"作为一种策略也备受争议。人们质疑瑞典地方政府在实施"社会性别主流化"的过程中，执行不到位问题；瑞典政府性别平等组织机构存在部门小、责任大、协调难的问题，这种组织运行机制在不同程度上影响了瑞典"社会性别主流化"的实施效果。

作为世界福利国家，瑞典实现社会性别平等的经验对我国实现社会平等、完善性别平等政策具有一定的借鉴意义。根据我国目前正处于社会转型阶段的实际情况，本书认为瑞典性别平等政策在女性就业政策、家庭政策、女性参政议政与"社会性别主流化"方面的经验可以给予我们一些启示。然而，借鉴与吸收瑞典性别平等政策的经验要注意适合我国的国情，在我国社会转型时期要逐步实现性别平等政策的系统化与法治化，从而提升我国社会性别平等的水平与实效。

参考文献

中文资料

丁建定、杨斌：《瑞典现代和谐社会的建立与发展——兼论瑞典福利国家为何受经济危机影响较小》，《当代世界与社会主义》2012年第5期。

丁建定：《瑞典社会保障制度的发展》，中国劳动社会保障出版社2004年版。

丁建定：《瑞典和英国社会保障制度比较研究》，《华中科技大学学报》（社会科学版）2003年第3期。

丁建定、魏科科：《社会福利思想》，华中科技大学出版社2009年版。

丁赛尔：《瑞典反就业歧视法律制度》，《中国劳动》2010年第3期。

马春华：《瑞典和法国家庭政策的启示》，《妇女研究论丛》2016年第2期。

王卓祺、雅伦·获加：《西方社会政策概念转变及对中国福利制度发展的启示》，《社会学研究》1998年第5期。

王金玲：《中国妇女发展报告No.5 妇女/社会性别学科建设与发展》，社会科学出版社2014年版。

王衍：《瑞典反性侵"国家行动计划"调查》，《凤凰周刊》2011年第464期。

刘玉安：《公平与效率不可兼得吗——美国、瑞典模式的比较与借鉴》，中国书籍出版社2013年版。

世界银行：《2012年世界发展报告：性别平等与发展》，胡光宇、赵冰译，清华大学出版社2012年版。

隋斌斌:《合作主义从理念到制度:瑞典与新加坡福利制度比较》,博士学位论文,中共中央党校,2010年。

刘凡同:《瑞典儿童福利体系研究》,硕士学位论文,山东大学,2014年。

刘笑言:《走向关怀》,博士学位论文,吉林大学,2013年。

刘继同:《妇女与福利:女性主义福利理论评介》,《妇女研究论丛》2003年第4期。

齐琳:《瑞典社会性别主流化模式初探》,《中华女子学院学报》2008年第3期。

邝杨、马胜利:《欧洲政治文化研究》,社会科学文献出版社2012年版。

贡森、葛延风:《福利体制和社会政策的国家比较》,中国发展出版社2012年版。

李珍:《社会保障理论》,中国劳动和社会保障出版社2001年版。

佚名:《中国性别平等与妇女发展》,《中国妇运》2015年第11期。

佚名:《伯恩斯坦言论》,生活·读书·新知三联书店1966年版。

佚名:《费边短评》,《世界历史》1990年第72(5)期。

沈奕斐:《被建构的女性:当代社会性别理论》,上海人民出版社2005年版。

陈锦荣:《瑞典社会民主党治国理政经验研究》,博士学位论文,中共中央党校,2016年。

林卡、张佳华:《北欧国家社会政策的演变及其对中国社会建设的启示》,《经济社会体制比较》2011年第3期。

金重远:《战后西欧社会党》,上海人民出版社1997年版。

周云红:《美国、德国和瑞典的社会政策建设及启示》,博士学位论文,山东大学,2012年。

周弘:《福利国家向何处去》,社会科学文献出版社2006年版。

郑杨:《中瑞两国婴幼儿家庭政策比较》,《学前教育研究》2014年第12期。

法兰克福宣言:《各国社会党重要文件汇编(第1辑)》,世界知识出版社1959年版。

段国选：《瑞典社会民主主义模式研究》，博士学位论文，吉林大学，2009年。

姜海燕：《生命历程的贫穷——美国与瑞典社会政策之比较》，《北京科技大学学报》（社会科学版）2008年第2期。

秦汉玲：《瑞典性别平等状况研究》，硕士学位论文，山东大学，2017年。

晏荣：《美国、瑞典基本公共服务制度比较研究》，博士学位论文，中共中央党校，2012年。

高锋、时红：《瑞典社会民主主义模式：述评与文献》，中央编译出版社2009年版。

高鹏怀：《历史比较中的社会福利国家模式》，中国社会出版社2004年版。

黄晨熹：《社会政策概念辨析》，《社会学研究》2008年第4期。

彭华民等：《西方社会福利理论前沿：论国家、社会、体制与政策》，中国社会出版社2009年版。

联合国：《第四次妇女问题世界会议的报告》，联合国出版物1995年版。

粟芳、魏陆：《瑞典社会保障制度》，上海人民出版社2010年版。

焦丽莎：《瑞典社会民主主义核心价值观研究》，硕士学位论文，内蒙古大学，2017年。

曾繁正：《西方国家法律制度社会政策及立法》，红旗出版社1998年版。

瑞典官方网站：《为一个同性平等的瑞典而努力》，2018.［2018－4－14］.http：//facts. sweden. cn/society/weitongxingpingdengderuidianernuli/.

瑞典官方网站. 瑞典的性别平等［EB/OL］.2016－1－11.［2018－7－6］.http：//facts. sweden. cn/society/gender－equality－in－sweden/。

瑞典官方网站. 瑞典教育［EB/OL］.2016.［2018－4－17］.http：//facts. sweden. cn/society/sweden-education/。

谭琳：《中国妇女研究十年》，社会科学文献出版社2005年版。

谭鹏：《论战后西欧社会民主党治国理政的经验与启示》，博士学位论文，中共中央党校，2012年。

[日] 武川正吾：《福利国家的社会学》，商务印书馆2011年版。

[丹麦] 埃斯平-安诺生：《福利资本主义的三个世界》，法律出版社2003年版。

[英] T. H. 马歇尔、安东尼·吉登斯：《公民身份与社会阶级》，江苏人民出版社2008年版。

[英] 巴巴利特：《公民资格》，谈古铮译，桂冠图书股份有限公司1991年版。

[英] 安东尼·吉登斯：《第三条道路——社会民主主义的复兴》，郑戈译，北京大学出版社2000年版。

[英] 德怀尔：《理解社会公民身份：政策与实践的主题和视角》，北京大学出版社2011年版。

外文资料

Almqvist A. L., Duvander A. Z., "Changes in gender equality? Swedish fathers' parental leave, division of childcare and housework1", *Journal of Family Studies*, 2014, 20 (1).

Alva Gunner M., "Kris i befolkningsfrågan", *Studies in Philosophy and Social Science*, 1935 (4): 309.

Andersson G., Scott K., "Childbearing Dynamics of Couples in a Universalistic Welfare State: The Role of Labor-market Status, Country of Origin, and Gender", *Demographic Research*, 2007, 17 (17).

Andersson R., "The Question of Feminism in Gender Mainstreaming—A Case of Non-conflict in Local Politics", *Nora Nordic Journal of Women's Studies*, 2015, 23 (3).

Ann N. H., "Documents requested by the Committee on Women's Right and Gender Equality: the Policy on Gender Equality in Sweden", *Brussels: European Parliament*, 2015.

Ann-Zofie Duvander, Mats Johansson. Barnbidraget-en pigg 60-åring [J/OL]. Välfärd, 2008 (4): 16 - 17. [2017 - 2 - 1]. http://www.scb.se/

statistik/_ publikationer/le0001_ 2008k04_ ti_ 08_ a05ti0804. pdf.

Baizan P., Arpino B., Delclòs C. E., "The Effect of Gender Policies on Fertility: The Moderating Role of Education and Normative Context", *European Journal of Population*, 2016, 32 (1).

Berggren C., "Gender Equality Policies and Higher Education Careers", *Journal of Education & Work*, 2011, 24 (1 - 2).

Blomberg E., Waldemarson Y., et al., *Gender Equality Policies: Swedish and Lithuanian Experiences of Nordic Ideas. In: The Sea of Identities: A Century of Baltic and East European Experiences with Nationality, Class, and Gender*, Götz, Norbert, Huddinge: Södertörn University, 2014.

Blomberg H., Kroll C., "Do Structural Contexts Matter? Macro-sociological Factors and Popular Attitudes towards Public Welfare Services", *Acta Sociologica*, 1999, 42 (4).

Blom-Hansen J. Still Corporatism in Scandinavia? "A Survey of Recent Empirical Findings", *Scandinavian Political Studies*, 2000, 23 (2).

Castro-García, C., "Parental Leave Policy and Gender Equality in Europe", *Feminist Economics*, 2016, 22 (3).

Castro-García Pazos-Moran M., "Parental Leave Policy and Gender Equality in Europe", *Feminist Economics*, 2015, 22 (3).

Cooke L. P., Erola J., Evertsson M., et al., "Labor and Love: Wives' Employment and Divorce Risk in its Socio-Political Context", *Social Politics International Studies in Gender State & Society*, 2013, 20 (4).

Dale J., Foster P., *Feminists and State Welfare*, London: Routledge and Kegan Paul, 1986.

Daly M., "Gender Mainstreaming in Theory and Practice", *Social Politics*, 2005, 12 (3).

David G. G., *Unravelling Social Policy: Theory, Analysis, and Political Action towards Social Equality* (5th ed.), Rochester: Schenkman Books, 1992.

Dominelli L., *Women across Continents*, Harvester Wheatsheaf: Hemel

Hempstead, 1991.

Earles K. , "Swedish Family Policy Continuity and Change in the Nordic Welfare State Model", *Social Policy & Administration*, 2011, 45 (2).

Eeckhaut M. , Bart V. D. P. , et al. , "Educational Heterogamy and the Division of Paid Labour in the Family: A Comparison of Present-Day Belgium and Sweden", //European Population Conference, 2014.

Elgqvist-Saltzman I. , "Straight Roads and Winding Tracks: Swedish Educational Policy From a Gender Equality Perspective", *Gender & Education*, 2006, 4 (1-2).

Ellingsæter A. L. , "Scandinavian Welfare States and Gender (de) Segregation: Recent Trends and Processes", *Economic & Industrial Democracy*, 2013, 34 (3).

Elvansder, *Svensk skattepolitik 1945-1970: en studie i partiers och organisationers funktioner*, Stockholm: Rabén & Sjögren, 1972.

Eriksson-Zetterquist U. , Styhre A. , "Overcoming the Glass Barriers: Reflection and Action in the 'Women to the Top' Programme", *Gender Work & Organization*, 2008, 15 (2).

Florin C. , *Skatten som befriar: hemmafruar mot yrkeskvinnor i 1960-talets särbeskattningsdebatt*//Florin C, Sommerstad L, Wikander U (eds.), *Kvinnor mot kvinnor: Om systerskapets svårigheter*, Stockholm: Norstedts, 1999.

Frangeur R. , *Yrkeskvinna eller makens tjänarinna? Striden om yrkesrätten för gifta kvinnor i mellankrigstidens Sverige*, Lund: Arkiv förlag. 1998.

Gordon J. R. , Whelanberry K. S. , "Contributions to Family and Household Activities by the Husbands of Midlife Professional Women", *Journal of Family Issues*, 2005, 26 (7).

Gornick J. C. , Meyers M. , Wright E. O. , et al. , *Gender Equality: Transforming Family Divisions of Labor*, New York: Verso Press, 2009.

Haas L. , Hwang C. P. , "Gender and Organizational Culture: Correlates of Companies'Responsiveness to Fathers in Sweden", *Gender & Society*,

2007, 21 (1).

Hatje A. C., *Från treklang till triangeldrama: Barnträdgården som ett kvinnligt samhällsprojekt under 1880 - 1940-talen*, Lund: Historiska media. 1999.

Helinä M., Richard A., *Gender Equality and Occupational Segregation in Nordic Labour market*, Geneva: International Labour Office, 1998.

Hirdman Y., "Genussystemet-Reflexioner Kring Kvinnors Sociala Underordning", *Tidskrift För Genusvetenskap*, 1988, 9 (3).

Jessica L. A. world apart, "Swedish and Australian Gender Equality Policy", NORA-Nordic Journal of Feminist and Gender Research, 2002, 10 (2).

Joshi H., *Sex and motherhood as handicaps in the labour market*, //Maclean Mavis, Groves Dulcie (ed.). Women's Issues and Social Policy, London: Routledge, 1991.

Jürgen Habermas, *Between Facts and Norms*, Cambridge: The MIT Press, 1996.

Kari S., *Pension schemes in the making: A comparative study of the Scandinavian countries*, Helsinki: The Central Pension Security Institute, 1993.

Kingsbury N., Scanzoni J., *Structural-Functionalism*// Boss P., Doherty W. J. Sourcebook of Family Theories and Methods. New York: Plenum Press, 2009.

Klinth R., *Att Göra pappa med barn: den svenska pappapolitiken 1960 - 1995*, Umeå: Boréa bokförlag, 2002.

Knut Wicksell, *Selected Papers on Economic Theory*, New York: [s. n.], 1969: 66.

Langan M., Ostner I., Gender and Welfare [D] //Room G. (ed.). Towards a European welfare state. Bristol: School of Advanced Urban Studies, University of Bristol, 1991.

Lewis J., "The Decline of the Male Breadwinner Model: Implications for Work and Care", *Social Politics*, 2001, 8 (2).

Lundqvist Å., *Family policy paradoxes: Gender equality and labour market regulation in Sweden*, 1930 – 2010, Bristol: Policy Press, 2011.

Lundqvist Å. , "Activating Women in the Swedish Model", *Social Politics International Studies in Gender State & Society*, 2015, 22 (1).

Lövgren N. , *Utfall för jämställdhetsbonusen*, Stockholm: Rapport från Försäkringskassan, 2010.

Marshall T. H. , *Class, Citizenship, and Social Development*, New York: Doubleday & Company, 1964.

Marshall T. H. , *Social Policy*, London: Hutchinson University Press, 1967.

Marshall T. H. , *Sociology at the Crossroads and other essays*, London: Heinemann, 1963.

Moberg E. , *kvinnans villkorliga*//Moberg E. Prima materia: Texter i urval, Stockholm: Ordfront, 2003 [1961].

Myrdal A. , Myrdal G. , "Kris i BefolkningfråGan", *Studies in Philosophy and Social Science*, 1935 (4).

Oláh L. S. , Gähler M. , "Gender Equality Perceptions, Division of Paid and Unpaid Work, and Partnership Dissolution in Sweden", *Social Forces*, 2014, 93 (93).

Pascall G. , *Social Policy: A New Feminist Analysis*, London & New York: Routledge, 1997.

Pearce D. , "Welfare is not for Women" // Gordon L. (ed.). Women, the State and Welfare. Wisconsin: University of Wisconsin, 1990.

Pettersson K. , et al. , "In the Name of Women? Feminist Readings of Policies for Women's Entrepreneurship in Scandinavia", *Scandinavian Journal of Management*, 2017, 33 (1).

Porter E. , *Women and Moral Identity*, Sydney: Allen & Unwin, 1991.

Rønsen, Kitterød, "Gender-Equalizing Family Policies and Mothers' Entry into Paid Work: Recent Evidence From Norway", *Feminist Economics*, 2015, 21 (1).

Robert L. B. , *The Social Work Dictionary* (5*th* ed.), New York: NASW Press, 2003.

Sainsbury D. , Bergqvist C. , "The Promise and Pitfalls of Gender Mainstreaming", *International Feminist Journal of Politics*, 2009, 11 (2) .

Sainsbury D. , *Gender, Equality and Welfare State*, Cambridge: Cambridge University Press, 1996.

Sainsbury D. , *Gender and Welfare State Regimes*, Oxford: Oxford University Press, 1999.

Sofia E. , Harryson L. , Bolin M. , et al. , "Patterns of Gender Equality at Workplaces and Psychological Distress", *Plos One*, 2013, 8 (1) .

Stacey Judith, *In the Name of the Family: Rethinking Family Values in the Postmodern Age*, Boston: Beacon Press, 1996.

" Åström Föräldraförsäkring och vårdnadsbidrag-om förhållandet mellan ideologi och verklighet", *Tidskrift För Genusvetenskap*, 1990 (2) .

Sven E Ollson, *Sociall Policy and Welfare State in Sweden*, Lund: [s. n.], 1993.

Sweden. Commission. SOU 1936: 59. Betänkande i sexualfrågan. Avgivet av befolkningskommittén, 1936.

Sweden. Commission. SOU 1938: 47. Betänkande ang. gift kvinnas förvärv sarbete m. m avgivet av kvinnoarbetskommitténs betänkande, 1938.

Sweden. Commission. SOU 1946: 5. Betänkande oni barnkostnadernasfördelning. Med förslag angående allmänna barnbidrag m. m. , 1946.

Sweden. Commission. SOU 1947: 46 Betänkande angående familjeliv och hemarnete. Avgivet av utredningen för hem-och familjefrågor, 1947.

Sweden. Commission. SOU 1954: 4. Moderskapsförsäkring m. m. . 1954.

Sweden. Commission. SOU 1959: 13 Familjebeskattning, 1959.

Sweden. Commission. SOU 1967: 52 Barnbidrag och familjetillägg, 1967.

Sweden. Commission. SOU 1972: 34 Familjestöd. Betänkander avgivet av Familjepolitiska kommittén, 1972.

Sweden. Commission. SOU 1978: 38. Lag om jämställdhet i arbetslivet, 1978.

Sweden. Commission. SOU 2001: 10 Barn i homosexuella familjer, 2001.

Sweden. Commission. SOU 2005: 66. Makt att forma samhället och sitt eget liv. Jämställdhetspolitiken mot nya mål, 2005.

Sweden. Commission. SOU 2005: 73. Reformerad föräldraförsäkring. Kärlek, omvårdnad, trygghet, 2005.

Sweden. Committee of Health and Welfare. 2007/08: SfU10. Jämställdhetsbonus. Familjepolitisk reform, 2008.

Sweden. Government 1998: 6 Ty makten är din... Myten om det rationella arbetslivet och det jämställda Sverige, 1998.

Sweden. Government 2004: 1. Ett nationellt program om personsäkerhet, 2004.

Sweden. Government. Bill 1937, No. 18. Förslag om ändring i förordningen av moderskapenning och mödrahjälpen. 1937.

Sweden. Government. Bill 1978/79, No. 175. Förslag till lag om jämställdhet mellan kvinnor och män i arbetslivet, m. m., 1979.

Sweden. Government. Bill 1978/79, No. 175. Förslag till lag om jämställdhet mellan kvinnor och män i arbetslivet, m. m., 1979.

Sweden. Government. Bill 1987/88, No. 105. Mål för Jämställdhetspolitiken. 1988.

Sweden. Government. Bill 1993/1994, No. 147. Jämställdhetspolitiken: Delad makt-delat ansvar. 1994.

Sweden. Government. Bill 1999/2000, No. 129. Maxtaxa och allmän förskola m. m.. 2000.

Sweden. Government. Bill 2005/2006, No. 155. Makt att forma samhället och sitt eget liv-nya mål i Jämställdhetspolitiken. 2006.

Sweden. Government. Bill 2007/08, No. 149. Vårdnadsbidrag-familjepolitisk reform. 2008.

Sweden. Government. Bill 2007/08, No. 91. Vårdnadsbidrag. Familjepolitisk reform. 2008.

Sweden. Government. Bill 2007/08, No. 93. Jämställdhetsbonus-familjepolitisk reform. 2008.

Sweden. Government. Extract (Chapter 5) from Skr. 2016/17: 10. En tioårig nationell strategi för att förebygga och bekämpa mäns våld mot kvinnor. 2016.

Sweden. Government Offices. Action plan for combating men's violence against women, violence and oppression in the name of honour and violence in same-sex relationships, 2007.

Sweden. Government. Prop 2005/06: 155. Makt att forma samhället och sitt eget liv-nya mål i jämställdhetspolitiken. 2006.

Sweden. Government. Prop. 2006/07: 38, No. 105. Socialtjänstens stöd till våldsutsatta kvinnor. 2007.

Sweden. Government. Skr. 1996/97: 41. Jämställdhetspolitiken, 1996.

Sweden. Government. Skr. 1996/97: 41. Jämställdhetspolitiken. 1997.

Sweden. Government. Skr. 2002/03: 140. Jämt och ständigt Regeringens jämställdhetspolitik och handlingsplan för mandatperioden. 2003.

Sweden. Government. Skr. 2007/08: 167. Handlingsplan mot prostitution och människohandel för sexuella ändamål. 2007.

Sweden. Government. Skr. 2007/08: 39. Action plan for combating men's violence against women, violence and oppression. 2007.

Sweden. Government. Skr. 2016/17: 10. Makt, mål och myndighet-feministisk politik för en jämställd framtid. 2016.

Sweden. Ministry of Integration and Gender Equality. The Swedish Government's gender equality policy. 2009.

Sweden. Statskontoret. N 2004: 07. En effektivare Jämställdhetspolitik, 2004.

Sweden. The Ministry Series (Ds). Ds2007: 50. Jämställdhetsbonus. Familjepolitisk reform, 2007.

Sweden Women and men in Sweden: facts and figures 2014, Stockholm: Statens Offentliga Utredningar, 2014.

Sweden Women and men in Sweden: facts and figures 2016, Stockholm: Statens Offentliga Utredningar, 2016.

The European Institute for Gender Equality, Gender Equality Index 2017: Measuring gender equality in the European Union 2005 - 2015 Report, Vilnius: EIGE, 2017.

Thomson E., Hoem J. M., "Couple Childbearing Plans and Births in Sweden" *Demography*, 1998, 35 (3).

Tim T. *The Political Theory of Swedish Social Democracy: Through the Welfare State to Socialism*, Oxford: [s. n.], 1990.

Titmuss R., *Commitment to Welfare*, London: Allen & Unwin, 1968.

Titmuss R., *Essays on the Welfare State*, (2nd Ed). London: Allen & Unwin, 1964.

Titmuss R., *Social Policy*, London: Allen & Unwin, 1974.

Titmuss R., *The Gift Relationship*, New York: Pantheon Books, 1971. Verloo M., *Multiple Meanings of Gender Equality: A critical frame analysis of gender policies in Europe*, New York: CEU Press, 2007.

Tunberger P., Sigle-Rushton W., "Continuity and Change in Swedish Family Policy Reforms", *Journal of European Social Policy*, 2011, 21 (3).

Ulf Olsson, "Planning in the Swedish Welfare State", *Studies in Political Economy*, 1991, 34.

United Nations Development Programme. Human Development Report 2011, New York: UNDP, 2011.

United Nations Development Programme. Human Development Report 2016, New York: UNDP, 2016.

Vic G., *Modern Thinkers on Welfare*, London: Prentice Hall, 1995.

Wilson E., *Women and the welfare State*, London: Tavistock. 1977.

World Bank. World Development Report 2012: Gender Equality and Developmen, Washington D. C.: WB, 2012.

Zebracki M., "Sex in the City: Gender Mainstreaming Urban Governance in Europe", *Fennia*, 2014, 192 (1).

后　　记

　　本书是在我的博士学位论文基础上修订而成的。由于家庭环境使然，自孩提时内心中便觉得读书读完本硕博是像义务教育一样理所当然的事情，然而真正读到博士的时候才深刻体会到学术科研的不易。如果说硕士研究生时期还可以凭借小聪明完成学业，那么博士期间的科研不仅需要大智慧，还需要自身踏实的努力、扎实的功底与一丝不苟的精神，并且更加离不开师长的指点和亲友的支持。

　　感谢肖巍教授、赵宏瑞教授、葛虹教授、刘丽伟教授对本书的指导；

　　感谢社会学专业的师兄弟们侯博文、梁本龙等，在我博士学习期间，尤其是学习统计方法时给予的耐心解答和帮助。

　　感谢CSC项目对我到瑞典联合培养的资助。感谢我的外导瑞典林雪平大学应用伦理研究中心主任Göran Collste教授的帮助。70多岁的老人像慈爱的祖辈一样关注我的研究进度和日常生活；感谢房东Wolfgang Schmidt老师，了解我的研究内容后经常向我介绍瑞典的社会文化；感谢教务员Monica Wise，在每次研讨会时给予我的很多帮助。

　　感谢在瑞典期间认识的小伙伴们，赵明铎、卢璇、马雪婷、董瀛东、李思文、田野等。在瑞典学习与研究过程中他们给予了我各种帮助，使我迅速了解瑞典当地的生活、文化；回国后继续帮助我收集资料，不顾时差解答瑞典语的翻译问题。

　　感谢单位亲如一家的哥哥姐姐们，袁洪英、霍建国、付传、梁爽、郑树峰等对我的帮助和照顾。

　　感谢我亲爱的父亲母亲。在书稿撰写期间母亲经常与我一起讨论，阅读我的初稿并给予意见；父亲主动承担家庭劳动做好后勤工作。父母为我读博提供了最轻松无负担的家庭氛围,给予了我强大的精神支持和物质支持。我爱你们!

感谢中国社会科学出版社的责任编辑冯春凤老师对本书出版的大力支持与悉心雅正及所倾注的大量心血与辛勤劳动!

李思然

2021年6月9日于黑龙江大学